路桥施工管理与交通工程建设

张勇 朱飞 周清 主编

吉林科学技术出版社

图书在版编目（CIP）数据

路桥施工管理与交通工程建设/张勇，朱飞，周清主编. —— 长春：吉林科学技术出版社，2024.3
ISBN 978-7-5744-1202-6

Ⅰ.①路… Ⅱ.①张…②朱…③周… Ⅲ.①道路施工②桥梁施工③交通工程—工程施工 Ⅳ.①U415②U445③U491

中国国家版本馆 CIP 数据核字 (2024) 第 066257 号

路桥施工管理与交通工程建设

主　　编	张勇　朱飞　周清
出 版 人	宛　霞
责任编辑	高千卉
封面设计	古　利
制　　版	古　利
幅面尺寸	185mm×260mm
开　　本	16
字　　数	305 千字
印　　张	18.75
印　　数	1~1500 册
版　　次	2024 年 3 月第 1 版
印　　次	2024年10月第1次印刷

出　　版	吉林科学技术出版社
发　　行	吉林科学技术出版社
地　　址	长春市福祉大路5788号出版大厦A座
邮　　编	130118
发行部电话/传真	0431-81629529 81629530 81629531
	81629532 81629533 81629534
储运部电话	0431-86059116
编辑部电话	0431-81629510
印　　刷	廊坊市印艺阁数字科技有限公司

书　　号	ISBN 978-7-5744-1202-6
定　　价	90.00元

版权所有　翻印必究　举报电话：0431-81629508

编委会

主　编

张　勇（河南省公路工程局集团有限公司）

朱　飞（陕西海嵘工程试验检测股份有限公司）

周　清（昆明市政工程设计研究（集团）有限公司）

副主编

周恒星（合肥交投工程建设管理有限公司）

许　恒（湖南省建筑设计院集团股份有限公司）

陶　辉（上海林同炎李国豪土建工程咨询有限公司）

前言

随着我国建筑行业的不断改革和发展，路桥工程项目越来越多，且由于工程项目工期长，流程复杂，所以施工管理工作存在较大难度。路桥施工的管理工作对于路桥项目整体的质量有着直接影响。因此，相关施工单位在具体施工过程中，要加强工程项目各方面的管理和控制工作，以更好地提高我国路桥施工的效率、保证我国路桥施工的质量。

当前，随着城镇化、城市现代化建设逐步推进，我国城市逐渐朝着更为先进、更为便利的方向发展。国家大力建设智慧城市、现代城市，在城市建设当中，对城市交通工程的建设是一件关乎人民切身利益的大事，城市交通关乎每一个人的出行情况，创建顺畅、便捷的城市交通对于提高城市的竞争力具有至关重要作用。

本书主要针对路桥施工管理与交通工程建设进行研究与论述。首先，从路桥工程施工概述入手，介绍了道路施工技术、桥梁施工技术；其次，分析了市政道桥规划、市政交通规划与设计、市政桥梁设计；再次，从公路工程施工安全技术与风险控制角度，详细阐述了施工准备安全技术与风险控制、基础工程施工安全管理控制；最后，对房屋安全管理与鉴定进行说明。本书结构严谨科学，对相关研究者来说具有一定的阅读价值，希望能为广大读者带来帮助。

本书共八章，其中第一主编张勇（河南省公路工程局集团有限公司）负责第一章至第三章内容编写，计10万字；第二主编朱飞（中正国信检测技术有限公司）负责第七章、第八章内容编写，计10万字；第三主编周清[昆明市政工程设计研究（集团）有限公司]负责第四章至第六章内容编写，计10.5万字。

在本书的策划和写作过程中，编者曾参阅国内外有关的文献和资料，从中得到启示；同时，也得到了有关领导、同事、朋友及学生的大力支持与帮助，在此向他们致以衷心的感谢。本书的选材和写作还有一些不尽人意的地方，加上编者学识水平和时间所限，书中难免存在缺点，敬请同行专家及读者指正，以便完善。

目 录

第一章 路桥工程施工概述 ... 1
第一节 道路工程施工概述 ... 1
第二节 桥梁工程施工概述 ... 14

第二章 道路施工技术 ... 25
第一节 道路路基施工技术 ... 25
第二节 道路路面施工技术 ... 41

第三章 桥梁施工技术 ... 63
第一节 桥梁上部结构施工技术 ... 63
第二节 桥梁下部结构施工技术 ... 74

第四章 市政道桥规划 ... 97
第一节 市政道路工程规划 ... 97
第二节 市政桥梁规划 ... 113

第五章 市政交通规划与设计 ... 120
第一节 城市公共交通系统规划 ... 120
第二节 城市交通网络布局规划与设计 ... 153

第六章 市政桥梁设计 ... 160
第一节 桥梁设计的程序和一般原则 ... 160
第二节 桥梁设计流程与载荷 ... 167
第三节 桥梁结构的美学设计 ... 171
第四节 桥梁景观设计 ... 190

第七章 公路工程施工安全管理 ... 196
第一节 施工准备安全技术与风险控制 ... 196

第二节　基础工程施工安全技术与风险控制 …………………………… 222
第八章　房屋安全管理与鉴定 …………………………………………………… 241
　　第一节　房屋安全管理 …………………………………………………… 241
　　第二节　房屋安全鉴定 …………………………………………………… 254
　　第三节　房屋鉴定技术与方法 …………………………………………… 267
参考文献 …………………………………………………………………………… 291

第一章　路桥工程施工概述

第一节　道路工程施工概述

一、道路的分类及其工程的组成

道路工程是供各类无轨车辆和行人等通行的基础设施。道路是一种带状构筑物，它的中心线是一条空间曲线，它具有高差大、曲线多且占地狭长的特点。道路工程施工图由平面图、纵断面图、横断面图及构造详图组成。

(一) 道路的分类

道路可分为城市道路、公路、农村道路、专用道路。

1. 城市道路

城市道路是在城市范围内，联系各组成部分，并供车辆及行人通行的、具备一定技术条件和设施的道路。按在道路系统中的地位、交通功能与对沿线建筑物的服务功能等来划分，城市道路可分为快速路、主干路、次干路与支路。

① 快速路是为较高车速的长距离交通而设置的重要道路。快速路对向车道之间应设中间带以分隔对向交通，当有自行车通行时，应加设两侧带。快速路与高速公路、主干路、其他快速路相交时，必须采用立体交叉；与交通量较小的次干路相交时，可采用平面交叉；与支路不能直接相交。在过路行人集中地点应设置过街人行天桥或地下通道。

② 主干路是城市道路网的骨架，为连接城市各主要分区的交通干路，以交通功能为主。自行车交通多时，宜采用机动车与非机动车分流形式，如三幅路或四幅路。

③ 次干路是城市的交通干路，兼有服务功能。次干路配合主干路组成道路网，起广泛连接城市各部分与集散交通的作用。

④ 支路是次干路与街巷路的连接线，解决局部地区交通，以服务功能为主。街巷内部道路，作为街巷建筑的公共设施组成部分，不属于等级道路。

2. 公路

公路是指在城市以外，连接相邻市县、乡村、港口、厂矿和林区等，主要供汽车行驶，且具备一定技术条件和交通设施的道路。根据其功能、使用任务和远景交通量等综合因素可将公路分为5个等级，即高速公路、一级公路、二级公路、三级公路和四级公路。

①高速公路为专供汽车分向、分车道行驶，并应全部控制出入的多车道公路，一般能适应将各种汽车折合成小客车的远景设计年限年平均昼夜交通量25000辆以上（四车道：25000~55000辆；六车道：45000~80000辆；八车道：60000~100000辆）。

②一级公路为供汽车分向、分车道行驶，并可根据需要部分控制出入及部分立体交叉的多车道公路，一般能适应将各种汽车折合成小客车的远景设计年限年平均昼夜交通量15000~55000辆（四车道：15000~30000辆；六车道：25000~55000辆）。

③二级公路为供汽车行驶的双车道公路，一般能适应将各种汽车折合成小客车的远景设计年限年平均昼夜交通量7500~15000辆。

④三级公路为主要供汽车行驶的双车道公路，一般能适应将各种汽车折合成小客车的远景设计年限年平均昼夜交通量2000~6000辆，为沟通县及县以上城市的一般干线公路。

⑤四级公路为主要供汽车行驶的双车道或单车道公路，一般能适应将各种汽车折合成小客车的远景设计年限年平均昼夜交通量2000辆（单车道400辆）以下，为沟通县、镇、乡的支线公路。

公路按其重要性和使用性质又可分为国家干线公路（国道）、省级干线公路（省道）、县级公路（县道）和乡级公路（乡道）。

3. 农村道路

农村道路一般是指在农村中联系乡、村、居民点的主要道路，其交通性质、特点、技术标准要求等均与公路不同。

4. 专用道路

专用道路包括厂矿道路和林区道路。厂矿道路是指修建在工厂、矿区内部以及厂矿到公路、城市道路、车站、港口衔接处的对外连接段，主要为工厂、矿山运输车辆通行的道路。林区道路是指修建在林区，主要供各种林业运输工具通行的道路。

（二）道路工程的组成

道路工程的基本组成部分包括路床、路基、路面、桥梁、涵洞、隧道、防护与加固工程、排水设施、山区特殊构造物，城市道路还包括各种管线等，以及为保证汽车行驶的安全、畅通和舒适的各种附属工程，如公路交通安全设施、路用房屋、综合服务区（加油站、维修站、餐饮、宾馆等）及绿化栽植等。此外，还包括为防止路基填土或山坡土体坍塌而修筑的承受土体侧压力的挡土墙，以及为保持路基稳定和强度而修建的地表及地下路基排水设施，包括边沟、截水沟、排水沟、急流槽、渗沟、渗水井等。

二、道路工程施工的一般特点

新建、改造或扩建的道路工程，其施工都不同程度地呈现出以下特点：

① 道路工程是固定在土地上的构筑物，而施工生产是流动的，所以道路工程施工组织是复杂的，这是区别于工业生产的根本特点。由于道路工程的流动性，所以就需要把众多的劳力、施工机具、材料，在时间和空间上合理地组织，从而使它们在线性的施工现场按照科学的施工顺序流动，不致互相妨碍而影响施工，这是施工组织的重要内容。

② 道路工程施工规模大、周期长，施工组织工作艰巨。由于道路工程往往工程量较大，需要消耗大量的人力和物力，施工组织工作不仅要做好统筹部署，还要考虑各种不同工种之间的开竣工的衔接。只有这样，才能保证公路工程施工生产连续且有序地进行。

③ 道路工程施工是在室外进行的，受气候和自然条件的影响与制约，决定了公路施工组织工作的特殊性和不能全年连续均衡地进行施工生产。因此，在施工组织中，要对雨季、冬季和高温季节采取特殊的技术措施和施工方法，而在高空和地下作业则要采取必要的防护措施，并尽可能连续而均衡地进行施工，注意避免气候、自然条件对施工生产所产生的不利影响，以确保工程质量和施工安全以及工期要求。

综上所述，道路工程施工的特点集中表现在施工条件复杂多变，给施工生产活动带来很大的困难，故要求针对道路工程不同的对象、不同的施工条件，从实际出发，充分做好准备工作，包括施工管理和组织计划工作。施工中实行流水线作业，严格把控施工管理，健全岗位责任制，加强质量保证体系工作，做到每道工序都要严格把关，前一道工序未经验收合格不得进行下一道工序，从而稳妥而科学地做好施工组织工作。

三、道路工程施工的基本程序

道路工程施工的基本程序是指施工单位从接受施工任务到工程竣工阶段必须遵循的工作程序。

(一) 施工准备工作

施工准备工作是为拟建工程的施工而建立必要的技术和物质条件，统筹安排施工力量和现场。施工准备工作也是施工企业搞好目标管理、推行技术经济承包的依据。

为了保证施工顺利进行，在施工准备阶段，建设主管部门应根据计划要求的建设进度指定一个企业或事业单位组织基建管理机构，办理登记及拆迁，做好施工沿线有关单位和部门的协调工作，抓紧配套施工工程项目的落实，组织施工范围内的技术资料、材料、设备的供应；勘测设计单位应按照技术资料供应协议，按时提供各种图纸资料，做好施工图纸的会审及发放工作；施工单位应组织机具、人员进场，进行施工测量，修筑便道及生产、生活等临时设施，组织材料、物资采购、加工、运输、供应、储备，做好施工图纸的接收工作，熟悉图纸的要求。

(二) 组织施工

施工准备就绪后，施工单位向上一级单位提交开工申请，主管技术部门报监理工程师，由总监下达开工命令。施工单位要遵照施工程序和施工组织计划中所拟定的施工方法合理组织施工。应严格按照设计要求和施工规范施工，以确保工程质量，安全施工。推广应用新工艺、新技术，努力缩短工期，降低造价，同时应注意做好施工记录，建立技术档案。

组织施工应具备的文件有：① 设计文件；② 施工规范和技术操作规程；③ 各种定额；④ 施工图预算；⑤ 施工组织设计；⑥ 道路工程质量检验评定标准和施工验收规范。

(三) 竣(交)工验收、交付使用

竣(交)工验收阶段主要工作是检查施工合同的执行情况，评价工程质量，对各参建单位工作进行初步评价。各合同段的设计、施工、监理等单位参加竣(交)工验收工作，由项目法人负责组织。公路工程竣(交)工验收工作一般按合同段进行，并应具备以下条件：合同约定的各项内容已全部完成；施工单位按《公路工程质量检验评定标准》及相关规定对工程质量自检合格；监理单位对工程质量评定合格；质量监督机构按"公路工程质量鉴定办法"对工程质量进行检测；竣工文件按要求完成，同时施工单位、监理单位完成本合同段的工作总结报告。

竣(交)工验收阶段主要工作是对工程质量、参建单位和建设项目进行综合评价，并对工程建设项目做出整体性综合评价。竣(交)工验收时成立竣工验收委员会，由交通运输主管部门、公路管理机构、质量监督机构、造价管理机构等单位代表组成。公路工程竣(交)工验收应具备以下条件：通车试运营2年以上；竣(交)工验收提出的工程质量缺陷等遗留问题已全部处理完毕，并经项目法人验收合格；工程决算表编制完成，并经交通运输主管部门或其授权单位认定；档案、环保等单项验收

合格；各参建单位完成工作总结报告；质量监督机构对工程质量检测鉴定合格，并形成工程质量鉴定报告。

四、道路工程施工准备工作

道路工程施工前施工单位的准备工作，是为了保证施工正常进行而必须做好的一项重要工作。它之所以重要，是因为道路施工是一项复杂的生产活动，需要处理一系列复杂的技术问题，耗用大量的物资，使用众多人力和动用机械设备资源，所遇到的条件是多种多样的。因此，施工前准备工作考虑的影响因素越多，并且准备工作做得越充分，则施工越顺利。

施工企业在投标时应成立工程项目部，施工单位在获得工程任务并与建设单位签订工程施工承包合同后，应按照合同的要求着手进行施工准备工作。施工准备工作分为组织准备、技术准备、物资准备和施工现场准备等几个方面。

(一) 组织准备工作

组织准备工作主要是建立健全的施工组织管理机构，制定施工管理制度，明确施工管理任务，确立施工应达到的目标。施工组织管理机构是为完成道路工程施工而设置的一项负责现场指挥、管理工作的组织机构，一般由项目经理部及下设各职能部门组成。建立严格的责任制，按计划将责任预先落实到有关部门甚至个人，同时明确各级技术负责人在施工准备工作中所负的责任，从而充分调动各部门和技术人员的积极性，使责任、权利相统一。建立完善的施工管理制度是公路施工管理的核心。施工管理制度包括施工计划管理制度、工程技术管理制度、工程成本管理制度、施工质量安全管理制度等。

(二) 技术准备工作

技术准备工作，即通常所说的"内业"工作，它是工程顺利实施的基础和保证。技术准备工作的好坏，直接影响到工程的进度、质量和经济效益，所以必须高度重视。技术准备工作的内容主要包括熟悉设计文件、现场调查核对、设计交桩和技术交底及建立工地试验室。

1. 熟悉和审核图纸，深化施工组织设计

项目负责人组织有关人员对施工图纸和资料进行学习和自审，如有疑问，应做好统计，并在业主召开的设计交底和图纸会审中提出，然后请上级部门给予解答。

施工组织设计是全面安排施工生产的技术经济文件，是指导施工的主要依据。施工组织设计是以一个建设施工项目为编制对象，用以规划整个拟建工程施工活动的技术经济文件。它是整个项目施工任务总的战略性部署安排，主要内容包括工程概况、施工布置与施工方案、施工总进度计划、施工准备工作及各项资源需要量计划、施工总平面图、主要技术组织措施及主要技术指标。

2. 设计交桩和技术交底

建设单位负责人召集设计、施工、监理、科研人员参加图纸会审会议。设计人员向施工人员做图纸交底，讲清设计意图和对施工的主要要求，并对设计桩点进行复测交接。施工人员应对图纸和有关问题提出质询。最终由设计单位对图纸会审中提出的合理化建议，按程序进行变更设计或补充设计。

3. 建立工地试验室

工地试验室是为施工现场提供直接服务的试验室，主要任务是配合路基、路面、桥涵等工程施工，通过对工地使用的各种原材料、加工材料及结构性材料的物理力学性能，以及施工结构体的几何尺寸等进行检测。工地试验室的作用是通过各种材料试验之后，选用合适的材料及其性能参数，以保证工程结构物的强度和耐久性，并有利于掌握各种材料的施工质量指标，以保证结构物的施工质量。工地试验室的试验检测人员必须是具有试验检测资质的检测机构的正式持证注册人员。

施工前的准备工作带有全局性，它是组织施工的第一步。没有这项准备工作，工程就不能顺利开工，更不能连续施工。没有准备的施工工作或准备不充分的施工工作，均会使以后的施工工作难以顺利进行。

（三）物资准备工作

物资准备工作是指施工中必需的劳动手段和施工对象的准备。它是根据各种物资需要量计划，分别落实货源、组织运输和安排储备，以保证连续施工的需要。物资准备是各种材料与施工机具设备购置、采集、调配、运输和储存，临时便道及工程房屋的修建、供水、供电、必需生活设施等的安装及建设等工作。

在道路施工前，各种生产、生活需用的临时设施，如各种仓库、搅拌站、预制构件厂（站、场）、各种生产作业棚、办公用房、宿舍、食堂、文化设施等均应按施工组织需要的数量、标准、面积、位置等在施工前修建完毕。修建好各种生产、生活需用的临时设施后，应及时根据施工组织设计确定的材料、半成品、预制构件的数量、品种、规格以及施工机具设备，编制好物资供应计划表，按计划订货和组织进货，按照施工平面图要求在指定地点堆存或入库；对砂子、碎石、钢材等材料应提前做各种试验，确定其是否满足设计要求；对各种标号混凝土提前做好配比；对施工将用的施工机械和机具需用量进行计划，按计划进场安装、检修和调试运转。

施工队应提早调整、健全和充实施工组织机构，进行特殊工种、稀缺工种的技术培训和持证上岗，预招临时工和合同工，落实具有相应资质的专业施工队伍和外包施工队伍。根据地理位置、气候条件，夏、冬、雨期施工提前做好准备。

(四) 施工现场准备工作

1. 恢复定线测量

恢复定线测量的主要程序为：①检查工程原测设的所有永久性标桩；②复测；③将施工中所有的标桩进行加固保护，并对水准点、三角网点等设立易于识别的标志；④向监理工程师提供全部的测量标记资料；⑤完成全部恢复定线、施工测量设计和施工放样；⑥各合同段衔接处的测量应在监理工程师的统一协调下由相邻两合同段的承包人共同进行，并将测量结果协调统一在允许的误差范围内。

2. 建造临时设施

①工地临时房屋设施包括行政办公用房、宿舍、文化福利用房及作业棚等。其需要量根据职工与家属的总人数和房屋指标来确定。

②仓库用来存放施工所需要的各种物资器材，按物资的性质和存放量要求而选择其形式，可以是露天、敞棚或库房。仓库物资贮存量应根据施工条件通过计算确定。

3. 临时交通便道

在工地布设临时交通便道时应遵循下列原则：①临时交通道路以最短距离通往主体工程施工场所，并连接主干道路，使内外交通便利；②充分利用原有道路，对不满足使用要求的原有道路，应在充分利用的基础上对其进行改建，节约投资和施工准备时间；③在本工程的施工与现有的道路、桥涵发生冲突和干扰之处，承包人都要在本工程施工之前完成改道施工或修建临时道路；④利用现有的乡村道路作为临时道路，应将该乡村道路进行修整、加宽、加固及设置必要的交通标志，并经监理工程师验收合格后方可通行；⑤工程施工期间，应配备人员对临时道路进行养护，以保证临时道路的正常通行；⑥尽量避开洼地和河流，不建或少建临时桥梁。

4. 工地临时用电

施工现场用电，包括生产用电和生活用电。其中，生活用电主要是照明用电；而生产用电包括各种生产设施用电、主体工程施工用电、其他临时设施用电。

5. 工地临时用水

根据施工现场平面布置图中的临时用水设计方案，做好施工现场的正常施工、生活和消防的临时用水管线铺设工作。

五、道路工程施工常用机械

(一) 土石方机械

1. 推土机

推土机是一种多用途的自行式土方工程建设机械，它能铲挖并移运土壤。例如，在道路建设施工中，推土机可完成：路基基底的处理；路侧取土横向填筑高度不大于2 m 的路堤；沿道路中心线铲挖移运土壤的路基挖填工程；傍山取土修筑半堤半堑的路基。推土机还可用于平整场地、局部碾压、给铲运机助铲和预松土、堆集松散材料、清除作业地段内障碍物，以及牵引各种拖式土方机械等作业。

推土机按行走装置不同分为履带式和轮胎式；按工作装置不同分为固定式铲刀（直铲）和回转式铲刀（斜铲）；按操纵方式不同分为钢丝绳机械操纵和液压操纵。对工程量较为集中的土石方工程，一般采用液压操纵的履带式推土机。推土机适用的经济运距为 50~100 m，不宜超过 100 m。

2. 铲运机

铲运机是一种利用铲头在随机械一起行进中依次完成铲削、装载、运输和铺筑的铲土运输机械。它广泛用于公路、铁路、水利、港口及大规模的建筑等施工中的土方作业。铲运机按行走方式不同分为牵引式（拖式）和自行式；按操纵方式不同分为机械传动、液压传动、电力传动和静压传动。在施工作业时，铲运机作业的卸土有强制式、半强制式、自行式卸土三种。铲运机的特点是能独立完成铲土、运土、卸土、填筑、压实等工作。铲运机对行驶道路要求较低，常用于坡角在 20°以内的大面积场地平整，开挖大型基坑、沟槽，以及填筑路基等土方工程。

一般来说，铲运机可在Ⅰ~Ⅲ类土中直接挖土、运土，适宜运距为 600~1500 m，当运距为 200~350 m 时效率最高。铲运机的经济运距和行驶道路坡度是铲运机选型的重要依据。如果运距短、坡度大、路面松软，以选择拖式铲运机为宜；如果运距较长、坡度大，宜采用双发动机驱动的自行式铲运机比较经济；如果路面较平坦，则选用单发动机驱动的自行式铲运机较为经济。铲运机适用于中等运距（100~200 m）和道路坡度不大条件下的大量土方转移工程。如果运距太短（100 m 以内），而采用铲运机是不经济的。这时采用推土机或轮胎式自装自运较为适宜，运距特长（200 m 及 200 m 以上）则采用自卸汽车较为经济。

3. 单斗挖掘机

单斗挖掘机是一个刚性或挠性连续铲斗，以间歇重复式循环进行工作，是一种周期作业自行式土方机械。当场地起伏高差较大、土方运输距离超过 1000 m，且工程量大而集中时，可采用单斗挖掘机挖土，配合自卸汽车运土，并在卸土区配备推土机平整土堆。

单斗挖掘机有内燃驱动、电力驱动、复合驱动的装置，挖斗有正铲挖掘机、反铲挖掘机、拉铲挖掘机、抓铲挖掘机等形式。正铲挖掘机的特点是"前进向上，强制切土"，能开挖停机面以上的Ⅰ~Ⅳ级土，适用在地质较好、无地下水的地区工作。反铲挖掘机的特点是"后退向下，强制切土"，能开挖停机面以下的Ⅰ~Ⅲ级土，适宜开挖深度4 m以内的基坑，对地下水位较高处也适用。拉铲挖掘机的特点是"后退向下，自重切土"，能开挖停机面以下的Ⅰ~Ⅱ级土，适宜大型基坑及水下挖土。抓铲挖掘机的特点是"直上直下，自重切土"，特别适用于水下挖土。

4. 装载机

装载机具有轮胎式及履带式的全回转式、半回转式和正回转式三种形式。它兼有推土机和挖掘机两者的工作能力，其特点适应性强、作业效率高、操纵简便。

装载机常用于公路建设中的土石方铲运，以及推土、起重等多种作业，在运距不大或运距和道路坡度经常变化的情况下，如采用装载机与自卸车配合使用装运作业，会使工效下降，费用增高。在这种情况下，可单独采用装载机作为自铲运设备使用。

5. 平地机

平地机是用装在机械中央的铲土刮刀进行土壤的切削、刮送和整平连续作业，并配有其他多种辅助作业装置的轮式土方施工机械。当配置推土铲、土耙、松土器、除雪犁、压路辊等附属装置、作业机具时，平地机可进一步扩大使用范围，提高工作能力或完成特殊要求的作业。

平地机主要用于修筑路基路面横断面、路基边坡整理工程的刷坡作业，开挖边沟及路槽，平整场地，还可用来在路基上拌和路面材料、摊铺材料、修整和养护土路基路面，推土，疏松土壤，清除杂物、石块和积雪等。

(二) 压实机械

压路机一般分为光轮压路机、轮胎压路机和振动压路机三种。光轮压路机的自重可以在一定范围内进行调整以改变单位线压力，一般用于整理性压实工作，对于容重要求较低的黏性土、沙砾料、风化料、冲击砾质土较为适合。轮胎压路机具有弹性，在碾压时与土体同时变形，其碾压作用力主要取决于轮胎的内压力。接触面积与压实深度有着密切的关系，为了得到较大的接触面积，又增加压实深度，在轮胎允许范围内尽可能增加轮胎碾的负荷。一般地，刚性碾轮由于受到土壤极限强度的限制，机重不能太大，而轮胎碾则没有这个局限，所以轮胎碾适合于压实黏性土及非黏性土，如壤土、砂壤土、砂土、沙砾料等土质，同时路面施工中也常常采用。振动压路机俗称振动碾，其主要优点一是单位面积压力大，可适当增加压实厚度，碾压遍数也可适当减少；二是结构重力小，外形尺寸小。其最大缺点就是振动及噪声大，易使机械手过度疲劳。

六、道路工程现场施工安排

道路施工是一项复杂的生产活动，它不仅需要诸如进度计划、质量和成本等实际管理和劳动力、建设物资、工程机械、工程技术及财务资金等诸要素管理，而且要为完成施工目标和实现组织施工要素的生产事务服务，否则就难以充分利用施工条件、发挥施工要素的作用，甚至无法进行正常的施工活动、实现施工目标。

（一）现场施工管理基本任务

现场施工管理的基本任务是根据生产管理的普遍规律和施工的特殊规律，以每一项具体工程和相应的施工现场为对象，正确地处理好施工过程中的劳动力、劳动对象和劳动手段的相互关系及其在空间布置上与时间安排上的各种矛盾，做到人尽其才、物尽其用，最终安全地完成施工任务。

（二）现场施工管理基本内容

现场施工管理包括以下基本内容：①编制施工作业计划并组织实施，全面完成计划指标；②做好施工现场的平面布置，合理利用空间，创造良好的施工条件；③做好施工中的调度工作，及时协调施工工种和专业工种之间，以及总包与分包之间的关系，组织交叉施工；④做好施工过程中的作业准备，为连续施工创造条件；⑤保护施工环境，节约社会资源，建设优良工程；⑥科学合理地设置管理机构，保证现场管理全面协调运作；⑦认真填写施工日志、施工记录及施工影像资料，为交工验收和技术档案积累资料。

（三）道路施工组织管理内容

道路工程施工要多快好省地完成施工生产任务，必须有科学的施工组织，并合理地解决好一系列问题，其具体任务如下：①确定开工前必须完成的各项准备工作；②计算工程数量，合理部署施工力量，确定劳动力、机械台班、各种材料、构件等的需要量和供应方案；③确定施工方案，选择施工器具；④安排施工顺序，编制施工进度计划；⑤确定工地上的设备停放场、料场、仓库、办公室、预制场地等的平面布置。

此外，道路工程的施工总方案可以是多种多样的，应该依据道路工程具体特点、工期需求、劳动力数量及技术水平、机械设备能力、材料供应以及构件生产、运输能力、地质、气候等自然条件及技术经济条件进行综合分析，并进行方案比选，选择最理想者。

把上述各项问题加以综合考虑，并做出合理的决定，最终形成指导施工生产的技术经济文件——施工组织设计。施工组织设计本身是施工技术准备工作，是指导施工的准备工作，是全面布置施工生产活动、控制施工进度、进行劳动力和机械调配的基本依据，对是否能多、快、好、省地完成道路工程的施工生产任务起着决定性作用。

七、道路工程安全文明施工和环境保护

(一) 安全施工措施

在建筑安装施工生产中，有近80%的生产安全事故是由职工自身的不安全行为造成的。从构成事故的三因素（即人、机械、环境）的关系分析，"机械设备""环境"相对比较稳定，唯有"人"是活跃的因素，而"人"又是操作机械设备、改变环境的主体，因而，紧紧抓住"人"这个活跃因素，通过科学的管理、有效的培训和教育、正确的引导和宣传，以及合理、及时的班组安全活动，不断提高员工的安全素质，才是做好安全生产管理工作的关键。

具体的安全保证措施有以下几点：

① 建立健全项目安全生产保证体系，实施安全生产责任制，确保各专业项目负责人及技术负责人对劳动保护和安全生产的工作负责。工程项目经理部必须建立安全生产领导小组，各班组设安全员，各作业点应有安全监督岗，并将安全生产责任制层层落实。

② 组织工程项目施工的安全教育和技术培训考核，对管理人员和施工操作人员，按其各自的安全职责范围进行教育，并建立安全生产奖惩制度，认真落实。

③ 确保必需的安全投入。购置必备的劳动保护用品、安全设备及设施，确保完全满足安全生产的需要。另外，积极做好安全生产检查，做到发现事故隐患要及时整改。

④ 所有工程在开工前必须编制有安全技术的施工组织设计（包括施工用电组织设计）及技术复杂的专项方案，必须严格审核批准手续、程序。必须逐级进行安全技术交底，技术交底应有书面资料或有作业指导书（或操作细则）。技术交底针对性要强，并履行签字手续，保存资料。项目经理部安全员负责监督检查，严格按照安

全技术交底的规定要求进行作业。

⑤施工现场应实施机械安全管理及安装验收制度。使用的施工机械、机具和电气设备，在安装前，应当按照规定的安全技术标准进行检测，经检测合格后方可安装，机械安装要按平面布置进行。在投入使用前，应按规定进行验收，并办好验收登记手续。经验收，确认机械状况良好，能安全运行的，才准投入使用。所有机械操作人员都必须经过专业培训合格后，持证上岗。机械操作人员要进行登记存档，按期复验。使用期间，应当指定专人负责维护、保养，保证机械设备的完好率和使用率以及安全运作。

⑥安全检查由项目经理或主管施工生产负责人主持，项目经理部有关人员参加。对查出的隐患，要建立登记、整改、验证、消项制度，要定人、定措施、定经费、定完成日期，在隐患没有消除前，必须采取可靠的防护措施，如有危及人身安全的紧急险情，应立即停止作业。

⑦施工现场临时用电要有施工组织设计或方案，应按《施工现场临时用电安全技术规范》(JGJ 46—2005)的要求进行设计、验收和检查。临时用电还要有安全技术交底及验收表，要有变更记录，健全安全用电管理制度和安全技术档案。临时用电应落实四项技术措施：a.防止误触带电体的措施；b.防止漏电措施；c.实行安全电压措施；d.采用三相五线制。所有接地和重复接地电阻值，经检验应符合规范要求。

此外，在做好工地内安全工作的同时，应对沿线居民做好安全宣传工作，提高广大行人的安全意识，确保在整个施工过程中无安全事故。

(二) 文明施工措施

文明施工能够展示施工单位的形象，体现施工队伍的素质。施工的文明性主要包括场容场貌、料具管理及综合治理。

1. 场容场貌

施工现场进出口大门外应悬挂"六牌二图"，即工程概况牌、管理人员名单及监督电话牌、现场出入制度牌、安全生产牌、消防保卫牌、文明施工牌和现场平面布置图、建筑物效果图。工地设有施工总平面图及安全生产、消防保卫、环境保护、文明施工等制度牌，施工危险区域或夜间施工均有醒目的安全警示标志，各类标牌整齐、规范。施工现场应将工程项目名称，建设、监理及施工单位名称，工程开竣工时间等内容标注在醒目位置。

2. 料具管理

施工现场外临时存放的施工材料，须经有关部门批准，并应按规定办理临时占地手续。材料要码放整齐，符合要求，不得妨碍交通和影响市容，堆放散料时应进行围挡。料具和构配件应按施工平面布置图指定位置分类码放整齐。对预制圆管、预制板等大型构件和大模板进行存放时,场地应平整夯实,有排水措施,码放应符合规定。施工现场的材料保管,应依据材料性能采取必要的防雨、防潮、防晒、防冻、防火、防爆、防损坏等措施。贵重物品、易燃、易爆和有毒物品应及时入库,专库专管,加设明显标志,并建立严格的领退料手续。

3. 综合治理

要加强职工的文明施工教育,应经常对参与施工的职工(包括新入场的工人)进行文明施工的教育。除对全体职工进行文明施工教育外,还应分工种进行文明施工教育以及根据施工进度部位对职工进行有针对性的文明施工教育。此外,要加强对职工宿舍卫生的管理,生活污水要及时处理,做到卫生区内无污水、无污物,不得出现废水乱流等现象。

(三) 环境保护措施

依照国家、地方环境及相关法规,确定施工过程中要做的环境保护工作及具体的工作安排,使施工期的环境保护工作有序、有效进行,减少施工过程对周围环境造成的不利影响。环境保护的目标是:在工程施工期间,对废水、废气和固体废弃物进行全面控制,尽量减少这些污染排放所造成的影响,文明施工,保护农田和农作物。

施工中的环境污染问题,主要包括水污染、大气污染、噪声污染及固体废弃物污染等。针对这几种问题,有以下几种处理方法:

① 在开工前完成工地排水和废水处理设施的建设,保证工地排水和废水处理设施在整个施工过程的有效性,做到现场无积水、排水不外溢、不堵塞、水质达标。

② 对易产生粉尘、扬尘的作业面和装卸、运输过程,制定操作规程和洒水降尘制度,在旱季和大风天气适当洒水,保持湿度。合理组织施工,优化工地布局,使产生扬尘的作业、运输尽量避开敏感点和敏感时段(人群活动的时段),运输车辆应设有有效的封闭措施。易飞扬细颗粒散体物料尽量安排库内存放,堆土场、散装物料露天堆放场要压实、覆盖。此外,尽量使用清洁能源。

③ 施工中各种临时设施和场地,如堆料场、加工厂、轧石厂、沥青厂等距居民区不宜小于 300 m,而且应设于居民区主要风向的下风处。使用机械设备的工艺操作,要尽量减少噪声、废气等污染,施工场地的噪声应遵守当地有关部门对施工场地的具体规定。

④ 回填土方时,减少回填土方的堆放时间和堆放量,堆土场周围加护墙或护板,保证回填土的质量,不将有毒有害物质和其他工地废料、垃圾用于回填。制订泥浆和废渣的处理方案,选择有资质的运输队伍,及时清运施工弃土和渣土,建立

登记制度，防止中途倾倒事件的发生并做到运输途中不撒落。剩余料具、包装即时回收、清退。对可利用的废弃物尽量回收利用，各类垃圾及时清扫、清运，不随意倾倒，一般要求每班清扫、每日清运。施工现场无废弃砂浆和混凝土，运输道路和操作面落地料及时清扫，砂浆、混凝土倒运采取防撒落措施。

第二节 桥梁工程施工概述

桥梁工程的建设一般需经过规划、勘察、设计和施工等阶段。施工阶段的主要任务是具体实现桥梁设计思想和设计的意图，将图纸上的内容变为实际的能够满足功能要求的工程结构物。

桥梁工程的施工主要包括桥梁的施工技术和施工组织。施工技术水平对桥梁的建设起着十分重要的作用，尤其是对于结构复杂、施工环境恶劣的桥梁，建设者的建设意图在实际的工程结构物中体现，并很大程度上依赖于所采用的施工技术。桥梁工程施工技术的发展，为实现桥梁设计的意图提供了丰富的手段，也为增大桥梁跨度、改进结构形式以及采用新材料提供了必要的条件。因此，先进的施工技术，能够影响和促进桥梁设计水平的提高和发展。此外，采用先进合理的施工技术，对降低工程造价、保证工程质量、加快施工进度和实现安全生产来说都是重要的。

桥梁施工包括桥梁下部结构施工和桥梁上部结构施工，下部结构主要包括桥墩、桥台和基础，桥墩分为实体墩、柱式墩和排架墩等，桥台可分为重力式桥台、轻型桥台、框架式桥台、组合式桥台、承拉桥台等，桥梁基础按构造和施工方法不同可分为明挖基础、桩基础、沉井基础、沉箱基础和管柱基础等。

一、桥梁的组成及分类

(一) 桥梁的组成

桥梁由五个主要部件（桥跨结构、支座系统、桥墩、桥台、基础）和桥面构造（桥面铺装、排水防水系统、栏杆、伸缩缝和灯光照明）组成。

桥跨结构、支座系统和桥面构造是桥梁的上部结构，它是线路中断时跨越障碍的主要承重结构。上部结构的作用是满足车辆荷载、行人通行，并通过支座将荷载传递给墩台。墩台和基础是桥梁的下部结构，它的作用是支撑上部结构，并将结构的荷载传给地基。

(二) 桥梁的分类

桥梁的种类繁多，它们都是在长期的生产活动中通过反复实践和不断总结，逐步创造发展起来的。

1. 按桥梁的受力体系分类

桥梁可根据拉、压和弯三种基本受力方式分为梁式桥、拱式桥、悬索桥和刚构桥四种基本体系。当有几种不同的结构体系组合在一起时，则组成组合体系桥梁。

(1) 梁式桥

梁式桥是一种在竖向荷载作用下无水平反力的结构。由于外力的作用方向与承重结构的轴线接近垂直，故与同样跨径的其他结构体系相比，梁内产生的弯矩最大，通常用抗弯能力强的材料来建造，它结构简单，施工方便。梁式桥又可分为简支梁桥和连续梁桥。简支梁桥的跨越能力有限，当计算跨径小于20 m时，通常采用混凝土材料；当计算跨径较大时，需要采用预应力混凝土结构，但跨径一般不超过40 m。悬臂梁桥和连续梁桥都是利用增加中间支承以减小跨中弯矩，通过更合理地分配内力，以加大跨越能力。

(2) 拱式桥

拱式桥的主要承重结构是拱圈或拱肋。其特点是结构在竖向荷载作用下，两拱脚处不仅产生竖向反力，还产生水平反力，水平推力的作用使得拱截面的弯矩和剪力大大减小。设计合理的拱轴主要承受压力，拱截面内弯矩和剪力均较小，可充分利用石料或混凝土等抗压能力强的月工材料。拱式桥是推力结构，其墩台、基础必须承受强大的拱脚推力。拱式桥对地基要求很高，适建于地质和地基条件良好的桥址。拱式桥不仅跨越能力强，而且外形酷似彩虹卧波，造型极其美观。

(3) 悬索桥

悬索桥又称吊桥。传统的吊桥均使用悬挂在两边塔架上强大的缆索作为主要的承重结构。悬索桥由主塔、缆索、锚碇结构及吊杆、加劲梁等组成。在竖向荷载作用下，通过吊杆使缆索承受很大的拉力，通常就需要在两岸桥台的后方修筑巨大的锚碇结构。吊桥也是具有水平反力的结构。现代的吊桥上，广泛采用高强度的钢丝编制的钢缆，以充分发挥其优异的抗拉性能。因此，结构自重较轻、建筑高度较小的悬索桥能够建造出比其他任何桥型都要大的跨度。

(4) 刚构桥

刚构桥的主要承重结构是梁与立柱刚性连接的结构体系。刚构桥的特点是在竖向荷载作用下，柱脚处不仅产生竖向反力，同时产生水平反力和弯矩，使其基础承受较大推力。刚构桥跨中的建筑高度可以做得较小。

(5) 组合体系桥

由几种不同体系的结构组合而成的桥梁称为组合体系桥。常见的有斜拉桥和梁、拱组合体系桥。其中，梁和拱都是主要承重结构，两者之间相互配合，共同受力。吊杆将梁上荷载向下传递，进而传递至下部结构，这样就显著减小了梁中的弯矩。

2. 桥梁的其他分类

除上述按受力特点将桥分成不同的结构体系外，人们还习惯按桥梁的用途、大小规模和建桥材料等其他方面来进行分类：①按桥梁全长和跨径的不同，分为特大桥、大桥、中桥和小桥。②按桥梁主要承重结构所用的材料划分，有圬工桥（包括砖、石、混凝土等）、钢筋混凝土桥、预应力钢筋混凝土桥、钢桥和木桥等。木材易腐且资源有限，除少数临时性桥外，一般不宜采用。目前，我国在公路上使用广泛的是圬工桥、钢筋混凝土桥、预应力钢筋混凝土桥。③按桥梁上部结构的行车道位置，分为上承式桥、下承式桥和中承式桥。桥面布置在主要承重结构之上者被称为上承式桥，桥面布置在承重结构之下的则称为下承式桥，桥面布置在桥跨结构高度中间的被称为中承式桥。④按桥梁用途来划分，分为公路桥、铁路桥、公路铁路两用桥、农桥、人行桥、运水桥及其他专用桥梁。

二、桥梁工程施工的一般特点

（一）流动性与地域性

桥梁工程施工生产不同于一般的工业生产，由于建造地点的不同，其场地与施工是在不同的地区，或同一地区的不同场地进行的，其生产在地区与地区之间、场地之间流动。桥梁工程施工受地质条件的影响，其结构、造型、材料和施工方案等方面均有所不同，并有一定的地域性。

（二）固定性与单一性

具体到某一座桥梁工程施工，经过统一规划后，根据其使用功能，在选定的地点上单独设计、单独施工，且不可更改，同时建设地点具有固定性。即使是提倡使用标准设计和通用构件，但受桥梁工程所在地区的自然、经济和技术条件的约束，其结构、建筑材料、施工方法和施工组织等也可因地制宜加以修改，以适应不同地区和不同桥型的需要，从而使桥梁工程的施工具有单一性。

(三) 周期性与重复性

桥梁工程施工受混凝土龄期、同部位分节施工等影响，需按部就班地开展，如梁板预制、钢筋绑扎、模板安装固定、混凝土浇筑、顶推循环施工等，从而使桥梁工程施工具有周期性和重复性。

(四) 露天性与高空性

桥梁工程地点的固定性和体量庞大的特征决定其施工具有露天作业和高空作业多的特点。随着社会经济发展和现代化交通运输的需要，各种大型桥梁的施工任务也越来越多，使得桥梁工程高空作业的特点日益明显。

(五) 施工周期长与占用流动资金多

桥梁体量庞大，其建造必然消耗大量的人力、物力和财力，同时施工过程还要受到工艺流程和生产程序的制约，使各专业和各工种间必须按照合理的施工顺序进行配合与衔接。建造地点的固定性，使得施工活动的空间具有一定的局限性，从而导致桥梁施工具有生产周期长、占用流动资金大的特点。

(六) 施工生产组织协作的复杂性

桥梁工程施工涉及工程力学、地基基础、工程地质、水文水力学、土力学、工程材料、工程机械设备、施工组织管理等学科的专业知识，施工涉及面较广，需要在不同时期、不同地点上组织多专业、多工种的综合作业。此外，它还涉及不同种类的专业施工队伍，以及规划与征用土地、勘察设计、"五通一平"、科研试验、质量监督、交通运输、电水热供应、劳务等社会各领域的外部协作配合，使得桥梁工程施工生产的组织协作关系错综复杂。

三、桥梁工程施工的基本程序

桥梁工程主体施工大致可分为桥梁下部结构和桥梁上部结构两部分。桥梁下部结构工程（基础、墩台）大多采用就地浇筑施工，桥梁上部结构根据桥位的地形地貌特点、墩台高低、梁孔多少等选择桥位现浇法或预制梁场集中预制的运架方案。桥梁工程施工的精细度及要求高，因此，施工组织应科学合理，管理应精细严格。

四、桥梁工程施工准备工作

施工单位承接桥涵施工任务后，必须组织有关人员对设计文件、图纸及其他有关资料进行了解和研究，并进行现场勘察与核对，必要时进行补充调查。其内容包括：气候条件、气象资料、河流水文、地形地貌、河床地质、当地材料、可利用的现有建筑物、劳动力情况、工业加工能力、交通运输条件、施工场地的水、电源以及生活物资供应、农田耕作的要求等。

施工单位在编制施工组织设计前，应组织有关人员对设计文件、图纸、资料进行研究和现场核对，必要时进行补充调查。研究设计文件、图纸、资料时，应首先查明是否齐全、清楚，图纸本身及相互之间有无矛盾和错误。如发现图纸和资料欠缺、错误、矛盾等情况，应向建设单位提出，予以补全、更正。复杂的中桥、大桥和特大桥，可要求建设单位进行设计交底，同时施工单位可提出修改意见供建设单位考虑。

在勘查现场及审阅图纸后，应请建设单位主持，请建设主管部门、监理单位、设计单位设计人员进行设计交底。交底后施工单位将发现的问题提出，请设计单位解答，会议纪要由建设单位于会后以正式文件分发给设计、施工及其他单位。在施工单位内部应贯彻层层交底制度，施工技术部分应由技术负责人进行书面交底。交底内容应包括结构特点、施工季节特点、施工步骤、操作方法、质量要求、安全要求和各项有关的规程、技术措施，并结合设计意图，向各级人员及操作人员交代清楚。

根据工程规模，编制施工组织设计或施工方案，施工组织设计具体应该包括下列内容：①工程特点：应叙述工程结构情况与特点及工程地点的水文、地质、气候、地形等特殊情况，以及与工程有关的其他情况。②主要施工方法：根据工程特点，简要叙述本工程主要部位的施工方法和保证工程质量、施工安全、节约以及推广新工艺、新技术、新结构、新材料等的施工方法。③施工现场总平面布置图及施工图纸，涉及水、电、路和各加工厂与存料场的布置、面积，以及与场外的交通联系。④施工进度计划，涉及主要项目施工网络计划、施工物资供应计划及半成品供应计划、施工机具与劳动力计划。⑤施工预算、科研项目及内容。⑥对施工中间的障碍应作详细调查，并提出处理方法与时间，对旧建筑物的处理方法，如需爆破时，则应提前做准备，并报请有关单位批准，按计划施行。⑦在河道中施工时，应划定足够的施工水域和拟定过往船只通行的措施，报请航道部门批准。对河床情况，除去探测外，还应向附近人员了解河道内有无特殊障碍，以便制订施工计划。在陆地施工时应充分考虑交通组织问题，应与铁道、公路及交通管理部门联系，并办理有关手续。

五、桥梁工程施工常备式结构与主要机具设备

(一) 桥梁施工常备式结构

1. 钢管脚手架（支架）

根据钢管的连接、组合方式不同而产生了多种不同类型的脚手架，主要有扣件式、碗扣式、门式脚手架等。扣件式钢管脚手架的特点是装拆方便，搭设灵活，能适应结构平面、立面的变化。

2. 拼装式常备模板

拼装式钢模、木模和钢木结合模板的构造基本相同，均由底模、侧模和端模三部分组成。整体式模板是预制工厂的常备结构，常用于桥梁预制工厂的一些标准定型构件的生产。目前，组合式钢制定型模板在桥梁工程施工中也有使用。

组合式定型钢模板具有通用性强、可灵活组装、装拆方便、强度高、刚度大、尺寸精度高、接缝严密、表面光洁、适于组合拼装成大块、实现机械化施工、周转次数多（50次以上）、节约木材、降低成本等优点。

3. 万能杆件

万能杆件是用角钢制成的可拼成节间距为 2 m×2 m 的桁架杆件。万能杆件通用性强，各杆件均为标准件，装拆、运输方便，利用率高，可拼装成多种形式，也可作为墩台、索塔施工脚手架。万能杆件的构件一般有杆件、连接板、缀板三大部分。

4. 贝雷（贝雷梁）

贝雷是一种由桁架拼装而成的钢桁架结构。贝雷常拼成导梁作为承载移动支架，再配置部分起重设备与移动机具来实现架梁。贝雷主要构件有桁架、加强弦杆、横梁、桁架销、螺栓、支撑构件等。

(二) 桥梁施工常用的起重机具设备

1. 扒杆

扒杆是一种简单的起重吊装工具，一般都是由施工单位根据工程的需要自行设计和加工制作的。扒杆可以用来升降重物、移动和架设桥梁等。常用的扒杆种类有独脚扒杆、人字扒杆、摇臂扒杆和悬臂扒杆。

2. 龙门架

龙门架是一种常用的垂直起吊设备。在龙门架顶横梁上设行车时，可横向运输重物、构件；在龙门架两腿下设有缘滚轮并置于铁轨上时，可在轨道上纵向运输；

在两脚下设能转向的滚轮时，则可进行任何方向的水平运输。

3. 浮吊

浮吊船是在通航河流上建桥的重要工作船。常用的浮吊有铁驳轮船浮吊和用木船、型钢及人字扒杆等拼成的简易浮吊。我国承建的孟加拉国吉大港帕德玛大桥主桥建造工程中，浮吊船的最大起重量可达 1000 t。通常简易浮吊可以利用两条民用木船组拼成门船，用木料加固底舱，舱面上安装型钢组成的底板构架，上铺木板，其上安装人字扒杆制成。起重动力可使用双筒电动卷扬机一台，安装在门船后部中线上。制作人字扒杆的材料可用钢管或圆木，并用两根钢丝绳分别固定在民船尾端两舷旁钢构件上。吊物平面位置的变动由门船移动来调节，另外需配备电动卷扬机绞车、钢丝绳、锚链、铁锚作为移动及固定船位用。

4. 缆索起重机

缆索起重机是利用承载缆索上行走的起重小车进行吊运作业的起重机具。缆索起重机以柔性钢索作为大跨距架空承载构件，具有垂直运输和水平运输功能，可用于较大空间范围内。

5. 架桥机

目前在我国使用的架桥机类型很多，其构造和性能也各不相同，常用的有单梁式架桥机和双梁式架桥机。

单梁式架桥机的特点是：机械化程度较高，本身设有自动行驶的动力装置，能架桥、铺轨两用，轴重小，能自动行驶上桥对位，使用操作较安全、方便；机臂能做水平摆动，并可在隧道口架梁；能吊铺桥上 25 m 长的轨排及上渣工作；除端门架和支柱需拆卸外，其余基本上不需要解体运输，因此，整机组装和拆卸均较简单，而且不需要其他超重机械帮助。

双梁式架桥机的特点是：架桥机吊梁桁车可直接由运梁平车上起吊梁，不需换装；架梁时，因吊梁桁车可横向移动，因此，每片梁均能一次就位，而不需要人工在墩台上移梁；机臂能做水平转动；可在隧道口和隧道内架桥；机臂前后两端均能架梁，架桥机不需转向。此外，双梁式架桥机还自带发电设备，结构简单，操作方便，便于养护维修，适用于山区和地形复杂的道路铺设和架桥工作。

6. 汽车起重机

汽车起重机是装在普通汽车底盘或特制汽车底盘上的一种起重机，其行驶驾驶室与起重操纵室分开设置。这种起重机的优点是机动性好，转移迅速。缺点是工作时须支腿，不能负荷行驶，也不适合在松软或泥泞的场地上工作。汽车起重机的底盘性能等同于同样整车总重的载重汽车，符合公路车辆的技术要求，因而可在各类公路上通行无阻。此种起重机一般备有上、下车两个操纵室，作业时必须伸出支腿保持稳定。起重量的范围很大，为 8～1000 t，底盘的车轴数可为 2～10 根，目前是使用广泛的起重机类型之一。

六、桥梁工程施工现场安排

施工现场的施工安排工作，主要是为工程的施工创造有利的施工条件和物资保证。其具体内容如下。

(一) 施工测量控制网的复测和加密

按照设计单位提供的桥位总平面图及测量控制网中给定的基线桩、水准基桩和保护桩等资料，在施工现场进行三角控制网的复测。根据桥梁的精度要求和施工方案，补充加密施工所需要的各种标桩，从而建立满足施工要求的工程测量控制网。

(二) "五通一平"

"五通一平"是指工程中为了合理有序施工进行的前期准备工作，包括通水、通电、通路、通信、通排水、平整土地。为满足采用蒸汽养生和寒冷冰冻地区取暖的需要，还要做好供热工作。

(三) 建造临时设施

按照施工总平面图的布置，建造各种生产、办公、生活居住和储存等临时房屋，以及施工便道、便桥、码头、混凝土搅拌站和构件预制场等大型临时设施。由于临时设施的项目繁多、内容庞杂，所以建造时应精打细算，做好规划，合理地确定项目、数量和进度等。要因地制宜，降低造价，使之尽量标准化和通用化，以便拆迁和重复利用。

(四) 安装调试施工机具

按照施工机具需要量计划，组织施工机具的进场，并根据施工总平面图的布置将施工机具安置在规定的地点。对所有施工机具都必须在施工之前进行检查和试运转。

(五) 原材料进场及验收

为了确保进入施工现场的材料符合规范要求，并确保工程质量，应从原材料的采购进行控制，选择合格的供应商，保证所有同工程质量有关的物资采购时能满足规定的要求，做到比质比价，质量第一。进场材料由项目物资部、质保部联合按批次验收；原材料进场时必须资料齐全；钢筋、水泥等必须经复验合格。

项目部组织验收合格后，须报监理和甲方验收，通过后方可使用。未经检验和试验的材料，未经批准紧急放行的材料，经检验和试验不合格的材料，无标识或标识不清楚的材料，过期失效、变质受潮、破损和对质量有怀疑的材料等不得使用。当材料需要代用时，应先办理代用手续，经设计单位或监理单位同意认可后才能使用。

(六) 原材料的试验和储存堆放

按照材料的需要量计划，应及时提供材料试验如钢材的机械性能试验，预应力材料的力学性能试验，水泥、砂石等原材料的试验，以及混凝土的配合比试验等申请计划。材料的进场要及时组织，进场后应按规定的地点和指定的方式进行储存和堆放。

(七) 做好夏、冬、雨季施工安排

按照施工组织设计的要求，落实夏、冬、雨季的临时设施和技术措施，并做好施工安排。

(八) 落实消防和保安措施

建立消防和保安等组织机构，制定有关的规章制度，布置安排好消防、保安等措施。

七、桥梁工程安全文明施工和环境保护

(一) 安全施工措施

桥梁工程施工常采用高处作业，由于高处作业危险性大，伴随高处作业易发生坠落事故，所以必须认真采取防护措施，做好防护工作和应急措施。

桥梁工程施工中的安全基本规定：①高桥、大跨、深水、结构复杂的大型桥梁施工，应对施工安全做专项调查研究，并制定相应的安全技术措施。单项工程（包括辅助结构、临时工程）开工前，应根据规定的安全操作细则向施工人员进行安全技术交底。②桥梁施工前，应对施工现场、机具设备及安全防护措施等进行全面检查，确认符合安全要求后方可施工。③手持式电动工具，应按《手持式电动工具的管理、使用、检查和维修安全技术规程》(GB/T 3787—2017) 的规定，根据手持式电动工具的类别和作业场所的安全要求，加设漏电保护器。④桥梁施工中，采用多层作业或桥下通车、行人等立体施工时，应得到交通管理和市政部门的同意，并布设安全网。

⑤对于通航江河上的桥涵工程，施工前应与当地港航监督部门联系，制定有关通航、作业安全事宜。⑥桥梁施工受气候环境因素影响很大。因此，应注意天气预报风力级别，高处露天作业及缆索吊装、大型构件等在起重吊装时，应根据作业高度和现场风力大小对作业的影响程度，制定适于施工的风力标准。遇有六级（含六级）以上大风时，上述施工应停止作业。

(二) 文明施工措施

同道路工程施工相同，文明施工能够展示施工单位的形象，体现施工队伍素质。文明施工不仅可以体现当代建设者及建设单位的责任感，还能够提高施工质量，保证工程建设有序进行，具体规定同道路施工文明性的规定。

(三) 环境保护措施

1. 水土保持措施

(1) 桥梁施工水土保持措施

基础施工，特别是钻孔过程中会有大量的泥浆水排放，为防止污染水源，破坏环境，钻孔过程中的泥浆水先集中在泥浆池沉淀，符合要求后排放到工地的排水系统，严禁乱流乱淌。

(2) 弃渣（土）场水土保持措施

弃渣场选址应依据设计文件规划或与地方有关部门协商，并结合当地土地利用规划。一般选择在坡度较缓、易于形成坡度开发的山坡荒地处，避开大面积汇水地带的滞留谷地。弃渣前先将地表熟土集中存放，砌筑片石挡渣墙，墙身设泄水孔，渣底预埋透水管道。必须先挡后弃，工程结束后对弃渣场进行平整，地面做必要的防护，将存放的熟土回填弃渣场顶部，植草复垦。

(3) 防止水污染措施

施工及生活污水的排放遵循清污分流、雨污分流的原则，各种施工废油、废液集中储积，集中处理，严禁乱流乱淌，防止污染水源，破坏环境。

(4) 地表植被的保护

合理规划施工便道、施工场地，固定行车路线、便道宽度，限制施工人员的活动范围，尽量少扰动地表、少破坏地表植被。

(5) 维护生态平衡，避免人为恶化环境措施

加强生态环境保护的宣传工作，使全体参建员工充分认识环境保护的重要性和必要性，加强环保意识，制定详细的环境保护措施，建立严格的检查制度，避免人为恶化环境。保护好桥址沿线的植被、水环境、大气环境、自然生态环境、土壤结

构、自然保护区、野生动植物，维护生态平衡系统。

2. 生态环境保护措施

(1) 临时工程环境保护

便道、混凝土搅拌站及办公生活区的设置要合理、紧凑，严禁随意搭建，尽量减少对植被的损坏，不占用乡村道路。搅拌站等高噪声生产设施尽可能远离居民区或采取限时作业措施。施工场地周围预先开挖排水沟，做到排水畅通，场内不得积水、积污，应充分考虑其对原地面排水的影响，以免阻挡地表径流的排泄，从而影响当地居民的生产、生活。

(2) 植被保护

施工期间加强对施工人员保护自然资源及野生动植物的教育，限制施工人员和车辆的活动范围。施工便道选线和办公生活区、大型临时设施场地选址尽量少占或绕避林地、耕地，保护原有植被。对合同规定的施工界限外的植物尽力维护，工程完工后及时进行现场清理，复垦或绿化。

(3) 施工中的环保措施

注意夜间施工的噪声影响，尽量采用低噪声施工设备。不能使用不符合尾气排放标准的机械设备。做好当地水系、植被的保护工作，在施工时对路基边坡及时进行防护与植被绿化，施工车辆不得越界行驶，以免碾坏植被、庄稼、乡村道路等。施工便道、工棚及作业场地的布置，尽量维护自然面貌，少占荒地，少开挖，以保护自然植被。

(4) 竣工后环境恢复措施

工程完工后，将临时设施全部拆除，当地可以利用的，通过当地政府或环保部门的同意，协议转让。施工场地认真清理并收集施工垃圾运至指定的位置处理或就地掩埋。工程完工后，临时租用的土地立即复耕归还。工程竣工的同时，严格按照环保及生态环境保护的要求，对临时设施、施工工点、取弃土场及其他施工区域范围做好环保及生态环境的恢复工作。

第二章　道路施工技术

第一节　道路路基施工技术

一、道路上方路基施工技术

(一) 道路土方路基施工概述

1. 路基施工的重要性

路基土方工程量大、分布不均匀，不仅与路基工程相关的设施如路基排水、防护与加固等相互制约，而且同公路工程的其他工程项目如桥涵、隧道、路面及附属设施相互交错。因此，路基施工在质量标准、技术操作、施工管理等方面具有特殊性，所以必须予以研究和不断改进。就整个公路工程的施工而言，路基施工往往是施工组织管理的关键。

路基工程的项目很多，如土方、石方及圬工砌体等，在施工方法与技术操作方面各具特点，本章以土质路基施工为主，阐明路基施工的全过程，同时包括施工准备及施工组织管理等。

土方路基包括路堤与路堑，基本操作是挖、运、填，工序比较简单，但条件比较复杂因而施工方法多样化，使得简单的工序中常常有极为复杂的技术和管理方面的难题。

为要确保工程质量，实现快速、高效、安全施工，所以必须重视施工技术与管理，就目前情况而言，一个稳定的专业施工队伍，不仅需要配有相应的技术骨干和机具设备，而且要具有建立健全施工技术操作规程与质量检查验收制度，采用现代化的施工管理方法，是实现"精心施工"的必由之路。

2. 路基施工的基本方法

路基施工的基本方法，按其技术特点大致可分为人工施工及简易机械化、综合机械化、水力机械化和爆破方法等。

人力施工是传统方法，使用手工工具，劳动强度大、工效低、进度慢、工程质量难以保证，但限于具体条件，短期内还必然存在并适用于地方道路和某些辅助性工作。为了加快施工进度，提高劳动生产率，实现高标准高质量施工，所以对于劳动强度大和技术要求高的工序，应配以数量充足、配套齐全的施工机械。

机械化施工和综合机械化施工是保证高等级公路施工质量和施工进度的重要条件，对于路基石方工程来说，更具有迫切性。实现综合机械化施工，科学地严密组织施工，是路基施工现代化的重要途径。

水力机械化施工，是机械化施工的方法之一，它是运用水泵、水枪等水力机械，喷射强力水流，冲散土层并流运至指定地点沉积，如采集砂料或地基加固等。水利机械适用于电源和水源充足，挖掘比较松散的土质及地下钻孔等。对于砂砾填筑路堤或基坑回填，还可起到密实作用(称为水夯法)。

爆破法是石方路基开挖的基本方法，如果采用钻岩机钻孔与机械清理，也是岩石路基机械化施工的必备条件。除石质路堑开挖外，爆破法还可用于冻土、泥沼等特殊路基施工，以及清除路面、开石取料与石料加工等。

上述施工方法的选择，应根据工程性质、施工期限、现有条件等因素而定，应因地制宜，综合使用各种方法。

高速公路、一级公路以及在特殊地区或采用新技术、新工艺、新材料进行路基施工时，应采用不同的施工方案做试验路段，从中选出路基施工的最佳方案指导全线施工。试验路段应选择在地质条件、断面形式均具有代表性的地段，路段长度不宜小于 100 m。

3. 施工前的准备工作

路基施工的主要内容，大致可归纳为施工前的准备工作和基本工作两大部分。土质路基的基本工作是路堑挖掘成型、土的移运、路堤填筑压实，以及与路基直接相关的各项附属工程。其工程量大、施工期长，且所需人力、物力资源较大，因而必须集中精力，认真对待。要保证正常施工，施工前的准备工作极为重要，它是组织施工的第一步，无准备的施工工作或准备不充分的施工工作，均会使路基施工的基本工作难以顺利进行。

施工的准备工作，内容较多，大致可归纳为组织准备、技术准备和物质准备三个方面。

(1) 组织准备工作

组织准备工作主要是建立健全施工队伍和管理机构，明确施工任务，制定必要的规章制度，确立施工所应达到的目标等，组织准备亦是做好一切准备工作的前提。

(2) 技术准备工作

路基开工前，施工单位应在全面熟悉设计文件和设计交底的基础上进行施工现场勘察，核对与必要时修改设计文件，发现问题应及时根据有关程序提出修改意见并报请变更设计，编制施工组织计划，恢复路线，施工放样与清除施工场地，搞好临时工程的各项改造等。

现场勘察与核对设计文件的目的是熟悉和掌握施工对象特点、要求和内容，是整个施工的重要步骤，舍此则其他一切工作就失去目标，难以着手。

施工组织计划是具有全局性的大事，其中包括选择施工方案、确定施工方法、布置施工现场（施工总平面布置）、编制施工进度计划、拟定关键工序的技术措施等，它是整个工程施工的指导性文件，亦是其他各项工作的依据。在当前强调加强施工管理，实现现代化科学管理的时期，对于抓住施工组织计划这一环节，更具有现实意义。

临时工程包括施工现场的供电、给水，修建便道、便桥，架设临时通信设施，设置施工用房（生活和生产所必需）等，是展开基本工作的必备条件。

路基恢复定线、清除路基用地范围内的一切障碍物等是施工前的技术准备工作（亦是基本工作）的一个组成部分，宜协调进行。

路基开工前应做好施工测量工作，其内容包括导线、中线、水准点复测、横断面检查与补测、增设水准点等。施工人员还应对路基工程范围内的地质、水文情况详细调查，通过取样、试验确定其性质和范围，并了解附近现有建筑物对特殊土的处理方法。

(3) 物质准备工作

物质准备工作包括各种材料与机具设备的购置、采集、加工、调运与储存，以及生活后勤供应等。为使供应工作能适应基本工作的需要，物质准备工作必须制订具体计划，其中有的计划内容，如劳动力调配、机具配置及主要材料供应，不仅必须服从于保证上述施工组织计划顺利实施，而且常被列为施工组织计划的一个重要组成部分。

土质路基施工，仅是整个道路工程中的一个工程项目。以上所述的准备工作，主要是对整个工程的施工而言。对于某一单项工程，如土质路基、石质路基、路基排水或防护加固，或路基工程以外的桥涵与路面等，准备工作的具体内容与要求，虽有差别，但基本项目不可缺少。

(二) 土方路基填挖技术

1. 土方路基填挖的基本要求

土方路基的填挖，首先必须搞好施工排水，包括开挖地面临时排水沟槽及设法降低地下水水位，以便始终保持施工场地的干燥。这不仅因为土在干燥状态下易于操作，而且控制土的湿度是确保路堤填筑质量的关键。从有效控制土的含水率出发，土方路基的施工作业面不宜太大，以有利于组织快速施工，随挖随运，及时填筑压实成型，减少施工过程中的日晒、雨淋，尽量保持土的天然湿度，避免过干或过湿。一般条件下土的天然含水率，接近最佳值，必要时应考虑人工洒水或晾干措施。雨期施工，尤应按照施工技术细则的有关规定，加强临时排水，确保路基质量。如果填土的湿度较大，碾压后出现反弹现象，必须挖除重填，必要时可采取其他相应的加固措施。

路基填挖范围内的地表障碍物，事先应予以拆除，其中包括原有房屋的拆迁，树木和丛林径根的清除，以及表层种植土等的清除。在此前提下，必要时按设计要求对路床进行加固。

路基取土与填筑，必须有条不紊，有计划、有步骤地进行操作。这不仅是文明施工的需要，也是选土和合理利用填土的保证。不同性质的路基用土，除按规定予以废弃和适当处治外，一般不允许混填。

路堑开挖应在全横断面进行，自上而下一次成型，注意按设计要求准确放样，不断检查校正，边坡表面削齐拍平。路堑底面，如土质坚实，应尽量不扰动，予以整平压实；如果土质较差、水文条件不良，应根据路面强度设置要求，采取加深边沟、设置地下盲沟以及挖松表层一定深度原土层，重新分层填筑与压实或必要时予以换土和加固，以确保路堑底层土基的强度与稳定性，从而达到规定标准，这对于修筑沥青类路面尤为重要。

土方路堤应视路基高度及设计要求，先着手清理或加固地基。潮湿地基尽量疏干预压，如果地下水水位较高，因工期紧或其他原因无法疏干，第一层填土应该适当加厚或填以砂性土后再填土压实完毕，防止间隔期中雨淋或曝晒。分层厚度视压实工具而定，一般压实厚度为 $20 \sim 25$ cm。路堤加宽或新旧土层搭接处，原土层挖成台阶，逐层填新土，不允许将薄层新填土层贴在原路基的表面。

土方路堤分层填平压实，是确保施工质量的关键，任何填土和施工方法，均应按此要求组织施工。路基填方材料应有一定的强度。

2. 土方路基的填挖基本方案

（1）路堤填筑

稳定斜坡土地基表层的处理，应符合下列要求：地面横坡缓于 $1:5$ 时，在清除地表草皮、腐殖土后，可直接在天然地面上填筑路堤。地面横坡为 $1:5 \sim 1:2.5$ 时，原地面应挖台阶，台阶宽度不应小于 2 m。当基岩面上的覆盖层较薄时，宜先清除覆盖层再挖台阶；当覆盖层较厚且稳定时，可予保留。地面横坡陡于 $1:2.5$ 地段的陡坡路堤，必须验算路堤整体沿基底及基底下软弱层滑动的稳定性，抗滑稳定系数不得小于规定值，否则应采取改善基底条件或设置支挡结构物等防滑措施。

当地下水影响路堤稳定时，应采取拦截引排地下水或在路堤底部填筑渗水性良好的材料等措施。应将地基表层碾压密实，对于在一般土质地段，高速公路、一级公路和二级公路基底的压实度(重型)不应小于90%，三、四级的公路不应小于85%。

当路基填土高度小于路面和路床总厚度时，应将地基表层土进行超挖并分层回填压实，其处理深度不应小于重型汽车荷载作用的工作区深度。在稻田、湖塘等地段，应视具体情况采取排水、清淤、晾晒、换填、加筋、外掺无机结合料等处理措施。当为软土地基时，其处理措施应符合规定土质路堤(包括石质土)，按填土顺序可分为分层平铺和竖向填筑两种方案。分层平铺是基本的方案，如符合分层填平和压实的要求，则效果较好，且质量有保证，有条件时应尽量采用。竖向填筑是特定条件下，局部路堤所采用的方案。

分层平铺有利于压实，可以保证不同用土按规定层次填筑。为了不同用土的组合方案，其中正确方案要点是：不同用土水平分层，以保证强度均匀；透水性差的用土(如黏性土等)，一般宜填于下层，表面成双向横坡，有利于排除积水，防止水害。

桥涵、挡土墙等结构物的回填土，以砂性土为宜，要防止不均匀沉降，并按有关操作进行堆积回填和夯实。

竖向填筑，指沿路中心线方向逐步向前深挖。路线跨越深谷或池塘时，地面高差大，填土面积小，难以水平分层卸土，以及陡坡地段上半填半挖路基，局部路段横坡较陡或难以分层填筑等，可采用竖向填筑方案。竖向填筑的质量在于密实程度，为此宜采用必要的技术措施。如选用振动式或锤式夯击机，应选用沉陷量较小及粒径较均匀的砂石填料；路堤全宽一次成型；暂不修建较高级的路面，容许短期内自然沉落。此外，尽量采用混合填筑方案，即下层竖向填筑，上层水平分层，必要时可考虑参照地基加固的注入、扩孔或强夯等措施，以保证填土具有足够的密实度。

(2) 路堑开挖

路堑开挖，按掘进方向可分为纵向全宽掘进和横向通道掘进两种。同时，又可在高度上分单层或双层和纵横掘进混合等(以上掘进方向，依路线纵横方向命名)。

纵向全宽掘进是在路线一端或两端，沿路线纵向向前开挖。单层掘进的高度，即等于路堑设计深度。掘进时逐段成型向前推进，土由相反方向送出。单层纵向掘进的高度，受到人工操作安全及机械操作有效因素的限制，如果施工紧迫，对于较深路堑，可采用双层掘进法，上层在前，下层随后，下层施工面上留有上层操作的出土和排水通道。

横向通道掘进，是先在路堑纵向挖出通道，然后分段同时向横向掘进。此法为扩大施工面，加速施工进度，在开挖长而深的路堑时用。施工时可以分层和分段，层高和段长视施工方法而定。该法工作面多，但运土通道有限制，并且施工的干扰性增大，所以必须周密安排，以防在混乱中出现质量或安全事故。个别情况下，为了扩大施工面，加快施工进度，对土路堑的开挖，还可以考虑采用双层式纵横通道的混合掘进方案，同时沿纵横的正反方向，多施工面同时掘进。混合掘进方案的干扰性更大，一般仅限于人工施工，对于深路堑，如果挖方工程数量大及工期受到限制时可考虑采用。

3. 土方路基施工机械化

常用的路基土方机械有松土机、平地机、推土机、铲运机和挖掘机（配以汽车运土），此外还有压实机具及水力机械。各种土方机械可进行单机作业，如平地机、推土机及铲运机等；以挖掘机为代表的主机，需要配以松土、运土、平土及压实等相应机具，综合完成路基施工任务。

各种土方机械，按其性能，可以完成路基土方的部分或全部工作。选择机械种类和操作方案，是组织施工的第一步。为能发挥机械的使用效率，必须根据工程性质、施工条件、机械性能及需要与可能，择优选用。

工程实践证明，再多再好的机械设备，如果使用不当，组织管理不善，配合不协调，机械化施工就显示不出其优越性，甚至适得其反，造成浪费。

各种机具设备，均有其独特性能和操作技巧，应配有专职人员使用与保养，严格执行操作规程。从整个施工组织管理以及指挥调度方面而言，组织机械化施工，应注意以下几点：①建立健全施工管理体制与相应组织机构。一般宜成立专业化的机械施工队伍，以使经营管理，独立经济核算。②对每项路基土方工程，应有严密的施工组织计划，并合理选择施工方案，在服从总的调度安排下，各作业班组或主机，均编制具体计划。在综合机械化施工中，尤其要加强作业并计划工作。③在机具设备有限制的条件下，要善于抓住重点，兼顾一般。④加强技术培训，坚持技术考核，开展劳动竞赛，鼓励技术革新，实行安全生产，文明施工，把提高劳动生产率，节省能源，减少开支等指标具体化、制度化。

（三）土方路基压实技术

1. 道路路基压实的意义

路基施工破坏土体的天然状态，致使结构松散，颗粒重新组合。为使路基具有足够的强度与稳定性，必须予以压实，以提高其密实程度，所以路基的压实工作是路基施工过程中的一个重要工序，亦是提高路基强度与稳定性的根本技术措施之一。

土是三相体，土粒为骨架，颗粒之间的孔隙为水分和气体所占据。压实的目的是使土粒重新组合，彼此挤紧，孔隙缩小，土的单位质量提高，形成密实整体，最终使强度增加，稳定性提高，这一点已为无数试验与实践反复证明。

大量试验和工程实践证明：土基压实后，路基的塑性变形、渗透系数、毛细水作用及隔温性能等均有明显改善。

2. 机具选择与操作

压实机具的选择，以及合理的操作，也是影响土基压实效果的因素。土基压实机具的类型较多，大致分为碾压式、夯击式和振动式三大类型。碾压式（又称静力碾压式），包括光面碾（普通的两轮和三轮压路机）、羊足碾和气胎碾等几种。夯击式中除人工使用的石碾、木夯外，机动设备中有夯锤、夯板、风动夯及蛙式夯机等。振动式中有振动器、振动压路机等。此外，运土工具中的汽车、拖拉机及土方机械等，亦可用于路基压实。

3. 路基压实标准

压实度 k 是工地上路基土实际达到的干密度 ρ_d 与该土的最大干密度外 $\rho_{d\,max}$ 比值，又称路基压实标准。

$$k = \frac{\rho_d}{\rho_{d\,max}} \times 100\%$$

正确选定 k，关系到土路基受力状态、路基路面设计要求、施工条件，必须兼顾需要与可能，讲究实效与经济。

路基受力时，土中应力随深度变化的关系表明路基表层承受行车作用力最大，由顶部向下，受力急剧减小，在一般汽车荷载情况下，其影响深度在 1.0~2.0 m 范围内。因此，路基填土的压实度应是由下而上逐渐提高标准。

路面等级越高，对路基强度要求相应增大；自然条件越差，对路基的强度与稳定性越不利；路基挖填不同，对于路基的强度与稳定性亦有关系。特殊干旱地区雨水较少，地下水水位也较低，压实度稍有降低不致影响路基的坚固、稳定和耐久性能，加之水量稀少，天然土的含水率大大低于土的压实最佳含水率，要加水到最佳含水率并压实到规定值的确有困难。因此，特殊干旱地区的压实度可降低 2%~3%。

填石路堤包括分层填筑和倾填爆破石块的路堤，不能用土质路基的压实度来判定路基的密实程度。其判定方法目前国内外各国规范尚无统一规定。国外填石路堤有采用在振动压路机的驾驶台上装设的压实计反映的计数值来判定是否达到要求的紧密程度，但无定量值的规定，且只限于有此种装置的压路机。

《公路路基施工技术规范（JTG/T 3610—2019）》参考了城市道路的方法，但将碾压后轮迹改为零作为密实状态的判定，这是因为石块本身是不能压缩的，若要石块之间大部分缝隙已紧密靠拢，则重型压路机进行压实时，路堤应可达到稳定，不能有下沉轮迹。故可判为密实状态。

土质路基的压实度试验方法可采用灌砂法、环刀法、灌水法（水袋法）或核子密度湿度仪法。采用核子密度湿度仪法时，应先对仪器进行校正并做对比试验。

二、道路石方路基施工技术

（一）炸药、起爆器材及起爆方法

1. 爆炸的类型

爆炸是某一物质系统在发生迅速的物理变化和化学变化时，系统本身的能量借助于气体的急剧膨胀而转化为对周围介质做机械功，同时伴随有强烈放热、发光和声响等效应。

爆炸是一种常见的现象。例如，锅炉爆炸、汽车或自行车的轮胎"放炮"，原子弹、氢弹的爆炸和燃放鞭炮等。分析各种爆炸现象，大致可以将其归纳为三大类。

（1）物理爆炸

经验表明，自行车轮胎由于打气过多，内部压力过大，超过了内胎的强度，使车轮内胎突然破裂，以致发出大的响声。这种仅仅是物质形态发生变化，而化学成分和性质没有改变的爆炸现象叫作物理爆炸。

（2）核爆炸

由于核裂变（如 235U 的裂变）或核聚变（如氘、氚的聚变）反应放出巨大的能量，使核裂变或核聚变而释放出巨大能量所引起的爆炸现象叫作核爆炸。

（3）化学爆炸

燃放鞭炮所引起的强烈响声或矿山爆破所引起的岩石破裂、位移和气浪等，都是由于炸药获得一定的起爆能量后，迅速发生化学反应，放出足够的热能，形成高温高压气体，并对外界膨胀做功的缘故。这种爆炸现象叫化学爆炸。化学爆炸不仅是物质的形态发生了变化，而且成分和性质也发生了变化。在工程爆破中应用最广泛的是化学爆炸。

2. 炸药的种类

炸药的种类繁多，爆破工程中常用的可分为以下两类。

（1）起爆炸药

起爆炸药是一种爆炸速度极高的烈性炸药，爆速为 80~2000 m/s，它用于制造雷管。起爆炸药又可分为正起爆药和副起爆药，正起爆药对热能和机械冲击能均具有强烈的敏感性，如雷汞、叠氮铅、黑索金等；副起爆药须由正起爆药起爆，其爆速很高，可加强雷管的起爆能量，如三硝基甲硝胺、四硝化戊四醇等。

(2) 主要工程炸药

用以对岩石或其他介质进行爆炸的炸药称为主要工程炸药，它的敏感性较低，要在起爆炸药强力的冲击下才能爆炸，可分为缓性炸药（爆速为 1000～3500 m/s，如硝铵炸药、铵油炸药等）、粉碎性炸药（爆速为 3500～7000 m/s，如 TNT、胶质炸药等）等。

① 黑色炸药。是由硝酸钾（或硝酸钠）、硫黄及木炭所组成的混合物，其配合比以 75∶10∶15 为最佳。好的黑色炸药为深灰色的颗粒，不沾污手对火星和碰击极敏感，易燃烧爆炸，怕潮湿，威力低，适用于开采石料。

② TNT（三硝基甲苯）。呈结晶粉末状，淡黄色，压制后呈黄色，熔铸块呈褐色，不吸湿，爆炸威力大。由于本身含氧不足，爆炸时能产生有毒的一氧化碳（CO）气体，不宜用于地下作业。

③ 胶质炸药。这是由硝化甘油和硝酸铵（有时用硝酸钾或硝酸钠）组成的混合物，另加入一些木屑和稳定剂制成。可分为耐冻、非耐冻两种。工业上常用的是硝化甘油及二硝化乙二醇含量各为 62% 和 35% 的耐冻胶质炸药。对冲击、摩擦和火星都很敏感，如果湿度较高或储存时间过久，容易分解、渗油和挥发。此时，其对外界的作用更敏感，受冻后尤其危险，是一种危险性较大的炸药。胶质炸药因威力大，不吸湿，有较大密度和可塑性，所以适合于水下和坚石中使用。

④ 硝铵炸药。这是硝酸铵、TNT 和少量木粉的混合物，道路工程中常用的 2 号岩石硝铵炸药其配合比例为 85∶11∶4，具有中等威力和一定的敏感性，在 8 号雷管的作用下可以充分起爆，是安全的炸药。其有吸湿性与结块性，受潮后敏感性和威力显著降低，同时产生毒气。规程中规定，用于地下爆破时其含水率应小于 0.5%，露天应小于 1.5%，若含水率超过 3%，则可能拒爆。

⑤ 铵油炸药。这是硝酸铵和柴油（或加木粉）的混合物，通常两者的比例为 94.5∶5.5，当加木粉时，其比例为 92∶4∶4。这是一种廉价、安全、制造简单、威力比硝铵炸药略低、敏感性低的炸药。其具有结块性和吸湿性，使用时不能直接以 8 号雷管起爆，须同时用 10% 的硝铵炸药做起爆体，才能使其充分起爆。工地就地拌制的铵油炸药，单价较便宜，目前在爆破中应用较多。

⑥ 浆状炸药。这是以硝酸铵、TNT（或铝、镁粉）和水为主混合而成的一种糊状炸药，威力大，抗水性强，适用于深孔爆破，但需烈性炸药起爆。

⑦ 乳化油炸药。这是以硝酸铵、硝酸钠、高氯酸钠等水溶液，石蜡、柴油和失水山梨醇单油酸酯的乳化剂，以及含有微小气泡的物质（如空心玻璃微球或膨胀珍珠岩等）混合而成的一种乳胶状抗水炸药，具有中等威力，用 8 号雷管可以直接起爆。

3. 起爆器材

(1) 雷管

雷管是常用的起爆材料,按照引爆方式分为火雷管和电雷管两种。电雷管又分为即发、延期及毫秒雷管。雷管外壳有纸、钢、铁等几种。工业上按雷管内起爆药量多少,分成几种号码,通常使用 6 号和 8 号两种。6 号雷管相当于 1 g 雷汞的装药量,而 8 号相当于 2 g 雷汞的装药量。

① 雷管的构造。

雷管由雷管壳、正副装药、加强帽三部分组成。

火雷管与电雷管的不同之处是在管壳开口的一端,火雷管留出 15 mm 左右的空隙端,以备导火索插入之用;而电雷管则有一个电子点火装置,并以防潮涂料密封端口。延期和毫秒电雷管的特点是在点火装置和正装药之间加了一段缓燃剂。

电子点火装置的构造是在脚线(纱包绝缘铜线)的端部焊接一段高电阻的金属丝(一般为康铜丝,也有铬镍合金或钳铱合金丝),称为电桥丝。电桥上滴上一滴引燃剂,通电时灼热的电桥就能点燃引燃剂,使电雷管的正副起爆药发火起爆。

② 电雷管的主要指标。

电阻一般使用的电雷管、电阻为 $0.5 \sim 1.5 \omega$(2 m 长铜脚线、康铜电桥丝)。按安全规定串联在一起的电雷管,电阻差彼此不能超过 0.25ω。

最大安全电流是指在通电 5 分钟左右而不引起爆炸的最大电流。康铜电桥丝雷管最大安全电流和准爆电流为 $0.3 \sim 0.4$ A。铬镍合金电桥丝雷管最大安全电流和准爆电流为 $0.15 \sim 0.2$ A,用来测定电雷管的仪器输出电流不得超过 0.05 A。

最小准爆电流是指在 2 分钟左右的时间通电而使雷管准爆的最小电流。康铜电桥丝为 $0.5 \sim 0.8$ A,铬镍合金电桥丝为 $0.4 \sim 0.5$ A。按照安全规定,成组串联电雷管的准爆电流,直流电为 2 A,交流电为 2.5 A。若能保证有 $2.0 \sim 5.0$ A 的电流通过每个电雷管,则可充分保证准爆。

(2) 导火索

导火索是点燃火雷管的配置材料,外形为圆形索线,索芯内有黑火药,中间有纱导线,芯外紧缠着一层纱包线或防潮剂,导火索的要求是燃烧完全,燃速恒定。根据使用的要求,导火索的正常燃速为 $100 \sim 120$ s/m,缓燃导火索燃速为 $180 \sim 210$ s/m。

导火索在使用之前必须进行外观检查,不得有表层破损、折断、曲折、沾有油脂及涂料不均匀等情况,并应做燃速试验。

(3) 传爆线

传爆线又称导火线,其索芯用高级烈性炸药制成,内有双层棉织物,一层为防潮层,另一层为缠绕着的纱线,为与导火索区别,传爆线的表面涂成红色或红黄相间等色。我国制造的传爆线用黑索金等作为索芯,爆速为 6800~7200 m/s。

(4) 塑料导爆管

塑料导爆管由高压聚乙烯制成,内外径分别约为 1.4 mm 和 3 mm 的软管,内涂有以奥克托金或黑索金为主的混合炸药,药量为 14~16 mg/m。

4. 起爆方法

(1) 电力起爆方法

通过电爆网络实现起爆的方法称为电力起爆法。电爆网络中,电爆管的连接方式有串联、并联和混合联三种。

(2) 火花起爆法

火花起爆法是利用导火索燃烧引爆雷管,从而使药包爆炸的一种起爆方法。

(3) 传爆线起爆方法

传爆线着火较困难,使用时须在药室外的一段传爆线上捆扎一个 8 号雷管来引爆,传爆网络与药包为了爆破某一岩体,在其中或表面放置一定数量的炸药,称为药包。连接方式有并联、串联、簇并联等。

传爆线爆速快,故在大量爆破的药室中,使用传爆线起爆可以提高爆破效果。但必须严格遵守安全规定。

(4) 塑料导爆管非电起爆方法

塑料导爆管非电起爆方法是用雷管、导爆索、火帽、引火头等能产生冲击波的器材激发。这种方法很安全,可用于非危险品运输。一个 8 号雷管可激发 30~50 根导爆管。起爆网路与药包的连接方式有并联、串联、簇联和复式连接法等。该起爆方法具有抗杂电、操作简单、使用安全可靠、成本较低等优点,有逐渐替代导火索和传爆线起爆的趋势。

(二) 常用爆破方法

爆破应根据石方的集中程度、地质、地形条件,公路路基断面的形状,结合各种爆破方法的最佳使用特性,因地制宜,选择合适的爆破方法。其方法一般包括小炮和洞室炮两大类。小炮主要包括钢钎炮、深孔爆破等钻孔爆破、药壶炮和猫洞炮;洞室炮则随药包性质、断面形状和微地形的变化而不同。用药量 1 t 以上为大炮,反之用药量 1 t 以下为中小炮。现将各种爆破方法在综合爆破中的作用与特性分述如下。

1. 钢钎炮(眼炮)

在路基工程中,钢钎炮通常指炮眼直径和深度分别小于 7 cm 和 5 m 的爆破方

法。一般情况下,单独使用钢钎炮爆破石方是不太经济的,其原因主要有以下几点:

①炮眼浅,用药少,每次爆破的方数不多,并全靠人工清除,所以功效较低。

②不利于爆破能量的利用。由于眼浅,爆破时爆炸气体很容易冲出,变成不做功的声波,以致响声大而炸下的石方不多,个别石块飞得很远。

在公路工程中,应尽可能少用这种炮型。但是,由于它比较灵活且又是一种不可缺少的炮型,在地形艰险及爆破量较小地段(如打水沟、开挖便道、基坑等)仍属必需,是一种改造地形,为其他炮型服务的辅助炮型。

2. 深孔爆破

深孔爆破是孔径大于75 mm、深度5 m以上,采用延长药包的一种爆破方法。炮孔需用大型的潜孔凿岩机或穿孔机钻孔,如用挖运机械清方可以实现石方施工全面机械化。其优点是劳动生产率高,一次爆破的方量多,施工进度快,爆破时对路基边坡的影响比大炮小。若配合预裂或光面爆破,则边坡平整稳定,爆破效果容易控制,同时爆破时比较安全。但由于需要用大型机械,故转移工地、开辟场地、修筑便道等准备工作都较复杂,且爆破后仍有10%~25%的大石块需经第二次爆破来改小。

进行深孔爆破,要求先将地面修成台阶,称为梯段。梯段的倾角最好为60°~70°,高度应为5~15 m。炮孔分垂直孔和斜孔两种。炮孔直径一般为80~300 mm,公路工程中以用100~150 mm的为宜。

深孔爆破除需正确选用设计参数和布孔外,对装药、堵塞等操作技术要求也比较严格。随着石方施工机械化程度的提高,深孔爆破已开始在石方集中,地形较平缓的坯口或深路堑中使用,并获得较好的效果。单位耗药量为0.45~0.75 kg/m^3,平均每米钻孔爆落岩石11~20 m^3。因此,在有条件时应尽可能采用这种爆破方法。

3. 微差爆破

两相邻药包或前后排药包以毫秒的时间间隔(15~75 ms)依次起爆,称为微差爆破,也称毫秒爆破,多发一次爆破最好采用毫秒雷管。当装药量相等时,可减震1/3~2/3;前发药包为后发药包开创了临空面,从而加强了岩石的破碎效果;降低多排孔一次爆破的堆积高度,有利于挖掘机作业;由于逐发或逐排依次爆破,减少了岩石夹制力,可节省炸药20%,并可增大孔距,提高每米钻孔的炸落方量。

4. 药壶炮(烘膛炮)

药壶炮是指在深2.5~3.0 m及以上的炮眼底部用少量炸药经一次或多次烘膛,使眼底成葫芦形,然后将炸药集中装入药壶中进行爆破,此法主要用于露天爆破,其使用条件是:岩石应在Ⅺ级以下,不含水分,阶梯高度小于20 m,自然地面坡度在70°左右,如果自然地面坡度较缓,一般先用钢钎炮切脚,炸出台阶后再使用,多次实践经验证明，药壶炮最好用于Ⅶ~Ⅸ级岩石，中心挖深 4~6 m，阶梯高度在 7 m 以下；装药量可根据药壶体积而定，一般为 10~60 kg，最多可超过 100 kg，每次可炸岩石数十方至数百方，是小炮中最省工、最省药的一种方法。

(三) 选用爆破方法的基本原则

为了充分发挥各种爆破方法的特点，除要利用微地形和地质的客观条件外，还要在路基石方工程中选用各种爆破方法，组织炮群，有计划、有步骤地爆破拟开挖的石方。为此，石方工程的施工方案应按以下原则与步骤进行。

(1) 全面规划，重点设计

对拟爆破的路基工程，应根据石方集中的程度、微地形的变化、路基设计断面的形状，以及地质条件所能允许的爆破规模，并结合各种爆破方法的特点，进行全面规划，最终确定哪些地段采用洞室炮、深孔炮，哪些地段采用小炮群（一般情况下，中心挖深大于 6 m 时，可采用洞室炮，小于 6 m 可采用小炮群），以及各段的开挖顺序。最后，对石方集中的点进行重点设计。

(2) 由路基面开挖，形成高阶梯

为了充分利用岩石的崩塌作用，开挖应从路基面开始，渐渐形成高阶梯，为深孔炮、药壶炮或猫洞炮创造有利条件。

(3) 综合利用小炮群，分段分批爆破

一般有以下几种方法：① 在半挖半填的斜坡地形，采用一字排炮，而对自然坡度较缓的地形，应先用钢钎炮切脚，改造地形后，再采用一字排炮。② 路线横切小山包时，采用钢钎炮三面切角，改造地形后，再在中间用药壶爆破。③ 遇路基加宽，阶梯较高的地形，采用上下互相配合的小炮群。④ 对拉沟地堑，采用两头开挖时，可以用竖眼揭盖，平眼搜底的梅花炮。⑤ 机械化清方时，如遇坚石，可采用眼深为 2 m 以上的钢钎炮，组合成 30~40 个的多层炮群，或采用深孔炮。在坚硬岩石中，为使岩石破碎的程度满足清方的要求，除调整炮群设计参数外，还可以采用微差爆破和间隔药包。遇软石或节理发育的次坚石，可用松动爆破开挖。

通过上面的介绍可知，根据不同的客观条件，采用不同的爆破方法，可以使工效提高 2~10 倍，劳动强度也可大大降低。但由于单位耗药量比小炮定额高 2~4 倍以上，工程造价的降低并不显著。为了降低工程造价，有条件时可在爆破中采用铵油炸药。

爆破虽然具有不少优点，但在快速施工方面仍有缺陷。目前，特别严重的是导洞掘进和清方这两道工序其效率很慢，一般人工开挖导洞需要 15~30 天，并且爆破后仅有 65% 左右的岩体被抛掷（抛坍）出路基，但剩下岩体若用人工清方，仍需较长时间。这种两头慢中间快的不协调现象，只有通过采用机械化打眼和机械化、半机械化清方的办法才能得以改善。

(四) 爆破作业程序

1. 爆破设计文件的内容

大爆破设计文件包括说明书和设计图表。

设计说明书的内容如下：① 概述。包括设计任务、工程情况、对爆破结果提出的要求，以及设计中特殊情况的考虑和估计（如有关地面、地下人工建筑物、道路、农田和果树等）。② 地形、地质及水文地质资料的分析。③ 爆破方案的选择，爆破规模和炮群大小的确定与依据。④ 药包布置及选择设计参数的依据。⑤ 药包量的计算和导洞、药室布置的设计。⑥ 电爆网络选择的依据和计算。⑦ 安全范围的规定和计算公式。⑧ 预计爆破效果的分析。

2. 爆破网络

爆破网络的形式一般有以下几种：一条电爆网络；两条独立电爆网络并联，每条网络具有同样的电阻；一条电爆网络，一条传爆线网络同时使用等。

电爆网络的连接方式，可分为串联、并联和混合联三种。

串联的设计和敷设比较简单，所需总电流少，电线消耗量少。但在网络中有一个电雷管失效，就会使整个网络中断，产生拒爆。为克服这一缺点，在生产中往往采用成对串联的串联线路。

并联线路，每个电雷管有两根端线，并分别集中联在两根主导线上，此时各个雷管的作用互不相关，即使有个别雷管失效，也不影响其他雷管的正常起爆。但当所需总电流大，丢掉一个电雷管不易被发现。

混合联是串联和并联的混合使用，它可以是成组电雷管之间的并联，而组与组之间采用串联，或者与此相反。混合联可以采用较小的电源，有一定的可靠性。在生产中常采用成对的并、串联线路。该线路接线简单，计算和检查容易，导线消耗较少，电源较少时也适用，一般被认为是比较合理的形式。但也应注意并联的两个电雷管中若有一个失效，则通过另一个雷管的电流要比正常电流大一倍，该雷管点燃时间就会减少而提前起爆，这就容易使其他药包发生拒爆。为确保炮群各药包准爆，最好采用两条独立的成对串联的线路并联，或采用电爆网络传爆线网络混合使用。

3. 导洞药室的测量定位

按照设计图纸的要求，准确地将导洞进口位置具体确定在工地的桩位上影响很大，如果偏差大，将达不到预期目的。

在公路爆破中，导洞药室一般成 L 形或 T 形，由导洞、横拐洞和药室三部分组成。导洞有竖直导洞（竖井）和水平导洞（平洞）两并种，药室设在横拐洞的端部。

在进行导洞药室定位时，应以路基设计中心线为基准线、以地面现有中心桩为基准桩。

首先确定导洞进口桩位，并打中心桩。对于水平导洞，除确定进洞桩位外，还必须依设计要求找出导洞方向和基准线的夹角，并在适当的地方打下方向桩。为避免方向桩、中心桩等丢失，应相应地打上护桩。进行定位测量后，应在洞口钉立指示牌，用示意图标明导洞断面、长度、横拐洞长度、药室尺寸及水平标准等。在开挖过程中应及时检查校正，以保证导洞药室的开挖符合设计要求。

4. 导洞药室开挖

(1) 炮眼的布置

导洞药室的开挖，一般是用炮眼法进行掘进。

导洞的断面尺寸，视地质情况和导洞深度而变化，一般为 $1.0 \times 1.2 \sim 1.5 \times 1.8 \ m^2$。对于风化严重、岩石较破碎的洞口地段，尺寸还要大些。

导洞开挖时，炮眼的布置数量视石质情况而有增减，坚石一般布置 7~9 个，次坚石一般布置 5~6 个，松石一般布置 3~4 个。炮眼深度为 0.6~0.8 m，断面大的可以深到 1~1.2 m，或者更深，炮眼依其作用和位置分为掏槽眼、边眼。

掏槽眼布置在导洞断面的中央部分，眼口距离一般为 40 cm，炮眼与开挖面倾斜角为 75°~80°，使炮眼向断面中心汇聚。一般炮眼相距 10 cm 左右，掏槽眼的作用是为边坡爆破创造临空面。

(2) 炮眼装药与堵塞

炮眼内的装药量，应视炮眼深度和石质情况及炮眼的作用而定。施工中一般是根据炮眼深度确定装药量，当深度为 0.8~1.0 m 时，则装药长度为眼深的 2/5~1/2；当眼深为 0.6~0.7 m 时，则装药长度为眼深的 1/2~2/3。由于掏槽眼的作用是创造临空面，故药量应多一些，但装药长度不得过长，应当留出不少于眼深 1/2 的堵塞长度，否则容易发生冲天炮。

装药前应清除炮眼内的石粉和泥浆等物，对于积水，亦应掏干。为防止炸药受潮，还应包上油纸，药卷放入后应用炮棍轻轻挤压，起爆药卷应最后放入，并要特别小心，不能撞击，也不能挤压。

装药的基本要求是：药室四周全是基本炸药，内层为起爆炸药，核心为起爆体，而不能将起爆炸药和基本炸药混起来堆放。炸药的密度应各处相同。装药形状应尽可能集中，避免平铺分散。当药室不规则时，可用石块码放规则后再装药。起爆体多时，应将药按圆形布置在药室中心。

雷管脚线引出后，和外面电路接线要准确，并用竹片或其他材料予以包裹，以免损坏。

堵塞时，应先在离炸药堆外沿 10~20 cm 叠一堵石墙，封闭药堆构成药室；然后用土堵塞横拐洞(此时不能用力夯实，直至离洞室 2 m 才正式进行夯实)；以后可一层石块一层土分层回填。在回填土和夯实过程中，应注意保护电爆线路。应设专人检查电路及量测电阻值，做到随堵塞、随量测、随保护。当堵塞完成后，应量测洞室的总电阻，然后把该洞室各导线接成回路(短路)，等待接洞室联线或主导线，以确保安全。

炮眼的堵塞材料，一般为干细砂土、砂、黏土等，最好是以一份黏土、三份砂(粗砂)在最佳用水量下混合而成的堵塞料。堵塞时对紧贴起爆药卷的堵塞物不要捣压，以防振动雷管引起爆炸，其余的堵塞物要轻轻捣实，但要注意防止捣坏导火线或雷管脚线。

在导洞掘进过程中，每次爆破后，首先应检查有无瞎眼炮，并做相应处理。其次在导洞较深的情况下，应进行人工通风，以迅速排除烟尘和有毒气体，之后处理洞壁危石，出渣后就可继续掘进，直至达到设计要求。

5.起爆体的制作和爆破

(1)起爆体的制作

为了保证洞室炮中全部炸药能迅速准确地完成爆炸反应，应当用烈性炸药制作起爆体(起爆药包)。起爆体的药量，视洞室中总药量而定，一般为 3~20 kg。根据经验，若以铵油炸药为基本炸药，则每 500 kg 须配置 1~2 个 3 kg 的 2 号硝铵炸药的起爆体。在生产中，每个洞室中配制的起爆体一般不得超过 4 个。

对于药量不大的药室，起爆体可用纸包装制作，而药量较大的洞室炮，则应当用木盒制作起爆体。其制作过程是，在盒内装入松散的起爆药，并在其中央放入经测试符合要求的雷管束。为了防止可能拉动雷管脚线而带动雷管，或损坏雷管脚线，应把脚线绕在一根固定在起爆体外壳上的小木棍上。

(2)爆破

起爆方式，如导洞不深于 3 m，可用火花起爆；再深时，宜用电力起爆。

所有线路和主导线的连接，必须在最后进行。一切非有关人员必须撤离现场，才能接主导线。主导线连接完成后，应测定全线路的总电阻。总电阻应符合设计要求，否则应检查原因并做相应处理。

起爆前，还应检查起爆电源的电压，如果符合要求，即可发出起爆信号，并通知警戒人员开始起爆。起爆后 15 min，进行全面技术检查，无问题时再发出解除警报信号。如有瞎炮，必须小心谨慎，由专人负责指挥处理。洞室炮一般只能沿着导洞小心掏取堵塞物，找出电线重新起爆，否则应取出起爆体。对于硝铵炸药的中、小炮可用灌水使炸药失效等较安全的方法进行处理。

第二节　道路路面施工技术

一、道路沥青路面施工方法

(一) 沥青路面对原材料的要求

沥青路面使用的各种材料运至现场后必须取样进行质量检验，经评定合格后方可使用，不得以供应商提供的检测报告或商检报告代替现场检测。沥青路面集料的选择必须经过认真的料源调查，并且确定料源应尽可能就地取材。质量符合使用要求，石料开采必须注意环境保护，防止破坏生态平衡。集料粒径规格以方孔筛为准。不同料源、品种、规格的集料不得混杂堆放。

1. 对沥青材料的要求

沥青路面所用的沥青材料有石油沥青、煤沥青、液体石油沥青、沥青乳液和改性沥青等。各类沥青路面所用沥青材料的标号，应根据路面的类型、施工条件、地区气候条件、施工季节和矿料性质与尺寸等因素而定。

(1) 道路石油沥青

沥青路面采用的沥青标号，宜按照公路等级、气候条件、交通条件、路面类型及在结构层中的层位及受力特点、施工方法等，结合当地的使用经验，并经技术论证后确定。

对夏季温度高、高温持续时间长、重载交通、山区及丘陵区上坡路段、服务区、停车场等行车速度慢的路段，尤其是汽车荷载剪应力大的层次，宜采用稠度大、60℃黏度大的沥青，也可提高高温气候分区的温度水平选用沥青等级；对冬季寒冷的地区或交通量小的公路、旅游公路宜选用稠度小、低温延度大的沥青；对温度日温差、年温差大的地区宜注意选用针入度指数大的沥青。当高温要求与低温要求发生矛盾时应优先考虑满足高温性能的要求。当缺乏所需标号的沥青时，可采用不同标号掺配的调和沥青，其掺配比例由试验决定。

沥青路面的气候分区：选择沥青混合料等级、沥青混合料配合比设计和检验应适应公路环境条件的需要，并且能承受高温、低温、雨(雪)水的考验。沥青路面的气候条件按规范要求的气候分区，以适应地区具体气候条件的需要。

(2) 乳化沥青

乳化沥青适用于沥青表面处治路面、沥青贯入式路面、冷拌沥青混合料路面，修补裂缝，喷洒透层、粘层与封层等。

乳化沥青的质量应符合有关的规定。在高温条件下宜采用黏度较大的乳化沥青，而寒冷条件下宜采用黏度较小的乳化沥青。

乳化沥青类型根据集料品种及使用条件选择。阳离子乳化沥青可适用于各种集料品种，而阴离子乳化沥青适用于碱性石料。乳化沥青的破乳速度、黏度宜根据用途与施工方法选择。

(3) 液体石油沥青

液体石油沥青适用于透层、粘层及拌制冷拌沥青混合料。根据使用目的与场所，可选用快凝、中凝、慢凝的液体石油沥青，其质量应符合有关的规定。液体石油沥青宜采用针入度较大的石油沥青，使用前按先加热沥青后加稀释剂的顺序，掺配煤油或轻柴油，经适当的搅拌、稀释制成。掺配比例根据使用要求由试验确定。液体石油沥青在制作、储存、使用的全过程中必须通风良好，并由专人负责，以确保安全。基质沥青的加热温度严禁超过140℃，液体沥青的储存温度不得高于50℃。

(4) 煤沥青

道路用煤沥青的标号应根据气候条件、施工温度、使用目的选用，并且其质量应符合有关规定。道路用煤沥青适用于下列情况：① 各种等级公路的各种基层上的透层，宜采用T-1级或T-2级，其他等级不符合喷洒要求时可适当稀释使用；② 三级及三级以下的公路铺筑表面处治或贯入式沥青路面，宜采用T-5级、T-6级或T-7级；③ 与道路石油沥、乳化沥青混合使用，以改善渗透性。

道路用煤沥青严禁用于热拌热铺的沥青混合料，用于其他用途时的储存温度宜为70~90℃，且不得长时间储存。

(5) 改性沥青

改性沥青可单独或复合采用高分子聚合物、天然沥青及其他改性材料制作，常见的聚合物改性剂有SBS（I类）适用于北方气候温差较大的地区，SBR（II类）适用于南方地区，EVA、PE（III类）应用较广泛，当使用其他聚合物及复合改性沥青时，可通过试验研究制定相应的技术要求。

供应商在提供改性沥青的质量报告时应提供基质沥青的质量检验报告或沥青样品。天然沥青可以单独与石油沥青混合使用或与其他改性沥青混熔后使用。天然沥青的质量要求宜根据其品种参照相关标准和成功的经验执行。

用作改性剂的SBR胶乳中的固体物含量不宜少于45%，使用中严禁长时间曝晒或遭冰冻。改性沥青的剂量以改性剂占改性沥青总量的百分数计算，胶乳改性沥青的剂量应以扣除水以后的固体物含量计算。

改性沥青宜在固定式工厂或在现场设厂集中制作，也可在拌合厂现场边制造边使用，改性沥青的加工温度不宜超过180℃胶乳类改性剂和制成颗粒的改性剂可直接投入拌合缸中生产改性沥青混合料。用溶剂法生产改性沥青母体时，挥发性溶剂回收后的残留量不得超过5%。

现场制造的改性沥青宜随配随用，需做短时间保存，或运送到附近的工地使用前必须搅拌均匀，并在不发生离析的状态下使用。改性沥青制作设备必须设有随机采集样品的取样口，采集的试样宜立即在现场灌模。工厂制作的成品改性沥青到达施工现场后存储在改性沥青罐中，改性沥青罐中必须加设搅拌设备并进行搅拌，使用前改性沥青必须搅拌均匀。在施工过程中应定期取样以检验产品质量，一旦发现离析等质量不符要求的改性沥青不得使用。

2. 对细集料的要求

沥青路面的细集料包括天然砂、机制砂、石屑。细集料必须由具有生产许可证的采石场、采砂场生产。细集料应洁净、干燥、无风化、无杂质，并有适当的颗粒级配。细集料的洁净程度，天然砂以小于0.075 mm含量的百分数表示，石屑和机制砂以砂当量（适用于0~4.75 mm）或亚甲蓝值（适用于0~2.36 mm或0~0.15 mm）表示。

天然砂可采用河砂或海砂，通常宜采用粗、中砂，并其规格应符合有关的规定。砂的含泥量超过规定时应水洗后使用，而海砂中的贝壳类材料必须筛除。开采天然砂必须取得当地政府主管部门的许可，并符合水利及环境保护的要求。热拌密级配沥青混合料中天然砂的用量通常不宜超过集料总量的20%，SMA和OGFC混合料不宜使用天然砂。石屑是采石场破碎石料时通过4.75 mm或2.36 mm的筛下部分，其规格应符合有关规定的要求。采石场在生产石屑的过程中应具备抽吸设备，高速公路和一级公路的沥青混合料，宜将S14与S16组合使用，而S15可在沥青稳定碎石基层或其他等级公路中使用。机制砂宜采用专用的制砂机制造，并选用优质石料生产，其级配应符合S16的要求。

(二) 透层、粘层施工

1. 透层施工

透层是为使沥青面层与非沥青材料基层结合良好，在基层上喷洒液体石油沥青、乳化沥青、煤沥青而形成的透入基层表面一定深度的薄层。

沥青路面各类基层都必须喷洒透层油，沥青层必须在透层油完全渗入基层后方可铺筑。基层上设置下封层时，透层油不宜省略。气温低于10℃或大风天气，即将降雨时不得喷洒透层油。根据基层类型选择渗透性好的液体沥青、乳化沥青、煤沥青做透层油,喷洒后通过钻孔或挖掘确认透层油渗入基层的深度宜不小于5 mm(无机结合料稳定集料基层)和10 mm(无结合料基层),并能与基层连为一体。透层油的质量应符合规范的要求。

透层用液体沥青的黏度通过调节煤油或轻柴油等稀释剂的品种和掺量经试验确定。

用于半刚性基层的透层油宜紧接在基层碾压成型后表面稍变干燥,但尚未硬化的情况下进行喷洒。在无结合料粒料基层上洒布透层油时,宜在铺筑沥青层前1~2 d洒布。透层油宜采用沥青洒布车一次喷洒均匀,使用的喷嘴宜根据透层油的种类和黏度选择并保证均匀喷洒,沥青洒布车喷洒不均匀时宜改用手工沥青洒布机喷洒。洒布应符合要求。喷洒透层油前应清扫路面,遮挡防护路缘石及人工构造物避免污染,透层油必须洒布均匀,有花白遗漏应人工补洒,喷洒过量的立即撒布石屑或砂吸油,必要时做适当碾压。

2. 粘层施工

粘层是为加强路面沥青层与沥青层之间、沥青层与水泥混凝土路面之间的黏结而洒布的一种沥青材料薄层。

符合下列情况之一时,必须喷洒粘层油:① 双层式或三层式热拌热铺沥青混合料路面的沥青层之间;② 水泥混凝土路面、沥青稳定碎石基层或旧沥青路面层上加铺沥青层;③ 路缘石、雨水口、检查井等构造物与新铺沥青混合料接触的侧面。

粘层油宜采用快裂或中裂乳化沥青、改性乳化沥青,也可采用快、中凝液体石油沥青,其规格和质量应符合规范的要求,所使用的基质沥青标号宜与主层沥青混合料相同。粘层油品种和用量,应根据下卧层的类型通过试洒确定。当粘层油上铺筑薄层大空隙排水路面时,粘层油的用量宜增加到$0.6 \sim 1.01 \text{ L/m}^2$。在沥青层之间兼做封层而喷洒的粘层油宜采用改性沥青或改性乳化沥青,其用量宜不少于1.01 L/m^2。

粘层油宜采用沥青洒布车喷洒,并选择适宜的喷嘴,同时洒布速度和喷洒量保持稳定。当采用机动或手摇的手工沥青洒布机喷洒时,必须由熟练的技术工人操作,均匀洒布。气温低于10℃时不得喷洒粘层油,寒冷季节施工不得不喷洒时可以分两次喷洒。路面潮湿时不得喷洒粘层油,用水洗刷后需待表面干燥后喷洒。喷洒的粘层油必须成均匀雾状,在路面全宽度内均匀分布成一薄层,不得有洒花漏空或呈条状,也不得有堆积。喷洒不足的要补洒,喷洒过量处应予刮除。喷洒粘层油后,严禁运料车外的其他车辆和行人通过。粘层油宜在当天洒布,待乳化沥青破乳、水分蒸发完成,或稀释沥青中的稀释剂基本挥发完成后,紧跟着铺筑沥青层,从而确保粘层不受污染。

(三)热拌沥青混合料路面(厂拌法)施工

1. 热拌沥青混合料路面的类型

热拌沥青混合料(Hot Mixture Asphalt,HMA)适用于各种等级公路的沥青路面。其种类按集料公称最大粒径、矿料级配、空隙率来划分。

各层沥青混合料应满足所在层位的功能性要求,便于施工,不容易离析。各层应连续施工并连成一个整体。当发现混合料结构组合及级配类型的设计不合理时,应进行修改、调整,以确保沥青路面的使用性能。沥青面层集料的最大粒径宜从上到下逐渐增大,并应与压实层厚度相匹配。对热拌热铺密级配沥青混合料,沥青层一层的压实厚度不宜小于集料公称最大粒径的2.5~3倍,对SMA和OGFC等嵌挤型混合料不宜小于公称最大粒径的2~2.5倍,以减少离析,便于压实。

2. 施工准备

铺筑沥青层前,应检查基层或下卧沥青层的质量,对于不符合要求的不得铺筑沥青面层。旧沥青路面或下卧层已被污染时,必须清洗或经铣刨处理后方可铺筑沥青混合料。石油沥青加工及沥青混合料施工温度应根据沥青标号及黏度、气候条件、铺装层的厚度来确定。

聚合物改性沥青混合料的施工温度根据实践经验选择。通常宜较普通沥青混合料的施工温度提高10℃~20℃。对采用冷态胶乳直接喷入法制作的改性沥青混合料,集料烘干温度应进一步提高。

SMA混合料的施工温度应视纤维品种和数量、矿粉用量的不同,在改性沥青混合料的基础上做适当提高。

3. 沥青混合料的拌制

沥青混合料必须在沥青拌合厂(场、站)采用拌合机械拌制。拌合厂的设置必须符合国家有关环境保护、消防、安全等规定。拌合厂与工地现场距离应充分考虑交通堵塞的可能,确保混合料的温度下降不超过要求,且不致因颠簸造成混合料离析。拌合厂应具有完备的排水设施。各种集料必须分隔储存,细集料场应设防雨顶棚,料场及场内道路应做硬化处理,严禁泥土污染集料。

沥青混合料可采用间歇式拌合机或连续式拌合机拌制。高速公路和一级公路宜采用间歇式拌合机拌合。连续式拌合机使用的集料必须稳定不变。

集料与沥青混合料取样应符合现行试验规程的要求。从沥青混合料运料车上取样时,必须在设置取样台分几处采集一定深度下的样品。集料进场宜在料堆顶部平台卸料,经推土机推平后,铲运机从底部按顺序竖直装料,减小集料离析。

烘干集料的残余含水率不得大于1%。每天开始几盘集料应提高加热温度,并干拌几锅集料废弃,再正式加沥青拌合混合料。

拌合机的矿粉仓应配备振动装置以防止矿粉起拱。添加消石灰、水泥等外掺剂时,宜增加粉料仓,也可由专用管线和螺旋升送器直接加入拌合锅,若与矿粉混合使用时应注意二者因密度不同而发生离析。拌合机必须有二级除尘装置,经一级除尘部分可直接回收使用,二级除尘部分可进入回收粉仓使用(或废弃)。对因除尘造成的粉料损失,应补充等量的新矿粉。

沥青混合料拌合时间根据具体情况经试拌确定,以沥青均匀裹覆集料为度间歇式拌合机每盘的生产周期不宜少于 45 s(其中干拌时间不少于 5~10 s)。

生产添加纤维的沥青混合料时,纤维必须在混合料中充分分散,并且拌合均匀。拌合机应配备同步添加投料装置,松散的絮状纤维可在喷入沥青的同时或稍后采用风送设备喷入拌合锅,拌合时间宜延长 5 s 以上。颗粒纤维可在粗集料投入的同时自动加入,经 5~10 s 的干拌后,再投入矿粉,工程量很小时,也可分装成塑料小包或由人工量取直接投入拌合锅。使用改性沥青时应随时检查沥青泵、管道、计量器是否被堵,当出现堵塞时应及时清洗。

沥青混合料出厂时应逐车检测沥青混合料的质量和温度,并记录出厂时间,签发运料单。

4. 沥青混合料的运输

热拌沥青混合料宜采用较大吨位的运料车运输,但不得超载运输或急刹车、急弯掉头,而使透层、封层造成损伤。运料车的运力应稍有富余,施工过程中摊铺机前方应有运料车等候。对高速公路、一级公路,宜待等候的运料车多于 5 辆后开始摊铺。

运料车每次使用前后必须清扫干净,并在车厢板上涂一薄层防止沥青黏结的隔离剂或防黏剂,但不得有余液积聚在车厢底部。从拌合机向运料车上装料时,应多次挪动汽车位置,平衡装料,以减少混合料离析。运料车运输混合料宜用苫布覆盖保温、防雨、防污染。运料车进入摊铺现场时,轮胎上不得沾有泥土等可能污染路面的脏物,否则宜设水池洗净轮胎后进入工程现场。沥青混合料在摊铺地点凭运料单接收,若混合料不符合施工温度要求,或已经结成团块、已遭雨淋的而不得铺筑。

摊铺过程中运料车应在摊铺机前 100~300 mm 处停住,并空挡等候,由摊铺机推动前进开始缓缓卸料,避免撞击摊铺机。在有条件时,运料车可将混合料卸入转运车经二次拌合后向摊铺机连续均匀地供料。运料车每次卸料必须倒净,尤其是对改性沥青或 SMA 混合料,如有剩余,应及时清除,防止硬结。SMA 及 OGFC 混合料在运输、等候过程中,如发现有沥青混合料沿车厢板滴漏,应采取措施予以避免。

5. 沥青混合料的摊铺

热拌沥青混合料应采用沥青摊铺机摊铺，在喷洒有粘层油的路面上铺筑改性沥青混合料或 SMA 时，宜使用履带式摊铺机。摊铺机的受料斗应涂刷薄层隔离剂或防黏结剂。

铺筑高速公路、一级公路沥青混合料时，一台摊铺机的铺筑宽度不宜超过 6 m（双车道）和 7.5 m（3 车道以上），通常宜采用两台或更多台数的摊铺机前后错开 10～20 m，呈梯队方式同步摊铺，两幅之间应有 30～60 mm 宽度的搭接，并躲开车道轮迹带，上下层的搭接位置宜错开 200 mm 以上。

摊铺机开工前应提前 0.5～1 h 预热熨平板温度不低于 100℃。铺筑过程中应选择熨平板的振捣或夯锤压实装置，具有适宜的振动频率和振幅，以提高路面的初始压实度，熨平板加宽连接应仔细调节至摊铺的混合料没有明显的离析痕迹。摊铺机必须缓慢、均匀、连续不间断地摊铺，不得随意变换速度或中途停顿，以提高平整度，从而减少混合料的离析。摊铺速度宜控制在 2～6 m/min 范围内，对改性沥青混合料及 SMA 混合料宜放慢至 1 m/min，当发现混合料出现明显的离析、波浪、裂缝、拖痕时，应分析原因并予以消除。

沥青混合料的松铺系数应根据混合料类型由试铺试压确定。摊铺过程中应随时检查摊铺层厚度及路拱、横坡，并按规定的方法由使用的混合料总量与面积校验平均厚度。摊铺机的螺旋布料器应相应于摊铺速度调整到保持一个稳定的速度均衡地转动，两侧应保持有不少于送料器 2/3 高度的混合料，以减少在摊铺过程中混合料的离析。

用机械摊铺的混合料，不宜用人工反复修整。当不得不由人工作局部找补或更换混合料时，需仔细进行，特别严重的缺陷应整层铲除。在路面狭窄部分、平曲线半径过小的匝道或加宽部分，以及小规模工程不能采用摊铺机铺筑时可用人工摊铺混合料。人工摊铺沥青混合料应符合下列要求：① 半幅施工时，路中一侧宜事先设置挡板。② 沥青混合料宜卸在铁板上，摊铺时应扣锹布料，不得扬锹远甩。铁锹等工具宜沾防黏结剂或加热使用。③ 边摊铺边用刮板整平，刮平时应前后轻重一致，控制次数，严防集料离析。④ 摊铺不得中途停顿，并加快碾压。如因故不能及时碾压时，应立即停止摊铺，并对已卸下的沥青混合料覆盖苫布保温。⑤ 低温施工时，每次卸下的混合料应覆盖苫布以保温。

在雨期铺筑沥青路面时，应加强与气象台（站）的联系，已摊铺的沥青层因遇雨未行压实的应予铲除。

6. 沥青路面的压实及成型

压实成型的沥青路面应符合压实度及平整度的要求。

沥青混凝土的压实层最大厚度不宜大于 100 mm，沥青稳定碎石混合料的压实层厚度不宜大于 120 mm，但当采用大功率压路机且经试验证明能达到压实度时，允许压实层厚度增大到 150 mm。沥青路面施工应配备足够数量的压路机，并选择合理的压路机组合方式及初压、复压、终压（包括成型）的碾压步骤，以达到最佳碾压效果。高速公路铺筑双车道沥青路面的压路机数量不宜少于 5 台，施工气温低、风大、碾压层薄时，压路机数量应适当增加。压路机的碾压路线及碾压方向不应突然改变而导致混合料推移。碾压区的长度应大体稳定，两端的折返位置应随摊铺机前进而推进，横向不得在相同的断面上。

压路机碾压的施工温度应根据混合料种类、压路机、气温、层厚等情况经试压确定。在不产生严重推移和裂缝的前提下，初压、复压、终压都应尽可能在高温下进行，同时不得在低温状况下做反复碾压，从而使石料棱角磨损、压碎，破坏集料嵌挤。

沥青混合料的初压应符合下列要求：① 初压应在紧跟摊铺机后碾压，并保持较短的初压区长度，以尽快使表面压实，减少热量散失。对摊铺后初始压实度较大，经实践证明采用振动压路机或轮胎压路机直接碾压无严重推移而有良好效果时，可免去初压，直接进入复压工序。② 通常宜采用钢轮压路机静压 1 ~ 2 遍。碾压时应将压路机的驱动轮面向摊铺机，从外侧向中心碾压，在超高路段则由低向高碾压，在坡道上应将驱动轮从低处向高处碾压。③ 初压后应检查平整度、路拱，有严重缺陷时进行修整乃至返工。

复压应紧跟在初压后进行，并应符合下列要求：① 复压应紧跟在初压后开始，且不得随意停顿。压路机碾压段的总长度应尽量缩短，通常不超过 60 ~ 80 m。采用不同型号的压路机组合碾压时，宜安排每一台压路机做全幅碾压，从而防止不同部位的压实度不均匀。② 密级配沥青混凝土的复压宜优先采用重型的轮胎压路机进行搓揉碾压，以增加密水性，其总质量宜不小于 25 t，吨位不足时应附加重物，使每一个轮胎的压力不小于 15 kN。冷态时的轮胎充气压力不小于 0.55 MPa，轮胎发热后不小于 0.6 MPa，且各个轮胎的气压大体相同，相邻碾压带应重叠 1/3 ~ 1/2 的碾压轮宽度，碾压至要求的压实度为止。③ 对粗集料为主的较大粒径的混合料，尤其是大粒径沥青稳定碎石基层，宜优先采用振动压路机复压。厚度小于 30 mm 的薄沥青层不宜采用振动压路机碾压。振动压路机的振动频率宜为 35 ~ 50 Hz，振幅宜为 0.3 ~ 0.8 mm。层厚较大时选用高频率大振幅，以产生较大的激振力；厚度较薄时采用高频率低振幅，以防止集料破碎。相邻碾压带重叠宽度为 100 ~ 200 mm。振动压路机折返时应先停止振动。④ 当采用三轮钢筒式压路机时，总质量宜不小于 12 t，相邻碾压带宜重叠后轮的 1/2 宽度，并不少于 200 mm。⑤ 对路面边缘、加宽及港湾式停车带等大型压路机难以碾压的部位，宜采用小型振动压路机或振动夯板做补充碾压。

终压应紧接在复压后进行，如经复压后已无明显轮迹时可免去终压。终压可选用双轮钢筒式压路机或关闭振动的振动压路机碾压，宜不少于2遍，至无明显轮迹为止。

SMA路面的压实应符合以下要求：①除沥青用量较低，经试验证明采用轮胎压路机碾压有良好效果外，不宜采用轮胎压路机碾压，以防将沥青混合料搓揉挤压上浮。②SMA路面宜采用振动压路机或钢筒式压路机碾压。振动压路机应遵循"紧跟、慢压、高频、低幅"的原则，即紧跟在摊铺机后面，并采取高频率、低振幅的方式慢速碾压。如发现SMA混合料高温碾压推拥现象，应复查其级配是否合适。

OGFC宜采用小于12 t的钢筒式压路机碾压。碾压轮在碾压过程中应保持清洁，有混合料粘轮时应立即清除。对钢轮可涂刷隔离剂或防黏结剂，但严禁刷柴油。当采用向碾压轮喷水（可添加少量表面活性剂）的方式时，必须严格控制喷水量且呈雾状，不得漫流，以防混合料降温过快。轮胎压路机开始碾压阶段，可适当烘烤、涂刷少量隔离剂或防黏结剂，也可少量喷水，并先到高温区碾压使轮胎尽快升温，之后停止洒水。轮胎压路机轮胎外围宜加设围裙保温。压路机不得在未碾压成型路段上转向、调头、加水或停留。

在当天成型的路面上，不得停放各种机械设备或车辆，不得散落矿料、油料等杂物。

7. 接缝施工

沥青路面的施工必须接缝紧密、连接平顺，不得产生明显的接缝离析。上、下层的纵缝应错开150 mm（热接缝）或300~400 mm（冷接缝）以上。相邻两幅及上、下层的横向接缝均应错位1 m以上。接缝施工应用3m直尺检查，以确保平整度符合要求。

纵向接缝部位的施工应符合下列要求：①摊铺时采用梯队作业的纵缝应采用热接缝，将已铺部分留下100~200 mm宽暂不碾压，作为后续部分的基准面，然后进行跨缝碾压以消除缝迹。②当半幅施工或由于特殊原因而产生纵向冷接缝时，宜加设挡板或加设切刀切齐，也可在混合料尚未完全冷却前用镐刨除边缘留下毛槎的方式，但不宜在冷却后采用切割机做纵向切缝加铺另半幅前应涂洒少量沥青，重叠在已铺层上50~100 mm，再铲走铺在前半幅上面的混合料，碾压时由边向中碾压留下100~150 mm，再跨缝挤紧压实。或者先在已压实路面上行走碾压新铺层150 mm左右，然后压实新铺部分。

8. 开放交通及其他

热拌沥青混合料路面应待摊铺层完全自然冷却，当混合料表面温度低于50℃后，可开放交通需要提早开放交通时，可洒水冷却，以降低混合料温度。

沥青路面雨期施工应符合下列要求：①注意天气预报，加强工地现场、沥青拌合厂及气象台站之间的联系，控制施工长度，各项工序紧密衔接；②运料车和工地应备有防雨设施，并做好基层及路肩排水。

铺筑好的沥青层应严格控制交通，做好保护，保持整洁，不得造成污染，严禁在沥青层上堆放施工产生的土或杂物，严禁在已铺沥青层上制作水泥砂浆。

(四) 沥青表面处治与封层 (层铺法) 施工

1. 沥青表面处治

沥青表面处治面层是用沥青和矿料按层铺法修筑的厚度不大于3 cm的一种薄层。

沥青表面处治适用于三级及三级以下公路的沥青面层。各种封层适用于加铺薄层罩面、磨耗层、水泥混凝土路面上的应力缓冲层、各种防水和密水层、预防性养护罩面层。沥青表面处治与封层宜选择在干燥和较热的季节施工，并在最高温度低于15℃时期之前半个月及雨季前结束。

在清扫干净的碎 (砾) 石路面上铺筑沥青表面处治时，应喷洒透层油。在旧沥青路面、水泥混凝土路面、块石路面上铺筑沥青表面处治路面时，可在第一层沥青用量中增加10% ~ 20%，不再另洒透层油或粘层油。

层铺法沥青表面处治路面宜采用沥青洒布车及集料洒布机联合作业。沥青洒布车喷洒沥青时应保持稳定速度和喷洒量，并保持整个洒布宽度喷洒均匀。小规模工程可采用机动或手摇的手工沥青洒布机洒布沥青。沥青表面处治施工应确保各工序紧密衔接，每个作业段长度应根据施工能力确定，并在当天完成。人工撒布集料时应等距离划分段落备料。

三层式沥青表面处治的施工工艺应按下列步骤进行：

①清扫基层，洒布第一层沥青。沥青的撒布温度根据气温及沥青标号选择，石油沥青宜为130℃ ~ 170℃，煤沥青宜为80℃ ~ 120℃，乳化沥青在常温下洒布，加温洒布的乳液温度不得超过60℃。前后两车喷洒的接槎处用铁板或建筑纸铺1 ~ 1.5 m，使搭接良好。分几幅浇洒时，纵向搭接宽度宜为100 ~ 150 mm。洒布第二、三层沥青的搭接缝应错开。

②洒布主层沥青后应立即用集料撒布机或人工撒布第一层主集料。撒布集料后应及时扫匀，达到全面覆盖、厚度一致、集料不重叠，也不露出沥青的要求。局部

有缺料时适当找补,积料过多的将多余集料扫出。两幅搭接处,第一幅撒布沥青应暂留 100~150 mm 宽度不撒布石料,待第二幅一起撒布。

③撒布主集料后,不必等全段撒布完,立即用 6~8 t 钢筒双轮压路机从路边向路中心碾压 3~4 遍,每次轮迹重叠约 300 mm。碾压速度开始不宜超过 2 km/h,以后可适当增大。

④第二、三层的施工方法和要求应与第一层相同,但可以采用 8 t 的压路机碾压。

双层式或单层式沥青表面处治浇洒沥青及撒布集料的次数相应减少,其施工程序和要求参照进行。

除乳化沥青表面处治应待破乳、水分蒸发并基本成型后方可通车外,沥青表面处治在碾压结束后即可开放交通,并通过开放交通补充压实,成型稳定。在通车初期应设专人指挥交通或设置障碍物控制行车,限制行车速度不超过 20 km/h,严禁畜力车及铁轮车行驶,从而使路面全部宽度均匀压实。

沥青表面处治应注意初期养护。当发现有泛油时,应在泛油处补撒与最后一层石料规格相同的嵌缝料并扫匀,过多的浮料应扫出路外。

2.封层施工

封层是为封闭表面空隙、防止水分侵入而在沥青面层或基层上铺筑的一种有一定厚度的沥青混合料薄层。铺筑在沥青面层表面的称为上封层,铺筑在沥青面层下面、基层表面的称为下封层。

(1)上封层

根据情况可选择乳化沥青稀浆封层、微表处、改性沥青集料封层、薄层磨耗层或其他适宜的材料。铺设上封层的下卧层必须彻底清扫干净,对车辙、坑槽、裂缝进行处理或挖补。上封层的类型根据使用目的、路面的破损程度选用:①裂缝较细、较密的可采用涂洒类密封剂、软化再生剂等涂刷罩面。②对二级及二级以下公路的旧沥青路面可以采用普通的乳化沥青稀浆封层,也可在喷洒道路石油沥青后撒布石屑(砂)后碾压作封层。③对高速公路、一级公路有轻微损坏的宜铺筑微表处。④对用于改善抗滑性能的上封层可采用稀浆封层、微表处或改性沥青集料封层。

(2)下封层

多雨潮湿地区的高速公路、一级公路的沥青面层空隙率较大,有严重渗水可能,或铺筑基层不能及时铺筑沥青面层而需通行车辆时,宜在喷洒透层油后铺筑下封层。下封层宜采用层铺法表面处治或稀浆封层法施工。稀浆封层可采用乳化沥青或改性乳化沥青做结合料。下封层的厚度不宜小于 6 mm,且做到完全密水。以层铺法沥青表面处治铺筑下封层时,通常采用单层式,矿料用量宜为 5~8 m^3/1000 m^2,沥青用量可采用要求范围的中高限。

3. 稀浆封层与微表处

稀浆封层是用适当级配的石屑或砂、填料（水泥、石灰、粉煤灰、石粉等）与乳化沥青、外掺剂和水，按一定比例拌合而成的流动状态的沥青混合料，然后将其均匀摊铺在路面上形成的沥青封层。

微表处是采用适当级配的石屑或砂、填料（水泥、石灰、粉煤灰、石粉等）与聚合物改性乳化沥青、外掺剂和水，按一定比例拌合而成的流动状态的沥青混合料，随之将其均匀摊铺在路面土形成的沥青封层。

微表处主要用于高速公路及一级公路的预防性养护以及填补轻度车辙，也适用于新建公路的抗滑磨耗层。稀浆封层一般用于二级及二级以下公路的预防性养护，也适用于新建公路的下封层。

稀浆封层和微表处必须使用专用的摊铺机进行摊铺。单层微表处适用于旧路面车辙深度不大于 15 mm 的情况；超过 15 mm 的必须分两层铺筑，或先用 V 形车辙摊铺箱摊铺；深度大于 40 mm 时，不适宜微表处处理。

微表处必须采用改性乳化沥青，稀浆封层可采用普通乳化沥青或改性乳化沥青，其品种和质量应分别符合要求。稀浆封层和微表处应选择坚硬、粗糙、耐磨、洁净的集料。各项性能应符合要求。其中，微表处用通过 4.75 mm 筛的合成矿料的砂当量不得低于 65%，稀浆封层用通过 4.75 mm 筛的合成矿料的砂当量不得低于 50%。当用于抗滑表层时，还应符合有关磨光值的要求。细集料宜采用碱性石料生产的机制砂或洁净的石屑。对集料中的超粒径颗粒必须筛除。

稀浆封层和微表处施工前，应彻底清除原路面的泥土、杂物，修补坑槽、凹陷、较宽的裂缝宜清理灌缝。在水泥混凝土路面上铺筑微表处时宜洒布粘层油，过于光滑的表面需做拉毛处理。稀浆封层和微表处的最低施工温度不得低于 10℃，必须严禁在雨天施工，摊铺后尚未成型混合料遇雨时应予铲除。稀浆封层和微表处两幅纵缝搭接的宽度不宜超过 80 mm，横向接缝宜做成对接缝，分两层摊铺时，第一层摊铺后至少应开放交通 24 h 后方可进行第二层摊铺。

稀浆封层和微表处铺筑后的表面不得有超粒径料拖拉的严重划痕，横向接缝和纵向接缝处不得出现余料堆积或缺料现象，用 3 m 直尺测量接缝处的不平整度不得大于 6 mm。对微表处不得有横向波浪和深度超过 6 mm 的纵向条纹。经养生和初期交通碾压稳定的稀浆封层和微表处，在行车作用下应不飞散且完全密水。

（五）沥青贯入式路面（层铺法）施工

沥青贯入式路面是在初步压实的碎石上，分层浇洒沥青、撒布嵌缝料，经压实而形成的路面结构层。

沥青贯入式路面适用于三级及三级以下公路，也可作为沥青路面的连接层或基层。沥青贯入式路面的厚度宜为 4~8 cm，但乳化沥青的厚度不宜超过 5 cm。当贯入层上部加铺拌合的沥青混合料面层成为上拌下贯式路面时，拌合层的厚度宜不小于 1.5 cm。

沥青贯入式路面的最上层应撒布封层料或加铺拌合层。沥青贯入层作为连接层使用时，可不撒表面封层料。沥青贯入式路面宜选择在干燥和较热的季节施工，并宜在日最高温度降低至 15℃ 以前半个月内结束，使贯入式结构层通过开放交通碾压成型。

沥青贯入式路面施工前，基层必须清扫干净。当需要安装路缘石时，应在路缘石安装完成后施工。路缘石应予遮盖。乳化沥青贯入式路面必须浇洒透层或粘层沥青。沥青贯入式路面厚度小于或等于 5 cm 时，也应浇洒透层或粘层沥青。沥青贯入式路面的施工应按下列步骤进行：① 采用碎石摊铺机、平地机或人工摊铺主层集料。铺筑后严禁车辆通行。② 碾压主层集料。撒布后应采用 6~8 t 的轻型钢筒式压路机自路两侧向路中心碾压，碾压速度宜为 2 km/h，每次轮迹重叠约 30 cm，碾压一遍后检验路拱和纵向坡度。当不符合要求时，应调整找平后再压。然后，用重型的钢轮压路机碾压，每次轮迹重叠 1/2 左右，宜碾压 4~6 遍，直至主层集料嵌挤稳定，无显著轮迹为止。③ 浇洒第一层沥青。浇洒方法应按要求进行。采用乳化沥青贯入时，为防止乳液下漏过多，可在主层集料碾压稳定后，先撒布一部分上一层嵌缝料，再浇洒主层沥青。④ 采用集料撒布机或人工撒布第一层嵌缝料。撒布后尽量扫匀，不足处应找补。当使用乳化沥青时，石料撒布必须在乳液破乳前完成。⑤ 立即用 8~12 t 钢筒式压路机碾压嵌缝料，轮迹重叠轮宽的 1/2 左右，宜碾压 4~6 遍，直至稳定为止。碾压时随压随扫，使嵌缝料均匀嵌入。因气温较高，使碾压过程中发生较大推移现象时，应立即停止碾压，待气温稍低时再继续碾压。⑥ 按上述方法浇洒第二层沥青、撒布第二层嵌缝料，然后碾压，再浇洒第三层沥青。⑦ 按撒布嵌缝料方法撒布封层料。⑧ 采用 6~8 t 压路机做最后碾压，宜碾压 2~4 遍，然后开放交通。

沥青贯入式路面开放交通后应按要求控制交通，并做初期养护。

铺筑上拌下贯式路面时，贯入层不撒布封层料，拌合层应紧跟贯入层施工，使上下成为一个整体。贯入部分采用乳化沥青时应待其破乳、水分蒸发且成型稳定后方可铺筑拌合层，当拌合层与贯入部分不能连续施工且要在短期内通行施工车辆时，贯入层部分的第二遍嵌缝料应增加用量 2~3 m³/1000mm²。在摊铺拌合层沥青混合料前，应做补充碾压，并浇洒粘层沥青。

(六)冷拌沥青混合料路面(路拌法)施工

冷拌沥青混合料适用于三级及三级以下的公路的沥青面层、二级公路的罩面层施工,以及各级公路沥青路面的基层、连接层或整平层。冷拌改性沥青混合料可用于沥青路面的坑槽冷补。

冷拌沥青混合料宜采用乳化沥青或液体沥青拌制,也可采用改性乳化沥青,但是各种结合料类型及规格应符合规定的要求。冷拌沥青混合料宜采用密级配沥青混合料,当采用半开级配的冷拌沥青碎石混合料路面时应铺筑上封层。

乳化沥青碎石混合料的乳液用量应根据当地实践经验以及交通量、气候、集料情况、沥青标号、施工机械等条件确定,也可按热拌沥青混合料的沥青用量折算,实际的沥青残留物数量可较同规格热拌沥青混合料的沥青用量减少10%~20%。

冷拌沥青混合料宜采用拌合厂机械拌合及沥青摊铺机摊铺的方式。缺乏厂拌条件时也可采用现场路拌及人工摊铺方式。冷拌沥青混合料施工应注意防止混合料离析。当采用阳离子乳化沥青拌合时,宜先用水使集料湿润。若湿润后仍难以与乳液拌和均匀时,应改用破乳速度更慢的乳液,或用1%~3%浓度的氯化钙水溶液来代替水润湿集料表面。混合料适宜的拌和时间应根据实际情况调节并通过试拌确定,矿料中加进乳液后的机械拌合时间不宜超过30 s,而人工拌合时间不宜超过60 s。已拌好的混合料应立即运至现场进行摊铺,并在乳液破乳前结束。在拌合与摊铺过程中已破乳的混合料应予废弃。

乳化沥青冷拌混合料摊铺后宜采用6 t左右的轻型压路机初压1~2遍,使混合料初步稳定,再用轮胎压路机或钢筒式压路机碾压1~2遍。当乳化沥青开始破乳、混合料由褐色转变成黑色时,改用12~15 t轮胎压路机碾压,将水分挤出,复压2~3遍后停止,待晾晒一段时间,水分基本蒸发后继续复压至密实为止。当压实过程中有推移现象时应停止碾压,待稳定后再碾压。当天不能完全压实时,可在较高气温状态下补充碾压。当缺乏轮胎压路机时,也可采用钢筒式压路机或较轻的振动压路机碾压。

乳化沥青混合料路面的上封层应在压实成型、路面水分完全蒸发后加铺。乳化沥青混合料路面施工结束后宜封闭交通2~6 h,并注意做好早期养护。开放交通初期,应设专人指挥,车速不得超过20 km/h,不得刹车或掉头。冷拌沥青混合料施工遇雨时应立即停止铺筑,以防雨水将乳液冲走。

二、水泥混凝土路面施工技术

(一) 水泥混凝土路面施工概述

水泥路面即水泥混凝土路面,俗称白色路面,是以水泥与水拌合成的水泥浆为结合料,以碎(砾)石、砂为集料,再加适当的掺和料及外掺剂,拌合成水泥混凝土混合料而筑成的路面面层和基层、垫层所组成的路面。即由水泥混凝土面层板和基层、垫层所组成的路面称为水泥混凝土路面。又因为当车辆行驶在路面上时,路面会产生较小的弯曲变形,所以也称为刚性路面。

1. 水泥混凝土路面的分类

(1) 素水泥混凝土路面

素水泥混凝土路面包括普通混凝土路面[除接缝区和局部范围(边缘和角隅)外不配置钢筋的混凝土路面]和全部缩缝设传力杆的混凝土路面。

(2) 钢筋混凝土路面

钢筋混凝土路面包括局部补强使用的间断(带接缝)钢筋混凝土路面、连续配筋混凝土路面和预应力钢筋混凝土路面。

(3) 装配式混凝土路面

装配式混凝土路面是在工厂中把混凝土预制或板块,然后运至土地现场装配而成的路面。

(4) 钢纤维混凝土路面

在水泥混凝土中掺入一些低碳钢、不锈钢纤维或其他纤维(如塑料纤维、纤维网等)即成为一种均匀而多向配筋的混凝土。

2. 水泥混凝土路面的优缺点

(1) 水泥混凝土路面的优点

① 强度高刚度大、承载能力强。水泥混凝土路面具有很高的抗压强度和较高的抗弯拉强度以及抗磨耗能力,使其对基层的承载能力要求较低,适应在稳定基层上的大交通量和重载交通量的高速公路、国道、省道、机场、厂矿道路上使用。

② 稳定性好。水泥混凝土路面耐水性好,能够较好地使用在降雨量较大地区和短期浸水的过水路面上。水泥混凝土路面的水稳性、热稳性均较好,特别是它的强度能随着时间的延长而逐渐提高,不存在沥青路面的那种"老化"现象。

③ 耐久性好。水泥混凝土路面的强度和稳定性好,所以它经久耐用,一般能使用 20 年,而且它能通行包括履带式车辆等在内的各种运输工具。在标准轴载作用下,疲劳寿命可为 500~1000 万次,且抗冻性、抗滑性、耐磨性等耐久性优良。

④有利于夜间行车。混凝土路面色泽鲜明，能见度好，对夜间行车有利。

⑤隔热性好。水泥混凝土路面冰雪融化慢，对于季节性冻土路段，保证路基冻土不融化失稳具有重要价值。对粗集料磨光值和磨耗值要求低，集料易得。

另外，路面更环保。当水流经过时，路面水对周围土壤和地下水无污染，在水泥混凝土路面中使用粉煤灰，耐油、耐酸、耐碱、耐腐蚀性强。其在保证建设质量前提下，维修费用很节省，运营油耗低、经济性好，无沥青路面的弯沉盆，所以在使用期内车辆燃油消耗比沥青路面节省15%~20%。

(2) 水泥混凝土路面的缺点

①同等平整度舒适性较低。刚性路面模量很高，反弹颠簸大，设置的接缝多，振动大、噪声大。

②板体性强，对基层抗冲刷性要求高。要求基层表面平整、抗冲刷能力强，否则易在接缝处出现唧泥、错台、啃边与破坏。

③刚性大，不适应较大沉降。普通水泥路面不适用于基层与路基大变形和不均匀沉降，山区填挖方交界、高填方及长期浸水路段。

④对超载与脱空相当敏感。普通水泥混凝土路面在超载条件下对板厚设计不足、材料强度不高或不均匀、结构内渗透排水不畅，施工质量不高、基层淘刷和基础支持不稳固等很敏感，超轴载运行对刚性路面极为不利，极易形成断板、断面、断角等结构性破坏。

⑤维修难度大。水泥混凝土路面硬度大，在缺乏修复新材料和机械时，维修较为困难。交通运输部、机场、市政等部门正在进行快速维修技术的研究工作，目前已经能够实现当晚修复，第二天早上开放交通的要求。

另外，水泥混凝土路面容易造成眩光疲劳，白色路面的光、热反射能力高于黑色沥青路面，在高速公路上司机反映晃眼，眼睛容易疲劳。水泥混凝土路面颜色可使用彩色路面技术进行调整。

(二) 水泥混凝土路面的施工准备

应对施工现场及其附近的原材料、燃油、水资源储存及供应情况进行充分调研，收集当地气候特征、中长期天气预报、无线通信条件等与施工相关的资料。应根据标段施工条件、场地位置、沿线建筑物等情况，对现场施工便道、拌合站、钢筋加工场、生活与办公区等进行合理的总体布局。

应根据路面的设计与施工质量控制水平要求、工程规模、进度工期等条件选择适宜施工工艺、机械设备及其数量，从而制订施工方案和施工组织计划。基层、封层或夹层应验收合格，并应测量校核平面和高程控制桩，恢复路面中心、边缘等全部基本标桩,测量精度应满足相应规范的规定。

1. 选择摊铺成型施工机械

目前,我国在实际水泥混凝土路面工程建设中,高速公路、一级公路基本上使用滑模摊铺装备和工艺,二级及其以下公路水泥混凝土路面的施工,大多采用三辊轴机组施工设备与工艺,小型机具施工工艺多用于三、四级公路。

常见的水泥混凝土路面的摊铺机械有滑模摊铺机、三辊轴机组、小型机具、碾压混凝土摊铺机等。

(1) 滑模摊铺机

滑模摊铺机铺筑是指采用滑模摊铺机铺筑水泥混凝土路面的一种施工工艺,其特征是不架设边缘固定模板,能够一次完成布料摊铺、振捣密实、挤压成型、抹面修饰等混凝土路面摊铺功能。

高速公路、一级公路推荐整幅滑模摊铺机,高速公路、一级公路施工,宜选配能一次摊铺 2~3 个车道宽度(7.5~12.5 m)的滑模摊铺机,尽量使用整幅 12.5 m 宽度的大型滑模摊铺机,以减少纵向连接纵缝部位的不平整及存水现象。二级公路推荐 9 m 整宽滑模摊铺机,二级及以下公路路面的最小摊铺宽度不得小于单车道设计宽度,在二级公路上有条件时,推荐采用中央设路拱的 8~9 m 宽滑模摊铺机。无论是哪种设备,首先必须满足施工路面、路肩、路缘石和护栏等的基本施工要求;其次滑模摊铺机本身的工作配置件要齐全,应配备螺旋或刮板布料器、松方高度控制板、振动排气仓、夯实杆或振动搓平梁、自动抹平板、侧向打拉杆及同时摊铺双车道的中部打拉杆装置等。

硬路肩推荐与路缘石连体摊铺,硬路肩的摊铺宜选配中小型多功能滑模摊铺机,宜连体一次摊铺路缘石。

(2) 三辊轴机组

三辊轴机组铺筑是指采用振捣机、三辊轴整平机等机组铺筑混凝土路面的一种施工工艺。

三辊轴摊铺整平机以轴的直径划分型号,以轴的长度划分规格,应根据摊铺宽度确定规格。从摊平拌合物考虑,轴的直径大比较有利;从有效密实深度考虑,轴的直径较小比较有利。目前市场上的三辊轴摊铺整平机,轴的直径有 168 mm、219 mm 和 240 mm 三种。采用较大的轴径施工效率较高,平整度较好,但表面浆体比较容易离析,浆较薄;采用较小的轴径,提浆效果较好,但轴易变形,应注意校正。板厚 200 mm 以上宜采用直径 168 mm 的辊轴;桥面铺装或厚度较小的路面可采用直径 219 mm 的根轴。轴长宜比路面宽度长出 600~1200 mm。

振动轴的转速有 300 r/min 和 380 r/min 两种,宜采用较小的转速,以保证有效振实和提浆。振动轴的转速不宜大于 380 r/min。振动功率宜大于 7.5 kW；驱动轴的最大行驶速度不大于 13.5 m/min，驱动功率不小于 6 kW。保证辊轴和驱动轴有足够大的功率，以克服混合料和模板的阻力，从而实现摊铺、振动密实及整平功能。

三辊轴机组铺筑混凝土面板时，必须同时配备一台安装插入式振捣棒组的排式振捣机，尽量使用同时安装有辅助摊铺的螺旋布料器和松方控制刮板形式，具有自动行走功能。

(3) 小型机具

小型机具铺筑是指采用固定模板人工布料，手持振捣棒，振动板或振捣梁振实，棍杠、修整尺、抹平刀整平的混凝土路面的一种施工工艺。

小型机具施工中、轻交通等级水泥混凝土路面时可使用。它技术简单成熟，施工便捷，不需要大型设备，主要靠人工，但劳动强度最大，使用的劳动力数量最多，是劳动力密集型的水泥混凝土路面施工方式。

(4) 碾压混凝土摊铺机

碾压混凝土路面铺筑是指采用特干硬性水泥混凝土拌合物，使用沥青摊铺机摊铺，压路机械碾压密实成型的混凝土路面的一种施工工艺。

碾压混凝土路面施工最好选择带自动找平系统和高密实度烫平板的大型沥青摊铺机，最大摊铺厚度可达到 30 cm，摊铺预压密实度可达到 85% 以上。根据路面摊铺宽度可选用 1~2 台。压实机械采用质量为 10~12 t 的振动压路机 1~2 台；15~25 t 的轮胎压路机 1 台，用于路面碾压。1~2 t 的小型振动压路机 1 台，用于边缘压实。

2. 施工组织

施工单位应根据设计图纸、合同文件、摊铺方式、施工条件等，以此来确定混凝土路面施工工艺流程、施工方案，并编制详细的切实可行的施工组织设计；对平面和高程进行复测和恢复性测量；建立具备资质要求的现场实验室；铺设必要的施工便道及对相关的技术人员进行培训。

施工组织设计应包括下列内容：①施工机械设备种类与数量组合、进场计划、操作人员与设备调配方案。②路面的施工工艺流程、质量检验计划、关键工序质量控制要求。③配合比的试验、检验与控制程序，计划和质检人员安排。④工程计划进度网络图及直方图。⑤原材料进场计划，水资源、油料与电力获取方式、供应计划与备用方案。⑥劳动力进场计划。⑦拌合站、钢筋加工场、项目部与生活区建设方案。⑧施工便道及临时导改方案，原材料与混凝土运输道路的建设计划与施工交通管制。⑨安全生产计划。

施工过程中，应结合工程的进展速度及变化情况，及时调整施工组织设计，使工程质量及进度始终处于可控状态。

3. 选择混凝土拌合场地和拌合机械

根据施工路线的长短和所采用的运输工具，混凝土可以集中在一个场地拌制，也可以在沿线选择几个场地，随工程进展情况迁移，拌合场地的选择首先要考虑使运送混合料的运距最短，其次要接近水源和电源。此外，拌合场地应有足够的面积，以供堆放砂石材料和搭建水泥库房。

根据技术设计要求与当地材料供应情况，做好混凝土各组成材料的试验，以进行混凝土各组成材料的配合比设计。

拌合设备按拌合过程的生产方式可以分为间歇式搅拌楼和连续式搅拌楼。间歇式搅拌楼是每锅单独称料的。因此，搅拌精确度高于连续楼，弃料少，宜优先选配间歇式搅拌楼；也可使用连续式搅拌楼，它也能够达到滑模摊铺高速公路水泥混凝土路面的要求。连续式搅拌楼应配备两个搅拌锅或一个长度足以搅拌均匀的搅拌锅，在搅拌锅上配备电视监控设备。前者是为了保证拌合物匀质性和熟化程度，后者是为了保障安全。

4. 基层的检查与整修

施工前应对桥头、软基、高填方、填挖方交界等处的路基段进行连续沉降观测，当发现局部路基段沉降尚未稳定时，不得进行该段面层施工。

面层施工前，应提供足够连续施工 7 d 以上的合格基层，并应严格控制表面高程和横坡。基层的宽度、路拱与标高、表面平整度和压实度，均应检查其是否符合要求。如有不符合之处，应予整修。

局部破损的基层应按下列规定进行整修：① 存在挤碎、隆起、空鼓等病害的基层，应清除病害部位，并使用相同的基层料重新铺筑。② 当基层产生非扩展性温缩、干缩裂缝时，可先采用灌沥青密封防水后，再采用土工合成材料进行防裂处理。③ 局部开裂、破碎的部位，应局部全厚度挖除，并采用贫混凝土修复。

5. 夹层与封层施工

沥青混凝土夹层、热沥青表面处治封层与乳化改性沥青稀浆封层的施工及质量标准应符合《公路沥青路面施工技术规范》（JTG F40—2004）的相关规定。土工布封层的施工应符合《公路土工合成材料应用技术规范》（JTG/TD 32—2012）的相关规定。

薄膜封层的铺设施工应符合下列规定：施工前，应清除基层表面的浮土、碎石等杂物，再铺设薄膜。封层铺设应完全覆盖基层表面，不得漏铺，并应做到平整、顺直，避免褶皱。一布一膜型复合土工膜或单面复合塑料编织布封层铺设应使膜面朝上，布面紧贴基层。封层搭接时，纵向搭接长度不应小于 500 mm，横向黏接宽度不应小于 300 mm。采用黏接方式连接时，纵向黏接长度不应小于 200 mm，横向黏接宽度不应小于150 mm。重叠部分，沿纵坡或横坡下降方向高程较大一侧，封层应在上方。纵坡大于5.0%路段和设超高的弯道封层宜采用二布一膜型复合土工膜，平曲线上宜采用折线形式铺设。薄膜封层宜与基层表面粘贴固定，应对铺设好的封层进行保护，损坏的封层应及时进行修补。封层铺设应在面层施工模板或基准线安装前完成。

薄膜封层铺设质量检验应符合下列规定：薄膜封层铺设搭接偏差、宽度偏差不得超过规定值的20%。因施工产生最大破口长度不得超过60 mm；每10m范围内长度超过20 mm的破口数量不得超过3个。所有破口均应贴补修复或更换新封层。

6.试验路段铺筑

公路水泥混凝土面层施工前，应制订试验路段的施工方案和质量检测计划，并应铺筑试验路段。试验路段长度不应短于100 m，高速公路、一级公路宜在主线路面以外进行试铺。

试验路段铺筑应达到下述目的：①确定拌合楼的拌合参数、实际生产能力和配料精度；②检验混凝土的施工性能、技术参数和实测强度；③检验铺筑机械、工艺参数及与拌合能力匹配情况；④检验施工组织方式、质量控制水平和人员配备。

拌合楼应通过动、静态标定检验合格后方可试拌。试拌应确定下列内容：①每座拌合楼的生产能力、施工配合比的配料精度，以及全部拌合楼(机)的总产量；②计算机拌合程序及粗细集料含水率的反馈控制系统满足要求；③合理投料顺序和时间、纯拌合与总拌合时间；④拌合物坍落度、VC、含气量等工艺参数；⑤检验混凝土试件弯拉强度是否满足要求。用于试验段的拌合楼(机)经试拌合格后，方可进行试验路段铺筑。

试验路段铺筑内容包括：①主要铺筑设备的工艺性能、质量指标和生产能力满足要求；辅助设备的配备合理、适用；模板架设固定方式或基准线设置方式能够保证高程和厚度控制要求。②实测试验路段的松铺系数、摊铺速度、振捣时间与频率、滚压遍数、碾压遍数、压实度、拉杆与传力杆置入精度、抗滑构造深度、摩擦系数、接缝、垂直度等。③验证施工各工艺环节操作要领，确定各关键岗位的作业指导书。④检验施工组织形式和人员编制。⑤通信联络、生产调度指挥及应急管理系统的满足施工组织要求。

试验路段铺筑后，按面层质量检验项目要求和检查方法进行全面质量评定，并应符合下列规定：①应提交试验路段的检查结果总结报告，报告中应包括试铺路段所采用的工艺参数、检验结果、存在的问题及改进措施，对正式施工时拟采用的施工参数提出明确的指导书；②水泥混凝土路面试验路段应经过建设单位组织的对各项施工质量指标的复检和验收，合格后，经批准，方可投入正式铺筑施工；③符合各项质量技术要求的施工工艺、流程和参数应固化为标准化施工工艺模式，并贯穿施工全过程;④试验路段质量检验评定不合格,或未能达到预期目标时,应重新铺筑试验路段。

(三)水泥混凝土拌合物搅拌与运输

应根据工程规模、施工工艺和日进度要求合理配备拌合设备;混凝土拌合物应在初凝时间之内运输到铺筑现场。拌合楼(机)出口混凝土拌合物的坍落度,应根据铺筑最适宜的坍落度值加上运输过程中坍落度的经时损失值来确定,并应根据运距长短、气温高低随时进行微调。当原材料、混凝土种类、混凝土强度等级等有变化时,应重新进行配合比设计及试拌,必要时应重新铺筑试验路段,待合格后方可搅拌生产。

1. 水泥混凝土的拌合

(1) 组成材料计量与进料顺序

进行拌合时,掌握好混凝土施工配合比,严格控制加水量,应根据砂、石料的实测含水率,调整拌合时的实际用水量。

(2) 拌合时间

拌合时间依赖于叶片总行程从控制拌合物的黏聚性、匀质性及强度稳定性的角度出发,规定不同搅拌楼的总拌合时间及纯拌合时间。搅拌均匀的核心问题并非取决于时间,而是依赖于叶片总行程。由于负载大小不同,叶片行程也不同,时间控制只有在额定容量时才正确,所以也可控制叶片总行程即叶片搅拌总周长。

拌合时间确定应同时考虑质量和产量,拌合时间确定是要在提高拌合物质量要求延长时间与提高拌合物产量和拌合效率这对矛盾中取得最佳的平衡。我国所有高速公路水泥混凝土路面滑模摊铺时的拌合均在铺筑初期。以质量控制为主,总拌合时间与纯拌合时间均比规范规定的时间要长,纯拌合时间一般不小于45 s,施工正常时,在确保质量的前提下,提高产量,再调整到35~40 s。规范给出的总拌合时间60 s与纯拌合时间35 s是最短时间,不得突破。

2. 水泥混凝土的运输

混合料宜采用翻斗车或自卸车运输,当运距较远时,宜采用水泥混凝土搅拌运输车运输。运送混凝土的车辆装料前,应清理厢罐,洒水润壁,排干积水。装料时,自卸车应挪动车位,防止离析。搅拌楼卸料落差不应大于2 m。混凝土运输过程中应防止漏浆、漏料和污染路面,途中不得随意耽搁。自卸车运输应减小颠簸,防止拌合物离析。车辆起步和停车应平稳。

运输到现场的拌合物必须具有适宜摊铺的工作性。不同摊铺工艺的混凝土拌合物从搅拌机出料到运输、铺筑完毕的允许最长时间可根据水泥初凝时间及施工气温来确定。不满足时应通过试验、加大缓凝剂或保塑剂的剂量。超过规定摊铺允许最长时间的混凝土不得用于路面摊铺。混凝土一旦在车内停留超过初凝时间，应采取紧急措施处置，严禁混凝土硬化在车厢（罐）内。使用自卸车运输混凝土最远运输半径不宜超过 20 km。

烈日、大风、雨天和低温天远距离运输时，自卸车应遮盖混凝土，同时罐车宜加保温隔热套。运输车辆在模板或导线区调头或错车时，严禁碰撞模板或基准线，一旦碰撞，应告知测工重新测量纠偏车辆倒车及卸料时，应有专人指挥。卸料应到位，严禁碰撞摊铺机和前场施工设备及测量仪器，卸料完毕，车辆应迅速离开。

第三章　桥梁施工技术

第一节　桥梁上部结构施工技术

一、简支梁桥施工

(一)钢筋混凝土简支梁桥施工

钢筋混凝土简支梁桥的施工主要包含支架工程、模板工程、钢筋工程、混凝土工程。

1. 支架工程

就地浇筑法钢筋混凝土简支梁桥上部结构施工首先应在桥址适当位置处搭设支架,以支撑模板、钢筋、混凝土自重以及其他施工荷载。对于装配式钢筋混凝土简支梁桥施工,也需搭设支架以作为吊装过程中的临时支承结构和施工操作平台。所以,支架不仅直接影响着梁体的线形尺寸,还关系到具体施工的安全性。因此,现浇支架工程应满足下列要求:①支架应具有足够的强度、刚度和稳定性,能可靠地承受施工过程中产生的各种荷载,支架构件相互结合紧密,要有足够的纵、横、斜向连接杆件。②支架应进行设计和计算,并经审批后方可施工。③支架预压消除非弹性变形,支架的弹性变形及基础的允许下沉量应满足施工后梁体设计标高的要求。支架承受荷载后允许有挠度和变形,但在安装前要进行计算,按要求设置预拱度,使梁体最终线形符合设计要求。预拱度值与支架弹性变形值、支架非弹性变形值、基础弹性变形值及基础非弹性变形值有关。④整体浇筑时应采取措施,防止梁体不均匀下沉产生裂缝。若地基下沉可能造成梁体混凝土产生裂缝,应分段浇筑。⑤当在软弱地基上设置满布现浇支架时,应对地基进行处理,使地基的承载力满足现浇混凝土的施工荷载要求,浇筑混凝土时地基的沉降量不宜大于 5 mm。无法确定地基承载力时,应对地基进行预压,并进行部分荷载试验。⑥支架上应设置落架装置,落架时要对称均匀,不应使梁体发生局部受力。⑦支架构造与制作应简便,拆装方便,以增加周转和使用次数。⑧对高度超过 8 m 的支架,应对其稳定性进行安全论证,确认无误后方可施工。

施工中常用的支架形式有满布式(支柱式)、梁式和梁柱式。满布式支架构造简单,主要用于陆地、不通航河道、桥位处水位不深或桥墩不高的桥梁。满布支架宜采用碗扣式、轮扣式、门式或扣件式等钢管材料。梁式支架宜采用型钢、钢管和贝雷桁片等材料。一般型钢用于跨径小于10 m、钢板梁用于跨径小于20 m、贝雷桁梁用于跨径大于20 m的支架。梁可以支承在墩旁支架上,也可在桥墩上预留托架或支承在桥墩处横梁上。梁柱式支架可在跨径较大时使用,梁支撑在桥墩台以及临时支架或临时墩上,最终形成多跨连续支架。

2. 模板工程

模板是混凝土浇筑施工的必备条件,其作用是保证混凝土按照设计要求的形状、尺寸和位置成型与硬化,是施工中的重要临时结构。模板主要由面板、纵横肋和支架组成,它承受着新浇筑混凝土的自重、施工荷载以及其他外部自然荷载等。模板不仅控制着梁体尺寸的精度和混凝土浇筑质量,而且对施工安全起到关键作用。因此,模板在设计安装时应遵循以下原则:模板应有足够的强度、刚度和稳定性,能安全可靠地承受施工中可能产生的各种荷载;模板要保证结构构件的设计形状、尺寸及各部分相互之间位置的准确性;模板板面之间应平整,接缝严密,不漏浆,确保结构物外表面美观、线条流畅,并可设倒角;模板应结构简单制作、拆卸方便。

梁桥施工中常用的模板按材料可分为木模板、钢模板、钢木结合模板等。就具体施工单跨或各跨结构形式、尺寸各不相同的桥跨结构,可选择采用木模板;在预制工厂或大型桥梁施工中需要多次重复使用的节段模板,多采用钢模板;从经济和节约材料方面考虑,一般可采用钢木结合模板。

(1)木模板

木模板一般由木质面板、肋木、立柱等组成。面板厚度为3~5 cm,板宽为15~20 cm,肋木、立柱等的尺寸应根据计算确定。面板的接缝可做成平缝、搭接或企口缝。当采用平接时,应在接缝处衬压塑料薄膜等以防漏浆。木模板的转角处应加嵌条或做成斜角。重复使用的模板应始终保持其表面平整、形状准确、不漏浆、有足够的强度和刚度。木模板的优点是制作简便,但木材耗费量大,成本较高。

跨径不大的肋板梁模板,一般用木料制作。安装时,首先在支架纵梁上安装横木,横木上钉底板,其次在其上安装肋梁的侧模板和桥面板底板。当肋梁的高度较高时,其模板一般采用框架式,这时,梁的侧模及桥面板的底模,用木板或镶板钉在框架上。当梁的高度超过1.5 m时,梁下部混凝土的浇筑和振捣宜从侧面进行。此时,梁的一侧模板须开窗口或分两次装订。

(2) 钢模板

钢模板使用厚度为 4~6 cm 的钢制面板代替木模中的木质面板,用角钢做成水平肋和竖直肋以代替木模中的肋木和立柱。在拼装钢模板时,所有紧贴混凝土的接缝内部,都用止浆垫使接缝紧密不漏浆。钢模板宜采用标准化的组合模板,其可多次周转、结实耐用、接缝严密、能经强力振捣、浇筑的构件表面光滑,目前在桥梁施工中采用日益增多。

(3) 钢木结合模板

将钢模板中的钢制面板换成水平拼装的木制面板,用埋头螺栓连接在角钢竖肋上,在木模板上再钉一层薄铁皮,就成了钢木组合模板。这种模板节约木料,成本较低,具有较大的强度、刚度和稳定性。

3. 钢筋工程

钢筋混凝土结构用钢筋是指混凝土配筋时所用的直条或盘条状钢材,其外形分为光圆钢筋和变形钢筋两种,其在混凝土中主要承受拉应力。钢筋工程主要包括钢筋加工、钢筋下料和钢筋安装等。

钢筋进场后应检查其出厂试验证明书,如无相关证明文件或对钢筋质量有疑问,应做拉力试验、冷弯,试验和可焊性试验。进场后要妥善保管,根据品种分批存放,同一片梁体内的主筋必须是同钢号钢筋。钢筋加工包括调直、除锈、冷拉、时效、下料、切断、弯钩、焊接或绑扎成型等工序。

(1) 钢筋调直

直径 10 mm 以下的细钢筋多卷成盘形,粗钢筋常弯成"发卡"形,以便储藏与运输。钢筋在使用前应先调直。调直方法通常有机械和人工两种。可先将盘圆钢筋放开,裁成 30~40 m 长,然后用人工、电动绞车或钢筋调直机拉直。下料后的钢筋,可在工作平台上用手工或电动弯筋器按规定的弯曲半径弯制成型。

(2) 钢筋下料

常用的普通钢筋下料长度计算如下:

直钢筋下料长度 = 构件长度 + 弯钩增加长度 − 保护层厚度

弯起钢筋下料长度 = 直段长度 + 斜段长度 − 弯曲调整值 + 弯钩增加长度

箍筋下料长度 = 箍筋周长 + 弯钩增加长度 + 弯曲调整值

(3) 钢筋切断

钢筋切断也有机械和人工两种方法。直径 10 mm 以下的钢筋可用剪刀剪断;直径 10~22 mm 的钢筋可用上下搭口或铁锤切断;直径 25 mm 以上的钢筋可用钢锯切断。机械切断可用电动剪切机直接切断。

(4) 钢筋焊接与绑扎成型

在混凝土梁的制作过程中，一般需要把梁的钢筋制成钢筋骨架，钢筋骨架的连接方式主要有焊接和绑扎。

钢筋骨架应尽量采用焊接，以保证质量、提高效率和节约钢材。先在牢固的工作台上焊接成单片平面骨架，再将平面骨架焊接成立体骨架，使骨架有足够的刚度，以便吊运。为防止钢筋在焊接过程中由于温度变化造成的翘曲变形及焊缝内的收缩应力，钢筋骨架应采取合理的焊接工艺措施。钢筋应采用双面焊接使骨架变形尽可能均匀对称，采用单面焊时，应在垂直骨架平面方向预留预拱度。

轴心受拉及小偏心受拉杆件中的钢筋接头或者普通混凝土中直径大于 25 mm 的钢筋不宜采用绑扎形式；绑扎接头应设置在内力较小处，并错开布置，接头截面面积占钢筋总截面面积的百分率要符合相应要求。

实际工程中，钢筋连接也使用了套筒机械连接技术，它是将需要连接的带肋钢筋端部插入特制的钢套筒内，利用挤压机压缩钢套筒而产生塑性变形，依靠变形后的钢套筒与带肋钢筋的机械咬合紧固力来实现钢筋的连接。

4. 混凝土工程

混凝土工程质量直接影响到结构的承载力、耐久性与整体性，混凝土工程主要包括混凝土拌和、运输、浇筑和养护等，各工序间紧密联系、相互影响，任一施工过程处理不当都会影响混凝土工程的最终质量。

(1) 混凝土拌制

混凝土拌制就是将水泥、水、粗细骨料和外加剂等原材料混合在一起进行均匀拌和并使其达到设计要求的和易性和强度的过程。

混凝土应使用机械拌和，在混凝土拌和前应先测定砂石料的含水率，调整配合比，计算配料单，检查搅拌机运转情况。混凝土拌和时间一般为 3 min 左右，以石子表面包满砂浆，拌和颜色均匀为标准。在整个拌和过程中，应注意拌和速度与混凝土浇捣速度紧密配合，做到随时检查混凝土的坍落度，严格控制水灰比。

(2) 混凝土运输

混凝土从搅拌机中卸出后，应及时运至浇筑地点，为保证混凝土的质量，对混凝土运输的基本要求是：①在运输过程中应保持混凝土的均匀性，避免分层离析、泌水、砂浆流失和坍落度变化等现象发生。②应使混凝土在初凝之前浇筑完毕。混凝土从搅拌机卸出后到浇筑完毕的延续时间不宜超过规定。③当混凝土自由倾倒时，由于骨料的重力克服了物料间的黏聚力，使得大颗粒骨料明显集中于一侧或底部四周，从而与砂浆分离即出现离析，当自由倾倒高度超过 2 m 时，这种现象尤其明显，混凝土将严重离析。为保证混凝土的质量，应根据施工实际情况，采取相应预防措施。规范规定：混凝土自高处倾落的自由高度不应超过 2 m，超过时应使用串筒、溜槽或振动溜管等工具协助下落，并应保证混凝土出口的下落方向垂直。④道路尽可能平坦且运距尽可能短。

(3) 混凝土浇筑

混凝土的浇筑成型过程包括浇筑与捣实，是混凝土施工的关键，它对混凝土的密实性、结构的整体性和构件的尺寸准确性都起着决定性的作用。

在考虑混凝土的浇筑顺序时，不应使模板和支架产生有害的下沉。为使混凝土能够振捣密实，浇筑施工应分层进行，在下层混凝土初凝之前，上层混凝土应浇筑振捣完毕，混凝土浇筑层的厚度应符合相关规定。对于又高又长的梁体，混凝土的供应量跟不上水平分层浇筑的进度时，可采用斜层浇筑（20°~25°）。当在斜面或曲面上浇筑混凝土时，一般应从低处开始。

混凝土浇筑入模后，内部还存在着很多空隙。为了使混凝土充满模板内的每一部分，且具有足够的密实度，所以必须对混凝土进行捣实，使混凝土构件外形正确、表面平整、强度和其他性能符合设计及使用要求。

机械振捣设备有插入式、附着式、平板式振捣器。振捣时应严格掌握每次振捣的时间，插入式振捣器一般为 15~30 s，平板式振捣器一般为 25~40 s。

(二) 预应力钢筋混凝土简支梁施工

普通钢筋混凝土抗拉强度低，在混凝土温度变化、收缩徐变及外荷载等作用下易发生开裂，故通过对梁体施加预应力来提高其耐久性和抗裂性，以减轻自重，增加跨度。预应力混凝土简支梁的制作方法主要有先张法和后张法。

1. 先张法预应力混凝土简支梁制造

预应力混凝土简支梁先张法施工是在浇筑混凝土前张拉预应力筋，将其临时锚固在张拉台座上，然后立模浇筑混凝土，待混凝土强度达到设计强度的 75% 以上，并保证其具有足够的黏结力，才逐渐将预应力筋放松，让预应力筋回缩，通过预应力钢筋与混凝土之间的黏结作用，传递给混凝土，使混凝土获得预压应力。

(1) 模板架设

预制梁的模板是先张法施工过程的临时结构，它决定着预制梁尺寸的精度，并对工程质量、施工进度和工程造价有直接影响。预制梁的模板通常按材料可分为土模板、木模板、土木组合模、钢模板及钢木组合模等种类。模板在制作时，应保证表面平整，转角光滑，连接孔配合准确，且底模板应根据桥梁跨度设置预拱度。

(2) 张拉台座

台座是先张法施工的主要设备之一，承受预应力钢筋的全部张拉力，它应有足够的强度和稳定性，以免台座变形、倾覆、滑移而引起预应力损失。台座由框架（两根固定横梁和两根受压柱构成）和活动横梁组成，固定横梁和活动横梁间设置千斤顶，预应力钢筋两端用工具锚在活动横梁的锚固板上，千斤顶顶起活动横梁使预应力筋受张拉，张拉力由承力架承受。台座可分为墩式台座和槽式台座。

(3) 预应力筋张拉

预应力混凝土预制梁制造过程中，张拉预应力筋、对梁施加预应力都十分关键，施加预应力过多或不足都会影响梁的预制质量，所以必须按设计要求准确施加预应力。

先张法梁的预应力筋是在底模整理后，在台座上张拉已加工好的预应力筋。先张法梁通常采用一端张拉，另一端在张拉前要设置好固定装置或安放好预应力筋的放松装置。张拉前，应先在端模梁上安装预应力筋的定位钢板，检查其孔位和孔径符合设计要求后在台座安装预应力筋。安装张拉设备时，应使张拉力的作用线与钢筋中心线一致。张拉时应采用应力与伸长值双控制，若发现伸长值异常，应停止张拉并查明原因。

(4) 预应力混凝土配料与浇筑

混凝土工程质量是保证混凝土达到设计强度等级的关键，将直接影响钢筋混凝土结构的强度和耐久性。混凝土工程采用集中拌制、搅拌运输车运输，混凝土梁浇筑采用一次整体、连续灌注。箱梁的灌注顺序为先底板，再腹板，最后顶板，采用水平分层、斜向推进灌注工艺，孔梁总体灌注宜在混凝土初凝时间内完成。混凝土振捣采用附着式振动和高频插入式振动器相配合的方法。

(5) 预应力筋放松

当混凝土强度达到不低于设计强度的75%以后，可在台座上放松受拉预应力筋，对预制梁施加预应力。放松过早会造成较多的预应力损失（主要是收缩、徐变损失），放松过迟则影响台座和模板的周转。放松操作时速度不应过快，尽量使构件受力对称均匀。只有待预应力筋被放松后，才能切割每个构件端部的钢筋。实际工程中使用较多的放松预应力钢筋的方法有千斤顶放松、砂箱放松、滑楔放松和螺杆放松等。

2. 后张法预应力混凝土简支梁施工

(1) 预留孔道

预留孔道是后张法梁体施工中的一项重要工序。预留孔道的尺寸与位置应正确，孔道应平顺。端部的预埋垫板应垂直于孔道中心线并用螺栓或钉子固定在模板上，防止浇注混凝土时发生移动。

在梁体内预留预应力筋孔道所用的制孔器目前主要有橡胶管与螺旋金属波纹管，橡胶管在终凝后抽出，波纹管留在构件中。

抽拔橡胶管制孔器也按设计位置固定在钢筋骨架中，待混凝土抗压强度达到4~8MPa时（即混凝土初凝之后，终凝之前），再将橡胶管抽拔出以形成孔道。这种制孔器优点是可重复使用，比较经济，管道内压注的水泥浆与构件混凝土结合较好。其缺点是不易形成多向弯曲形状复杂的管道，且需要控制好抽拔时间。

螺旋金属波纹管（简称波纹管）在浇注混凝土之前，将波纹管按预应力钢筋设计位置绑扎于与箍筋焊连的钢筋托架上，再浇注混凝土，结硬后即可形成穿束的孔道。金属波纹管是用薄钢带经卷管机压波后卷成，其重量轻，纵向弯曲性能好，径向刚度较大，连接方便，与混凝土黏结良好，与预应力钢筋的摩阻系数也小，是后张法预应力混凝土构件一种较理想的制孔器。

(2) 张拉机具使用前的校检

目前，对预应力施工机具进行校检的方法有应力环校检、压力机校检及电测传感器校检等方法。其中，应力环校检方便灵活，不受设备条件的限制，而压力机法的优点是千斤顶能够测出真实的伸长量，结果较为准确。

(3) 预应力筋的张拉工艺

当梁体混凝土的强度达到设计强度的75%以上时，才可进行穿束张拉。穿筋工作一般采取直接穿筋，较长的钢筋可借助长钢丝作为引线，用卷扬机进行穿筋。

曲线预应力筋和长度大于25 m的直线预应力筋，应采用两端对称张拉。长度等于或小于25 m的直线预应力筋，可在一端张拉。预应力筋的张拉应符合设计要求，当设计无要求时，可分批分阶段对称张拉。分批张拉时，应按顺序对称地进行，以防过大偏心压力导致梁体出现较明显的侧弯现象，同时应考虑后张拉的预应力筋对先张拉的预应力筋所带来的预应力损失。

为有效地确保预应力张拉施工质量，国内已有采用预应力智能张拉系统对预应力筋进行张拉。智能张拉系统由系统主机、油泵、千斤顶三大部分组成。预应力智能张拉系统以应力为控制指标，伸长量误差作为校对指标。系统通过传感技术采集每台张拉设备（千斤顶）的工作压力和钢绞线的伸长量（含回缩量）等数据，并实时将数据传输给系统主机进行分析判断，同时张拉设备（泵站）接收系统指令，实时调整变频电动机工作参数，从而实现高精度实时调控油泵电动机的转速，实现张拉力及加载速度的实时精确控制。系统根据预设程序，由主机发出指令，同步控制每台设备的每个机械动作，自动完成整个张拉过程。

(4) 孔道压浆

孔道压浆能保护预应力筋不受锈蚀，并使预应力筋与混凝土梁体黏结成整体，从而既能减轻锚具的受力，又能提高梁的承载能力、抗裂性能和耐久性能。孔道压浆用专门的压浆泵进行，压浆后的浆体要求密实饱满，并应在张拉后24 h完成。

孔道压浆应采用强度等级不低于42.5级普通硅酸盐水泥或矿渣硅酸盐水泥配置的水泥浆；对空隙大的孔道，可采用砂浆压浆。为了增加孔道压浆的密实性，在水泥浆中可掺加外加剂，但掺入量不得使混凝土自由膨胀率超过10%，且不得掺入铝粉或氯化物或其他对预应力筋有腐蚀作用的外加剂。

压浆前，应用压力水冲洗孔道，以确保孔道通畅，并吹去内积水。压浆顺序为先下孔道后上孔道，以免上孔道漏浆把下孔道堵塞。直线孔道压浆时，应从构件的一端压到另一端；曲线孔道压浆时，应从孔道最低处开始向两端进行。

(5) 封端

孔道压浆后应立即将梁端水泥浆冲洗干净，并将断面混凝土凿毛。对端部钢筋网的绑扎和封端板的安装，要妥善处理并确保固定，以免在浇注混凝土时因模板移动而影响梁长。封端混凝土的强度等级应不低于梁体混凝土强度等级的80%。浇完混凝土并静置1~2h后，应按一般规定进行浇水养护。

二、预应力混凝土连续梁桥施工

预应力混凝土连续梁桥以结构受力性能好、抗震能力强、变形小、造型简洁美观、行车平顺舒适等优点而成为富有竞争力的主要桥型之一。预应力混凝土连续梁桥施工方法主要包括简支转连续施工、就地浇筑施工、悬臂施工、顶推施工和移动模架逐孔施工。

（一）简支转连续施工

1. 简支转连续施工方法

简支转连续施工方法是指把一联连续梁板分成几段，每段一孔，多段梁板在预制场预制后移动吊放到墩台顶的支座上，形成简支梁，在完成湿接缝、连续端的各道工序后浇筑连续端及湿接缝混凝土，然后张拉负弯矩预应力束，拆除临时支座，最终使连续梁落到永久支座上，完成桥梁结构由简支到连续的体系转换。

预制简支梁时按预制简支梁的受力状态进行第一次预应力筋（正弯矩筋）的张拉锚固，分片进行预制安装，安装完成后经调整位置（横桥向及标高），浇筑墩顶接头处混凝土，更换支座，进行第二次预应力筋（负弯矩筋）的张拉锚固，进而完成一联预应力混凝土连续梁的施工。

简支转连续施工方法也存在体系转换，体系转换施工方法一般有以下三种：①从一端起依次逐孔连续，即先将第一孔与第二孔形成两跨连续梁，然后再与第三孔形成三跨连续梁，依此类推，最终形成一联连续；②从两端起向中间依次逐孔连续；③从中间孔起向两端依次逐孔连续。

如遇长联，可按上述三种方法灵活综合选用。显然，不同的体系转换方法所产生的混凝土徐变二次力及预加力产生的二次力是不同的。

预制简支转连续施工技术具有以下特点：①适合于梁高较低箱梁及 T 形截面梁集零为整，形成连续梁；②适宜跨径为 25～50 m，且宜等跨径布置桥孔，施工工艺成熟简单，不需大型起吊设备；③下部结构和预制梁可安排平行作业施工，桥梁总体施工期短。

2. 简支转连续施工技术存在的问题

简支转连续施工技术存在的主要问题有：①顶板负弯矩波纹管施工中，由于靠近梁体上部，混凝土浇筑中容易出现位移，造成两梁端部的对应管道错位，不顺直，增加了内摩阻力和其他应力。振捣棒易破坏波纹管，造成漏浆，穿束困难。②锚固段在张拉时，钢绞线从固定端锚板滑丝，锚固区混凝土开裂，锚板变形，伸长值超标。③张拉端在张拉时，锚垫板压坏，出现滑丝现象。④两梁对接的连续端波纹管和张拉槽、固定槽间断的波纹管搭接困难，浇筑整体化混凝土时向管内渗浆，造成穿束困难和张拉应力误差较大。⑤由于预留张拉槽、固定槽和连续端的多处波纹管搭接，压浆困难，无法直观判断压浆饱满情况，可能出现出浆口不出浆现象。

(二) 就地浇筑施工

1. 概述

连续梁桥就地支架浇筑施工是在支架上安装模板，绑扎、安装钢筋骨架，预留孔道，现场浇筑混凝土，并施加预应力的方法。预应力混凝土连续梁桥采用就地支架浇筑施工需要在连续梁桥的一联各跨均设支架，一联施工完成后，整联卸落支架。也可以仅在一跨梁上使用移动支架逐孔现浇施工。因此，结构在施工中不存在体系转换，也不产生恒载徐变二次矩。其主要特点是桥梁整体性好，施工简便可靠，对机具和起重能力要求不高。该方法缺点是：需要大量的脚手架，可能影响通航和排洪；设备周转次数少，施工工期长；施工费用较高。该方法适用于低矮桥墩的中小跨径连续梁桥或弯桥、宽桥、斜交桥、立交桥等复杂桥型。其经济跨径为 20～60 m。

2. 施工流程

为减轻支架的负担，节省临时工程数量，部分桥梁主梁截面的某些部分在落架后利用主梁自身支承，继续浇筑二期结构的混凝土，这样就使浇筑和张拉的工序重复进行。

3. 支架

支架类型选择是就地浇筑施工的关键。支架上就地浇筑连续梁桥施工所用支架与钢筋混凝土简支梁桥就地浇筑支架基本相同。

4. 混凝土浇筑

混凝土浇筑方式有多种。下面以大跨径预应力混凝土箱形截面连续梁桥混凝土浇筑施工为例予以介绍：

① 箱形截面混凝土浇筑顺序应按设计要求进行施工，采用一次浇筑时，可在顶板中部留一洞口以供浇筑底板混凝土，待浇好底板后应立即补焊钢筋封洞，并同时浇筑肋板混凝土，最后浇顶板混凝土，一次完成；当采用两次浇筑时，各梁段的施工应错开。箱体分层浇筑时，底板可一次浇筑完成，腹板可分层浇筑，分层间隔时间宜控制在混凝土初凝前且使层与层覆盖住。底板混凝土浇筑至箱室倒角顶时（分层厚度可为 0.5 m），先由两侧腹板对称浇筑混凝土，使底板混凝土由箱梁两侧向横断面中部流动，然后由中腹板放料，最后完成该断面底板混凝土浇筑。

② 浇筑肋板混凝土时，两侧肋板应同时分层进行。浇筑顶板及翼板混凝土时，应从外侧向内侧一次完成，以防发生裂纹。

③ 当箱梁截面较大，节段混凝土数量较多时，每个节段可分两次浇筑，先浇底板到肋板的倒角以上，再浇筑肋板上段和顶板，其接缝按施工缝要求处理。

④ 混凝土浇筑完毕，经养护达到设计强度的75%或要求的强度后，再经过孔道检查和修理管口弧度等工作，即可进行穿束、张拉、压浆和封锚。

⑤ 梁段混凝土的拆模时间，应根据混凝土强度及施工安排确定。混凝土应尽量采用早强措施，使混凝土的强度及早达到预施应力的强度要求，并缩短施工周期，加快施工进度。

⑥ 梁段拆模后，应对梁端的混凝土表面进行凿毛处理，以加强接头混凝土的连接。

(三) 悬臂施工

1. 悬臂施工法概述

悬臂施工法亦称分段施工法，它是在已建成的桥墩上，沿桥梁跨径方向对称地逐段浇筑或拼装的施工方法。悬臂施工法按节段成型方式一般分为悬臂浇筑法和悬臂拼装法。

其主要特点如下：① 悬臂施工法比满堂固定脚手架施工法具有更大的桥下净空；② 施工时不受季节、河流水位的影响，不影响桥下通航；③ 减少了大量施工支架和施工设备，简化了施工程序，高度机械化，能循环重复作业。

预应力混凝土连续梁桥采用悬臂施工的方法需在施工中进行体系转换，即在悬臂施工时，结构的受力状态呈T形刚构、悬臂梁，待施工合龙后形成连续梁。预应力混凝土连续梁桥在悬臂施工时，墩梁不能承受较大弯矩。因此，施工时要采取措施临时将墩、梁固结,待悬臂施工至少一端合龙后恢复原结构状态,这是连续梁采用悬臂施工的一个特点。

悬臂施工法适用对象:①位于深山峡谷之中,不便使用支架法的桥梁;②位于江河之上,水流湍急,需通航或有流冰、流木的桥梁;③不能影响桥下交通的立交桥;④工期较短的大跨度桥梁。

2. 悬臂浇筑施工法

悬臂浇筑是在桥墩两侧对称逐段浇筑混凝土,待混凝土达到一定强度后,张拉预应力筋,然后移动机具、模板(挂篮),再进行下一节段的施工,一直推进到悬臂端为止。依据施工设备不同,悬臂浇筑施工可分为:移动式挂篮悬臂浇筑施工;桁式吊悬臂浇筑施工;挂篮、导梁悬臂浇筑施工。

(1) 移动式挂篮悬臂浇筑施工

挂篮悬臂浇筑施工是将梁体每 2~5 m 分为一个节段,以挂篮为施工机具,从桥墩开始对称伸臂逐段现场浇筑混凝土的施工方法。挂篮通常由承重梁、悬吊模板、锚固装置、行走系统和工作平台五部分组成。承重梁是挂篮的主要受力构件,可以采用钢板梁、万能杆件组拼的桁架或斜拉体系等,它承受施工设备和新浇节段混凝土的重量并由支座和锚固装置将荷载传到已施工完成的梁身上,当后支座的锚固能力不够,并考虑行走的稳定时,常采用在尾端压重的措施。

挂篮的主要功能如下:支承梁段模板,调整正确位置;吊运材料、机具;浇筑混凝土和在挂篮上张拉预应力筋。在挂篮施工中,架设模板、安装钢筋、浇筑混凝土和张拉等全部工作均在挂篮工作平台上进行。当该节段的全部施工完成后,由行走系统将挂篮向前移动,动力常采用绞车牵引。行走系统包括向前牵引装置和尾索保护装置。

挂篮按构造形式来分,主要有桁架式挂篮(包括菱形、弓弦式、平弦无平衡重式)、斜拉式(三角形)挂篮及组合斜拉式挂篮三种。菱形桁架式挂篮主要由菱形桁架、提吊系统、走行及后锚系统、模板系统和张拉操作平台等几部分组成。

斜拉式挂篮也称为轻型挂篮。随着桥梁跨径越来越大,为了减轻挂篮自重,以达到减少施工阶段增加的临时钢丝束,在梁式挂篮的基础上研制了斜拉式挂篮。斜拉式挂篮承重结构采用纵梁、立柱、前后斜拉杆组成,杆件少,结构简单,受力明确,承重结构轻巧。

(2) 桁式吊悬臂浇筑施工

桁式吊悬臂浇筑施工是利用由万能杆件组拼的桁架悬吊移动式模板和施工设备进行悬臂浇筑的施工方法。用桁式吊悬臂浇筑施工的主要特点在于悬臂施工的节段重量和施工设备均由桁架承受,通过桁架的支架和中间支柱将荷重传至已完成的梁体和桥墩上。此外，由于施工桁梁把梁体与悬浇施工梁段连通起来，所以材料和设备均可由桥上水平运输到施工现场。

桁式吊有移动式和固定式两种。移动式桁梁随施工进程逐跨前移，而固定式桁梁在悬臂施工时不移动，需在桥梁全长布置桁梁，仅在桥不长的情况下使用。桁式吊可用于等截面梁和变截面梁，所以桁梁通常设在主梁的上方。

当悬臂浇筑合龙后，先将前后悬吊模板移向墩顶，移桁架至前墩，浇筑墩顶段混凝土，待墩上节段张拉完成，梁墩临时固结后，将桁梁前移呈单臂梁后，并在墩上主梁处设支架支承桁梁。对于多联连续梁桥，各联不连续，施工时可临时连续，完成后再分开。当悬臂施工合龙，桁梁前移后，与悬臂浇筑施工无关的后跨应释放墩梁临时固结，此项工作在施工中逐跨进行。

移动桁式吊悬浇施工适用桥梁跨径为 40~150 m，经济跨径为 70~90 m，对于多跨长桥最为合适，经济效益较高。如果选用桁梁支承在桥墩顶处的桁式吊，由于施工重量不施加给悬臂的主梁上，可以减小对桥墩的不平衡弯矩，因此可以加大悬臂施工的节段长度，通常可做到 10 m 为一节段，大大加快了施工速度。

移动桁式吊悬浇施工也适用于变截面梁桥、变跨径桥和有缓和曲线弯桥。施工条件和质量控制与用挂篮悬臂浇筑施工相同，但与挂篮悬臂浇筑施工相比，岸跨边段及墩上节段的施工均可由桁式吊完成，从而可以省掉部分施工支架设备。

(3) 挂篮、导梁悬臂浇筑施工

挂篮、导梁悬臂浇筑施工是用挂篮悬臂施工并辅以导梁作为运输材料、设备和移动挂篮的施工方法。采用挂篮悬臂浇筑完成后需将挂篮移至下一个桥墩继续施工，使用导梁就可以方便地将挂篮水平移到下一个墩位，施工简便、迅速。

导梁仅承受挂篮或运输材料、设备的重量，与前述桁梁相比可以降低要求，常采用钢板梁或简易桁架。导梁的长度必须大于最大跨径的一半，即在悬臂浇筑施工完成后，导梁纵向移到前墩，支承在已完工的悬臂端和前墩上运送挂篮。采用导梁运送挂篮，后方挂篮需要通过桥墩，对挂篮的构造要考虑其悬吊部分便于装拆分离。

第二节　桥梁下部结构施工技术

一、桥梁基础施工

(一)明挖扩大基础施工

明挖基础是将基础底板设在直接承载地基上，来自上部结构的荷载通过基础底板直接传递给承载地基。其施工通常是采用明挖的方式进行的,是一种直接敞坑开挖就地灌注的浅基础形式。由于施工简便、造价低,只要在地质和水文条件许可的情况下,这种施工方法都应优先选用。明挖基础适用于无水、少水或浅水河流的基础工程,可采用人工开挖或机械开挖。明挖基础施工重点需解决的问题是敞坑边坡稳定及开挖过程中的排水。

明挖基础适用于基础埋置深度较浅,且水流冲刷不严重的浅水地区,施工中坑壁的稳定性是必须特别注意的问题。它构造简单,埋深浅,施工容易,加上可以就地取材,故造价低廉,所以广泛用于中小桥涵及旱桥。

明挖基础也称扩大基础,是由块石或混凝土砌筑而成的大块实体基础,其埋置深度较其他类型基础浅,故为浅基础。它构造简单,所用材料不能承受较大的拉应力,故基础的厚宽比要足够大,使之形成所谓刚性基础,受力时不致产生挠曲变形。为了节省材料,这类基础的立面往往设计成台阶形,平面将根据墩台截面形状而采用矩形、圆形、T形或多边形等。建造这种基础多用明挖基坑的方法施工。在陆地开挖基坑,将视基坑深浅、土质好坏和地下水位高低等因素来判断是否采用坑壁支护结构。在水中开挖则应先筑围堰。基坑开挖时应注意以下事项:① 基坑开挖对邻近建筑物或临时设施有影响时,应提前采取安全防护措施。② 基坑顶面应提前做好地面防水、排水设施。③ 基坑开挖时,不得采用局部开挖深坑及从底层向四周掏土。④ 基坑顶有动荷载时,坑口边缘与动载间的安全距离应根据基坑深度、坡度、地质和水文条件及动载大小等情况确定,且不应小于 1.0 m。⑤ 在土石松动地层或在粉、细砂层中开挖基坑时,应先做好安全防护;当基坑开挖需要爆破时,应执行国家现行《爆破安全规程》(GB 6722—2014)中的有关规定;土质松软层基坑开挖必须进行支护。⑥ 基坑开挖时,应观测坡面稳定情况。当发现坑沿顶面出现裂缝,坑壁松塌或遇涌水、涌砂时,应立即停止施工,加固处理后,方可继续施工。

明挖基础施工的主要内容包括基础的定位放样、基坑开挖、基坑排水、基底处理以及砌筑(浇筑)基础结构物等。

1. 基础的定位放样

在基坑开挖前,先进行基础的定位放样工作,以便正确地将设计图上的基础位置准确地设置到桥址上。放样工作是根据桥梁中心线与墩台的纵横轴线,推出基础边线的定位点,再放线画出基坑的开挖范围。基坑各定位点的高程及开挖过程中高程检查,一般用水准测量的方法进行。

2. 基坑开挖

基坑开挖的主要工作有挖掘、出土、支护、排水、防水、清底及回填等。施工时,应根据地质条件、水文条件、基坑开挖深度、开挖所采用的方法和机具等,而采用不同的开挖工艺。

基坑在开挖前通常需完成下列准备工作：施工场地的清理，地面水的排除，临时道路的修筑，供电与供水管线的敷设，临时设施的搭建，基坑的放线等。

场地清理包括拆除房屋、古墓，拆迁或改建通信设备、电力设备、上下水道以及其他建筑物，迁移树木等工作。

场地内低洼地区的积水必须排除，同时应注意雨水的排除，从而使场地保持干燥，以便基坑开挖。地面水的排除一般采用排水沟、截水沟、挡水土坝等措施。应尽量利用自然地形来设置排水沟，使水直接排至基坑外，或流向低洼处，再用水泵抽走。主排水沟最好设置在施工区域的边缘或道路的两旁，其横断面和纵向坡度应根据最大流量确定。一般情况下，排水沟的横断面不小于 $0.5\ m \times 0.5\ m$，纵向坡度一般不小于3‰。平坦地区，若出水困难，其纵向坡度不应小于2‰，沼泽地区可降至1‰。在基坑开挖过程中，要注意保持排水沟畅通，必要时应设置涵洞。

(1) 土方边坡及其稳定

① 土方边坡。

为了防止塌方，保证施工安全，在开挖深度超过一定限度时，均应在其边沿做成一定高度的边坡。

根据各层土质以及土体所受的压力，土方边坡可做成直线形、折线形和台阶形。而合理选择基坑边坡是减少土方量的有效措施。

② 边坡稳定。

基坑边坡的稳定，主要取决于土体内土颗粒之间存在摩擦阻力和内聚力，使土体具有一定的抗滑力来保持稳定。当土体的下滑力大于抗滑力，边坡就会失去稳定而发生滑动，这种滑动一般是在一定范围内整体沿某一滑动面向下和向外移动。基坑边坡的失稳往往是在外界不利因素影响下触发和加剧的。这些外界不利因素往往会导致土体剪应力的增加或抗剪强度的降低。一旦土体失去平衡，土体就会塌方，不仅会造成人身安全事故、影响工期，有时还会危及邻近建筑物的安全。

(2) 基坑开挖方式

基坑开挖的方式与基础的埋置深度、地质土的性质、施工周期的长短有关。可分为直立壁开挖、放坡开挖、支护开挖。按其基坑所处的环境，基坑开挖可分为陆地基坑开挖和水中基础的基坑开挖两种。

① 陆地基坑开挖。

基坑大小应满足基础施工要求，对有渗水土质的基坑坑底开挖尺寸，需按基坑排水设计(包括排水沟、集水井、排水管网等)和基础模板设计而定，一般基底尺寸应比设计平面尺寸各边增宽 $0.5 \sim 1.0\ m$。基坑可采用垂直开挖、放坡开挖、支撑加固或其他加固的开挖方法,具体应根据地质条件、基坑深度、施工期限与经验,以及有关地表水或地下水等现场因素来确定。

a.坑壁不加支撑的基坑。

对于在干涸无水河滩、河沟中,或有水经改河或筑堤能排除地表水的河沟中;在地下水位低于基底0.5 m,或渗透量少,不影响坑壁稳定;以及基础埋置不深(一般在5 m以内)施工期较短,挖基坑时不影响邻近建筑安全的施工场所,土质稳定时可考虑选用坑壁不加支撑的基坑。

不加支护的基坑开挖时,坑壁依靠土体本身的抗剪强度,或采取适量放坡的方式来解决边坡的稳定问题。

基坑开挖时,坑壁的形式有直坡式、斜坡式和踏步式等。

在无水土质基坑底面,基坑平面尺寸每边放宽0.5~1.0 m或模板施工及工作宽度要求的宽度。对有水基坑底面,应预留四周开挖排水沟或汇水井的位置,每边放宽0.8~1.2 m。但如果采用坑壁为土模灌注混凝土时,基底尺寸应为基础轮廓。

坑顶边缘应留有护道,避免在此范围内加载,以保持顶边稳定。静载距坑缘不小于0.5 m,动载距坑缘不小于1.0 m。在垂直坑壁坑缘顶面的护道还应适当增宽,荷载距坑缘距离应满足不使土体坍塌为限。

基坑应尽量安排在枯水期或少雨季节施工。基坑开挖不宜间断,应连续施工并进行基础混凝土的灌注施工。基坑宜用原土及时回填,对桥台及有河床铺砌的桥墩基坑,均应分层夯实。

b.坑壁有支撑的基坑。

当基坑壁坡不易稳定并有地下水渗入,或放坡开挖场地受到限制,或基坑较深、放坡开挖工程数量较大,不符合技术经济要求时,可视具体情况,采用以下的加固坑壁措施,如挡板支撑、钢木结合支撑、混凝土护壁及锚杆支护等。常用的坑壁支撑形式有直衬板式坑壁支撑、横衬板式坑壁支撑、框架式支撑及其他形式的支撑(如锚桩式、锚杆式、锚碇板式、斜撑式等)。

② 水中基础的基坑开挖。

桥梁墩台基础大多位于地表水位以下,有时水流还比较大,施工时都应在无水或静止水条件下进行。桥梁水中基础最常用的施工方法是围堰法。围堰的作用主要是防水和挡水,有时还起着支撑施工平台和基坑坑壁的作用。公路桥梁常用的围堰类型有土石围堰、木笼围堰或竹笼围堰、钢板桩围堰、套箱围堰。

围堰必须满足以下要求:a.围堰顶高宜高出施工期间最高水位700 mm,最低不应小于500 mm,用于防御地下水的围堰宜高出水位或地面200~400 mm。b.围堰的外形应适应水流排泄,大小不应压缩流水断面过多,以免壅水过高而危害围堰安全,影响通航、导流等。围堰内形应适应基础施工的要求，并留有适当的作业面积。堰身断面尺寸应保证有足够的强度和稳定性，使基坑开挖后，围堰不致发生破裂、滑动或倾覆。c.围堰要求防水严密，应尽量采取措施防止或减少渗漏，以减轻排水工作。对围堰外围边坡的冲刷和筑围堰后引起的河床的冲刷均应有防护措施。d.围堰施工一般应安排在枯水期间进行。

3. 基坑排水

基坑坑底一般多位于地下水位以下，地下水会经常渗进坑内，所以必须设法把坑内的水排除，以便施工。要排除坑内渗水，先要估算涌水量，方能选用相当的排水设备。桥梁基础施工中常用的基坑排水方法有以下几种。

(1) 集水坑排水法

基坑开挖时，宜在坑底基础范围之外设置集水坑并沿坑底周围开挖排水沟，使水流入集水坑内，排出坑外。集水坑的尺寸宜视渗水量的大小来确定。排水设备的排水能力宜为总渗水量的 1.5~2.0 倍。

(2) 井点降水法

井点降水法宜用于粉砂、细砂、地下水位较高、挖基较深、坑壁不易稳定的土质基坑，在无砂的黏质土中不宜采用。井点类别的选择，宜按照土层的渗透系数、要求降低水位的深度以及工程特点确定。井管的成孔可根据土质分别采用射水成孔后冲击钻机、旋转钻机及水压钻机成孔。井点降水曲线顶部应低于基底设计高程或开挖高程 0.5 m。

应做好沉降及边坡位移监测，保证水位降低区域内建筑物、构筑物的安全，必要时应采取防护措施。

(3) 帷幕防渗法

帷幕防渗法施工时应进行施工设计。帷幕防渗层的厚度应满足基坑防渗的要求，截水帷幕的渗透系数宜小于 10×10^{-6} cm/s。采用防水土工膜在围堰外侧铺底防渗时，应将河床面杂物清除干净并整平。土工膜应从围堰外侧的水位以上铺起，并超过堰脚不小于 3 m；土工布之间的接头应搭接严密。铺底土工膜上应满压不小于 300 mm 厚的砂土袋。

4. 地基处理

天然地基上的基础是直接靠基底土壤来承担荷载的，故基底土壤状态的好坏，对基础及墩台、上部结构的影响极大，不能仅检查土壤名称与容许承载力大小，还应为土壤更有效地承担荷载创造条件，即要进行基底处理工作。

对符合设计要求的细粒土、特殊土基底，修整妥善后，应尽快修建基础，不得使基底浸水和长期暴露。当地基需加固或现场开挖后地质情况与设计不符时，应按设计要求及有关规范执行。地基处理应根据地基土的种类、强度和密度，按照设计要求，结合现场情况，从而采取相应的处理方法。地基处理的范围至少应宽出基础之外 0.5 m。

(1) 细粒土及特殊土地基的处理

属细粒土或特殊土类的饱和软弱黏土层、粉砂土层及湿陷性黄土、膨胀土和黏土及季节性冻土，强度低，稳定性差，处理时应视该类土的处治深度、含水量等情况，按基底的要求采取固结处理，以满足设计要求。

(2) 粗粒土和巨粒土地基的处理

对于强度和稳定性满足设计要求的粗粒土及巨粒土基底，应将其承重面平整夯实，其范围应满足基础的要求。基底有水不能彻底排干时，应堵塞或将水引至排水沟，然后在其上修筑基础。

(3) 岩层基底的处理

风化的岩层应挖至满足地基承载力要求或其他方面的要求为止。在未风化的岩层上修建基础前，应先将淤泥、苔藓、松动的石块清除干净，并洗净岩石。对于坚硬的倾斜岩层，应将岩层面凿平。倾斜度较大，无法凿平时，则应凿成多级台阶，台阶的宽度宜不小于 0.3 m。

(4) 多年冻土地基的处理

基础不应置于季节冻融土层上，并不得直接与冻土接触。基础的基底修筑于多年冻土层（即永冻土）上时，基底之上应设置隔温层或保温层材料，且铺筑宽度应在基础外缘加宽 1 m。按保持冻结的原则设计的明挖基础，其多年平均地温等于或高于 −3℃时，应在冬季施工。多年平均地温低于 −3℃时，可在其他季节施工，但应避开高温季节，并应按下列规定处理：① 严禁地表水流入基坑。② 及时排除季节冻层内的地下水和冻土本身的融化水。③ 必须搭设遮阳棚和防雨棚。④ 施工前做好充分准备，组织快速施工。做好的基础应立即回填封闭，不宜间歇。必须间歇时，应以草袋、棉絮等加以覆盖，防止热量侵入。

施工时，明水应在距坑顶 10 m 之外修排水沟。水沟中的水，应引于远离坑顶宣泄并及时排除融化水。

(5) 溶洞地基的处理

影响基底稳定的溶洞，不得堵塞溶洞水路。干溶洞可用砂砾石、碎石、干砌或浆砌片石及灰土等回填密实。基底干溶洞较大，回填处理有困难时，可采用桩基处理，桩基应进行设计，并经有关单位批准。

(6) 泉眼地基的处理

基底泉眼的处理不应使基底土层饱水。可将有螺口的钢管紧紧打入泉眼，盖上螺帽并拧紧，阻止泉水流出；或向泉眼内压注速凝的水泥砂浆，再打入木塞堵眼。堵眼有困难时，可采用导管塞入泉眼，将水引流至集水坑排出。在基底下设盲沟引流至集水坑排出，待基础圬工完成后，向盲沟压注水泥浆堵塞。采用引流排水时，应注意防止砂土流失引起基底沉陷。

(二) 钻孔灌注桩施工

钻孔灌注桩是指采用不同的钻（挖）孔方法，在土中形成一定直径的井孔，达到设计标高后，将钢筋骨架（笼）吊入井孔，灌注混凝土形成桩基础。

1. 施工前的准备工作

钻孔灌注桩施工的主要工序包括准备场地、埋设护筒、制备泥浆、钻孔、清孔、钢筋笼制作与吊装以及灌注混凝土等。

(1) 场地平整

钻孔前对施工场地要进行准备，其内容包括：① 场地为旱地时，应该除杂物，换除软土，整平夯实；② 场地为陡坡时，可用枕木、型钢等搭设工作平台；③ 场地为浅水时，宜采用筑岛施工，筑岛面积应根据钻孔方法、设备大小等要求确定，高度应高于最高施工水位 0.5~1.0 m；④ 场地为深水或淤泥较厚时，可搭设工作平台，平台必须牢固稳定，能承受工作时所有静、动荷载，并考虑施工机械能安全进出。

若水流平稳，水位升降缓慢，全部工序可在船舶或浮箱上进行，但必须锚固稳定，桩位准确。若流速较大，但河床可以整理平顺时，可采用钢桩或钢丝网水泥薄壁运沉井，就位后灌水下沉至河床，然后在其顶部搭设工作平台，在其底部安设护筒。在某些情况下，可在钢板桩围堰内搭设钻孔平台。

(2) 选择钻孔设备

根据土质、桩径大小和入土深度，选择合适的钻孔设备。

(3) 埋设护筒

护筒宜采用钢板卷制，其内径应大于桩径至少 200 mm，壁厚应能使护筒保持圆筒状且不变形；在水中以机械沉设的护筒，其内径和壁厚的大小，应根据护筒的平面、垂直度偏差要求及长度等因素确定；对参与结构受力的护筒，其内径、壁厚及长度应符合设计的规定。

护筒中心竖直线应与桩中心线重合，除设计另有规定外，平面允许误差为 50 mm，竖直线倾斜不大于 1%，干处可实测定位，水域可依靠导向架定位。旱地、筑岛处护筒可采用挖坑埋设法，护筒底部和四周所填黏质土必须分层夯实。护筒内径宜比桩径大 200~400 mm。护筒高度宜高出地面 0.3 m 或水面 1.0~2.0 m。当钻孔内有承压水时，应高于稳定后的承压水位 2.0 m 以上。护筒埋置深度应根据设计要求或桩位的水文地质情况确定，一般情况下，埋置深度宜为2~4 m，特殊情况应加深以保证钻孔和灌注混凝土的顺利进行。有冲刷影响的河床，应沉入局部冲刷线以下1.0~1.5 m。护筒连接处要求筒内无突出物，应耐拉、耐压、不漏水。

(4) 泥浆制备

钻孔泥浆由水、黏土（膨润土）和添加剂组成。它具有浮悬钻渣、冷却钻头、润滑钻具、增大静水压力，并有在孔壁形成泥膜、隔断孔内外渗流、防止坍孔的作用。调制的钻孔泥浆及经过循环净化的泥浆，应根据钻孔方法和地层情况采用不同的性能指标。泥浆稠度应视地层变化和操作要求，灵活掌握。泥浆太稀，排渣能力小，护壁效果差；泥浆太稠，会削弱钻头冲击功能，降低钻进速度。

对大直径或超长钻孔灌注桩，泥浆的选择应根据钻孔的工程地质情况、孔位、钻机性能、泥浆材料条件等确定。在地质复杂、覆盖层较厚、护筒下沉不到岩层的情况下，宜使用丙烯酰胺即PHP泥浆。

2. 钻孔施工方法

(1) 冲抓锥钻进

冲抓锥是一种最简单的钻孔机械，由三脚立架、锥头和卷扬机3部分组成。施工时使三角立架固定滑轮，绕过滑轮的钢丝绳下端吊着由3块钢锥片组成的锥头，锥头张开的最大外围尺寸与桩孔直径相同。锥头对准桩孔中心，放开制动，锥头在自重作用下下落，打入孔内土层。卷扬机将其向上提升时，通过拉索位锥头合龙，渣土被封闭在锥体内提升至井外。等锥体提升至孔口以上时，工人及时在井口放置一块钢盖板，将手推车或其他运输工具放于其上。打开锥头控制栓，使锥头张开，土体落入运输车而运走。移走钢板，进行下一轮冲抓作业，如此循环钻进。

该方法的优点是：所需机械简单，成本较低。缺点是：施工自动化程度低，需人工操作清运渣土，劳动强度大，施工速度较慢。此种方法适用于砂砾石和砂土地层。

施工中应注意以小冲程稳而准地开孔，待锥具全部进入护筒后，再松锥进行正常冲抓。提锥应缓慢，冲击高度一般为1.0~2.5 m。冲抓施工中，每冲抓一次需将冲抓钻头旋转一个小角度，以防形成梅花形孔。

(2) 冲击钻孔

其设备由冲击钻头、三角立架和卷扬机三部分组成。该方法适用于砂砾石和岩石地层。其工作原理是：用卷扬机钢丝绳通过三角立架上的滑轮将锥头提起，然后放开卷扬机，使锥头自由下落，锥头的冲击作用将砂砾石或岩石挤进孔壁或砸成碎末、细渣，靠泥浆将其悬浮起来排出孔外。锥体一般为圆柱形，用钢材制成，锥头呈"十"字形，利于破碎岩石。一般先用60~80 cm的细锥头钻进，再用大锥头扩孔至设计孔径。这样一可以保证孔壁稳定，防止坍孔；二可以提高功效。卷扬机既可以人工操作，也可以选用自动操作设备，节省人力，24小时连续作业，施工效率高，在工程中普遍适用。

施工时应注意以小冲程开孔，使初成孔坚实、竖直、圆顺并起导向作用。钻进深度超过钻锥全冲程后才能进行正常冲击。若遇坚硬漂卵石层，可采用中、大冲程，但最大冲程不宜超过4~6 m。钻进中及时排除钻渣，并添加黏土造浆，防止塌孔和沉积，使钻锥经常冲击新鲜地层。冲击表面有不平整的漂石、硬岩时，应先投入黏土夹小片石，将表面垫平后再钻进，防止出现偏孔、斜孔。冲击成孔施工中，每冲击一次需将冲击钻头旋转一个小角度，以防形成梅花形孔。

(3) 正循环钻进施工

用钻头旋转切削土体钻进，用泥浆泵将泥浆压进钻杆顶部提水龙头，泥浆通过钻杆中心从钻头处喷入孔底，泥浆与钻渣混合，钻渣被泥浆悬浮，泥浆携带钻渣沿孔壁上升，从护筒顶部排浆孔排至沉淀池，钻渣在此沉淀而泥浆流入泥浆池循环使用。该方法适用于淤泥、黏性土、砂土以及砾卵石粒径小于10 cm且含量少于20%的碎石土。其优点是钻进与排渣同时连续进行，在适用的土层中钻进速度较快。

(4) 反循环钻进施工

与正循环法不同的是低浓度泥浆从孔口输入孔内，然后高浓度泥浆从钻头处的钻杆下口吸进，通过钻杆中心排至沉淀池内。该方法适用于黏性土、砂土以及砾卵石粒径小于钻杆内径2/3且含量少于20%的碎石土、软岩。其钻进与排渣效率较高，钻进速度比正循环快，但接长钻杆时装卸麻烦、钻渣容易堵塞管路。另外，因泥浆是从下向上流动，孔壁坍塌的可能性较正循环法大，为此需用较高质量的泥浆。

3. 清孔

钻孔深度达到设计标高后，应对孔深、孔径进行检查，符合要求后方可清孔。清孔方法应根据设计要求、钻孔方法、机具设备条件和地层情况决定。在吊入钢筋骨架后，灌注水下混凝土之前，应再次检查孔内泥浆性能指标和孔底沉淀厚度，若超过规定，应进行第二次清孔，符合要求后方可灌注水下混凝土。

清孔方法有换浆、抽浆、掏渣、空压机喷射、砂浆置换等，可根据具体情况选择使用。不论采用何种清孔方法，在清孔排渣时，必须注意保持孔内水头，防止坍孔。清孔后应从孔底提出泥浆试样，进行性能指标试验，检查孔底沉淀土厚度。不得用加深钻孔深度的方式代替清孔。

无论采用哪种钻孔方法，钻孔施工都需遵循以下一般要求：① 钻孔就位前，应对钻孔的各项准备工作进行检查，包括场地与钻机坐落处的平整和加固、主要机具的检查与安装，并用水准仪测量钻机平台的标高，确定钻孔深度；② 及时填写施工记录表，交接班时应说明钻进情况及下一班应注意事项；③ 钻机底座和顶端在钻进和运行中不应产生位移和沉陷。回转钻机顶部的起吊滑轮、转盘中心和桩位中心三者应在同一铅垂线上,偏差不超过2 cm;④钻孔作业应分班连续进行,经常对钻孔泥浆性能指标进行检验,不符合要求时要及时改正。

4. 钢筋笼及导管吊装

(1) 钢筋笼制作与安装

在开始钻孔之前或者钻孔的同时,要制作好钢筋笼,以便成孔、清孔后尽快灌注混凝土,防止塌孔事故发生。应根据桩基钢筋设计图纸及施工的实际桩长来确定主钢筋下料的根数和长度,下料时应考虑钢筋搭接焊接的长度,注意主筋在50cm范围内接头数量不能超过截面主筋根数总数的50%,箍筋螺旋形布置在主筋外侧,定位筋应均匀对称地焊接在主筋外侧。下钢筋笼前应对其进行质量检查,经检查合格后,用吊车(或采用钻孔桩架)吊起,垂直缓慢放入孔内,相邻节端应焊接牢靠、定位准确。下到设计位置后,应在顶部采取相应措施反压并固定其位置,防止在混凝土灌注过程中产生上浮。

(2) 导管

导管是灌注水下混凝土的重要工具。导管一般用钢管制成,内径一般为200~350 mm,每节长2~3 m,端头用丝扣或法兰盘螺栓连接,用法兰盘螺栓连接时,接头间夹有橡胶垫以防止漏水。导管使用前应进行水密承压和接头抗拉试验,严禁用压气试压。进行水密试验的水压不应小于孔内水深1.3倍的压力,也不应小于导管壁和焊缝可能承受灌注混凝土时最大内压力的1.3倍。

在灌注过程中,应保持孔内的水头高度;导管的埋置深度宜控制在2~6 m之间,并应随时测探桩孔内混凝土的位置,及时调整导管埋深。

5. 水下混凝土灌注

水下混凝土灌注过程中应注意以下施工要求:①水下混凝土灌注时间不得超过首批混凝土的初凝时间。②混凝土运至灌注地点时,应检查其均匀性和坍落度等,不符合要求时不得使用。③首批混凝土拌合物下落后,混凝土应连续灌注。④为防止钢筋骨架上浮,当灌注的混凝土顶面距钢筋骨架底部1 m左右时,应降低混凝土的灌注速度。当混凝土拌合物上升到骨架底口4 m以上时,提升导管,使其底口高于骨架底部2 m以上,即可恢复正常灌注速度。⑤灌注的桩顶标高应比设计高,一般为0.5~1.0 m,以保证混凝土强度,多余部分接桩前必须凿除,桩头应无松散层。在灌注将近结束时,应核对混凝土的灌入数量,以确定所测混凝土的灌注高度是否正确。⑥对变截面桩,应在灌注过程中采取措施,并保证变截面处的水下混凝土灌注密实。⑦灌注中发生故障时,应查明原因,合理确定方案进行处理。

6. 事故处理

由于地质构造的复杂性和施工期间各种因素的影响，钻孔事故常有发生。及时确认事故类型，采取补救措施，才能减少损失，保证质量。

(1) 塌孔

遇钻孔坍塌时，应仔细分析，查明原因和位置，再进行处理。若塌孔不严重，可不进行处理，采取改善泥浆性能、加高水头、埋深护筒等措施继续钻进。若塌孔严重，应立即将已钻的孔用小砾石夹黏土回填至塌孔处以上 1~2 m，待其稳定后，再采取相应措施(加大泥浆浓度快速钻进等)重钻。

(2) 孔身偏斜、弯曲

一般情况下，可在偏斜处吊住钻头反复扫孔，使钻孔正直。偏斜严重时应回填黏性土到偏斜处，待沉淀密实后再重钻。

(3) 扩孔、缩孔

孔径较大或者过小，称为扩孔、缩孔。遇此情况要采取防止坍孔和防止钻锥摆动过大的措施。缩孔是因钻锥磨损过大，焊补不及时或因地层中有遇水膨胀的软土、黏土泥岩造成的。前者应及时补焊钻锥，后者则应选用失水率小的优质泥浆护壁。

(4) 钻孔漏浆

若发现护筒内水头不能保持，水位下降，则证明有漏浆现象，宜采用将护筒周围填土筑实，增加护筒埋置深度，适当减小水头高度或采取加稠泥浆，加入黏土慢速转动等措施。用冲击法钻孔时，还可填入片石、碎卵石土，反复冲击以增强护壁。

(5) 梅花孔或十字槽孔

此情况多见于冲击钻孔，是由于钻锥的转向装置失灵，泥浆太稠，钻锥旋转阻力过大或冲程太小，钻锥来不及旋转而形成的。遇此情况，应采用片石或卵石与黏土的混合物回填钻孔，重新冲击钻进。

(6) 糊钻、埋钻

此现象常出现于正反循环回转钻进和冲击钻进中。遇此情况应减小泥浆浓度、提出钻头进行清理，再次钻进时控制适当进尺。若已严重糊钻，应停钻提出钻锥，清除钻渣。遇到塌方或其他原因造成埋钻时，应使用空气吸泥机吸走埋钻的泥沙，提出钻锥。

(7) 卡钻、掉钻

钻头被卡住称为卡钻。卡钻后不能强提，只宜轻提，轻提不动时，可以用小冲击锥或用冲、吸的方法将钻锥周围的钻渣松动后再提出。钻头掉下称为掉钻。掉钻落物时，宜迅速用打捞叉、钩、绳套等工具打捞。若落体已被泥沙埋住，应先清除泥沙，使打捞工具接触落体后再进行打捞。应特别注意的是，在任何情况下，严禁施工人员进入没有护筒或其他防护设施的钻孔中处理故障。当必须下入护筒或有其他防护设施的钻孔时，应检查孔内有无有害气体，并备齐防毒、防溺、防塌埋等安全设施后，才能行动。

(三) 沉井基础施工

在修建负荷较大的建筑结构物时，其基础应该坐落在坚固、有足够承载力的土层上，当这类土层距地表较深、采用天然基础和桩基础受水文地质条件限制时，可采用一种上、下开口就位后封闭的结构物来承受上部结构的荷载，这种结构物被称为沉井。沉井是基础组成部分之一，其形状大小是根据工程地质状况由设计而定，通常用钢筋混凝土制成。它一般由井壁、刃脚、隔墙、井孔、预埋冲刷管、封底混凝土、顶盖板组成。

沉井平面形状可以是圆形、矩形或圆形，井孔为单孔或多孔，井壁为钢筋混凝土，甚至由刚壳中填充混凝土等建成。若为陆地基础，由取土井排土以减少刃脚土的阻力，一般借自重下沉；若为水中基础，可用筑岛法或浮运法建造。在下沉过程中，若侧摩阻力过大，可采用高压射水法、泥浆套法或井壁后压气法等加速下沉。沉井基础是常见的深基础类型，它的刚度大、稳定性好，与桩基相比，在荷载作用下变形较小，具有较好的抗震性能，尤其适用于对基础承载力要求较高、对基础变位敏感的桥梁，如大跨度悬索桥、拱桥、连续梁桥等。在施工沉井时要注意均衡挖土、平稳下沉，若有倾斜应及时纠偏。

沉井划分有三种方法：① 按制造形式可分为：就地浇筑混凝土或钢筋混凝土下沉沉井；浮式沉井，该沉井多是钢壳井壁；空腔钢丝网水泥薄壁沉井、钢筋混凝土薄壁沉井。② 按竖向剖面形状可分为柱形沉井、锥形沉井、阶梯形沉井。③ 按横截面形状可分为圆形沉井、矩形沉井、圆端形沉井、椭圆形沉井、菱形沉井。

1. 施工准备

(1) 前期准备

按施工组织设计的要求，进行施工平面布置，根据设计图纸定出沉井中心桩，纵横轴线控制桩及基坑开挖边线，按地质环境条件决定第一节沉井浇筑高度及基坑开挖深度。基坑底部有暗浜或土质松软的土层应予清除，或控制第一节制作高度，在井壁中心线的两侧各 1 m 范围内回填砂土整平夯实，开挖基坑应分层按顺序进行，底层浮泥应清除干净并保护平整和疏干状态。

(2) 平整场地筑岛

一般情况下，沉井的自重很大，不便运输，多数沉井采用在现场进行预制。如果需要在旱地上施工沉井，在制作底节沉井之前应先平整场地，使其具有一定的承载能力。若地面土质松软，应铺设一层不小于0.5 m厚的粗砂或砂夹卵石，并夯实；若在地基浅层含有大量大石块的土层上预制沉井，应先挖除浅层的大石块，再铺设砂石垫层（或混凝土垫层），以避免沉井在浇筑混凝土过程中和拆除层垫木（破除混凝土底模）时由于下沉不均匀而产生裂缝。若沉井下沉位置在水中，需先在水中筑岛，再在岛上制作沉井。

2. 沉井制作

沉井的制作应根据沉井施工方法而确定，在沉井施工前，应对沉井入土地层及其基底岩石地质资料详细掌握，依次制订沉井下沉方案；对洪汛、凌汛、河床冲刷、通航及漂浮物等做好调查研究，并制定必要的安全、技术措施，以确保沉井下沉。避免沉井周围土体破坏范围过大，但内侧阶梯会影响取土机具的工作，一般较少采用。沉井的制作可分为就地制作沉井和浮式沉井两种方案。

(1) 就地制作沉井

干旱滩岸沉井浇筑就是墩台基础位于干旱地而制作沉井，施工时沉井就地下沉。若土质松软，应在场地平整并夯实后，在其上铺垫300～500 mm的砂垫层，铺以垫木，垫木之间用砂填平，不允许在垫木下垫塞木块、石块来调整顶面高程，以防压重（也称配重）后产生不均匀沉降。

模板及支撑应具有较好的刚性。内隔墙与井壁连接处的垫木应互相搭接连成整体，底模支撑应支于垫木上。

在支垫上立模制作沉井时，应符合下列要求：① 支垫布置应满足设计要求及抽垫方便。② 支垫顶面应与钢刃脚底面紧贴，使沉井重力均匀分布于各支垫上。③ 模板及支撑应具有足够的强度和较好的刚性。内隔墙与井壁连接处支垫应连成整体，底模应支承于支垫上，以防不均匀沉陷；外模与混凝土面贴接一侧应平直并光滑。

刃脚部分采用土模制作时，应符合下列要求：① 刃脚部分的外模，应能承受井壁混凝土的重力在刃脚斜面上产生的水平分力。土模顶面的承载力应满足设计要求，土模顶面一般宜填筑至沉井隔墙底面。② 土模表面及刃脚底面的地面上，均应铺筑一层20～30 mm的水泥砂浆，砂浆层表面应涂隔离剂。③ 应有良好的防水、排水设施。

若沉井是分节制作，分节沉入土中，沉井分节制作的高度应既能保证其稳定，又能由重力下沉。在沉井接高时，注意各节沉井的竖向中轴线与第一节沉井重合，且外壁应光滑、平整。

(2) 浮式沉井制作

位于深水中的沉井，可采用浮式沉井。根据河岸地形、设备条件进行技术经济比较，确定沉井结构、制作场地及下水方案。在浮船上或支架平台上制作沉井时，浮船、支架平台的承载力应满足设计要求。

各类浮式沉井在下水、浮运前,均应进行水密性检查,底节还应根据其工作压力进行水压试验,并进行清底,合格后方可下水。

浮式沉井应验算浮运时沉井的入水深度,当沉井的实际重力与设计重力不符时,应重新验算沉入水中的深度是否安全可靠。

浮式沉井在悬浮状态下接高时,应符合下列要求:① 沉井底节下水后接高前,应向沉井内灌水或从气筒内排气,使沉井入水深度增加到沉井接高所要求的深度,在灌注接高混凝土过程中,同时向井外排水或向气筒内补气,以维持沉井入水深度不变;② 在灌水或排气过程中,应检查并调整固定沉井位置的锚碇系统;③ 在灌水、排气或排水、补气及灌注接高混凝土过程中,应均匀、对称地进行;④ 带临时性井底的浮式沉井和空腔井壁沉井,应严格控制各灌水隔舱间的水头差不得超过设计规定;⑤ 带气筒的浮式沉井,气筒应加防护。

沉井准确定位后,应向井孔内或在井壁腔格内迅速、对称、均衡地灌水,使沉井落至河床。在水中拆除底板时,应注意防止沉井偏斜。薄壁空腔沉井着床后,可对称、均衡地灌水,灌注混凝土和加压下沉。

沉井着床后,应随时观测由于沉井下沉的阻力和压缩流水断面引起流速增大而造成的河床局部冲刷,必要时可在沉井位置处用卵、碎石垫填整平,以此改变河床上的粒径,减小冲刷深度,增加沉井着床后的稳定。沉井着床后,应采取措施使其尽快下沉,加强对沉井上游侧冲刷情况的观测和沉井平面位置及偏斜的检查,做到发现问题时立即采取措施并予调整。

对于水中特大沉井的施工,必要时应在沉井施工前进行河床冲刷防护数学模型或水工模型模拟分析计算,确保沉井顺利着床及下沉。

3. 沉井下沉

(1) 沉井下沉的要求

根据沉井下沉过程是否排水,下沉方法可分为排水法和不排水法。当沉井所穿过的土层较稳定,不会因排水发生流砂、管涌和井底土体失稳时,可采用排水挖土下沉的施工方法。排水引起地下水位降低和地面沉降,可能影响周围建筑物正常使用时,要采取必要的安全措施。当沉井穿过的土层不稳定,会发生流砂、管涌和土体失稳时,应采用不排水下沉。

下沉沉井时,不宜使用爆破方法。在特殊情况下,经批准必须采用爆破时,应严格控制药量。下沉过程中,应随时掌握土层情况,做好下沉观测记录,分析和检验土的阻力与沉井重力的关系,选用最有利的下沉方法。下沉通过黏土胶结层或沉井自身重力偏轻下沉困难时,可采用井外高压射水、降低井内水位等方法下沉。在结构受力容许的条件下，亦可采用压重或接高沉井下沉。正常下沉时，应自中间向刃脚处均匀对称除土。对于排水除土下沉的底节沉井，设计支承位置处的土，应在分层除土中最后同时挖除。由数个井室组成的沉井，为使下沉不发生倾斜，应控制各井室之间除土面的高差，并避免内隔墙底部在下沉时受到下面土层的顶托。下沉时应随时注意正位，保持竖直下沉，至少每下沉 1 m 检查一次。沉井入土深度尚未超过其平面最小尺寸的 1.5~2 倍时，最易出现倾斜，应及时注意校正。但偏斜时的竖直校正，一般均会引起平面位置的移动。

合理安排沉井外弃土地点，避免对沉井引起偏压。在水中下沉时，应注意河床因冲淤引起的土面高差，必要时可用沉井外弃土来调整。采用吸泥吹砂等方法在不稳定的土或砂土中下沉时，必须备有向井内补水的设施，以保持井内外的水位相平或井内水位略高于井外水位，防止翻砂。吸泥器应均匀吸泥，防止局部吸泥过深，造成沉井下沉偏斜。

下沉至设计标高以上 2 m 时，应适当放慢下沉速度并控制井内除土量和除土位置，使沉井平稳下沉，正确就位。

(2) 辅助下沉措施

① 高压射水：在井壁腔内的不同高度处对称预埋射水管，并在井壁外侧留有喇叭口朝上方的射水嘴，遇下沉缓慢或停沉时，用高压水射水以减少井壁与土层之间的摩阻力。射水水压应根据地层情况、沉井入土深度等因素确定，可取 1~2.5 MPa。

② 水中法：用高压水枪冲射刃脚下土体，以期高压水带动刃脚下、井壁外土体不断流动，井壁受摩阻力减小，从而达到沉井下沉的目的的一种沉井下沉方法。

③ 压重助沉：沉井圬工尚未接筑完毕时，可利用接筑与工压重助沉，也可在井壁顶部用钢铁块件或其他重物压重助沉。采用压重助沉时，应结合具体情况及实际效果选用。

④ 炮振助沉：一般不宜采用炮振助沉方法，而在特殊情况下必须采用时，应严格控制用药量。在井孔中央底面放置炸药起爆助沉时，可采用 0.1~0.2 kg 用药量，具体使用应视沉井大小、井壁厚度及炸药性能而定。同一沉井每次只能起爆一次，并应根据具体情况，适当控制炮振次数。

⑤ 空气幕下沉：预先在沉井壁腔内埋设带有喷气嘴的管道，通过管道和喷气嘴向沉井四周喷射压缩空气，瞬时形成空气幕，使其周围的土壤松动或液化，减小井壁摩阻力，使沉井顺利下沉。空气幕下沉沉井适用于砂类土、粉质土及黏质土地层，卵石土、砾类土、硬黏土及风化岩等地层不宜使用。

沉井下沉前，应对供气管路做压气检查。首先将刃脚下的泥土清除，待正面阻力基本消除后，开始压气下沉，先开井壁上层凹槽，再开下层，逐层开通。压气时间一般一次不超过 1 min。在井外 1 m 左右范围内的地面应约低于 0.5 m，并保持积水，以利于观察气翻情况。应尽量使风压机达到最大气压值，在凹槽开通经过一段时间喷气后，若不经除土，会使沉井下沉减慢，此时应立即停气除土。停气须缓慢减压，不能将高压气体突然停止，易造成瞬间负压而使喷气孔内吸入泥沙而被堵塞。待刃脚下泥土清除完毕，正面阻力基本消除后，再次进行压气下沉。通过压气除土交替作业，使井沉于基底。

⑥ 泥浆润滑套下沉：泥浆套下沉沉井不宜使用在孔隙大、易漏失泥浆以及易翻砂坍塌破坏泥浆的地层上。泥浆原料及配合比应具有良好的固壁性、触变性和胶体率。泥浆套应设地表围圈防护，地表围圈高度可为 1.5~2.0 m，顶面高出地面约 0.5 m，上加顶盖以防土石落入或流水冲蚀。地表围圈外围应回填不透水土，并分层夯实。沉井下沉时应及时补充泥浆，泥浆面不得低于地表围圈底面，同时应使沉井内外水位相近，或井内水位略高，不得翻砂、涌水、破坏泥浆套。井底置于土层的泥浆套沉井，应根据泥浆套实际效果及地层情况，提前停止压入泥浆或破坏泥浆套。

(3) 沉井接高

沉井接高前应尽量纠正倾斜，接高各节的竖向中轴线应与前一节的中轴线相重合。水上沉井接高时，井顶露出水面不应小于 1.5 m；地面上沉井接高时，井顶露出地面不应小于 0.5 m。接高前不得将刃脚掏空，避免沉井倾斜，接高加重应均匀、对称地进行。

沉井下沉时，若需在沉井顶部设置防水围堰，围堰底部与井顶应连接牢固，防止沉井下沉时围堰与井顶脱离。

(4) 沉井纠偏

纠偏前，应分析原因，然后采取相应措施，若有障碍物，应首先排除。纠正倾斜时，一般可采取除土、压重、顶部施加水平力或刃脚下支垫等方法进行。对空气幕沉井可采取侧压气纠偏。纠正位移时，可先除土，使沉井底面中心向墩位设计中心倾斜，再对侧除土，使沉井恢复竖直，如此反复进行，使沉井逐步移近设计中心。纠正扭转，可在一对角线两角除土，在另外两角填土，借助于刃脚下不相等的土压力所形成的扭矩，使沉井在下沉过程中逐步纠正其扭转角度。

4. 基底检验

沉井沉至设计标高后，应检验基底的地质情况是否与设计相符，若排水下沉时，可直接检验、处理；不排水下沉时，应进行水下检查、处理，必要时取样鉴定。

不排水下沉的沉井基底面应整平，且无浮泥。基底为岩层时，岩面残留物应清除干净，清理后有效面积不得小于设计要求；沉井下沉遇倾斜岩层时，应将表面松软岩层或风化岩层凿去，并尽量整平，使沉井刃脚的 2/3 以上嵌搁在岩层上，嵌入深度最小处不宜小于 0.25 m，其余未到岩层的刃脚部分，可用袋装混凝土等填塞缺口。刃脚以内井底岩层的倾斜面，应凿成台阶或棒槽后，清渣封底。排水下沉的沉井，应满足基底面平整的要求。

沉井下沉至设计标高时，应进行沉降观测，满足设计要求后，方可封底。

5. 沉井封底

基底检验合格后应及时封底。对于排水下沉的沉井，在清基时，若渗水量上升速度小于或等于 6 mm/min，可按普通混凝土筑注方法进行封底；若渗水量大于上述规定时，宜采用水下混凝土进行封底。

对于沉井封底，当井内可以排水时，按一般混凝土施工；而不能排水时采用导管法灌注水下混凝土。

用刚性导管法进行水下混凝土封底时，应满足如下要求：① 混凝土材料可参照钻孔灌注桩水下混凝土有关规定，混凝土的坍落度宜为 150~200 mm。② 灌注封底水下混凝土时，需要的导管间隔及根数应根据导管作用半径及封底面积确定。③ 用多根导管灌注时的顺序，应进行设计，防止发生混凝土夹层。若同时灌注，当基底不平时，应逐步使混凝土保持大致相同的标高。④ 每根导管开始灌注时所用的混凝土坍落度宜采用下限，首批混凝土需要数量应通过计算确定。

二、桥梁墩台施工

墩台是桥墩和桥台的合称，它是支撑桥梁上部结构的构筑物。桥墩是多跨桥的中间支承结构，位于两桥台之间；桥台位于桥梁两端，并与路堤相接，兼有挡土作用。

（一）片工墩台施工

现场浇筑墩台按材料可分为混凝土墩台与石砌墩台。

1. 混凝土墩台施工

（1）墩台模板

① 墩台模板的基本要求。

模板是使钢筋混凝土墩台按设计所要求的尺寸成型的模型板，一般用钢材、胶合板或其他适宜的材料制成。胶合板质量轻，便于加工成墩台所需的尺寸和形状，但较易损坏，使用次数少。对于大量或定型的混凝土结构物多采用钢模板。钢模板造价较高，装拆方便，且重复使用次数多。

钢筋混凝土对模板的基本要求与预制混凝土受压构件相同，其轮廓尺寸的准确性由制模和立模来保证。墩台模板形式复杂、数量多、消耗大，对桥梁工程的质量、进度、经济技术的可靠性均有直接影响。它应能保证墩台的设计尺寸；有足够的可靠度承受各种荷载并保证受力后不变形，其结构简单、制造方便、拆卸容易。

② 常用模板类型。

拼装式模板：各种尺寸的标准模板利用销钉连接，并与拉杆、加劲构件等组成墩台所需形状的模板。拼装式模板在厂内加工制造，板面平整、尺寸准确、体积小、质量小、拆装快速、运输方便、应用广泛。

整体式吊装模板：将墩台模板水平分成若干段，每段模板组成一个整体，在地面拼装后吊装就位，分段高度可视起吊能力而定。其优点是安装时间短，无须施工接缝，施工进度快、质量高、拆装方便，对建造较高的桥墩较为经济。

组合型钢模板：以各种长度、宽度及转角标准构件，用定型的连接件将钢模拼成模板，具有体积小、质量轻、拆装简单、运输方便、接缝紧密等优点，其适用于地面拼装、整体吊装的结构上。

滑动钢模板：适用于各种类型的桥墩。各种模板在工程上的应用，可根据墩高、墩台形式、设备、期限等条件合理选用。

模板安装前应对模板尺寸进行检查；安装时要坚实牢固，以免振捣混凝土时引起跑模漏浆；安装位置要符合结构设计要求。模板制作与安装的允许偏差应符合《公路桥涵施工技术规范》(JTG/T 3650—2020)规定。

(2) 钢筋工程

钢筋进场时，应具有出厂质量证明书和检验报告单。品种、级别、规格和性能应符合设计要求，进场时还应抽取试件做力学性能复试，其质量必须符合国家现行标准。当发现钢筋脆断、焊接性能不良或力学性能显著不正常等现象时，应对该批钢筋进行化学分析或其他专项检验。

(3) 墩台混凝土灌注

① 质量控制。

施工前将基础顶面冲洗干净，整修连接钢筋。材料选用低流动度或半硬件的混凝土拌合料，分层分段对称灌注，并应同时灌完一层。灌注过程要连续，以保证施工质量。

② 施工要点。

a. 混凝土运输。

混凝土的运输宜采用搅拌运输车，或在条件允许时采用泵送方式输送；若采用吊斗或其他方式运输时，运距不宜超过 100 m 且不得使混凝土产生离析。

采用搅拌运输车运输混凝土时，途中应以 2~4 r/min 的慢速进行搅动，卸料前应以常速再次搅拌。混凝土运至浇筑地点后发生离析、泌水后坍落度不符合要求时，应进行第二次搅拌。二次搅拌时不宜任意加水，确有必要时，可同时加水、相应的胶凝材料和外加剂并保持其原水胶比不变，若二次搅拌仍不符合要求时，则不得使用。

混凝土采用泵送混凝土时宜连续工作，泵送间歇时间不宜超过15 mm，输送管应顺直，转弯处应圆缓，接头应严密不漏气；向低处泵送混凝土时，应采取必要措施，防止混凝土离析或堵管。

b.大体积混凝土浇筑。

大体积混凝土在选用原材料和进行配合比设计时，应按照降低水化热温升的原则进行。宜选用低水化热和凝结时间长的水泥品种。粗集料宜采用连续级配，而细集料宜采用中砂。分层、分块浇筑，控制混凝土内部最高温度不大于75℃、内表温差不大于25℃，控制入模温度。在混凝土内埋设冷却管，通水冷却。

c.混凝土浇筑。

为防止墩台基础第一层混凝土中的水分被基底吸收或基底水分渗入混凝土，对墩台基底处理除应符合天然地基的有关规定外，还应满足以下要求：基底为非黏性土或干土时应将其湿润；基底为过湿土时，应在基底设计高程下夯填一层10～15 cm的厚片石或碎（卵）石层；基底地面为岩土时，应加以润湿，铺一层厚2～3 cm的水泥砂浆，然后在水泥砂浆凝结前浇筑一层混凝土。

2.墩台顶帽和盖梁施工

墩台帽和盖梁的施工应在墩、台身质量检验合格后进行。当采用托架、支架或抱箍等临时结构对墩台帽、盖梁施工时，应进行受力分析计算与验算。在墩台帽、盖梁与墩身的连接处，以及模板与墩台身之间应密贴，并不得出现漏浆现象。钢筋安装施工时，应避免在钢筋的接头处弯起，保证钢筋的混凝土保护层厚度。对支座垫石的预埋钢筋及上部结构所需要的预埋件，其位置应准确。施工过程中应采取措施，防止对墩台身成品造成损伤和污染。

（二）装配式墩台施工

装配式墩台适用于山谷架桥、跨越平缓无漂流物的河沟、河滩等的桥梁，特别是在工地干扰多、施工场地狭窄、缺水与砂石供应困难地区，其效果显著。装配式墩台的优点是：结构形式轻便，建桥速度快，预制构件质量有保证等。通常采用的有砌块式、柱式和管节式或环圈式墩台等。

1.砌块式墩台施工

砌块式墩台的施工大体上与石砌墩台相同，只是预制砌块的形式与墩台形式不同，有很多变化。

2. 柱式墩台施工

(1) 常用拼装接头

装配式柱式墩系将桥墩分解成若干轻型部件，在工厂或工地集中预制，再运送到现场。装配式桥墩的形式有双柱式、排架式、板凳式和刚架式等。施工工序为预制构件、安装连接与混凝土养护等。其中，拼接接头是关键工序，既要牢固、安全，又要结构简单，便于施工。常用的拼装接头类型有以下几种。

① 承插式接头：将预装构件插入相应的预留孔内，插入长度一般为 1.2~1.5 倍的构件宽度，底部铺设 2 cm 厚的砂浆，四周以内半干硬混凝土填充，常用于立柱与基础的接头连接。

② 钢筋锚固接头：构件上预留钢筋或型钢，插入另一构件的预留槽内，或将钢筋互相焊接，再灌入半干硬性混凝土，多用于立柱与顶帽处的连接。

③ 焊接接头：将预埋在构件中的铁杆与另一构件的预埋铁杆用电焊连接，外部再用混凝土封闭。这种接头易于调整误差，并多用于水平连接杆与立柱的连接。

④ 扣环式接头：相互连接的构件按预定位置预埋环式钢筋，安装时柱脚先坐落在承台的柱心上，上下环式钢筋相互错接，扣环间插入 U 形短钢筋焊牢，四周再绑扎钢筋一圈，立模浇筑外围接头混凝土。此种接头要求上下扣环预埋位置正确，施工较为复杂。

⑤ 法兰盘接头：在相互连接的构件两端安装法兰盘，连接时将法兰盘连接螺栓拧紧即可。此种接头要求法兰盘预埋位置必须与构件垂直，且接头处可不用混凝土封闭。

(2) 装配柱式墩台施工的有关规定

① 墩、台柱式构件与基础顶面的预留槽洞应编号，并检查各个墩、台高度和基底标高是否符合要求，否则应进行调整。基座槽洞四周与柱边的空隙不得小于 20 mm。

② 墩、台柱吊入基座槽洞就位时，应在柱身竖直度或倾斜度以及平面位置符合设计要求后，再将楔子塞入槽洞打紧。对重大、细长的墩柱，还需用风缆或撑木固定好后，方可摘除吊钩。

③ 在墩、台柱顶安装盖梁前，应先检查盖梁口预留槽眼位置是否符合要求，否则应先修凿。

④ 柱身与盖梁安装完毕并检查符合要求后，可在基底座槽洞空隙与盖梁槽眼处灌注设计规定的稀砂浆，待其硬化后，拆除楔子、支撑及风缆，再在楔子孔中灌填砂浆。

3. 后张法预应力混凝土装配墩施工

装配式预应力钢筋混凝土墩分为基础、实体墩身和装配墩身三大部分。装配墩身由基本构件、隔板、顶板及顶帽四种不同形状的构件组成，用高强钢丝穿入预留的上下贯通的孔道内，同时张拉锚固而成。实体墩身是装配墩身与基础的连接段，其作用是锚固预应力钢筋，调节装配墩身高度及抵御洪水时漂流物的冲击等。

施工工艺分为施工准备、构件预制及墩身装配三部分。全过程贯穿质量检查工作。实体墩身灌注时要按装配构件孔道的相对位置，并预留张拉孔道及工作孔。构件装配的水平拼装缝采用 M35 水泥砂浆，砂浆厚度为 15 mm，便于调整构件水平标高，不使误差积累。安装构件确保吊起水平、构件顶面平、内外壁砂浆接缝抹平，起吊、降落、松钩要稳；构件尺寸准、孔道位置准、中线准及预埋配件位置准；接缝砂浆要密实；构件孔道要畅通。

孔道压浆前先用高压水冲洗。采用纯水泥浆，由下而上压注。压浆分初压与复压，初压后，约停 1 h，待压浆初凝后再复压，复压压力为 $0.8 \sim 1.0$ MPa，初压压力可稍微降低。

实体墩身的封锚采用与墩身同等级的混凝土，同时要采用防水措施。顶帽上的封锚采用钢筋网罩焊在垫板上，且单个或多个连在一起，然后用混凝土封锚。

（三）高墩施工

随着交通事业的不断深入发展和公路等级不断提高，新桥型不断推出，高强度混凝土的不断推广应用，高桥墩（塔）也不断出现。但随着桥墩高度的增加，其施工难度及技术要求也相应增加和提高。桥墩的施工设备与一般桥墩所用设备大体相同，但其模板却有自身特色。

1. 滑动模板施工

（1）滑动模板

滑动模板由一节模板（约 1.2 m），配套钢结构平台吊架、支承圆钢、多台液压穿心式千斤顶和提升混凝土等设备组成。施工时，应充分利用混凝土初期（$4 \sim 8h$）强度。脱模后，在混凝土保持自立而不发生塑性变形的情况下使滑模得以连续滑升。

滑模的连续滑升能加快施工进度、缩短工期、节省劳力，从而可以取得较好的效果。但由于滑模是在混凝土强度较低的情况下脱模的，故有可能使混凝土表面出现变形或环向沟缝，有时会因水平力的作用使得滑模产生旋转。滑模在动态下灌注混凝土，提升操作频繁，因而对中线的水平控制要求严格，施工中稍有不当就会发生中线水平偏差。由于滑模脱模快，对混凝土防冻十分不利，故一般不适宜冬季施工。

滑模施工不需要另设垂直提升设备或满堂脚手架，但仍需要大量圆钢作为支承顶杆。圆钢一般都埋入混凝土，难以回收。滑升模板适用于较高的墩、台和吊桥、斜拉桥的索塔施工。

(2) 滑模组装

①在基础顶面搭枕木垛，定出桥墩中心线。②在枕木垛上先安装内钢环，准确定位，再依次安装辐射梁、外钢环、立柱、顶杆、千斤顶、模板等。③提升整个装置，撤去枕木垛，再将模板落下就位，随后安装余下的设施。待模板滑至一定高度时，及时安装内外吊架。模板在安装前，表面需涂润滑剂，以减小滑升时的摩擦阻力。

组装完毕后，必须按设计要求及组装质量标准进行全面检查，并及时纠正偏差。

(3) 浇筑混凝土

滑模宜浇筑低流动度或半干硬性混凝土，浇筑时应分层、分段地对称进行，分层厚度以 200～300 mm 为宜，浇筑后混凝土表面距模板上缘宜有 100～150 mm 的距离；混凝土入模时，要均匀分布，应采用插入式振动器振捣，振捣时应避免触及钢筋模板，振动器插入一层混凝土的深度不得超过 50 mm；脱模时混凝土强度应为 0.2～0.5 MPa，以防在其自重压力下坍塌变形。为此，可根据气温、水泥标号经试验后选定一定量的早强剂掺入，以加强提升；脱模后 8 h 左右开始养生，用吊在下吊架上的环绕墩身的带小孔的水管来进行。养生水管一般设在距模板下缘 1.8～2.0 m 处效果较好。

(4) 提升与收坡

整个桥墩浇筑过程可分为初次滑升、正常滑升和末次滑升三个阶段。从开始浇筑混凝土到模板首次试升为初次滑升阶段，初灌混凝土的高度一般为 600～700 mm，并分 3 次浇筑，在底层混凝土强度达到 0.2～0.4 MPa 时即可试升。将所有千斤顶同时缓慢提升 50 mm，以观察底层混凝土的凝固情况。现场鉴定可用手指按刚脱模的混凝土表面，基本按不动，但留有指痕，砂浆不沾手，用指甲划过有痕，滑升时可耳闻"沙沙"的摩擦声，这些表明混凝土已具备 0.2～0.4 MPa 的脱模强度，可以开始再缓慢提升 200 mm 左右。初升后全面检查设备，即可进入正常滑升阶段，即每浇筑一层混凝土，滑模提升一次，最终使每次浇筑的厚度与每次提升的高度基本一致。在正常气温条件下，提升时间不宜超过 1 h。末次滑升阶段是混凝土已经浇筑到需要高度，不再继续浇筑，但模板尚需继续滑升的阶段。灌完最后一层混凝土后，每隔 1～2 h 将模板提升 50～100 mm，滑动 2～3 次后即可避免混凝土与模板胶合。滑模提升时应做到垂直、均衡一致，顶架间高差不大于 20 mm，顶架模梁水平高差不大于 5 mm，并要求三班连续作业，不得随意停工。

(5) 接长顶杆，绑扎钢筋

模板每提升至一定高度后，就需要穿插进行顶杆、绑扎钢筋等工作。为不影响提升的时间，钢筋接头均应事先配好，注意将接头错开。对预埋件及预埋的接头钢筋，滑模抽离后，要及时清理，使之外露。

(6) 混凝土工程停工后的处理

在整个施工过程中，由于工序的改变或发生意外事故，混凝土的浇筑工作停止较长时间，即需要进行停工处理。例如，每隔半小时左右稍微提升模板一次，以免黏结；停工时在混凝土表面要插入短钢筋等，以加强新老混凝土的黏结；复工时还需要将混凝土表面凿毛，并用水冲走残渣，润湿混凝土表面，灌注一层厚度为 20～30 mm 的 1∶1 水泥砂浆，再浇筑原配合比的混凝土，继续滑模施工。

2. 其他提升模板的施工方法

爬升模板施工与滑动模板施工相似，但不同的是，支架通过千斤顶支承在预埋墩壁中的预埋件上，待浇筑好的墩身混凝土达到一定强度后，将模板松开，千斤顶上顶，将支架连同模板升到新的位置，模板就位后，再继续浇筑墩身混凝土。如此反复循环，逐节爬升，每次升高约 2 m。爬升模板的应用范围尚不广泛。

翻升模板施工是采用一种特殊钢模板，一般由三层模板组成一个基本单元，并配置有随模板升高的混凝土接料工作平台。当浇筑完上层模板的混凝土后，将最下层模板拆除翻上来拼装成第四层模板，依此类推，循环施工。翻升模板也能用于有坡度的桥墩施工。

第四章 市政道桥规划

第一节 市政道路工程规划

一、城市交通是城市现代化的重要支撑条件

随着经济的快速发展和改革开放的不断深化,城市化进程也在不断推进,这给城市交通提出了更高的要求。随着城市交通需求量的不断增长,同时交通事故发生率持续上升、交叉路口交通拥堵、道路超负荷运行、车辆行驶速度下降、乘车拥挤等问题不断出现,严重影响了城市经济发展和城市化的速度。这使得当地政府部门将加快城市交通现代化作为关注的重点。城市现代化的核心为城市交通现代化,在城市经济发展和城市化进程不断推进的过程中,创建现代化的城市交通占据着核心位置。在城市交通现代化的过程中,地下通道、高架桥、快速路、主干路和宽阔的马路为其提供基础保障,同时大型停车场等设施为其提供辅助作用,而科学、合理地设置道路交通网,可使城市交通现代化发展与城市发展方向、人口密度、城市建设规模等相协调。城市交通设施和设备达到现代化发展的需求以后,还要采取切实可行的措施对其进行高效管理。高效地管控交通运行情况,可以显著提升交通管理的科学性,将交通拥堵问题控制在最小范围内,充分利用有限的设施和道路,使交通设施和设备发挥出最佳的作用。

城市交通问题一直以来都是政府部门和人民群众普遍关注的焦点问题,随着我国大中型城市中的交通拥堵问题越来越严重,如果无法得到高效整治,就会给我国经济发展造成严重的不良后果。在全国交通领域中,大城市交通占比较大,城市交通承担着繁重的集散、中转、换乘、客货运输等任务,过境车辆和人口交通数量的不断增加,给城市内部交通带来了巨大的冲击。

对于大城市交通来说,要想实现稳步发展,就要有强大的社会经济为其提供可靠的支撑。世界上现代化城市交通逐渐朝信息化方向转变,高效、舒适、便捷、快速的城市交通系统正在形成,其将交通控制管理、客货运体系建设和道路建设进行了全覆盖,促使城市交通逐渐实现了现代化发展。

(一) 城市交通面临的主要问题

我国城市交通在发展的过程中,面临的主要问题如下:① 道路数量不多,车辆增长速度过快,现有道路的发展潜力较小;② 车速变缓后,交通堵塞问题越来越严重;③ 公共交通发展举步维艰,二轮、三轮机动车的发展速度比较快,对城市交通提出了更高的要求。

(二) 城市交通发展的目标与方向

城市交通发展速度滞后,采取增量配套的方式已经无法取得良好的效果,这就需要对城市整体交通格局进行质的改变,积极开展科学布局工作,促使市场经济建设和城市建设朝着更加健康的方向发展。一方面,扩大现代化设备的使用范围。注重对城市交通设施技术水平的快速提升,加大对现代化科学技术手段的使用范围。另一方面,实现交通战略的现代化发展。创立完善的政策制度,做好交通方式与交通供需关系的协调工作,使城市路网运输的效率发生显著提升。正确的战略与先进的设施有机地融合起来,随之加大城市现代化多层次综合交通体系的建设力度,并促使综合交通体系得以快速建成。综合交通体系包含的主要内容如下:

① 道路。创建与城市规划相结合的网络系统,面积率控制在20%左右,做好快、慢道设置工作,商业区内设置步行道和公交优先行车道,然后对停车场地进行合理的划分。对整个交通系统中的各个组成部分进行合理的设置,充分发挥轮渡、地下轨道、空中轨道、人行天桥、高架桥的优势,使其与城市环境发展协调统一。

② 车辆。性能卓越的私人汽车,使用专业技术手段设计的专用车辆,能够提供便利的出租车、汽车、公共电车和轨道便捷运输系统等,所有车辆信息实现资源互补,将噪声、废气排放、能耗降到最低,显著提升车辆的舒适性。

③ 管理。制定完善的客货运输管理制商、交通设施管理制度和交通法规等,实现对路段、车辆情况的自动监测,将交通信息及时传输出去,经过全面处理后,从"面、线、点"三方面对行驶车辆进行有效的指导。对防止事故发生的安全设置、防滑设施和照明设备等进行科学的设置,设置停车管理设施,并将道路交通标识准备齐全。积极开展宣传教育活动,税费收费标准要做到合理、合规,确保交通建设和管理工作实现长远发展。从目前的情况来看,我国城市交通正在不断加大对交通网络布局质量的改善,加大了对立体交通和城市轨道交通建设的力度,使公共汽车交通的主体作用全面发挥,创建了完善的城市交通信息诱导和控制系统。

(三)城市交通系统的形象特征

城市交通系统的形象特征如下:

① 城市交通结构要适合我国的国情,使用全国平均水平来衡量城市居民的出行总量。经过全面的分析以后发现,在今后一段时间里,我国城市车辆发展将会迎来最佳的机遇,在少数的特大城市中,轨道车和小汽车所占比重会持续上升。

② 创建多层次网络体系,不仅设置了自行车行驶的慢速交通系统,还创建了汽车化的快速交通系统,并且有很多地区实现了非机动车与机动车分流。

③ 加大快速轨道交通发展的速度,很多地区已经使用轨道交通来运输客流。

④ 不断提升科学管理的积极作用,使道路的通行能力发生根本性改变。

⑤ 不断扩大高等路面的比重,使城市中的更多家庭拥有小汽车。在城市现代化发展速度不断提升的过程中,城市交通也逐渐朝着快速、高效的现代化方向发展。

(四)市政道路工程规划设计建议

市政道路工程规划设计建议如下。

1. 一切从实际出发,因地制宜,实地考察

实践是检验真理的唯一标准,同样实践也是指导设计的前提和基础。市政道路工程规划设计应结合当地的地质条件、道路分布特点、道路车流量分布情况和当地的气候特点进行。在设计开始前,工作人员要开展问卷调查,积极听取市民的建议,收集对设计有益的信息,确保设计的合理性,做到有的放矢。在实施设计方案时,应减少对农业用地的挪用,保持当地植被的完整性,不破坏当地自然环境,尽量不填埋沟渠。如果道路建设必须经过河道、洼地,可以建设桥涵等设施。市政道路应与自然环境、经济发展、社会文化相结合,做到协调统一。

2. 统筹规划,科学安排

市政道路工程规划设计关乎到人民的切身利益和人身安全,有关部门必须着眼于全局统筹规划,组织有关专家深入地研究制订合理的方案。设计时,既要保证材料的可靠度、设计的可操作性,合理选材,也要确保低能耗、低污染、低浪费。设计时要准确计算路面的平整度、结构强度、路基的稳定性、车胎和路面的摩擦力,确保道路运行时的安全。

从实践经验中了解到,裂缝控制既是市政道路工程的一个重要环节,也是市政道路工程破坏的重要原因。根据对市政道路工程设计规划的实践研究,就目前的道路规划布置方式、材料特性、施工方法、道路使用情况而言,要想真正杜绝道路裂缝是做不到的。对道路破坏性最大的裂缝有以下三种:① 路面上检查井周边的裂缝。

道路上先出现裂缝的部位一般是各种检查井周边。出现裂缝的主要原因是道路材料和井体材料的差异，由于材料差异，结构不同，整体性就差，车辆通过时震动的波形和变形不一样，就会出现裂缝，更由于各种检查井不是防水结构，雨污水井在雨季或特殊使用情况下，水面超出管道甚至溢出井口，产生横向渗漏，造成井壁外侧较大的沉降和变形，裂缝就会快速发展，造成道路坑洼不平。由于传统规划设计模式下，路面上的检查井是成千上万的，检查井处道路的破损会严重影响城市交通。同时，路面上检查井处的裂缝和损坏，维修困难，不能彻底修复。②车辙裂缝。有裂缝就会渗水，基层受水浸泡后，车辆再次通过时就会产生冲击沉降，多次循环后就形成大坑，严重影响交通安全。③因路面材料收缩而产生的裂缝。对于混凝土路面，这种裂缝是灾害性的。

在规划设计环节，要解决上面提到的三种裂缝问题，我们可采用下述方法。对于路面上检查井周边的裂缝破坏，可采用"躲"的办法，即将路面下的排水管道尽量设置在人行道下和绿化带内，这就要求规划设计时解放思想，摒弃传统的规划设计原则，开拓创新。对于车辙裂缝，主要是路面或路基设计强度偏低或道路强度还没有达到设计强度就提前使用造成的，在规划设计时，路基不能有软弱层，如果有软弱层，必须处理。在选择基层材料时，应尽量选用半刚性材料，如果施工工序控制严格，通行的时间压力不大，则可以选用水泥类刚性基层。施工时必须严加管理，采取可靠措施，杜绝车辆提前上路。对于因路面材料收缩而产生的裂缝，必须避免。在进行道路规划设计时，必须根据当地气候条件选择路面材料，如果是沥青混凝土路面，则采用改性沥青，应增加路面的塑性，如果是水泥混凝土路面，则根据温差计算混凝土的温度应力，合理使用减水剂并掺加能改善混凝土塑性的材料，施工时必须检测水泥的稳定性，保证含水率符合标准，根据施工季节设置伸缝或缩缝。各部门一定要重视道路裂缝问题，从规划、设计、施工各方面采取可靠措施，只有这样才能从根本上解决路面裂缝带来的危害问题。

3. 狠抓细节

对于细节要高度重视，对特殊的位置（如十字路口、转弯处、停车场）要细致设计，合理布局。对于可能出现的状况要有预见性，并在设计中给予改善。交叉路口车流量大，刹车频繁，路口材料应该与车轮产生更大的摩擦力，路面也应更厚、更结实，路面排水应更顺畅，使刹车有更好的制动效果，以防止发生交通事故。道路路基及路面的稳定性和强度受到水的影响，许多路面的损坏都是雨水造成的，路面长期积水，经过车辆的长期压辙，形成许多坑洼。因此，应做好路面的排水工作，完善排水系统。道路材料特征值必须采用当地材料和施工方法能达到的特征值，对各层材料的强度和变形特征值要有明确的要求，施工时严格按各层材料要求施工，保证各层材料均衡一致。避免总体特征值达到要求而各层之间差别太大的问题。道路各层之间要衔接良好，尤其在坡度较大部位，应坚决避免各层之间光面接触。为了提高道路的抗滑性和整体性，道路坡度较大路段、交叉路口、新旧连接处、不同材料连接处，一般应该附加玻璃纤维土工格栅材料，工程实践证实，敷设玻璃纤维土工格栅材料可提高道路的抗车辙性能和抗裂性能。另外，水是造成路面破坏的主要原因，无论是规划设计阶段还是施工阶段，都应重视水的因素，采取工程措施和管理措施，及时排除路面积水。施工过程中要时刻注意雨水等的影响，防止水患给路基和路面造成质量隐患。市政道路的配套设施是市政道路工程的有机组成部分，配套设施设计的完善与否直接影响道路使用。因此，对道路的配套设施必须进行仔细设计。例如，给排水和其他管线的路线，井盖的放置地点，可能出现的连续暴雨造成的路面大量积水，道路的照度、亮度和均匀度标准，路灯的间距，光源的选用，绿化带位置安排，布局的合理性，设计时都要认真考虑，并根据实际情况会同相关部门制订详细方案。只有狠抓细节，人性化设计，精细化设计，最终才能修一条好路。

道路工程规划设计影响着人们的生活和城市的日常交通运行。不合理的市政道路规划设计会严重影响城市的经济文化发展和社会进步。因此，我们在构建和谐社会的同时，也要加强对市政道路工程规划设计的研究，在进行道路施工时，必须严格按照相应的设计和规范进行，针对不同工程的设计方案，根据具体情况因地制宜地采取相应的措施。设计人员应该经常深入工地现场，多做调查研究，通过工程实践积累经验，不断总结和创新市政道路工程的规划设计思路，结合当地的地形、地貌、地理、地质情况，努力降低工程成本，提高公路使用性能和舒适度，保证城市的道路交通工作正常、有效地运行。

二、城市道路横断面规划中存在的问题

在设计道路横断面时，要对交通良好的运行效果给予足够的重视，确保出行人员的行车安全，使城市景观效果得到显著提升，并对道路生态环境进行积极维护，防止地下管线与地上管线出现交叉的情况，确保无积水，与沿线各类建筑施工企业进行积极沟通，合理地开展公共设施布设工作，将建设成本投入控制在最低范围内。

(一) 城市道路横断面形式

1. 交通流运行特点

不同的交通流运行特点，对道路横断面形式的要求也存在着很大的不同，单幅路适合机动车交通量不大的地区，车速普遍不高，非机动车也比较少。

2. 交通安全

科学设计道路横断面形式，综合分析道路照明、行人过街和机非混行等问题，使道路安全得到保证，将交通事故发生的概率降到最低。

3. 道路景观

城市道路绿化包含的主要内容有路侧绿化带、行道树绿化带和分车绿化带等。道路横断面的形式直接影响着绿化带的形式，所以应从道路功能的角度分析，合理地选择绿化带的形式。

4. 路面排水对道路横断面造成的影响

在既定道路宽度情况下，科学地设置道路横断面形式，可以提升路面的排水速度，将路拱横坡过大给行车安全造成的影响降到最低。在对道路横断面形式进行选择时，要将对路面排水的影响放在第一位。

5. 道路地下管线

在道路横断面下方设置地下管线，会挤占道路地下空间，在布设管线时，需要对不同功能的道路横断面形式给予充分考虑。

(二) 道路横断面设计的常见问题

1. 道路功能与交通流构成

在设计道路横断面时，只是对道路工程开展了相关的设计工作，没有对交通工程设计理念给予足够的重视，同时缺少对道路工程和所服务的交通流构成的综合分析，简单地结合城市道路等级来对机动车道数进行套用，使得道路横断面的布设形式过于机械，没有对道路在环境、服务对象、交通出行方式、周边用地性质、机动车的交通特性、交通组织、规划路网中的功能作用等层面的影响进行综合分析，使得道路出现了"千路一面"的情况，造成道路横断面和道路等级完全一致。

2. 道路红线宽度

在设计道路红线宽度时，道路规划部门只是在相交路口或者是立交区等位置将路口范围规划在红线宽度以外，通常情况下，整条道路的红线宽度都是相同的。在拓宽路口红线宽度时，遵循的主要原则为两条道路的等级要相同且相交。在开展道路工程设计工作时，从交通组织的角度分析，通过对路口进行渠化拓宽以后，路口的通行能力得到了明显提升，交叉路口两个方向上的车道全部采取渠化的方式处理，使得路段与路口车道数得到有效匹配，并完善了道路的各项功能。受规划设计不到位的影响，道路设计时经常会出现各种各样的问题，最终使得道路的功能受到严重的影响。

3. 机动车道宽度

我国关于城市道路机动车道宽度设计的相关规定中明确指出，我国机动车道宽度要更宽一些。我国设置道路宽度时，对多辆大车并排行驶的车速进行了充分的考虑，确保车辆在行驶过程的安全。如今，在城市道路交通运行的过程中，通过对道路交通流的综合分析，对相关的规范进行了不同程度的修改，使其与时代发展的需求保持高度的统一。

4. 交叉口宽度

在设计交叉口横断面时，经常遇到的问题有很多，比较常见的问题有车道功能不合理、车道过宽、车道过窄、车道数量不足等。经过大量的实地考察以后，使用渠化车道拓宽横断面的形式来处理交叉口，使得道路的通行能力得到了明显提升。

5. 公交车与出租车停靠站位置

在布设道路上的公交车停靠站时，具体的布设方式为：① 在两侧的分隔带上设置港湾式停靠站；② 在快速路外侧的多功能车道上使用交通标线来规划港湾式停靠站；③ 在两侧分隔带或者是路边没有设置停靠站的位置设置港湾式停靠站，该种港湾式停靠站会占用很大空间，也给非机动车和道路通行造成了不同程度的影响，且存在一定的安全隐患。

（三）道路横断面设计的核心

1. 城市道路功能

道路分级以后，设计道路横断面时，要对城市路网规划要求给予充分的考虑，结合不同的交通特性和道路等级，对道路横断面进行科学的设置，防止相同等级道路出现横断面相同的问题。在设计道路横断面时，事先将道路功能全部厘清，从而不断提升道路网运转的效率。不同类型的道路所服务的对象也存在很大的差别，在道路上，不同交通类型的优先级也存在着很大的差别。

2. 道路红线宽度

对于交叉路口来说，要从路口交通流特征的角度出发，结合通行规则、通行权、通行空间等作出全面的规划。对于路段来说，综合分析交通过街设施和公交停靠站等信息，对所需空间进行合理规划。路段通车时间是交叉口通车时间的两倍，这就使得交叉口的进口车道单车道通行能力比路段差很多。要想使交叉口进口车道的通行能力与路段通行能力相匹配，要求在开展设计工作时，要对交叉口范围之内的红线宽度适当增加，从而为今后进、出口车道增加做好充分的准备工作。

3. 机动车道宽度

对机动车道宽度进行科学的设置，使道路用地资源得到有效节约。我国对城市道路机动车道宽度的设计要求比较严，同时道路宽度要适当增加，使得原来使用的标准已经无法满足现行要求。为了使我国城市道路交通流出现的新问题得到高效解决，通过使用缩窄机动车道宽度的方法来开展相关工作。道路的通行能力受车道宽度的直接影响，但影响并不明显。车道宽度保持在 3.2 m 以内时，下降幅度则保持在 10% 左右，外侧大型车道通行能力的下降幅度要大于小型车道通行能力的下降幅度。车道运行速度受车道宽度的影响也比较突出，在交通流比较小的情况下，车道宽度不会给行车速度造成严重的影响。在车流量增加以后，车道宽度越小，车辆运行的平均速度也就越低。

4. 交叉口的宽度与路段相匹配

在确定进口车道数时，应确保路段通行能力与进口车道的通行能力相匹配，并对进口车道宽度的约束给予充分的考虑，遵循的主要原则为：结合各流向预测的流量来对新建交叉口进口车道宽度进行设置，在对进口宽度进行改建时，要对各流向实测数据进行有效的利用；对交叉口进口车道宽度进行治理时，结合可实施的条件和各流向实测数据来完成治理工作。车道宽度设置为 3 m 左右，将专行车道设置在进口车道位置处，确定出口车道数量，上游各进口同一信号相位流入的最大进口车道数要与改建和新建的交叉口出口车道数一致，出口车道的每一个车道宽度都要保持在 3.5 m 以内。在对交叉口进行处理时，在条件有限的情况下，上游进口车道的直行车道要比出口车道多一条。

5. 科学布设公交车停靠站

(1) 交叉路口附近

在设计公交出行的起点和终点时，需要对乘客骑自行车或者是步行到达公交点的时间进行充分考虑，从而为乘客提供巨大的便利。交叉口是人流分散和聚集最佳的位置，将公交站设置在交叉口位置处最合适。在设置下游车站停靠位置时，如果路口没有信号灯控制，需要在路口视距三角形以外设置停靠站。上游优先设置的具体要求：公交流量比较大，车辆停靠时不会出现任何的危险和冲突；公交线路出现右转的位置。

(2) 路段上

路段为多条公交线路并行，假如公交车行车密度比较小，上下乘客也比较少，可对站台进行合并处理。通常情况下，公交线路的数量要保持在 5 条以内。假如线路比较多，通过设置分站的方式进行处理，在道路平面上，要采取错开处理的方式来设置上下行线路对称的公交站台。

三、车道宽度及车道数的确定

(一) 确定机动车道宽度

国家严格规定了每一条机动车道的宽度,对于三级以上的多车道公路来说,每条机动车道的宽度都要保持在 3.6 m 左右。

(二) 确定非机动车道宽度

依据实际观测数据和非机动车辆形式要求,对非机动车的车道宽度进行设置。在设置单一非机动车道宽度时,应要全面分析各类非机动车的总宽度、并行的横向安全距离和超出安全距离。综合分析城市以往的设计案例,非机动车道的宽度通常设置为 4 m、6 m 或 8 m。

(三) 确定人行道宽度

人行道发挥的主要作用是使行人步行的交通需求得到最大限度地满足,同时要满足埋设地下管线、地上杆柱和植树的需求。在大中城市,主干路和次干路的人行道宽度不能低于 6 m,在小城市中也要保持在 4 m 以上。结合我国多年的城市道路修建实践,在设计一侧人行道宽度时,道路路幅宽度与人行道宽度的比值要保持在 1.7 左右。

(四) 确定分车带宽度与长度

在对车行道进行分隔时,需要设置分车带,分车带通常会设置在道路的中间位置,用于对两个不同方向的来车进行分隔。有时也会设置在非机动车道和机动车道的中间,用于对不同车道的行车进行分隔。

① 道路设计的转弯半径与汽车的转弯半径存在着很大差别,然而不同用途的道路弯道要满足相应的车辆转弯需求。② 内径主要是指道路的转弯半径。③ 消防车的最小转弯半径与车辆自身有着直接的关系,消防车类型不同,其转弯半径也存在着很大的差别。消防车道的转弯半径要保持在 12 m 左右。

中央隔离带并没有严格意义的要求,水泥制中央隔离带的宽度设置为 1 m,主要指的是中央隔离带两侧白实线间的有效距离,假如设置了中央绿化隔离带,其宽度并没有进行统一的规定,可视具体情况而定。

(五) 确定机动车道的数量

在对机动车道的数量进行确定时，要以城市道路等级和城市规模为依据。机动车道的车道条数通常会设置为偶数。如果机动车道的车道数比较多，且车辆通行速度比较快，那么就要使用双黄线在道路中间设置隔离线，将其划分为双向交通，双黄线宽度中包含车行道的宽度。如果中间使用栏杆或者是分隔带来将其分开，那么需要将两侧的横向安全距离宽度包含其中。有些道路交通量会有潮汐变化存在，不需要设置中间分隔带，车道数量设置为偶数和奇数都可以，每条车道上空的两面都要安装交通信号灯，早上高峰小时单向交通量比较大时，车道流量比较大的一侧绿灯通行时间可适当延长，使车辆的通行需求得到满足。下午高峰小时对向车流量比较大时，对交通信号灯进行变换，增加绿灯的车道数。从降低隧道成本投入和节省道路用地的角度分析，使用该变换行车方向的办法能够取得较好的效果。路段上尽量不要设置过多的机动车道，单向车道保持在4条左右。行驶的车辆在变道时十分麻烦，特别是在车流量比较大的路段，车辆变道易于造成交通混乱的问题。

交叉口车道的通行能力直接影响着路段车道的通行能力，如果路段的机动车道比较多，会很难发挥出应有的作用。国外在对旧路进行改造时，通常会依据交叉口进口车道的通行能力来对路段需要设置的车道数量进行推算，那么多余的车道将被开发成为出租汽车站、公交站点或者是路边停车道。路段上设置的车道数量不宜过多，城市道路上行驶的公交车辆比较多，为了给乘客提供巨大的便利，将步行到车站的距离缩减到最短，需要对站点的密度和公交路线网进行加密处理，公交车辆能够在支路上和主干路上停靠与行驶。受道路上车道数量较少的影响，公交车行驶速度比较慢，最终导致整个路网的整体速度比较慢。因此，需要设置港湾式的公交停靠站来为乘客上下车提供便利，从而使得其他车辆的正常行驶得到保证。中小城市中的支路上行驶的机动车辆比较少，有时在同一幅车道上会有非机动车和机动车通行，将道路用地控制到最低，而对于公交停靠站来说，依然使用港湾式的。

随着车辆数量的不断增加，交通事故的发生频率也出现了不同程度的升高。所以，对于机动车驾驶人和非机动车驾驶人来说，都要遵循交通规则，严格按照车道的行驶要求来自觉行驶。如果没有单独设置非机动车道，车辆就要靠右侧通行，使交通事故的发生频率控制到最低。

(六) 明确非机动车道的宽度

在对非机动车道的宽度进行设置时，要以实际观测的数据和各种非机动车辆行驶的要求为依据，使用直接的横向排列组合来完成确定工作。

四、公交停靠站

最基础的公交设施就是公交停靠站，在城市所有公交车辆运行道路上都会设置公交停靠站。公交停靠站虽然在城市道路上只占一小段，仅是线路上的一个点，但它会给路段的通行能力和公交车辆的运行速度带来重要影响，同时会给其他社会车辆的通行能力造成直接的影响。特别是在道路交通流量的高峰时期，公交车辆停靠会使公交停靠站所在路段出现严重的交通拥堵问题。

(一) 设置路外侧公交停靠站

路外侧公交停靠站主要是指顺着城市道路的机非分隔带或人行道来对公交停靠站进行设置，其具体形式分为两种类型，即港湾式和直线式。路外侧公交停靠站在路外侧是否设置公交专用道都不会产生巨大影响，在对公交专用道进行设置时，如果条件允许，外侧车道能够直接作为公交专用道。

1. 直线式公交停靠站

以往的公交停靠站都以直线式为主，即在机动车道上直接设置公交停车区。

2. 港湾式公交停靠站

港湾式公交停靠站主要是指适当拓宽公交停靠站位置处的路面，在正常行驶的车道外设置公交车停靠站，在公交车停靠时，不会给交通造成不良影响，确保道路车辆的正常通行。在设置港湾式公交停靠站时，对道路条件具有较强的选择适应性，具体情况如下。

(1) 利用人行道

通常情况下，机动车流量比较小，人行道宽度设置比较大，未设置机非分隔带，即便设置了机非分隔带，其宽度也比较窄，机动车道上的车流量非常大。如果路段不适合设置直线式公交停靠站，可以沿着人行横道来设置港湾式公交停靠站。机非分隔带很窄的路段可以设置隔离栏，如果非机动车与机动车流量饱和度保持在 0.6 以上，并且人行横道的宽度保持在 6.5 m 以上，受非机动车流量比较大的影响，公交车停靠会给非机动车造成巨大的干扰，所以在设置公交停靠站时，可沿着人行道设置港湾式公交停靠站，该停靠站的宽度要保持在 4 m 以上。

(2) 利用机非分隔带

当机非分隔带路段宽度保持在 4 m 以上时，在设置公交停靠站的过程中，沿着机非分隔带将公交停靠站设置为全港湾式。对于全港湾式公交停靠站来说，其设置形式比较完美，公交车停靠时不会出现交通拥堵问题，也不会给其他交通造成严重的不良影响。该公交停靠站对机非分隔带宽度的要求非常高，因此在城市的中心城区或者是老城区很难实现。

(二) 设置路内侧公交停靠站

1. 无公交停车区

如果中央分隔带比较窄或者没有中央分隔带，公交停靠位置处的机动车道可以向着外侧进行一定程度的弯曲，通过对其他机动车道的挤压来获得公交停靠站的站台位置。如果中央分隔带的宽度比较窄，保持在 1~3 m 时，公交停靠位置的中央分隔带可进行一定程度的压缩，机动车道通过向内弯曲来规划出公交停靠站站台的位置。

对于无公交停车区的路内侧公交停靠站来说，不会有公交车辆的超车道存在，前一辆公交车停靠时，后面驶来的公交车要排队等候。所以，该公交停靠站适合在公交线路比较少的区域或者公交车辆比较稀疏的路段使用。

2. 有公交停车区

当中央分隔带宽度比较大时，可采取压缩中央分隔带的方式在公交停靠位置处设置公交停车区。公交车在进入公交停车区时，不会影响后续公交车的正常运行。因此，在所有路内侧公交停靠站中，该形式最为合理、科学。然而，此设置方式对中央分隔带宽度提出的要求非常高。中央分隔带的宽度有富余时，可在公交专用道一侧设置公交停靠站，不会再对其他机动车道进行挤压，在公交停靠位置处，公交专用道要避开公交停车区、停靠站，避免可能出现向中央分隔带一侧弯曲的问题。

(三) 设置交叉口公交停靠站

将公交停靠站设置在交叉口附近，特别是对于港湾式公交停靠站，比设置在路段更具优势。将公交停靠站设置在交叉口附近，公交车辆停靠时给后续车辆造成的影响会降到最小，同时为乘客换乘其他方向的车辆提供了巨大便利。在对路内侧公交停靠站进行设置时，乘客离站和进站时，可借助交叉口的行人过街通道来实现快速进入或离开，将单独设置行人过街通道的环节省略掉。如果道路条件比较优越，最好将公交停靠站设置在交叉口附近。在设置路段公交停靠站和交叉口附近公交停靠站时，二者存在着巨大的差别。在交叉口附近设置公交停靠站时，需要与渠化一体化设计和交叉口建设理念协调发展，同时做好公交停靠站位置的选择工作。

五、公交专用道的规划设计

公交专用道主要是指在城市中的特定道路上，使用标线、标识画出一条或几条车道作为公交车专用道路。公交车道在全时段或者是特定时间内，社会车辆是不能通行和占用的，而公交车却能在其他车道上畅通行驶。公交专用道的优势体现为惠民、环保、快捷和高效,能够最大限度地疏导交通压力,市民在出行时,也比较青睐于乘坐公交车出行。公交专用道使公交优先通行的权利得到保证,公交车的平均行驶速度要比社会车辆的平均行驶速度快很多,使乘坐公交出行的吸引力得到明显提升,社会车辆的使用率快速减小,促使社会可持续发展和低碳出行真正实现。

(一) 公交专用道设计理念

(1) 以人为本

坚持以人为本的理念,优化升级公交专用道的设计理念与组织构架,以此显著提升交通通行的安全性和可靠性。

(2) 公交优先

高效实现城市交通发展模式的设计目标,公交享有优先通行的特权,为城市交通的可持续发展奠定坚实的基础。

(3) 整合资源

对现有道路资源的潜力进行深度挖掘,以交通需求和公平性为依托,科学、合理地分配道路空间资源。积极改造道路设施,使道路资源发挥出积极作用,显著提升道路使用性能。

(4) 协调用地

对专用道设置工作进行积极协调,沿线用地开发与交通组织也要协调发展,使用地与交通真正实现良性发展。

(5) 和谐环境

积极打造环境空间,实现人性化和景观化设计。

(二) 公交专用道的设置条件

(1) 公交专用道设计

在设计公交专用道时,至少要达到双向四车道的标准。学习和借鉴其他城市的建设经验,如果条件允许,公交专用道要设置为双向六车道。

(2) 路段客流量

公交优先不能简单将其认定为"公交车优先",主要是指乘坐公交车出行的乘客优先。因此,在对公交车专用道进行设计时,需要对客流量比较大的路段进行优先考虑。

(3) 公交车行驶速度

当城市机动车的平均行车速度超过公交车的平均行车速度时,就要设置公交专用道。

(4) 发展趋势

随着城市发展速度的逐步变快，公交专用道的建设速度也随之加快。有些路段的客流量不断增加以后，同时增设公交专用道的需求也会随之出现。

(三) 设置公交专用道的常见问题

1. 公交专用道设置形式

公交专用道主要包括两种形式，分别是路侧式和路中式。路侧式公交专用道对现有公交车站进行了充分的使用，以港湾式公交停靠站为主，乘客在上车或者是下车时不会给机动车交通造成任何干扰，保证了乘客的人身安全，乘客可以在人行道上等车。但公交受横向干扰非常明显，运行受阻，交叉路口附近会出现右转机动车占道的问题，给公交车通行造成了严重的干扰。在具备良好隔离设施的道路上，积极开展出口与入口的限制工作，可使路侧式公交专用道发挥出最佳的效果。路中式公交专用道的横向干扰非常少，运行速度也比较快，使公共运营的效率发生了根本性的改变，同时给乘客换乘提供了巨大的便利。然而，路中式公交专用道压缩了其他机动车通行的空间，站台设施的占地面积比较大，在缺少高效管制的情况下，会给交通秩序造成不同程度的干扰，同时潜藏着巨大的安全隐患。在空间比较宽敞的道路和特大运力的公交干线上比较适合使用路中式公交专用道，人行道与机动车道之间设置护栏，沿线路段设置的路口比较少。而路侧式公交专用道的施工工期比较短，投资成本也比较少，因此得到了普遍的应用。

2. 设置公交专用道路面

如今，国内很多道路都使用了彩色路面，彩色路面不仅起到了较好的装饰作用，还会时刻提醒驾驶人员，使行人和行车的安全得到了保证。我国很多大城市都已经使用了彩色路面来对公交专用道进行装饰，国内彩色路面材料主要分为四种：① 彩色沥青混合料；② 乳化彩色沥青稀浆封层；③ 彩色水泥灌浆沥青混合料；④ 彩色路面防滑涂料。比较上述四种彩色路面材料后发现，彩色路面防滑涂料的防滑性能最强。经过大量的对比发现，使用彩色路面防滑涂料可最大限度地疏导交通堵塞问题，并对道路交通事故的发生起到了较好的控制和预防作用。使用彩色路面防滑涂料以后，驾驶员会依据路面的不同颜色分区，在规定的道路上行驶，避免不同车辆混行的问题。

3. 公交专用道监控措施

公交专用道电子监控系统遵循的主要原则为近远期兼顾、时空分布均衡、覆盖面广、流动监测、突出重点等。结合社会车辆占用公交专用道的情况来客观分析其给公交车辆运行造成的影响，对从公交专用道上通行的公交车按照一定的比例来开展车载视频监控系统安装工作,使用流动监测的方式对公交专用道进行监测。综合分析公交线路以后,按照一定的比例,将车载视频监控子系统安装到既定的公交线路上。公交车上安装的监控摄像头将实时获得的道路信息传输到车载视频监控子系统中,从而实现了对交通违法车辆信息的高效获取。

在设置公交专用道时,以道路设施改造为依托,科学分配道路空间资源,并优化升级道路交通组织,使道路运行的总体效率得到显著提升。设计公交专用道的主要目的就是对公交服务水平进行改善,使道路真正实现畅通无阻,以确保慢行交通、其他社会车辆和公共交通都能够取得快速的发展。

六、中央分隔带

(一) 中央分隔带的类型

中央分隔带起着平衡通畅性与通达性的作用。目前,中央分隔带可分为可穿越式中央分隔带和不可穿越式中央分隔带两种类型。

1. 可穿越式中央分隔带

可穿越式中央分隔带不能有效隔离对向车辆,即使交通法规禁止,也不能有效阻止车辆穿越、左转。可穿越式中央分隔带主要有以下4种类型。

①有实体抬高的中央分隔带,即中央分隔带有一定程度的实体抬高,辅以斜坡式边角处理,城市道路近郊路段使用较多。

②交通标线,主要是双黄线及其改进型,包括震荡双黄线、辅以可倒伏式立柱的双黄线等。双黄线为禁止标线的一种,即在道路中间画两条规定宽度的黄色隔离线,表示严格禁止车辆跨线超车或压线行驶。这种设置方式在城市道路上比较常见。

③连续双向左转车道分隔带,即在道路中间设置1条车道,作为两侧左转车辆的辅助车道,而直行和右转的车辆不允许进入。

④浅碟式绿化带,该种设计兼具自然排水沟功能,并为远期道路拓宽预留一定空间,但由于占地较多而在国内使用有限。

2. 不可穿越式中央分隔带

不可穿越式中央分隔带主要有:① 护栏式中央分隔带,即在双黄线上设置护栏进行硬隔离,在我国使用较多;② 绿化带式中央分隔带,即通过设置一定宽度的绿化带,起到隔离对向车流的作用。该类中央分隔带对用地有较高要求,故而主要应用在高等级道路或景观道路上。

(二) 中央分隔带的宽度

中央分隔带的最小宽度为 1.5 m，这个宽度满足绿化种植和行人过街驻足的要求，但对于非机动车道的二次过街停留则需要至少 2.0 m。因此，建议一般中央分隔带设计的最小宽度采用 2.0 m。

宽度为 2.0 m 的中央分隔带在交通功能上比较单一，只能发挥分隔对向机动车和行人过街安全岛的作用。对于需要利用中央分隔带在交叉口处开辟左转进口车道的道路，中央分隔带的宽度应达到 4.75 m，按基本路段 2 个 3.5 m 车道，交叉口进口车道展宽为 3 个 3.25 m 车道考虑。对于需要利用中央分隔带在路段中掉头的道路，中央分隔带的宽度应达到 8.0 m，按掉头进出 2 个 3.5 m 车道，中间 1.0 m 分隔带考虑。对于需要利用中央分隔带设置高架桥或轻轨的道路，中央分隔带的宽度按桥墩宽度加安全带宽度确定。

(三) 中央分隔带的高度

中央分隔带立缘石出露的规范高度为 0.15~0.20 m。但考虑到绿化种植对种植土深度的要求，立缘石出露的高度一般采用 0.20 m，尽量给植物提供生长空间。若为绿化种植考虑，需要采用更高的立缘石，则应按道路限界要求设置足够的安全带高度。

(四) 中央分隔带的绿化

对于中央分隔带上的植物配置，应先保证交通安全和交通效率，再在此前提下考虑景观的需要。中央分隔带上的植物配置应形式简洁，树形整齐，排列一致。乔木树干中心至立缘石外侧距离不宜小于 0.75 m。灌木外侧枝干、乔木树冠底部至地面 3.5 m 以内的枝干距立缘石外侧应不小于 0.25 m，以免树枝侵入道路限界，影响行车安全。若需要利用植物防眩，则配置植物的树冠应常年枝叶茂密，其株距不得大于冠幅的 5 倍。

在人行横道及交叉口前后一定距离内应采取通透式植物配置，留出足够的安全视野。一般宽度的中央分隔带上仅种灌木及草坪或枝下高度较高的乔木，配以灌木、草花、草坪，既不碍视线，又增添景色。较宽中央分隔带上的植物配置可以采取更多形式，通过充分利用植物的形态、色彩、质地等特点，考虑植物体在时间和空间上的变化，将乔、灌、花、草合理搭配。或孤植或丛植，形成四季有景、富于变化，突现中央分隔带的绿化景观效果。

(五) 中央分隔带的开口

中央分隔带应与人行横道对应设置开口，方便市民出行。人行横道一般设置在道路交叉口处，但在较长的路段内也会有设置，间距通常为 250～300 m。中央分隔带开口位置与数量应与行人交通规划设计相衔接，并且开口宽度与人行横道宽度一致。

第二节 市政桥梁规划

一、市政桥梁规划的方式

(一) 合理地进行城市整体规划

在城市建设与发展过程中，整体规划是对城市进行合理的布局并实现对城市中各项工作的综合管理。这既是城市未来发展的蓝图，又是城市管理的主要内容，其中市政桥梁建设是城市整体规划中的重要内容。在进行桥梁规划建设时，应对以下三个方面进行充分的考虑。

1. 确保符合城市交通规划要求

在城市交通建设过程中，市政桥梁规划与建设是其中的重点内容，必须符合城市道路网络的特点并与道路建设目标统一，充分满足城市交通规划要求。同时，在进行市政桥梁规划设计时还应充分考虑其使用性能，进而体现出其实用性，并保证其通行能力可以满足长远使用的要求。

2. 确保符合城市区域各项功能规划的要求

市政桥梁可以起到对不同功能区域的连接作用，并充分满足城市发展过程中对不同功能的要求，可以根据城市不同区域的特点来选择市政桥梁的形状，将各功能区域进行紧密的连接。

3. 确保使用年限可以充分满足要求

由于市政桥梁建设规模越来越大，这在一定程度上增加了建设工期，同时需要投入的资金量也逐渐增多。必须做好相应的规划设计以及运营管理工作，以此来提升市政桥梁工程建设效率。通过对市政桥梁设计与施工方法的合理规划，可以有效地延长桥梁的使用年限。

(二）符合城市的环境建设需要

在进行市政桥梁建设过程中，不仅需要桥梁拥有良好的实用性、耐久性与安全性，也要求其具有美感。因此，还应关注桥梁外观设计，实现与城市环境的和谐统一。

1. 做好桥梁与城市人文环境的协调

市政桥梁不仅要具有自身的风格，还应符合城市发展要求。在进行市政桥梁规划设计时，应充分与城市空间进行整合，以此来实现城市发展与桥梁建设风格的互动。根据城市景观发展要求来规划市政桥梁与城市建筑比例，并对装饰色彩与城市整体环境、文化环境进行充分的考虑。在城市中，桥梁既是一个城市的形象，也可以反映出城市的历史与文化。例如，上海长虹大桥，横跨两岸，体现出了拱桥之美，宛如一道美丽的彩虹，成为上海的标志，并显现出城市发展的新形象。

2. 实现桥梁与自然环境间的协调

市政桥梁建设应符合城市文化与环境要求，实现与自然环境间的协调，充分体现出桥梁与自然环境间联系的细节。在选择好桥梁建设类型后，应对桥梁各单元结构、强度等进行控制，在保证建设质量的基础上提升使用过程中的安全性与稳定性。

在进行景观桥建设时，不仅要融入自然环境与集成环境，还应实现与人工建造环境间的和谐统一，从而为后期桥梁建设提供创新形式与创新渠道，同时给人们视觉上的美感，并可以与园林绿化、照明景观等景色充分结合。

此外，还应做好桥梁细节设计工作，实现桥梁与周边绿化环境的完美结合。在对桥梁表面进行处理后，可以实现桥梁色彩、纹理与周边环境的协调性，充分体现出桥梁结构的特点，显现出城市特点与文化。此外，有效处理桥梁表面可以对表面破损结构进行修正，避免其受到更多的侵害，以此来延长桥梁的使用年限。

（三）进一步发展城市经济

在城市建设与发展的过程中，市政桥梁不仅起到了重要的作用，也提升了城市经济水平。从城市建设角度来看，桥梁投资过大所带来的经济负担也给城市发展带来一定的影响。但从另一方面来看，如果过度强调经济，也会给城市景观建设、发展带来影响。因此，在进行市场桥梁规划设计时，应充分与城市经济情况结合。

1. 以城市经济水平制定桥梁规划设计方案

大中城市桥梁建设资金相对充分，应充分做好市政桥梁外形及周边景观建设，充分体现出城市特色与历史文化。中小城市受到经济发展的影响，在进行市政桥梁规划设计时应充分做好评价工作，以此来满足中小城市发展及交通运输要求。

2. 将桥梁建设作为经济发展的纽带

桥梁建设虽然需要大量的资金，但也可以实现更多的经济效益，并可以成为城市景观及城市标志，以此提升城市的吸引力，促进城市旅游行业的发展，创造更大的经济效益。例如，长江大桥就很好地实现了两岸间的物质交流、经济交流与文化交流的，充分发挥出桥梁在经济发展中的作用与价值。

二、桥梁管理体制建设规划

（一）桥梁施工现场安全管理规定

1. 坚决执行安全第一的原则，做好预防工作

任何时候，人的生命安全永远都应该是第一位的。与其在施工过程中进行紧急救助措施，不如提前做好预防工作。作为单位的管理人员，应该积极地对施工人员进行安全意识教育，使其在施工过程中时刻保持高度的安全意识。要时刻谨记"责任重于泰山""防患于未然"。并且，管理人员要将责任落实到具体人员身上，实行全权负责制，避免出事后互相推诿。

2. 强化科学性施工管理

要想真正做好公路、桥梁施工现场的生产安全管理工作，最关键的一点就是要有先进、科学的施工标准与操作规程。我国目前大多数的建筑企业项目管理体制中，施工安全管理制度的建立都是经过对施工现场多次调查，结合相关施工经验后，由专业人士多次研究才制定出来的，且具有很高的科学性和系统性。因此，在施工过程中，要严格遵照相关的安全章程。只有这样，才能确保科学地进行施工，保证人员与财产安全。

3. 注重主动管理，自觉遵守安全生产规章制度的原则

抓好施工现场安全管理，跟踪安全生产动态，监督安全生产的全过程。由于生产事故一般都具有偶然性、不可预见性，因此，必须提前做好施工安全管理工作，做到时时警惕、时时防范，人人都有防范意识。在施工管理过程中，做到安全工作与管理同步。所有进入施工现场的施工员工都要有高度的自我防范意识，自觉遵守各项规章制度，切不可马虎大意。领导要加大监督检查力度，坚决制止违章作业、违章指挥，从而做到安全管理和有效控制。

（二）公路桥梁建设工程施工管理的核心

1. 加强施工项目的质量控制

公路桥梁建设的施工质量控制是一个动态的过程，是一个不断变化的过程。加

强施工项目的质量控制，要在责任人或总工程师的带领下，在现场监理工程师的具体指导下，在质量检查人员的亲自检查中，仔细分析，严格考核，做到事前、事中控制，确保工程质量。要严把工程竣工验收关。在施工的整个环节中，工程竣工验收是工程质量的最后一关。在验收前，基建部门应与承建单位率先自检验收，再组织使用单位、设计单位，以及建设管理等部门对工程进行严格验收。如存在质量问题，要及时整改，以确保工程质量。

2. 加强施工项目的成本控制

公路桥梁建设工程施工项目管理的最终目标是要达到消耗低、工期短、安全好、质量高等目标，而成本是这四项目标经济效果的总反映。因此，施工项目成本是公路桥梁建设工程施工项目管理的核心。要做到施工项目成本的有效管理，必须做好施工前、施工阶段及竣工阶段的成本管理。施工前：做好科学合理的施工方案，进行成本预测，根据项目建设的时间及人数编制工程项目预算。施工阶段：加强对施工任务单和限额领料单的管理，验收每一个分部分项工程，以保证结算资料绝对正确，如出现成本差异，要及时分析差异产生的原因，并及时采取措施加以改正。竣工阶段，及时办理工程结算，做好工程保修，并做好工程保修计划费用，以此作为控制保修费用的依据。

3. 加强施工项目的进度控制

公路桥梁建设工程施工进度可按月、季度、年度进行分解，然后通过使用实物工程量表示，以便项目管理者能明确对承包单位的进度要求，监督其实施，检查其完成情况。进度目标越细，计划期越短，就越有利于采取措施纠正进度偏差，在有计划的指导下，自上而下地对长期目标和短期目标执行逐级控制，逐渐接近总目标，最终达到公路桥梁建设工程项目的竣工既定目标。

（三）抓好施工现场安全管理制度的落实

1. 加强施工人员入场教育制度的落实

现场安全管理的第一道关口就是施工人员的入场教育，它是现场施工能否顺利进行的保障。入场教育要循序渐进，常抓不懈，分级进行。对新工人要先教育，使其了解施工特点后再上岗，对施工人员、项目经理等要加强职能安全教育，做到全员严格遵守操作规程，严肃劳动纪律。

2. 加强施工现场培训制度的落实

安全培训是对现场施工人员进行入场教育的继续教育，可采用"分阶段，有重点"的方式进行，通过采取不同方法，聘请专家授课，或在施工现场进行安全教育宣传，从而达到培训的目的与要求。所有人员必须经过培训后才能上岗，否则不予上岗。

(四) 桥梁工程档案资料管理

1. 档案管理

①桥梁工程档案工作应贯穿于桥梁工程建设程序的各个阶段。从桥梁工程建设前期就应进行文件材料的收集和整理工作；在签订有关合同、协议时，应对桥梁工程档案的收集、整理、移交提出明确要求；检查桥梁工程进度与施工质量时，要同时检查桥梁工程档案的收集、整理情况；在进行项目成果评审、鉴定和桥梁工程重要阶段验收与竣工验收时，要同时审查、验收工程档案的内容与质量，并作出相应的鉴定评语。

②各级管理部门应积极配合档案业务主管部门，认真履行监督、检查和指导职责，共同抓好桥梁工程档案工作。

③项目法人对桥梁工程档案工作负总责，须认真做好自身产生档案的收集、整理、保管工作，并应加强对各参建单位归档工作的监督、检查和指导。

④勘察设计、监理、施工等参建单位，应明确本单位相关部门和人员的归档责任，切实做好职责范围内桥梁工程档案的收集、整理、归档和保管工作；属于向项目法人等单位移交的应归档文件材料，在完成收集、整理、审核工作后，应及时提交项目法人。项目法人应认真做好有关档案的接收、归档和向流域机构档案馆的移交工作。

⑤工程建设的专业技术人员和管理人员是归档工作的直接责任人，须按要求将工作中形成的应归档文件材料进行收集、整理、归档。如遇工作变动，须先交清原岗位应归档的文件材料。

⑥桥梁工程档案的质量是衡量桥梁工程质量的重要依据，应将其纳入工程质量管理程序。质量管理部门应认真把好质量监督检查关，凡参建单位未按规定要求提交工程档案的，不得通过验收或进行质量等级评定。

2. 归档与移交要求

①桥梁工程档案的保管期限分为永久、长期、短期三种。长期档案的实际保存期限不得短于工程的实际寿命。

②桥梁工程档案的归档工作，一般由产生文件材料的单位或部门负责。总包单位对各分包单位提交的归档材料负有汇总责任。各参建单位技术负责人应对其提供档案的内容及质量负责；监理工程师对施工单位提交的归档材料应履行审核签字手续，监理单位应向项目法人提交对工程档案内容与整编质量情况的专题审核报告。

③竣工图是桥梁工程档案的重要组成部分，所以必须做到完整、准确、清晰、

系统、修改规范、签字手续完备。项目法人应负责编制项目总平面图和综合管线竣工图。施工单位应以单位工程或专业为单位编制竣工图。竣工图须由编制单位在图标上方空白处逐张加盖"竣工图章",并且有关单位和责任人应严格履行签字手续。每套竣工图应附编制说明、鉴定意见及目录。

④桥梁工程建设声像档案是纸质载体档案的必要补充。参建单位应指定专人,负责各自产生的照片、胶片、录音、录像等声像材料的收集、整理、归档工作,归档的声像材料均应标注事由、时间、地点、人物等内容。工程建设重要阶段,重大事件、事故,必须有完整的声像材料归档。

⑤项目法人可根据实际需要,确定不同文件材料的归档份数,但应满足以下要求:a.项目法人与运行管理单位应各保存1套较完整的工程档案材料(当二者为一个单位时,应异地保存1套)。b.工程涉及多家运行管理单位时,各运行管理单位只保存与其管理范围有关的工程档案材料。c.当有关文件材料需由若干单位保存时,原件应由项目产权单位保存,而其他单位保存复制件。d.当桥梁工程为重要工程时,项目法人应负责向流域机构档案馆移交1套完整的工程竣工图及工程竣工验收等相关文件材料。

⑥工程档案的归档与移交必须编制档案目录。档案目录应为案卷级,并须填写工程档案交接单。交接双方应认真核对目录与实物,并由经手人签字、加盖单位公章确认。

⑦工程档案的归档时间,可由项目法人根据实际情况确定。可分阶段在单位工程或单项工程完工后向项目法人归档,也可在主体工程全部完工后向项目法人归档。整个项目的归档工作和项目法人向有关单位的档案移交工作,应在工程竣工验收后三个月内完成。

3. 档案验收

①桥梁工程档案验收是桥梁工程竣工验收的重要内容,应提前与工程竣工验收同步进行。凡档案内容与质量达不到要求的桥梁工程,均不得通过档案验收;未通过档案验收或档案验收不合格的,不得进行或通过工程的竣工验收。

②各级行政主管部门组织的桥梁工程竣工验收,应有档案人员作为验收委员参加。

③大中型桥梁工程在竣工验收前要进行档案专项验收,其他工程的档案验收应与工程竣工验收同步进行。档案专项验收可分为初步验收和正式验收。初步验收可由工程竣工验收主持单位委托相关单位组织进行;正式验收应由工程竣工验收主持单位的档案业务主管部门负责。

④桥梁工程在进行档案专项验收前,项目法人应组织工程参建单位对工程档案

的收集、整理、保管与归档情况进行自检,确认工程档案的内容与质量已达要求后,可向有关单位报送档案自检报告,并提出档案专项验收申请。

档案自检报告应包括:工程概况,工程档案管理情况,文件材料的收集、整理、归档与保管情况,竣工图的编制与整编质量,工程档案完整、准确、系统、安全性的自我评价等内容。

⑤档案专项验收的主持单位在收到申请后,可委托有关单位对其工程档案进行验收前检查评定,对具备验收条件的项目,应成立档案专项验收组进行验收。档案专项验收组由验收主持单位、国家或地方档案行政管理部门等单位组成。必要时,可聘请相关单位的档案专家作为验收组成员参加验收。

⑥档案专项验收工作的步骤、方法与内容:a.听取项目法人有关工程建设情况和档案收集、整理、归档、移交、管理与保管情况的自检报告;b.听取监理单位对项目档案整理情况的审核报告;c.对验收前已进行档案检查评定的桥梁工程,还应听取被委托单位的检查评定意见;d.查看现场(了解工程建设实际情况);e.根据桥梁工程建设规模,抽查各单位档案整理情况;f.验收组成员进行综合评议;g.形成档案专项验收意见,并向项目法人和所有会议代表反馈;h.验收主持单位以文件形式正式印发档案专项验收意见。

⑦档案专项验收意见应包括以下内容:a.工程概况。b.工程档案管理情况:工程档案工作管理体制与管理状况;文件材料的收集、整理、立卷质量与数量;竣工图的编制质量与整编情况;工程档案的完整、准确、系统性评价。c.存在问题及整改要求。d.验收结论。e.验收组成员签字表。

第五章 市政交通规划与设计

第一节 城市公共交通系统规划

一、城市公共交通分类

《城市公共交通分类标准》(CJJ/T 114—2007) 中，将城市公共交通系统分成大类、中类和小类3个层次。该标准根据系统形式、载客工具类型和客运能力，将城市公共交通分为城市道路公共交通、城市轨道交通、城市水上公共交通、城市其他公共交通4大类。

(一) 城市道路公共交通

行驶在城市地区各级道路上的公共客运交通方式，统称为城市道路公共交通。城市道路公共交通分为常规公共汽车系统、快速公共汽车、无轨电车和出租汽车等。常规公共汽车系统是指具有固定的行车线路和车站，按班次运行，并由具备商业运营条件的适当类型公共汽车及其他辅助设施配置而成的公共客运交通系统。快速公共汽车系统是由公共汽车专用线路或通道、服务设施较完善的车站、高新技术装备的车辆和各种智能交通技术措施组成的客运系统，具有快捷舒适的服务特点，是新兴的大容量快速公共汽车系统。无轨电车有固定的行车路线和车站，通常由外界架空输电线供电（也可由高能蓄电池供电），是无专用轨道的电动公交客运车辆。出租汽车是按照乘客和用户的意愿提供直接的、个性化的客运服务，并且按照行驶里程和时间收费的客车。

(二) 城市轨道交通

城市轨道交通为采用轨道结构进行承重和导向的车辆运输系统，并依据城市综合交通规划的要求，设置全封闭或部分封闭的专用轨道线路，以列车或单车形式运送相当规模客流量的公共交通方式。城市轨道交通包括地铁系统、轻轨系统、单轨系统、有轨电车、磁浮系统、自动导向轨道系统和市郊铁路等。

① 地铁是一种大运量的轨道运输系统，在地下空间修筑的隧道中运行，当条件

允许时，采用钢轮钢轨体系，在大城市也可穿出地面，在地上或高架桥上运行。按照选用车型的不同，又可分为常规地铁和小断面地铁；根据线路客运规模的不同，又可分为高运量地铁和大运量地铁。

② 轻轨系统是一种中运量的轨道运输系统，采用钢轮钢轨体系，主要在城市地面或高架桥上运行，线路采用地面专用轨道或高架轨道，遇到繁华街区，也可进入地下或与地铁接轨。轻轨车辆包括 C 型车辆（国内轨道交通车辆基本形式之一）、直线电机车辆等。

③ 有轨电车是一种低运量的城市轨道交通，电车轨道主要铺设在城市道路路面上，车辆与其他地面交通混合运行，根据道路条件，又可区分为三种情况：混合车道、半封闭专用车道（在道路平交道口处，采用优先通行信号）、全封闭专用车道（在道路平交叉口处，采用立体交叉方式通过）。

④ 磁浮系统，是指在常温条件下利用电导磁力悬浮技术使列车上浮，车厢不需要车轮、车轴、齿轮传动机构和架空输电线网，列车运行方式为悬浮状态，采用直线电机驱动行驶，主要在高架桥上运行，特殊地段也可在地面或地下隧道中运行。悬浮列车按运行速度高低可以分为高速磁浮列车和中低速磁浮列车。高速磁浮列车时速可达 400～500 km/h，适用于远距离城际间交通；中低速磁浮列车时速可达 100～150 km/h，适用于大城市内、近距离城市间及旅游景区的交通连接。

⑤ 自动导向轨道系统，是一种车辆采用橡胶轮胎在专用轨道上运行的中运量旅客运输系统，其列车沿着特制的导向装置行驶，车辆运行和车站管理采用计算机控制，可实现全自动化和无人驾驶，通常在繁华市区线路采用地下隧道，而在市区边缘或郊外宜采用高架结构。自动导向轨道系统适用于城市机场专用线或城市中客流相对集中的点对点运营线路，必要时中间可设少量停靠站。

⑥ 市郊铁路系统，是一种大运量的轨道交通系统，客运量可达 20 万～45 万人次/日。市郊铁路适用于城市区域内重要功能区之间中长距离的客运交通。市郊列车主要在地面或高架桥上运行，必要时也可采用隧道运行。当采用钢轮钢轨体系时，标准轨距亦为 1435 mm，由于线路较长，站间距相应较大，必要时可不设中间车站，因而可选用最高运行速度在 120 km/h 以上的快速专用车辆，也可选用中低速磁浮列车。

（三）城市水上公共交通

城市水上公共交通是航行在城市及周边地区范围水域上的公共交通，是城市公共交通的重要组成部分，其主要运行方式有三种：连接被水域阻断的两岸接驳交通；与两岸平行航行、有固定站点码头的客运交通；旅客观光交通。这些均为城市地面交通的补充。城市水上公共交通分为城市客渡和城市车渡。城市客渡是城市公共客运交通的主体，有固定的运营航线和规范的客运码头，是供乘客出行的交通工具。城市车渡则是指在江河、海峡等两岸之间，用机动船运载车辆以连接两岸交通的轮渡设施。

(四) 城市其他公共交通

城市其他公共交通还包括客运索道、客运缆车、客运扶梯和客运电梯等。

二、城市道路公共交通规划

城市道路公共交通系统主要包括常规公共交通、快速公交系统（BRT 系统）、出租车、新型公共交通系统等。

(一) 常规公共线网规划

1. 线路布设（从环路、平行布设、纵向布设视角叙述）

公共交通线网是由多条公共交通线路所组成的线路网络。线路形态是指线网在整体上所表现出来的一种网络特征。一般来说，公共交通线网形态包含放射型、环型、混合型等多种类型。

2. 线路类型

公共交通线路具有不同的分类。

(1) 根据性质定位划分

根据在城市客运交通中的性质定位及客流特征，可以分为骨干线路、区域线路、接驳线路。

骨干线路指的是在城市常规公交线网中起到骨干运输功能的线路，服务于主要公交客流点，属于等级较高的线路，并承担中长距离的客流运输。在有轨道交通的城市中，骨干线路可作为城市轨道交通的补充。在无轨道交通城市中，骨干线路作为城市公共客运交通的主要运输路线。线路等级相对较高，因而对其设计指标（如运营速度、路权等级、准点性）的要求比较高。

区域线路指的是城市客运体系中地区级的线路，作为地区公共交通的主体，可连接区域内各个客流集散点至城市轨道交通或公交骨干线路。区域线路作为地区公交主体，要求覆盖范围较广，密度较高，并承担中短距离的出行。

接驳线路主要为城市轨道交通或地面骨干公交提供接驳服务，将大型商业中心、住宅区、公共活动中心的主要客流连接至公共交通站点，以提供短途客流接送服务，其主要作用是提高公共交通系统的覆盖范围，减少步行至公交的距离，提高公交服务水平。

(2) 根据运营时间划分

根据运营时间,可分为全日线、高峰线、夜班线。

全日线是指运营时间从早晨至深夜的公交线路,是公共交通的主要线路类型,并承担大部分公共交通的客运任务。

高峰线是指运营时间在高峰时间的公交线路。主要为居民上下班的通勤出行服务,服务对象主要是大型居住区和工业区等主要客流集散点。

夜班线是指运营时间在夜间的公交线路,主要连接火车站、码头、工厂、住宅、医院等地点,满足乘客上夜班、旅客乘车乘船、居民就医等夜间乘车需要,作为公共交通线路在夜间服务的延伸。

(3) 根据车辆类型分类

根据车辆类型,可分为电车线路和汽车线路。

电车线路指的是车辆类型选用电车的公交线路。电车具有良好的启动、加速等性能,同时具有操作简便、噪声小、无污染、能耗少的特点,使用于人流、车流干扰较多,交叉口较多的城市中心密集地区。但是,电车由于需要电力线路供电,行驶线路相对比较固定,缺乏灵活性,其电车的供电系统也会对城市景观造成一定影响。

汽车线路指的是车辆类型选用汽车的公交线路。汽车具有灵活机动的性能,可以在任何有道路的区域行驶,线路走向调整也比较容易,因而汽车线路是公共交通的主要组成部分。在中心地区,汽车与电车系统共同组成公交线网。在城市外围地区的线路,则主要由汽车线路组成,连接起城市中心地区与城市外围新城或卫星城、乡镇、村、农场等。

3. 服务水平

(1) 线网指标

①线网密度。线网密度(δ)是指公共交通线路长度(l)与城市用地面积(f)之比,即公式为:

$$\delta = l / f$$

式中,l 以 km 为单位,f 以 km^2 为单位。

线网密度是反映公共交通供给能力、服务水平和覆盖范围的重要指标之一。

②线路长度。线路长度指的是一条公共交通线路的长度,线路长度不宜过长也不宜过短。经验表明,线路长度与城市用地的面积、形状、范围、乘客的平均乘距有关,应该根据城市用地及乘客平均乘距来合理确定。

③线路条数。线路条数指的是线网中线路的总条数。线路条数与线网密度关系

密切，需要考虑乘客需求、运行需求、公交企业成本等因素来确定。

④线路非直线系数。线路非直线系数指的是公共交通线路的实际走行长度与起终点的空间直线距离的比值。也有的计算方法考虑了与道路条件的结合，线路非直线系数指的是实际走行长度与起终点的最短道路长度的比值。

⑤线路站间距。线路站间距指的是线路车站之间的距离，其影响线路的覆盖水平、运营速度，需要根据乘客需求、运营组织、道路条件来综合确定。

⑥站点覆盖率。站点覆盖率指的是站点周边一定距离内所覆盖的面积与研究范围的面积之间的比值，覆盖率越高，说明公共交通的服务水平越高。

(2) 运能配置

运能指的是一条公共交通线路运输乘客的能力。运能配置是保证和提高营运服务质量的重要物质基础。

①运能指标。运能指标主要有以下几个：a.车辆数，是指用于运营的全部车辆数，不包括教练车、修理车等非营运车辆。b.客位数，是指运营车辆所提供的最大运输客位总数(定员数)，包括车辆设置的固定座位数(不包括司售人员座位)和有效站立面积人数的总和。c.行驶里程，是指运营车辆在全部工作日内所行驶的里程总和，包括营运里程和空驶里程，但不包括进出保养场或修理厂及试车的里程。d.客位公里，是指运营车辆的最大客位数与行驶里程乘积的综合。e.里程利用率，是指载客里程与总行驶里程之间的比值。f.行车速度，是指对车辆配备有决定作用，并且关系到行车安全、服务质量和企业的运营成本。一般行车速度有以下5种：车辆设计速度，是指根据车辆的动力、结构而提出的设计制造要求，没有交通障碍下所能达到的最高行车速度；线路许可速度，是指根据安全行车要求而确定的最大许可速度，一般依据道路条件和交通组织情况而确定；行驶平均速度，是指线路两个停靠站之间的平均速度，是线路长度与全线行驶时间之比，不包括中途站上下客和终点站调头时间、遇红灯等候时间；运送车速，是指车辆运送乘客的速度，即线路长度与包括中途上下乘客停车时间在内的全线行驶时间之比；营运车速，是指营业线路上值勤时间内每小时平均行程，值勤时间包括除遇红灯停车时间之外的所有行驶时间。g.行车频率，是指单位时间内通过线路某一断面或停靠站的车辆数。h.线路每公里平均车辆数，是指线路的总车辆数与线路长度之间的比值，反映了线路的运营能力和最大负荷水平。

②运能估算方法。按照服务标准估算并配备运能，是线路长远规划的重要内容。合理地配备运能需要有准确的估算。运能的估算应考虑行车速度、车辆频率、线路负荷水平因素的要求。运能估算方法有高峰小时客运量算法、全日客运周转量估算法、高峰时段车间隔估算法、公共汽车核定运能估算法等。

高峰小时客运量算法，是指以高峰小时单向高断面的客运来估算全日车辆数的方法，其计算公式为：

$$N = \frac{\frac{P}{D}\alpha \cdot \beta \cdot \gamma}{C \cdot \eta \cdot \mu}$$

式中：N——车辆数；

P——全年总乘次；

D——全年总天数；

α——季节系数；

β——高峰小时乘次占全日比重；

γ——高峰小时高单向断面满载系数；

C——额定车容量；

$\eta \cdot \mu$ 公式中包含1个常数、7个变量共8个参数，其中，车容量是常数，7个变量需要通过相关的调查资料来推算。

全日客运周转量估算法，是指以全日客运周转量来估算全日车辆数的方法，其计算公式为：

$$N = \frac{\frac{P}{D} \cdot L_a \cdot \alpha}{K \cdot M \cdot C}$$

式中：N——车辆数；

P——全年总乘次；

D——全年总天数；

L_a——人均乘距；

α——季节系数；

K——车日公里；

M——全日满载率；

C——额定车容量。

公式中包含1个常数和6个变量共7个参数，其中，车容量是常数，6个变量需要通过相关的调查资料来推算。该方法与高峰小时客运量算法有一定的内在联系，高峰小时满载率与全日满载率基本呈线性关系。

高峰时段车间隔估算法，根据高峰时段服务水平要求的车间隔来计算配车数，其计算公式为：

$$N = 2\frac{L}{v} \cdot \frac{60}{H} \cdot \sigma$$

式中：N—车辆数；

L—线路长度（km）；

v—运营速度（km/h）；

H—高峰期间发车间隔（min）；

σ—备车系数。

其中，备车系数是车辆实际利用率的倒数。市内线路一般的服务水平取值为：线路速度 15～22 km/h，高峰平均发车间隔为 5 min，平均线路服务时间为 14 h。

公共汽车核定运能估算法，根据公共汽车核定运能估算规划年份运能，其计算公式为：

$$N = \frac{P}{D \cdot Q}$$

式中：N—车辆数；

P—全年总换乘次数；

D—全年总天数；

Q—核定运能。

其中，核定运能指每天每车平均服务人次，是考虑了车辆利用率、客流波动、运营速度、服务时间、拥挤程度等因素的综合指标，是决定公共交通系统运能供给和服务水平的关键指标。

4. 规划原则

(1) 线网结构规划

公共交通线网结构主要有放射型、棋盘型、环型等类型，类型的选择需要综合考虑城市功能布局与发展方向、客运交通需求特征、道路网条件等因素。

①城市功能布局与发展方向。城市功能布局与发展方向决定了公共交通线网的基本形态，从而影响线网结构的基本形式。选择线网结构时，需要从城市各个功能区的布局模式出发，并考虑城市发展方向来综合确定。

②客运交通需求特征。线网结构规划需要分析城市客运的交通需求特征，包括主要客运走廊、重要的客流集散点，从而合理划分网络的功能层次，均衡线网的布局，方便大部分客流的出行。

③道路网条件。公共交通线网大多数依赖于道路网系统，而线网结构选择时也需要考虑路网的形态、公交交通线网在道路上布设条件的可见性。

(2) 线网密度规划

线网密度反映了公共交通线网的服务水平，需要考虑线网覆盖范围、客流需求、道路条件等因素来综合确定。

① 覆盖范围。线网密度的规划需要考虑公共交通线网一定距离内的覆盖范围，从而推算出整个公共交通线网密度指标。

② 客流需求。根据研究范围内的客流需求总量、线网的总体平均负荷强度，也能估算出线网密度的指标。线网布设是为乘客提供公共交通服务设施，而客流的规模和方向是线网规划的重要依据。一般在市中心区，建设密度高，客流大，线网密度相对高一些；而在外围边缘地区，线网密度相对低一些。

③ 道路条件。由于公共交通线网的基础是道路网，线网密度的确定也需要考虑道路条件。再密的线网，若没有布设条件就不具可行性。但是，在城市改造或扩建过程中，公交线网布设的适宜密度可以要求对道路进行必要的扩建或新建。

(3) 线路规划

公共交通要为乘客提供良好的、方便的乘车服务，公交线网的规划设计尤为重要，线网结构界定了公共交通线网整体上的基本形态、覆盖范围及强度，线路规划则是根据线网结构和布局的要求，对单条线路的公共交通线路走向、运营能力和服务水平、质量进行研究和确定。

① 线路布局原则。适应城市发展。城市中建设用地范围的扩展和城市人口的不断增加，就需要公共交通的支撑和引导，公共交通线路布设要适应城市的建设和发展。满足乘客要求。不同乘客有不同的要求，线路布设时需要使得线路走向与主要客流走廊和方向相一致，各个重要客流集散点之间有公共交通线路连接，尤其要考虑乘客的通勤出行需求。选择最佳方案。公共交通线路的走向不仅受到道路条件的制约，还受到其他影响因素的限制，需要在调查的基础上，深入分析研究并反复权衡，考虑城市发展需求、乘客出行需要等因素来综合选择出最佳方案。

② 运能估算原则。尽可能满足高峰小时最高断面客运量的需求。高峰小时客运需求是全日客运需求的"瓶颈"，满足了高峰小时客运需求，全日的高峰小时就都可以满足。根据运输需求的增长逐步提高服务水平的供给，尽量避免高峰小时高断面的乘车拥挤，从而改善乘车条件。尽量保证基本的行车间距，避免乘客在车站等候过长的时间。

(4) 站点规划

① 乘客需求。站点规划需要考虑乘客的出行需求，包括商业区、居住区、公共活动中心等主要客流集散点、线路与线路之间的换乘点。另外，还需要尽可能地缩短乘客的步行时间，乘客步行时间的计算公式为：

$$T = 2\left(\frac{L}{4} + Y\right)/v$$

式中：Y——目的地至线路的平均距离，由线网密度决定；

L——平均站距；

v——步行速度。

②站间距要求。站点规划需要考虑站间距的要求。站间距需要均衡运行速度和覆盖范围来确定。站间距越小，覆盖范围越大，但运营速度越低；反之，站间距越大，运营速度越高，但覆盖范围越小。通常在客流密集地区站间距相对短一些，在外围客流较少地区则相对大一些。

③设站条件。站点规划要考虑设站条件，既要方便乘客上下车和换乘，又要避免乘客上下车影响交通安全和畅通。

(5) 车辆选型

车辆选型是公共交通线网规划的一个重要组成部分。为适应城市道路，满足乘客需求的增长，便于线路运营和管理，需要从全局出发，综合权衡各个影响因素，找出车型车种的合理构成。在线路车辆选型时，需要考虑以下因素：

①速度要求。车辆选型时需要首先考虑各个交通线路对运营速度的要求，从而确定车辆类型。车辆的设计速度、线路的站间距直接影响线路的运营速度，从而影响线路所提供的服务水平。

②客流要求。不同地区的不同客流特征需要不同类型的车辆与之相适应。例如，对平均出行距离短，上下车频率高，对环境要求高的市中心区密集地区就需要启动快、加减速性能好、环境污染少的电车；而对平均出行距离较长、出行时间长的郊区城镇，就需要速度快、适合长距离行驶的汽车等。

③道路条件。要考虑道路设置公交线路的可行性，保证道路的通行和行驶安全。例如，在人口密集度高、道路条件差的地区，比较适合机动性较强的汽车，公交车辆的长度和发展频率也要受到一定的限制。

④投资要求。根据投资的可能性，尽可能地选择现代化的交通工具，逐步代替落后的交通工具，选择投资少、见效快的车种车型。

⑤管理要求。车辆选型还要考虑公交车辆停放、维修和管理的需求。例如，在城市用地紧张、停车场和保养场相对不足的情况下，可考虑多选择大容量车辆，从而减少一些用地需求来缓和矛盾。

(二) 常规公交场站规划

1. 规划目的

城市常规公交场站规划设计的主要目的是：确定公交场站的功能、建筑规模、用地面积、建筑高度、容积率、绿地率、空地率、建筑密度等规划设计指标，完成平面布局、外部交通等规划设计条件，为公交场站工程设计提供技术支撑。

城市常规公交场站规划设计应结合城市规划合理布局，集约用地，做到保障城市公共交通畅通安全、使用方便、技术先进、经济合理。

2.常规公交场站概念及分类

常规公交场站指的是为常规公交系统提供乘客上下车与线路换乘、公交车停放、维修与保养、线路运营调度指挥等服务功能的交通场站设施。根据服务对象和服务性质，常规公交场站一般可分为一般公交中间站、公交首末站、公交枢纽站、公交停车保养场等几类场站设施。

(1) 一般公交中间站

一般公交中间站指的是提供公交车辆停靠和乘客上下车功能的公交车站。一般公交中间站通常包括路边停靠公交站和港湾式停靠公交站。一般公交中间站应考虑乘客上下车、公交换乘的方便性，以及公交车辆停靠、进出的便利性，应该设置在公交线路沿途所经过的各个主要客流集散点上。站台长度通常由停靠线路数量和高峰时期所停靠的车辆数来确定。

(2) 公交首末站

公交首末站指的是除了提供乘客服务功能之外，还提供公交线路运营所需车辆停放、调度等功能的起点或终点车站。一般配置车辆总数（折算为标准车）大于50辆的为大型站；介于26~50辆之间的为中型站；等于或小于25辆的为小型站。

根据服务线路数和服务功能，公交首末站包括一般公交首末站、服务性公交首末站、公交枢纽站、公交总站等。一般公交首末站指的是为1~2条线路服务的公交首站或末站。服务性公交首末站是将车辆掉头与停放、乘客上下车、旅客候车、车辆调度等多种设备整合在一起的小型公交站，通常为2~4条线路提供服务。

(3) 公交枢纽站

公交枢纽站一般指在多条公交线路交汇处，或者公交线路与其他重要交通设施的交汇处设置的公交站。通常为3条以上主要公交线路服务的首末站，一般至少设置4条发车通道，其中至少一条要加宽作为超车通道，还应提供调度室、用餐与停车区及其他辅助设施。公交总站指的是包括客运服务、与其他交通方式换乘、车辆管理指挥、停车维修保养等功能的大型公交综合场站。一个公交总站一般应包括至少8条发车港湾通道，其中至少2条通道应加宽以便让始发车超越停车。另外，还应该提供车辆停放区、调度区等其他配套设施。

(4) 公交停车场、保养场

停车场的主要功能是为线路运营车辆下班后提供合理的停放空间、场地和必要设施，按规定对车辆进行低级保养和重点小修作业。保养场的功能主要是承担营运车辆的高级保养任务及相应的配件加工、修制以及修车材料、燃料的储存、发放等。

3. 公交场站规划的原理和内容

(1) 规划原理

① 一般中间站的规划。一般公交中间站主要设置于线路中间，规划时主要内容包括站址的选择和站距的设置。中间站应沿道路布置，站址宜选在能按要求完成车辆的停和通两项任务的地方，应结合公共交通线路沿途所经过的各种客流集散点来设置。中间站的站距要合理选择，平均站距宜在 500～600 m。市中心站距宜选择下限值；城市边缘地区和郊区的站距宜选择上限值；百万人口以上的特大城市站距可大于上限值。

② 公交首末站的规划。公交首末站是为线路运营服务的主要场站设施，需要占用一定规模的用地，规划时主要涉及场站规模和站址选择。

公交首末站宜设置在城市各主要客流集散点附近且比较开阔的地方。这些主要客流集散点一般都在几条公交线路的交叉点上，如火车站、码头、大型商场、分区中心、公园、体育馆、剧院等。在这种情况下，不宜一条线路单独设置公交首末站，而宜设置几条线路共用的交通枢纽站。

公交首末站的规模根据其所承担的服务功能来确定。根据规范，公交首末站的规模按线路所配营运车辆总数来确定。首末站的规划用地面积宜按每辆标准车用地 90～100 m^2 计算。若线路所配营运车辆少于 10 辆或者所规划用地属于不够正方或地貌高低错落等利用率不高的情况之一时，宜乘以 1.5 以上的用地系数。

③ 公交停车场、保养场的规划。根据规范，公交停车场的总平面设置为场前区、停车坪、生产区和生活区 4 个部分，它们共同构成一个有机整体。各部分平面设计的主要要求如下：a. 场前区由调度室、车辆进出口、门卫等机构和设施构成，要求有安全、宽敞、视野开阔的进出口和通道。b. 停车坪的设计应采用混凝土刚性结构，有良好的雨水、污水排放系统，排水明沟与污水管不得连通，坪的排水坡度（纵、横坡）不大于 0.5%。停车坪应有宽度适宜的停车带、停车通道，并在路面采用画线标志指示停车位置和通道宽度。在北方（黄河以北），停车坪上必须有热水加注装置，有条件的宜建成封闭式停车库。c. 生产区的平面布局必须包括低保修工间及其辅助工间、动力及能源供给工间两个组成部分，两部分的设计应符合工业厂房设计标准和规范要求。d. 生活区的平面布局包括办公楼、教育用房、文化娱乐和会议用房、食堂、保健站、浴室、集体宿舍、厕所等，其设计需结合本身的特点，并参照执行有关标准。全场必须搞好绿化。

(2) 规划内容

① 规划背景，主要说明公交场站规划的原因或必要性、规划的位置、用地范围等背景资料。② 现状分析，主要分析公交场站周边现状公交设施、现状道路设施、

周边用地等情况。③公交场站的功能定位分析，主要分析公交场站的功能、配置、建筑规模等。④公交场站的规划设计条件分析，根据公交场站的功能定位，提出规划设计的要求和指标。规划指标包括用地面积、建筑高度、容积率、绿地率、空地率、建筑密度等。规划设计要求包括功能布局设计、交通组织设计、市政设施规划设计等要求。⑤公交场站平面布局的分析，主要分析公交场站的公交线路走向、车辆进出口位置、公交车上下客站台的平面布局形式和安排，作为下一步方案设计的参考。⑥外部条件分析，根据公交场站位置、范围及功能，分析公交场站范围外部的交通、用地等方面的相关规划条件。⑦结论及建议，即总结规划的内容，并提出下一步工作的方向和建议。

(三) BRT 系统规划

1. 概念

BRT 是英文 Bus Rapid Transit 的简称，中文称为快速公交系统，它将轨道交通系统的服务特性和常规系统的灵活性整合在一起，是介于轨道交通模式和常规公交模式之间的一种快速公交方式。国内外对 BRT 的含义有多种解释。一般来说，BRT 系统指的是利用先进的汽车技术、智能交通系统、运营组织管理技术，开辟了专用道路空间，改进公共汽车的线路、车站等基础设施，是提高公共交通系统的运输能力、运输速度、舒适程度、环保和外观效果，达到轨道交通系统中轻轨系统的服务水平的一种快速公共汽车交通系统。

2. BRT 系统的组成部分

虽然 BRT 系统在具体实施上有一定的灵活性，但 BRT 系统一般都包含道路空间、车辆、车站、运营组织管理技术、智能交通系统技术等几个部分。

(1) 道路空间

道路空间的使用形式既影响到 BRT 的运营速度、运营可靠性、运输能力等服务水平特性，也会影响到 BRT 系统的实施条件、拆迁费用。从道路使用权的角度，可以将 BRT 系统使用道路空间的形式分为 3 个等级，即全封闭专用道、半封闭专用道、混合车道。全封闭专用道指的是封闭 BRT 使用的道路空间，与其他车辆的行驶空间之间完全隔离，存在交叉的地方，采用立体方式(包括高架或地下敷设方式)通过。半封闭专用道指的是封闭 BRT 使用的道路空间，与其他车辆的行驶空间之间完全隔离，但在交叉口，利用信号优先技术使 BRT 车辆优先通过。混合车道指的是 BRT 车辆与其他车辆具有同等道路使用权，可同时在同一车道上行驶。在车道设置形式上，有路中专用车道形式、路侧专用车道形式，路侧专用车道行驶又可分为两侧布置形式和单侧布置形式。路中专用车道形式指的是将 BRT 线路的上下行双线集中在道路中央的布置形式。路侧两侧专用车道形式指的是将BRT线路的上下行双线分开，分别设置于道路外侧两侧的布置形式。路侧单侧布置专用车道形式指的是将BRT线路的上下行双线集中设置于道路外侧一侧的布置形式。

(2) 车辆

BRT系统的车辆性能直接影响BRT系统的运输功能，运营速度、运营可靠性、环保性能影响到城市景观和乘客的舒适度。与常规公交相比，通常BRT车辆车身长度更长，具有更多的车门，因而BRT车辆具有更大的运输能力、更快的运营速度，乘客乘坐的舒适度更高，并且车辆的安全性和可靠性更高。车辆动力系统可以选择电力或其他能源驱动系统，从而提高车辆的性能。

(3) 车站

BRT系统的车站是提供乘客上下车的设施，也是BRT系统的重要组成部分，车站的设置影响系统的运营速度、服务水平，其建筑形式影响城市整体景观。车站按照功能可以分为中间站、换乘终点站。中间站提供乘客上下车功能；换乘站除提供乘客上下车功能，还提供与其他公交线路换乘的功能；终点站则指的是处于线路终点最后一站的车站，除乘客上下车功能外，通常还提供票务管理、线路调度等功能。

与常规公交车相比，BRT系统的车站具有以下特点：① 规模更大，站台长度更长，具有更大的车站通行能力；② 通常采用提高站台高度或者采用低地板车辆，方便乘客水平上下车，从而节省上下车时间，并提高乘客上下车的方便程度；③ 根据需求，有的车站采用车外购票系统，使乘客在进入车站前完成购票，提高乘客上下车速度，节省等候时间；④ 车站具有乘客信息服务系统，可向乘客提供更多的服务信息，如车辆的运营时刻表、线路上下车运营的动态情况等信息，从而提高服务质量。

(4) 运营组织管理技术

BRT系统具有先进的监控、调度、信号等控制系统和运营组织管理技术来以此控制车辆的发车频率、运行时间和行驶位置。监控系统使得运营管理者可针对道路条件和乘客的具体出行需求来控制车辆的运行状况，以提高线路运营的效率。调度系统可以向驾驶人员提供指示信息，提高车辆运营的可靠性、车辆间距的合理性，从而保障乘客出行的安全性和准时性。信号控制系统控制线路的通行许可权，在道路使用权与其他车辆发生交叉的地方保证BRT系统车辆的优选通行权，有利于保证BRT系统服务的规律性、准时性，提高BRT系统的吸引力。

(5) 智能交通系统技术

BRT系统中通常采用先进的智能交通系统技术，对运营车辆采取有效控制。例如，通过GPS等定位系统实现车辆的自动定位系统进行车辆的动态调度，应用辅助驾驶系统技术保持车辆的平稳、快速、安全运行，采用交通感应系统实现信号优先控制，通过广播和无线网络等媒介向乘客提供公交信息服务系统、电子收费系统等，从而提高 BRT 系统的运营效率和服务水平。

3. BRT 线网规划

（1）规划内容

BRT 线网规划的内容主要包括 BRT 系统在城市公共交通系统中的功能定位、公共交通需求预测和分析、BRT 系统的网络布局规划、线路走向规划、车站规划及相关设施规划等内容。

（2）功能定位

确定 BRT 系统在城市公共客运交通系统中的功能定位，以及 BRT 与城市轨道交通系统、常规公交系统等其他系统之间的相互关系。

通常 BRT 系统在城市公共客运交通系统中的功能定位有以下几种：

① BRT 系统作为城市公共交通系统的骨干运输方式。城市公共交通系统以 BRT 系统为主导型的快速大容量客运交通系统，服务于主要客运交通走廊，作为城市公共交通客运的骨干运输方式。

② BRT 系统作为城市轨道交通系统的补充或延伸方式。城市公共客运交通系统是以城市轨道交通系统为主导型的快速大容量客运系统，在城市轨道交通系统没有覆盖的地区，BRT 系统作为城市轨道交通系统覆盖范围和运输能力的补充，在客流强度不高的城市外围或郊区，BRT 系统作为城市轨道交通系统在外围的一种延伸方式。另外，BRT 系统还可以作为城市轨道交通系统的交通衔接方式，起到连接轨道交通线路或者接驳大运量轨道交通系统客流的作用。

③ BRT 系统作为远期轨道交通系统的过渡方式。对于近期没有大容量客流出行需求、远期又需要预留条件的客运交通走廊，BRT 可以作为远期轨道交通系统的一种近期过渡交通方式，既满足近期客流的出行要求，又为远期预留轨道交通的建设条件。

（3）公共交通需求预测和分析

在 BRT 线网规划之前，需要分析和预测研究范围内的客运交通需求，以此作为规划的依据。公共交通需求预测时，一般采用传统的四阶段预测模型，从城市综合交通规划出发，首先通过调查预测出全方式的居民出行需求、出行分布量、出行交通方式、公共交通客运量的总量和分布情况，进而分析客运交通出行的主要集散点和主要的城市公共交通客运走廊，作为下一步 BRT 系统规划的定量依据之一。

（4）网络布局规划

在客运交通走廊和客流集散点分析的基础上，结合 BRT 系统在公共交通客运系统中的功能定位，同时根据道路的布局形态和项目实施条件规划出 BRT 网络布局，安排出各条线路的具体走向，并做网络方案评价以进行优化，直到最后得到推荐方案。

(5) 线路走向规划

根据线路布局模式和线路的功能定位，以及可利用的道路资源条件和主要的服务对象、与其他交通方式的结合，规划线路的具体走向，并且在工程项目可实施性上考虑线路服务水平(包括线路的运营速度、运输能力等)、线路的路权、线路在道路断面上的位置安排。

(6) 车站规划

根据线路客流特征和服务水平确定车站间距，将车站位置与服务对象相结合。根据客流需求和实施条件规划车站的平面布置形式。车站的平面布置形式根据BRT车站与道路断面的关系，可以分为中央岛式站台、中央侧式站台、路侧侧式站台。中央岛式站台指的是将站台设置于道路中央，线路双向公用岛式站台，通过人行天桥、过街通道或人行斑马线与道路外侧相连接。中央侧式站台指的是将站台设置于道路中央，线路两外侧各设置一个侧式站台，通过人行天桥、过街通道或人行斑马线与道路外侧相连接。路侧侧式站台指的是将站台设置于道路外侧的形式，包括道路单侧布置形式和道路两侧布置形式。

(7) BRT系统场站设施规划

BRT系统是一个综合的、先进的公共交通系统。如前面所述，BRT系统中不仅包括道路空间、线路车站等基础设施，还包括BRT系统的停车保养场、供电和通信等基本运营设备系统、运营调度系统、信号控制系统、乘客信息服务系统、车辆定位系统等智能交通系统。其中，停车保养场是为BRT车辆提供停放、维修、保养的专门场所。BRT系统相关场站设施的服务功能、选址位置、用地规模也需要在做BRT系统规划时作出安排，其规划用地规模根据所承担的功能来确定。例如，BRT系统停车保养场的规划用地规模通常根据其所承担的停放车辆数、保养车辆数、保养级别和保养周期等因素来确定。

(四) 公交专用道规划

1. 概念

公交专用道指的是为了体现公交优先，在道路上专门开辟出的只允许公交车辆行驶的车道。

2. 设置方法

① 在路段的设置方法有"外侧式"和"内侧式"。公交专用车道设置在机动车道行驶方向最右侧时，称为"外侧式"；公交专用车道设置在机动车道行驶方向最左侧

时，称为"内侧式"。

② 在交叉口的设置方法分为两种情况：一种为在进口道的设置方法；一种为在出口道的设置方法。在进口道设置公交专用道时，公交专用车道直接设置到停车线（公交专用车道线终止于导向车道线），应终止于行驶方向第一组导向预示箭头。在出口道设置公交专用道时，公交专用车道的起点距对向车道停车线的距离应大于相交道路转向车变换车道的距离，应不小于 30 m；若两路口间路段长度较短（不足 150 m），可不设公交专用车道。

三、城市轨道交通规划

(一) 城市轨道交通线网规划

城市轨道交通线网是指由多条轨道交通线路通过换乘车站衔接组合而形成的网络系统。城市轨道交通线网规划的主要任务是：依据城市综合交通规划提出的城市轨道交通发展目标和原则要求，确定城市轨道交通线网的规划布局，并提出城市轨道交通建设用地的规划控制要求。

城市轨道交通线网规划的原则主要有：① 城市轨道交通线网规划应与城市总体规划相协调；② 轨道交通线网规模与城市经济、交通需求相适应；③ 城市轨道交通线网规划应考虑主要客运交通走廊、主要客流集散点；④ 城市轨道交通线网规划应具有协调轨道交通、缓解拥堵和交通导向的功能；⑤ 城市轨道交通线网规划应考虑工程的可实施性；⑥ 城市轨道交通线网规划应考虑运营的经济合理性；⑦ 提出轨道交通线网规划应考虑与其他交通系统相协调。

城市轨道交通线网规划包括以下内容：① 分析城市交通现状，预测城市客运交通需求；② 论证城市轨道交通建设的必要性；③ 分析城市轨道交通发展目标和要求；④ 研究确定城市轨道交通运输网的规模；⑤ 研究城市轨道交通线网结构，确定城市轨道交通线网规划方案；⑥ 对城市轨道交通线网规划方案进行综合评价；⑦ 分析提出城市轨道交通车辆基地的规模，确定车辆基地规划布局；⑧ 提出城市轨道交通建设用地规划控制要求。

线网规划应包括线网结构和线网方案两个研究阶段。线网结构研究的主要任务是确定轨道交通线网的基本构架；线网方案研究的主要任务是确定轨道交通线网的规划布局原则，从而确定各条线路的铺设方式。

1. 线网合理规模的确定

轨道交通线网规模是线网规划的一个宏观约束性指标，其指标主要有轨道交通线网总长度、线网密度、总车站数等。轨道交通线网总长度指的是研究范围内所有路线长度总和，直接反映了线网规模，并在一定程度上反映了总投资量、运输能力、总体效益等。线网密度是衡量轨道交通服务水平的一个主要指标，指的是研究范围内单位人口或单位面积上线路长度的总和。总车站数指的是研究范围内所有线路上车站个数的总和。

确定城市轨道交通的合理规模要考虑多种因素，首先要考虑城市性质和特征，考虑用以支撑城市交通的载体道路设施条件、交通的需求和发展。线网规模体现了一个城市轨道交通方式的供给水平。由于交通需求和交通供给是动态的平衡过程，规模也是相对的。线网规模是否真正合理，最终应进行需求和供给的动态检验。

确定线网规模的主要原则有：① 满足未来城市交通出行需求；② 满足城市发展目标和环境目标要求；③ 与城市发展规模和规划布局相吻合；④ 借鉴国内外轨道交通建设发展经验；⑤ 留有适度发展余地，并具有一定发展弹性。

目前，测算城市轨道交通线网规模常用的方法有三种，即出行需求分析法、服务水平类比分析法和回归分析法。出行需求分析法是通过轨道交通供需平衡分析而进行测算的方法；服务水平类比分析法是通过类比同类城市轨道交通线网规模技术指标而综合分析测算的方法；回归分析法是通过相关因素的回归分析而测算的方法。

2. 功能定位于层次的划分

轨道交通线网规划应该首先确定研究范围，包括铁路、区域轨道交通、城市轨道交通等各种轨道交通不同的服务对象和功能定位。对于线网规模较大的大城市轨道交通线网，应结合社会经济发展要求、城市总体规划、城市综合交通规划等上位规划，划分出城市轨道交通线网的层次，明确各个层次线网的功能定位和服务水平，如交通出行方式比例、旅行速度、站点覆盖率等指标。

（1）功能定位

交通是城市的命脉，是城市社会活动和经济发展赖以生存的基础。现代化大城市需要建立方便、快捷和高效的交通运输体系，而这一系统又离不开大运量的轨道交通。

轨道交通具有快捷、准时、大运量、舒适性高的特点，主要承担中长距离的交通出行。随着城市用地功能的调整和城市建设规划的实施，人们的活动范围和出行距离呈现扩大趋势，而伴随着城市经济实力的增强和城市人口的增加，城市客运交通出行呈快速增长态势。城市交通需求的迅速增加和城市客运交通能力增长的相对滞后，使城市道路上的交通拥挤状态严重，常规交通方式已难以满足居民的出行需求。随着社会经济的发展和人民生活水平的提高，人们越来越重视交通出行，特别是中长距离交通出行的快捷性和舒适性。轨道交通具有快速、准时、大运量、舒适性高的特点，当轨道交通网络基本形成后，轨道交通出行时间的可达性将大大提高，并且越来越多的中远途交通出行将选择轨道交通。

由于轨道交通在交通运输中具有明显的优势，一条线路的建设可以带动沿线地区迅速发展，从长远意义讲，轨道交通具有引导城市发展的作用。利用轨道交通引导城市可持续发展是当今城市规划的理念。在调整城市空间结构和促进城市合理布局方面，应积极发挥轨道交通的引导作用。轨道交通线网同城市郊区和城镇要形成有力支持，从而促进城市空间发展规划的实现。

(2) 层次划分

从广义说，轨道交通可分为铁路运输系统、市郊铁路运输系统和以地铁为主、辅以轻轨组成中心城轨道交通运输系统。铁路运输系统包括城际铁路、高速铁路及铁路干线运输网络，主要承担对外与其他大城市的轨道运输服务。城市(内部的)轨道交通系统包含以下两个层次：第一个层次是中心城轨道交通线网，主要承担城市中心地区，包括与城市郊区之间的交通运输服务；第二个层次是市郊铁路线网，主要承担市域地区新城与市中心地区之间的交通运输服务。

不同形式的城市轨道交通具有不同的使用功能，各有不同的适用范围，它们在系统制式、敷设方式和运营组织等方面也存在一定差异。在轨道交通系统的发展中，应该根据城市地区发展的需要来选择与之相适应的轨道交通类型，明确轨道交通功能定位，满足不同主体需要。例如，地铁服务于中心城、土地高密度开发地区的繁忙客运交通走廊，轻轨服务于次繁忙客运交通走廊，市郊铁路服务于中心城与新城以及新城之间的交通运输联系。各种层次、各个类型的轨道交通特性清晰、层次分明、功能明确，同时与各种类型土地利用方式相适应，并且在各种线路服务的一体化上(如票制的协同、换乘的衔接等)从以人为本的角度加以考虑，才能发挥轨道交通系统整体的效率，进而促进轨道交通与城市的相互协调发展。

对于一个城市而言，城市不同地区的客流特征和规模不同，所以对轨道交通提出的服务水平要求也不一样，需要不同层次的轨道交通来支持。按照服务水平和客流特征，大城市的轨道交通系统可以分为多个层次的线网系统，主要包括以下三种：

① 中心城轨道交通系统。中心城轨道交通系统具有车站间距密集、覆盖范围大的特点，时速为 35 km/h，服务于人口密集、社会活动频繁的中心城区，服务对象是中心城各个功能区之间的客流，为市区中心内部的主要客流集散点的出行服务。按照系统模式来分，主要有地铁运输系统、轻轨运输系统。地铁属于大容量轨道系统，适用于每小时单向3万~6万人次的客运交通走廊，主要服务于主城区发展密度大、客流高的走廊；轻轨属于中容量轨道交通系统，适用于每小时单向1万~3万人次客流运输走廊，主要服务于主城区中等发展密度和客流走廊，或者主要服务新城区。

② 轨道交通区域快线系统。和中心区地铁系统相比，轨道交通区域快线需要具

有列车运营速度快、站间距大、服务出行距离长、停车少的特点。区域快线系统一般都穿越城市中心区，服务于主要出行之间的直达服务，用于支持中心区与郊区、郊区与郊区的交通联系，服务对象是中心区与郊区、郊区与郊区之间的客流。

③市郊铁路运输系统。市郊铁路具有客运能力大、车站间距大、运营速度高的特点，在较近郊区时速为 45~50 km/h，而在较远郊区时速约 100 km/h，服务于人口密度相对稀疏的郊区，服务对象是中心城与郊区城镇的客流、各个郊区城镇之间长距离大运量的客流运输，功能定位是为中心城区与郊区城镇、各个城镇之间的中长距离居民出行提供快速、舒适、安全、准时的轨道交通运输服务，适用每小时单向 1.5 万~6 万人次的客流运输走廊。

3. 线网结构

城市轨道交通线网结构指的是线路网络的形态结构，线网结构影响着城市发展形态、线网运营效率、工程造价。线网结构研究应该在分析城市发展形态、城市用地功能布局、城市主要客运交通走廊、客运交通枢纽及客运集散中心、线网功能层次和定位的基础上来确定。

线网结构需要确定线网的基本构架，为线网方案奠定基础，从而指导各条线路的规划。城市轨道交通线网结构的基本类型可以归纳为三种：棋盘式线网结构、放射线式线网结构、环线加放射线式线网结构。一般的城市轨道交通线网结构大多可以由这三种类型或者它们的组合类型组成。

(1) 棋盘式线网结构

棋盘式线网结构由若干条（至少 4 条）纵横线路相互平行（或近似平行）布置而成，形状如同一个棋盘。棋盘式线网结构的优点是在纵横两个方向上都能提供较大的客流输送能力，线网布线和换乘节点分布均匀，工程易于实施。缺点是平行线间的换乘至少需要两次，由郊区到市中心区的出行不便。

棋盘式线网结构的线路和站点分布比较均匀，各个区域的交通可达性相差不多，因而城市空间结构容易形成均匀分布的形态，不容易形成明显的市中心。当线路分布比较均匀和松散时，城市居民分布均匀，空间比较开阔，但容易导致城市用地效率减低，城市空间比较单调，适合于人口分布均匀、没有明显市中心的城市。

(2) 放射线式线网结构

放射线式线网结构一般指以城市中心区为中心，线路向外径向布置，呈现向外放射发展。放射线式线网结构的优点是郊区各个方向到市中心的出行方式，符合城市发展从中心区到边缘区土地利用强度逐渐递减的趋势。缺点是各个郊区之间的联系需要到市中心区换乘。

放射线式线网结构方便了郊区到市中心的出行，采用这种结构的城市，沿着不同的发展轴向外发展，而市中心逐渐形成高密度、高强度的面状城市开发，形成一个强大密集的市中心，有利于节约土地资源，防止城市向周围"摊大饼"式发展。放射线式线网结构一般会造成城市单中心的空间结构，但当城市规模扩大到一定程度以后，这样的城市空间结构会造成中心人口过于密集、交通过度拥挤、出行距离大、中心地价过高、郊区与郊区间联系不方便的缺点。因此，这样的放射线式线网结构适用于具有明显市中心、城市规模中等、郊区客流不大的城市。

（3）环线加放射线式线网结构

环线加放射线式线网结构是在放射线式线网结构的基础上增加环线的设置，以加强各条放射线之间的联系。环线加放射线式线网结构具有放射线式的优点，克服了它的缺点，既方便了不同方向线路的换乘，又减少了市中心的干扰和压力。但环线的客流规模需要达到一定的集散量，它的设置才能取得较好的效果，因而需要根据城市自身特点具体研究。

采用环线加放射线式线网结构的城市易形成高密度的市中心和向城市四周伸展的发展轴，同时在市中心外围环线和放射线交叉形成的换乘枢纽形成城市的副中心，进而促进城市空间结构从单中心向多中心转变的发展模式。这种环线加放射线式线网结构适合于发展主、次多中心的特大城市。

4. 线网方案构架

线网方案构架的主要任务是在确定线网合理规模、功能定位和系统层次、分析网络结构的基础上研究城市发展现状及规划的背景资料、主要交通走廊、客流集散点、建设条件，提出线网规划的多个方案。

影响轨道交通线网方案构架的因素主要有城市规划和社会经济发展战略及目标、城市综合交通规划、城市轨道交通现状等。在进行线网方案构架时，应综合考虑各种影响因素，通过采用定量和定性相结合的方法，从点、线、面多个层次来系统性地分析和研究。

城市轨道交通是一种运输能力大、运输速度快、资源节约型的客运交通方式，在城市综合交通系统中的功能定位应该是作为城市客运交通系统的骨干运输方式。城市轨道交通线网构架时，应该从整体到局部统筹综合考虑城市主要的客流集散点、主要的客运交通走廊、城市的重要功能区。

线网方案构架时，从点、线、面的分析过程如下：

① 点的分析：城市重要客流集散点分析。通过现场调研、实地勘察、广泛收集相关资料，主要针对研究范围内城市的主要客流集散点、重点功能地区和建设地区、重要交通枢纽来展开分析，并分析各个重点地区、交通枢纽、客流集散中心的现状及规划情况、相互间的关联情况，分析城市轨道交通与它们的相互关系，使得城市

轨道交通既能更好地服务重要地区，又能实现城市轨道交通系统平稳有序发展，从而促进二者之间相互协调。

②线的分析：城市重要客流走廊分析。在分析重要客运交通走廊的基础上，研究线网各个可能路径走向的必要性、可行性、优劣性。首先，结合城市发展现状、规划背景资料，利用交通预测模型，从各条线路可能路径走向的角度，分析线路沿线现状及规划土地使用性质等情况。其次，从线路的工程实施难点、现状及规划设计条件角度，分析线路可能路径走向的可行性。最后，在可能作为轨道交通走向的走廊较多的情况下，从线路建设必要性、沿线情况、工程实施难易等影响因素，综合判断线路各个可能路径走向的优劣性，并在几个不同比选方案的基础上形成最终的推荐方案。

③面的分析：轨道交通线网的整体形态分析。根据城市发展的空间结构和形态、土地使用功能布局、人口就业整体分布等背景资料，从轨道交通线网的整体形态出发，分析城市发展及规划的情况、城市交通远景发展战略规划，分析各种网络形态的优缺点以及城市空间形态发展的协调性，研究线网整体形态与城市发展的互动关系，从整个线网的角度，形成线网的基本形态，划分线网形态层次，安排线网内各条线路的功能定位。

(二) 城市轨道交通线路规划设计

1. 规划目的

城市轨道交通线路规划设计的主要目的是：依据上位规划和沿线现状条件等多方面要求，协调沿线土地利用、建筑物开发、市政基础设施建设等方面内容，并结合客流预测分析结果，优化轨道交通线路和场站布局方案，以及交通接驳设施方案，为轨道交通线路工程可行性研究、工程方案设计等提供技术支撑。

城市轨道交通线路规划设计通常包含线位及站点布局优化、线路沿线土地使用和交通设施优化调整、车站和场站设施详细设计三个阶段。

2. 规划内容

(1) 线路必要性及功能定位

论证城市轨道交通线路建设的必要性及其在线网中的功能定位，分析快速路所经过地区的现状及规划情况、交通条件状况，并在此基础上说明线路建设的意义、必要性，以及论证线路的功能定位。

(2) 与线网关系

说明轨道交通线网的远景线网规划及近期建设规划。在轨道交通线网规划的指导下，分析具体线路与线网中相关线路的关系。

(3) 沿线规划设计条件

分析线路沿线的用地、交通、市政等方面的规划设计条件。

(4) 线路走向

对比预选的几条线路走向方案，提出推荐方案。

(5) 车站设置

根据规划建设条件、线路功能定位、线路的技术标准，提出线路上车站设置的分布、站点布设位置。

(6) 敷设方案研究

轨道交通线路一般有地面线、地下线、高架线等敷设方式。线路敷设方式研究，需求根据建设条件和对周边的影响，提出线路各段的敷设方案。

(7) 客流预测及运营方案

通过调查，根据线路方案和沿线用地现状及规划情况预测各段交通线路的客流量，根据客流预测结果，分析运营方案、车站设计、车辆配置、运营速度等。

(8) 车辆基地及停车场

根据线路运营要求，车辆基地、停车场等具体规模要求，通过综合比选各个方案，提出选址、用地规划。

(9) 系统制式比选

提出线路形态制式的选择原则，对比各种系统制式的特点、适用范围、对线路的适应条件，并分析各种系统制式的优缺点，经过优化比选，提出推荐的系统制式方案。

(三) 车辆基地、联络线及其他配套设施规划

1. 车辆基地

车辆基地是保证城市轨道交通正常运营的后勤基地，通常包括车辆停放、检修、维修、物资总库、培训设施和必要的生活设施等。车辆基地规划是车辆基地和联络线用地控制规划的主要依据。车辆基地规划的主要内容应包括车辆基地的类型、分工、布局、选址及规模等。

(1) 概念

轨道交通车辆段是停放和管理地铁车辆的场所，担负着一条或几条线路地铁车辆的停放、检查、维修、清洁、整备等工作。除一般意义上的列车停车库及停车场、车辆检修车间、设备维修车间的厂房外，根据运营管理模式，有的轨道交通车辆段还负责乘务人员的组织管理、出乘、换班等业务工作，因而还要有乘务值班室、乘务员公寓等设施。

(2) 主要功能

通常情况下,轨道交通车辆段的主要功能有以下几点:①列车的停放、调车编组、日常检查、一般故障处理和清扫洗刷、定期消毒;②车辆的修理——月修、定修、架修与临修;③地铁车辆的技术改造或厂修;④车辆上其他电气设施、设备的维修管理;⑤乘务人员组织管理、出乘计划的编制、备乘换班的业务工作。

根据铁路线路的情况,有时可以另外设置仅用于停车和日常检查维修作业的停车场或检车区,管理上一般附属于主要车辆段,规模较小,其功能主要有:①列车的停放、调车编组、日常检查、一般故障处理和清扫;②车辆的修理——月修与临修;③可另设工区管理乘务人员出乘、备乘倒班;④其所谓定修段的功能介于车辆段和停车场之间。

(3) 必备设施

车辆段的必备设施主要有以下几个方面:

①车辆段应有一个足够大的停车场地,确保能够停放管辖线路的回段车辆。车辆段的位置应保证列车能够安全、便捷地进入正线运行,并应尽量避免车辆段出入线坡度过大或过长。

②车辆段内需设检修车间,检修车间的工作地点为架、定修库和月修库;列检作业在列检库或停车库进行;架、定修库内要有桥式起重机和驾车设备、车轮旋削机床,必要时应设不落轮车轮旋床;架、定修库内应有转向架、电机、电器、制动机维修间,应设转向架等设备清扫装置、单独设立的喷漆库。段内还应该有车轮配件仓库。

③根据运营管理模式的要求,多数运营单位在段内设运用车间,车间下辖乘务队、运转值班室、信号楼、乘务员备乘休息室等。

④段内应该设置维修车间,主要是负责段内的动力设施及通用设备维修。

⑤为保持车辆整洁,应有车辆清洁设备和专用的车辆清扫线。

⑥车辆段内一般还应有为该地铁线路供电、信号、工务和站场建筑服务的维修管理单位。

⑦段内应有机关办公楼与其他服务设施,如培训场地、食堂、会议厅等。

(4) 规模

一般情况下,一条地铁应设一个车辆段。线路比较长或一个段的规模受到限制、停放车辆面积受到限制,可以另设一个级别低一些的车辆段或检车区。此外,有时也有两条以上线路共用一个车辆段的情况。

车辆段的规模主要由该线路所有运营列车数决定,兼顾车辆的技术状况、修车时间间隔大小、维修的范围。一个城市首建的轨道交通车辆段一般功能齐全,有地面铁路与之相通。为车辆段服务的变电站、通信、信号、工务也需要一定的建筑设施。

在车辆段的建设过程中，常常以车辆段为主体，根据段址区域地形条件，设置供电、工务、通信、信号的工区或段区，最终成为一个地铁综合基地。但是，并不是所有车辆段都应有这样的功能。另外，员工培训、生活服务设施应根据车辆段及辅助机构定员而定。

2. 联络线规划

联络线是连接两条独立运营线路的辅助线路，是保障运营组织所必需的车流、物流运转通道。

(1) 概念

轨道交通联络线是连接两条独立运营线的辅助线路，其主要功能是发挥轨道交通路网的作用，使各轨道交通线路之间建立一定的联系，并保证运营组织所必需的车流、物流顺畅的运转通道。根据联络线的主要功能和作用，联络线规划主要依托的条件有两个，即各线路拟安排的车辆段基地选址位置、网络上的车辆大修基地布局。

(2) 用途

① 车辆跨线运营。城市轨道交通服务于旅客运输，轨道交通线路沿城市主要交通走廊布设是线网规划的原则之一。我国现行设计规范规定：每条线路应按独立运行设计。为提高线路运营能力，轨道交通线路通常很少安排有车辆技术作业。因此，目前国内各城市轨道交通线路均没有车辆跨线运行。

② 借用车辆段，实现一段新建线路的先期运营。在新线建设时，受分期实施的影响，一般是先建设一段投入运营后，再建设第二段线路，而往往一期工程是选择该线路客运需求较大的线路中间段，车辆段受用地条件限制，一般选择在线路两端的某一地区。当工程采用分期建设时，很有可能不能同时修建该线路的车辆段，为使线路达到先期运营的目的，可以利用联络线，使用其他线路的车辆段。

③ 不同线路间调转运营车辆。各轨道交通线路配属的运营车辆数理论上是根据线路运输能力计算得出的，但实际运营过程中车辆保有量是随不同时期的客运需求、运营商的经济实力、运营管理水平和车辆状况等多方面因素影响的变量。因此，在各轨道交通线路之间设置联络线作为调转运营车辆的通道已成为必需。

④ 运营车辆维修。根据规范规定，每条线路宜设一个车辆段，以此承担车辆定、架修以下修程；车辆的厂修和车辆段内设备的大修由车辆厂承担。当城市范围内规定交通线路数远大于车辆厂数量时，通往车辆厂的线路成为其他线路去车辆厂的通道，此时通往车辆厂的线路与其他线路，以及其他线路之间必须设置联络线，

以保证车辆送修途径的通畅。另外，当两条线路共用一个车辆段完成存车或修车任务时，与车辆段没有直通的线路必须设置联络线与直通线路沟通。

⑤向新建线路运送物料。轨道交通是大多数人认可的现代化城市交通工具。但在轨道交通建设的过程中，特别是在市中心繁华闹市主要街道上占地施工，往往造成空气污染、噪声扰民、道路拥堵、交通不畅等严重负面影响。特别是有些大型设备，难以通过车站出入口进入车站备间，选用既有线路又有联络线作为通道，向在建设线路运送物料设备等是理想的选择。

⑥有助于提高车辆段的专业水平。车辆段一般为每条运营线路配备一处，集车辆停放、检修、段修于一体，车辆段的这种设备管理、配备模式，从成本核算讲，是不经济的。未来的车辆段功能可以简化、集中，这就需要联络线来满足两条或多条线之间的车辆停放、检修和段修功能的发挥，以提高车辆段的专业水平。

⑦线路之间车辆救援。联络线除在正常条件下完成以上任务外，在非常情况出现时将成为两条独立运营的轨道交通线路之间车辆救援、撤出和转移的通道。联络线作为路网的冗余措施，对保证轨道交通运营安全、提高系统可靠性具有重要意义。

3. 其他配套设施

轨道交通系统其他配套设施主要包括运营控制中心、风亭和冷却塔、接驳设施等。

(1) 运营控制中心

为确保地铁列车安全、可靠和高效地运行，对地铁运营过程实施全面的集中监控和管理，应建立运营控制中心 (operation control center, OCC)。

随着地铁现代化和自动化技术的发展，以及运营管理水平的不断提高，地铁运营过程中被监控对象之间的关系越来越复杂，运营过程中的监视、控制、操作和管理渐趋集中，运营的安全性、可靠性越来越受到重视。为了确保地铁列车和各系统安全、可靠和高效地运行，同时方便运营操作人员对运营过程实施全面的集中监控和管理，需要建立一个具有适当环境、条件及规模的地铁运营指挥、调度和控制的运营控制中心，简称控制中心。

控制中心是对地铁全线所有运行车辆、车站和区间进行总的监视、控制、协调、指挥、调度和管理的中心，应满足运营的各种功能要求。控制中心既可以是单条地铁线路的控制中心，也可以是多条地铁线路的控制中心。

控制中心按功能可划分为运营操作区、设备区、运营管理区及维修区。运营操作区应靠近设备区，设备区和维修区应相邻设置。运营操作区应靠近设备区，以便减少管线敷设的距离；设备区和维修区应相邻设置。各功能区的划分应结合实际的运作模式和管理模式设置。

(2) 风亭和冷却塔

地下车站按通风、空调工艺要求设活塞风井、进风井和排风井。在满足功能的前提下，根据地面建筑的现状或规划要求，风井可集中或分散布置。

地面风亭的设置应尽量与地面建筑相结合。对于单建的风亭，如城市环境有特殊要求时，可采用敞口低风井，风井底部应有排水设施，而风口最低高度应满足防淹要求，应有绿化。开口处应有安全装置，风井的周边应有绿化。

单建或与建筑物合建的风亭，其口部到其他建筑物距离应不小于 5 m。当风亭设于路边时，风亭开口底距地面的高度应不小于 2 m。

对于采用集中式空调系统的地下车站设在冷却塔，其造型、色彩、位置应该尽量符合城市规划、景观及环保要求。对于有特殊要求的地段，冷却塔可采用下沉或全地下式，但必须满足工艺的要求。

(3) 接驳设施

轨道交通并不是一种全覆盖的交通方式，其服务范围不能覆盖全部地区。在轨道交通无法覆盖地区的出行只能通过其他交通方式来实现，因而很大一部分乘客的出行不能只通过轨道交通来完成，通常还需要与其他交通出行方式相结合。这样的话，轨道交通系统就需要与其他交通方式相互衔接，才能发挥轨道交通的作用。在进行轨道交通规划时，就要做好轨道交通与其他交通方式的接驳设施规划。通常有步行接驳设施、地面公交接驳设施、小汽车接驳设施、自行车接驳设施、与铁路和机场等城市对外交通的接驳设施等。

四、城市其他公交系统

城市其他公共交通还包括客运轮渡、客运索道和缆车、客运电梯和扶梯等。

(一) 客运轮渡

轮渡指的是在水深不易造桥的江河、海峡等两岸间，用机动船运载旅客和车辆，以连接两岸的设施，是一种水上公共客运交通方式。轮渡一般作为设置于被江河分离的城市两边或海边城市与海上岛屿之间的交通联系，通过轮船实现乘客或货物等的过江或过海运输。

客运轮渡具有固定的线路，主要弥补过江或过海的公共交通不足，其线路的规划应该与道路交通系统、公共交通系统相结合。为保持公共交通出行的连续性，客运轮渡两端应有相应的交通接驳设施与之衔接。

(二) 客运索道和缆车

客运索道指的是由驱动电机和钢索牵引的吊箱,以架空钢索为轨道的客运方式,是一种主要用在山地城市、跨水域城市克服天然障碍的短途客运,一般不大于 2 km。客运索道系统主要由支撑架、承载架、牵引索、驱动机、载人吊箱、站台建筑、运行控制设备和通信设施等组成。

客运缆车指的是山区城市的不同高度之间,沿坡面铺设钢轨和牵引钢索,车厢以钢轨承重为导向,并由钢索牵引运行的客运方式,一般适用于需要克服地域高差较大的短途客运交通线路及山区旅游地区等。客运缆车系统主要由车站建筑、轨道基础设施、轨道结构、牵引钢索、导向轮、驱动系统、行车控制系统、通信设施和载人车辆组成。

(三) 客运电梯和扶梯

客运电梯指的是在山地或建筑物不同高度之间,由电动机和钢索牵引的轿厢,沿垂直导轨往前运行的客运系统。客运电梯线路一般为直达,必要时也设置中途站。客运扶梯指的是在山地或建筑物内不同高度之间,由驱动电机和齿链牵引的梯级和扶手带,沿坡面连续运行的客运系统。一条线路有两部客运扶梯并列相向运行。当线路长度大于 100 m 时,应该考虑分段设置,并且客运扶梯线路的角度一般不大于 30°。当扶梯上无乘客时,客运扶梯应能够自动减速运行。

五、城市交通枢纽系统规划

(一) 城市交通枢纽系统介绍

1. 城市交通枢纽的概念

不同的国家、地区及不同的运输方式对枢纽的认识是不同的。一般认为,城市交通枢纽是指在城市内部的两条或两条以上交通运输线路的交会或衔接处,是具有运输组织与管理、中转换乘及换装、装卸存储、信息流通和辅助服务等功能的综合性设施。

建立和完善城市交通枢纽体系的主要目的是尽量降低居民出行的时间与费用,并加快货物流通和周转的速度,同时平衡客货交通运营的成本。

2. 城市交通枢纽的功能

城市交通枢纽是城市交通运输体系的重要组成部分,是不同运输方式的交通网络相邻路径的交汇点,是由若干种运输所连接的固定设备和移动设备组成的整体,其共同承担着枢纽所在区域的直通作业、中转作业、枢纽作业、枢纽地方作业，以及城市对外交通的相关作业等功能。具体体现在以下几个方面：① 交通枢纽是多种运输方式的交汇点，是大宗客货流中转、换乘、换装与集散的场所，也是各种运输方式衔接和联运的主要基地。② 交通枢纽是同一种运输方式多条干线相互衔接，进行客货中转及对营运车辆、船舶、飞机等进行技术作业和调节的重要基地。③ 从旅客到达枢纽到离开枢纽的一段时间内，为他们提供舒适的候车（船、机）环境，包括餐饮、住宿、娱乐服务；提供货物堆放、存储场所，包括包装、处理等服务；办理运输手续、货物称重、路线选择、路单填写和收费；旅客购票、检票；运输工具的停放、技术维修和调度。④ 交通枢纽大多依托于一个城市，对城市的形成和发展有着很大作用，是城市实现内外联系的桥梁和纽带。

从交通枢纽在运输全过程中所承担的主要作业任务来看，它的基本功能是保证4种主流作业，即直通作业、中转作业、枢纽地方作业以及城市对外联系的相关作业。其中，综合交通枢纽是同时承担着几种运输方式的主枢纽功能节点，是运输方式的生产运输基地和综合交通运输网络中客货集散、转运及过境的场所，其具有运输组织与管理、中转换乘换装、装卸存储、多式联运、信息流通和辅助服务几大功能，并且对所在区域的综合交通运输网络的高效运转具有重要作用。

在很多国家都出现了一批以转换交通方式为主的客运枢纽。这类客运枢纽不仅配套设施齐全，服务水平高，而且这类换乘客运枢纽已不只是一个单纯的交通枢纽，多半是集商业、办公、居住等诸多功能于一身的区域地区中心。在国内，北京、上海等大中城市也都有相关的客运换乘枢纽的规划设计，就是为了发挥换乘枢纽节点和内外交通衔接作用，以带动周边地区的发展，并降低市民的出行成本。

3. 城市交通枢纽的分类

城市交通是由多种方式构成的，可分为对内交通和对外交通两个方面，对内交通的主要交通方式有地下铁道、轻轨、公共汽车、出租车、小公共汽车、轮渡等。这些交通工具自成体系，并且各自都有独立的网络，但在为城市提供交通方面又与周围环境结合，合为一体，目标一致，相互开放协调。一个优质的城市交通网络不仅在于线路的合理设计，更重要的是体现在各种交通工具之间的密切衔接、交通畅通。交通枢纽就是将具有多层次性、多样化的城市交通线路衔接在一起，成为一个交通体系的关键节点。按照不同的衔接线路和提供不同的中转换乘功能，可以分为多种类型的城市交通枢纽。

按交通方式，可以分为轨道交通枢纽、公交枢纽、停车换乘枢纽。轨道交通枢纽是以轨道交通为交通工具，实现轨道交通不同线路之间的换乘点。公交枢纽是连接不同公交线路，提供乘客在不同公交线路之间换乘的公交节点。停车换乘枢纽是为方便换乘、吸引个体交通向公共交通转移，在中心城边缘主要交通走廊设置的"停车—换乘"枢纽设施。

按客货运类别，可以分为客运交通枢纽和货运交通枢纽。客运交通枢纽仅为客流提供换乘、直达服务。货运交通枢纽则是为货物在城市中的位移提供中转、直达、换装等功能的货物集散中心。

按交通功能，可以分为城市对外交通枢纽，其功能是将城市公共交通与铁路、水路、航空、长途汽车交通连接起来，使乘客顺利完成一次旅行。这种枢纽的定位，都以相对运量大的那种交通方式站点为依据。市内交通枢纽，其功能是沟通市内各分区间的交通。为特定设施服务的枢纽，其功能是为体育场、全市性公园等大型公共活动场所的观众、游人的集散服务。

(二) 城市交通枢纽规划原则

1. 影响因素

影响城市客运交通枢纽规划设计的主要因素有客流量、交通方式、出行换乘、换乘步行距离和时间、商业战略等。

(1) 城市的发展形态

任何一个城市都有自己的布局形式，即发展形态。城市发展的形态直接影响到城市出入口的规划设计，而城市出入口又是城市对外交通枢纽的重要选点。因此，城市的发展形态是影响城市客运交通枢纽规划布局的因素。举例说明，如同心圆式的团状发展形态，如南京市建成区的形态是以市中心、居住区为核心，有规则地或不均衡地向外逐步发展。城市的客流量可能均匀地分向城市各条道路上，路网多为方格网形式或环形加放射式，出入口道路多沿城市外围均匀地向四面八方延伸。因此，城市对外交通枢纽，或担负城乡间客运换乘的枢纽也沿城市周边布置。

(2) 城市功能

城市总体规划规定了城市性质、城市功能分区、城市发展和经济发展方向。城市客运交通枢纽的布设，应以城市居民工作出行、经济活动、文化体育活动、对外交通的需求为根据。因此，城市功能影响着枢纽的定位。

(3) 客流集散点的客流分布及强度

交通枢纽应该布置在客流集散量大的地点，一般指换乘客流量、城市居民出行调查得到的流量、流向分布、出行结构及各区域中心的客流集散强度等资料，是交通枢纽规划设计的基础资料。交通枢纽内部各种交通方式间的换乘客流量是确定交通枢纽规模、功能与布局的主要依据。衔接客流量是指枢纽内各种交通方式的旅客集散量及相应总和，某种交通方式的衔接客流量分布是指枢纽内换乘其他交通方式的旅客数及相应比例。

(4) 公共交通系统中的交通方式构成

各种交通方式由于运输能力和适宜运输距离的差异，具有不同的适用范围。如何衔接好各种交通方式，适应不同城市、不同分区的交通需求，并充分发挥各类交通方式的适应性，不仅决定了枢纽的设计原则和目标，也决定了其建筑形式和规模。

(5) 公共交通管理

公共交通的管理体制和管理水平，如车辆归属公司、票价、票制、线路类别等，对乘客、枢纽平面布置、规模大小等都会产生影响。

(6) 道路状况

道路网的形式，路网密度，快速路、主干路、次干路的长度及比例，道路网的发展规划，直接涉及客运交通枢纽的选址、规模和布局。

(7) 出行换乘

城市居民出行目的的不同决定了换乘枢纽存在的必要性，尤其是在使用公共交通的出行中，出行目的的不同决定了乘客对公共交通服务的特定换乘要求，同时公交运营的特点也决定了线路之间不可避免地要求设置换乘站。因此，换乘的需要不仅是城市公共交通区别于私人交通的一个重要特征，也是私人交通向公共交通转换的必要手段。

(8) 换乘步行距离和时间

换乘步行距离和时间主要由枢纽的空间布局决定，它对乘客的出行心理及选择出行方式有重要的影响，是衡量换乘连续性、通畅性及枢纽规划紧凑性的第一指标。

(9) 商业战略

在枢纽规划建设的同时进行商业开发，有利于回收资金，提高经济效益，但对其开发的性质、规模应具体分析、严格控制。因为商业服务必然吸引更多的人流，同时引起人流停滞，从而有可能影响枢纽换乘功能的发挥。因此，要做好必要的预测和规划。

(10) 政治因素

在保密单位及高级外事部门附近，不宜设置交通枢纽。因迎宾或其他政治需要，对枢纽或与其连接的干道做某些处理，也是在情理之中的。因此，政治因素对枢纽选址、交通组织也有影响。

2. 基本原则

规划建设城市交通枢纽首先要考虑换乘协调，体现"以人为本"的总原则。在交通枢纽内，各种接驳方式都有其存在的合理性。要组织好换乘交通，保证各交通系统间的衔接协调，必须遵循以下具体原则。

(1) 换乘过程的连续性

旅客完成各种交通方式间的搭乘转换，应该是一个完整连续的过程。换乘的连续性是组成换乘交通最基本的要求和条件。枢纽的位置应为旅客提供方便的最佳交通工具及最佳交通线路的机会，这样才能保证出行连续，减少延误。

(2) 客运设备的适应性

保证各交通方式的客运设备（包括各种交通工具的数量、客运站和枢纽中的站屋、站台、广场、人行通道、乘降设备、停车设施等）的运输能力相互适应和协调。

(3) 客流过程的通畅性

使乘客尽可能均匀地分布在换乘过程的每一个环节上，不要在任一环节滞留、集聚，保证换乘过程的紧凑和通畅。

(4) 换乘的舒适性和安全性

安全是对乘客的尊重，是规划建设交通枢纽注重的首要原则。换乘过程的舒适、安全，不仅对乘客个人的生理、心理产生影响，也可能对社会产生意想不到的影响。过分拥挤和无安全感会给乘客造成旅途疲劳，心理压力大，情绪烦躁，从而影响到乘客的工作、学习和生活等各个方面。

3. 规划方法

(1) 交通分析为主导

以交通模型为基础、以交通预测为核心的交通规划方法，是交通枢纽规划的基本方法。城市交通枢纽规划要从某一城市具体的综合交通规划入手，以交通引导枢纽的土地利用和方案规划。

(2) 定性分析和定量分析相结合

交通枢纽规划不仅涉及交通方面的专业知识，也需要具有历史、建筑、美术等多方面的专业知识，既有专业性，又有综合性。枢纽规划的技术路线和方法可以有较强的适应性，但根据枢纽的换乘对象不同、地点不同，枢纽的规划思想会有较大差别，既有规律性，又有不稳定性，既有数据计算，又要有经验判断。所以，在交通枢纽规划时，应采用定性分析和定量分析相结合、专家经验和数理论证（模型预测）相结合的系统分析方法。

(3) 静态和动态相结合

交通规划实际是交通需求和交通供给这一对矛盾因素的动态平衡过程，交通枢纽规划也是针对这一动态过程的规划。因为交通枢纽规划与地区发展密切相关，也要侧重远景年的长远规划，在这一过程中有许多因素影响。在利用交通模型预测时，要充分估计到不确定因素的影响和客流自然调节平衡的可能性，要注重各种因素的不确定性，应考虑进行多动态的层次分析。虽然因素分析及预测主要相对于远景年，但其中仍然存在规律性,这为静态前提下的宏观分析计算提供了可能。因此,在规划方法上应注意静态和动态相结合。

(4) 枢纽规划与远景方案相结合

枢纽规划的主要目的是勾画远景,可操作性是规划成败的关键,要考虑设计的阶段性和连续性。因此,必须进行科学的近期实施规划,使近期实施与远期规划之间有科学合理的过渡和延伸,才能确保远景规划的实现。另外,近期的交通治理或工程建设都应在远景规划指导下进行,而脱离远景目标的建设往往是没有生命力的。

4. 关键要点

(1) 始终坚持"以人为本"的总原则

除了要保证交通枢纽内乘客在各种交通方式之间换乘的安全性、连续性、便捷性和舒适性,也需要考虑乘客到达、离开交通枢纽时的安全性与便捷性。

(2) 合理组织交通流

交通枢纽内、外的交通流包括人流、非机动车流(自行车、三轮车)和机动车流(小汽车、出租车、公交车),每一类交通流各有特点。在进行城市交通枢纽规划时,应考虑如何协调交通枢纽内部与外部道路的交通流,合理组织枢纽内部的交通流运行,进而才能提高交通枢纽的整体运行效率。

(3) 多方式的换乘问题

交通枢纽的主要功能是组织换乘交通,使乘客通过各种交通方式间的换乘顺利到达目的地。规划交通枢纽时,应充分考虑各种接驳方式的合理性,保证各交通系统间的协调衔接。根据乘客的需要来组织换乘交通,尽量减少乘客在各种交通方式间换乘所用的时间。

(4) 配套设施的配置问题

根据城市交通枢纽交通功能、服务区域和规模的不同,在进行交通枢纽规划时,需要配置不同的配套设施。无论是哪种交通枢纽,都需要配置清晰明了的指示标志,特别是对于大型交通枢纽。外部标志标识交通枢纽的具体位置,指引乘客方便找到交通枢纽;内部标志标识各类设施所在的位置,以及各种交通方式的行走路线等。如果是长途汽车、火车站等枢纽,需要配备供旅客休息的场所;在公交中转站枢纽,最好有提示牌(电子、书面或人工咨询)告知乘客到达目的地的乘车线路。

(三) 城市客运交通枢纽规划

1. 城市客运交通枢纽介绍

城市客运交通枢纽包括作为内外衔接系统的铁路车站、公路长途汽车站、港口码头和机场,也包括作为城市内部交通系统的公交枢纽、交叉路口、轨道交通车站等。城市客运系统是城市交通系统的核心，城市客运交通不仅要保障完成日益增加的客运任务，还要满足乘客对于交通舒适度和速度的要求。城市交通枢纽的功能设置及其交通流组织是实现这些要求重要的保证。城市居民的出行，往往是多种交通方式的组合过程。客运交通枢纽是不同客运交通方式的衔接点，是乘客集散、转换交通方式和线路的场所。因此，各种交通方式之间换乘的组织，充分体现着城市客运交通体系的水平。

2. 城市客运交通枢纽布局规划原则

城市客运交通枢纽布局规划属于长期发展规划，它对交通枢纽的建设、营运、管理起宏观指导作用。枢纽的布局必须服从社会经济发展的战略目标，符合规划城市地区的总体规划和生产力分布格局，满足社会经济发展产生的运输需求。布局必须充分适应城市综合运输发展的需要，考虑多条运输线路之间，特别是各种运输方式之间的衔接，实现信息互通、能力匹配，使交通枢纽保持连续、高效运转，提高综合运输效益。

由于客运与货运在运输特征上的差别，城市交通枢纽的布局又可以分为客运枢纽的布局选址和货运枢纽的布局选址。城市客运交通枢纽必须依托于所在城市的综合交通网络，城市客运交通枢纽规划是在城市社会经济发展规划、城市总体规划及土地利用规划等上级规划基础上进行的专门规划。城市客运交通枢纽的建设，会影响其所在城市的综合交通网络，改变其原有的最优平衡状态。因此，客运交通枢纽规划在城市综合交通规划中占有重要的地位。

城市客运交通枢纽的布局规划是根据对社会经济发展和交通需求的预测结果，利用交通规划和网络优化理论，对所规划的交通枢纽的场站数量、大小和位置进行优化，同时调整枢纽内部及相互间关系，以实现整个交通枢纽系统的运输效率最大化。其主要内容涉及社会、经济与交通运输的调查与分析，发展预测，交通枢纽场站布局优化，枢纽系统设计，社会经济评价等工作。

3. 城市客运交通枢纽布局的层次化

城市客运交通枢纽层次化结构的布局是对城市客运交通枢纽布局规划提出的一种规划指导思想，是对现有规划方法的一种补充。在现有规划模型的基础上加入城市开发模式因素，把交通枢纽的布局更好地与城市发展结合起来，更能为各项城市活动提供便捷、舒适的运输服务。城市客运交通枢纽的层次化布局可以分为两个阶段：一是宏观总体布局阶段，主要是根据未来城市布局结构和空间结构，从宏观层面进行抽象性的布局；二是微观选址布局阶段，其内容就是在得到第一阶段所描绘的枢纽布局的框架下，利用现有规划模型进行具体选址。

对城市客运交通枢纽进行层次化布局有以下几点意义：

① 层次化布局从系统、全局、整体的角度出发，对整个交通体系优化配置，可以发挥城市交通系统中各运输方式的作用，做到互相补充、互相协调。完善轨道交通与其他交通方式的换乘衔接，使得出行者可以在轨道交通枢纽通过换乘顺利到达自己的目的地；在各中心区设置明显、重要节点，也可以为居民出行提供方便、快捷的换乘；吸引居民从其他的交通方式，特别是私人的交通方式，转移到公共交通，保证有足够的客源维持轨道交通的正常、良好运营、发展，从而节约整个城市活动的运输费用。

② 城市客运交通枢纽的层次化布局以最大化发挥客运枢纽的外部性，并增加城市土地开发潜力为原则，进行宏观性布局，确定客运枢纽在城市各个功能区的等级，再在功能区内利用已有的枢纽布局规划模型进行选址。城市客运交通枢纽的宏观布局仅为概念性布局，不依赖于一定的线网，只根据城市的经济发展来布局，故可以将交通体系中的节点作为一个单独的规划方面，与交通线网规划既相互依赖又相互独立，在城市交通规划中做到既重视线路又重视节点的规划，两者兼顾。

③ 层次化布局是在考虑城市未来发展规划的基础上对城市交通枢纽的统筹规划，可以把城市客运交通枢纽给城市带来的外部性收益发挥到最大限度。在城市各功能区的中心点设置城市客运交通枢纽，可以巩固该功能区的城市地位，为功能区发挥更大的聚集效应，以及建设多中心城市形态。

第二节 城市交通网络布局规划与设计

一、概述

城市交通网络和城市交通枢纽等重要交通节点设施，既作为城市经济社会发展的基础设施，又形成城市基本骨架。因此，城市网络布局和线路规划极其重要。

城市交通网络由道路、轨道交通、水路和节点组成，城市规模越大，交通网络的规模也越大，他们是一个复杂网络。布局和评价这一复杂网络，对于解决城市交通中的各种问题起到决定性作用，属于城市交通的顶层设计。而我国目前城市中凸显的各种交通问题，表面是城市交通管理，但其核心在于这一顶层设计阶段问题。

二、城市交通网络布局理论与方法

在城市交通网络布局阶段，如何做到与城市的定位、产业的布局以及城市交通流的良好匹配，拉动或引领城市产业布局乃至拉动经济社会发展是其核心。这里，介绍区位理论、节点重要度和线路重要度方法。

(一) 区位理论与区段重要度

区位理论来源于德语的"standort",是关于人类活动的空间分布及其空间中相互关系的学说,具体而言,是研究人类经济行为的空间区位选择及空间区内经济活动优化组合的理论。经济学家阿尔弗雷德·马歇尔和 A·韦伯分别于 1920 年出版的《经济学原理》和 1929 年出版的《工业区位论》,初步形成了 20 世纪 20 年代到 30 年代新古典区位理论的第一波学术繁荣期。马歇尔的《经济学原理》对区位理论特别是区位理论中的产业集聚现象有三点重要贡献:第一,劳动力市场的共享(Labor Force Pooling);第二,中间产品的投入与分享;第三,技术外溢(Technology Spillover)。这三个重要概念具有理论创新的突破性进展,从 20 世纪 20 年代到 90 年代,成为从新古典区位理论到以新经济地理学为核心的现代区位理论以及研究产业集聚现象的共同理论基础。韦伯的《工业区位论》对集聚经济现象的形成机理、动力机制、集聚类型、竞争优势等内容予以梳理与补充。

产业分为第一产业、第二产业和第三产业。这些产业的聚集形成劳动力市场的共享、中间产品的投入与分享以及技术的外溢,形成人流和物流在区域中的高区位或高密度,在城市里尤为凸显。不同产业业态又会形成不同的交通出行需求,不同的城市用地布局也会产生不同的交通出行需求。

将区位理论应用于交通领域就是交通区位理论。交通区位是指交通的"源"所在。交通源包含经济、社会、文化、历史、产业、交通运行等要素,有既有源和潜在源。既有源通过现状体现,潜在源通过规划(例如,每 5 年一次的城市国民经济和社会发展规划、城市总体规划、城市用地控制性规划和城市用地详细规划)体现。

这样,高区位或高密度的人群,需要工作、生活和娱乐等日常活动,需要配以类型适量、规模适量、密度适量的城市交通基础设施。交通线路应该布局在存在交通源的地方,并且高等级交通基础设施应该布局在交通区位高的点线上。

(二) 节点重要度

与区段交通区位重要度相同,节点的重要度也受区域政治、经济、文化、产业等多方面因素的影响。为尽可能真实、全面地反映节点重要度,通常选择人口(反映区域活动机能)、国内生产总值(反映区域产业机能)、社会物资产耗总量(反映社会的运输需求)、商品零售总额(反映区域的商业功能)、现状交叉口的饱和度、重要单位数量和景点数量等指标作为选择网络节点的定量分析标准,实际使用时应根据规划城市的特点确定。

节点重要度 I_i 的计算公式为:

$$I_i = \sum_{l=1}^{m} a_l \frac{e_{il}}{e_l}$$

式中：I_i——节点 i 的重要度；

e_{il}——节点 i 的第 l 个要素的值；

e_l——对象区域第 l 个要素的均值；

a_l——要素 l 的权重；

m——节点要素的总个数。

节点重要度的高低可以为重要交叉口、车站和枢纽布局提供理论依据。

(三) 线路重要度

线路重要度是线路上各区段重要度与各节点重要度之和，其重要度值利用下式确定：

$$I_k = \sum_{i \in k} \sum_{j \in k} I_{ij} + \sum_{i \in k} I_i$$

式中：I_k——线路 k 的重要度值；

i、j——分别为线路 k 通过的节点。

由上述可知，通过区段重要度和节点重要度的叠加计算线路重要度，以评价交通线路的重要程度，为布局线路和确定线路等级奠定理论基础。

三、城市交通网络布局与线路规划

(一) 城市交通网络布局

城市交通网络布局和线路规划应充分考虑节点重要度和线路重要度的值。具体而言，节点重要度用以确定城市交通枢纽、重要车站及立体交叉口等；线路重要度用以确定线路的走向和线路的等级，如城市快速路、主干路、次干路、城市轨道交通、城市快速公交线路等，对形成的重要度进行网络展开，并参照《城市道路交通规划设计标准》《城市公共交通站、场、厂设计规范》《地铁设计标准》等国家或地方标准等完成交通网络布局。

(二) 城市交通网络结构

城市交通网络结构，尤其是道路和轨道交通网络结构决定了城市的骨架和城市的发展。

1. 城市交通网络基本形态

城市交通网络基本形态大致可以分为方格网式、带状、放射状、环形放射状和自由式等。

(1) 方格网式城市交通网

方格网式城市交通网是一种常见的交通网络形态。其优点是各部分的可达性均等，秩序性和方向感较好，易于辨别，网络可靠性较高，有利于城市用地的划分和建筑的布置。其缺点是网络空间形态简单、对角线方向交通的直线系数较小。

(2) 带状交通网络

带状交通网络是由一条或几条主要交通线路沿带状轴向延伸，并且与一些相垂直的次级交通线路组成类似方格状的交通网。这种城市交通网络形态可使城市的土地利用布局沿着交通轴线方向延伸并接近自然，对地形、水系等条件适应性较好。

(3) 放射状交通网络

放射状交通网络常被用于连接主城与卫星城之间。

(4) 环形放射状交通网络

城市骨架交通网络由环形和放射交通线路组合而成。以放射状交通线路承担内外出行，并连接主城与卫星城；环形交通网承担区与区之间或过境出行，连接卫星城之间，并减少卫星城之间的出行穿越主城中心。

(5) 自由式交通网络

该形态的交通网络结构多为因地形、水系或其他条件限制而使道路自由布置，其优点是较好地满足地形、水系及其他限制条件，缺点是无秩序、区别性差，同时道路交叉口易形成畸形交叉。该种形态的交通网络适合于地形条件较复杂及其他限制条件较为苛刻的城市。在风景旅游城市或风景旅游区可以采用自由式交通网络，以便于与自然景观的较好协调。

实际上，在特大城市中，交通网络并非严格按照上述形态布置，常常是两种或两种以上简单交通网络形态的组合。

2. 城市交通网络形态与城市类型

(1) 城市规模与交通网络形态

城市的规模通常用城市人口规模表示，该人口是指一定期限内城市发展的人口总数。我国的城市按照人口规模分为特大城市、大城市、中等城市、小城市。

特大城市、大城市的交通网络一般比较复杂，多为几种典型交通网络形态综合的混合式交通网络。原因如下：其一，特大城市和大城市历史发展过程较长，用地规模大，地形、自然条件复杂，很难以单一的交通网络形态适应；其二，我国古代的城市是以礼制建城，"匠人营国，方九里，旁三门，国中九经九纬，经涂九轨，左祖右社，面朝后市，市朝一夫"(《周礼·考工记》)。在该思想的支配下，我国的古城，如西安、洛阳、北京等城市中心区形成了方格形交通网络布局。中等城市的交通网络布局相对比较简单，多以一种典型形态为主，在平原地区和限制条件比较少的地区，多以方格网式为主。小城市一般以几条主干街道为主。

(2) 城市性质与交通网络形态

城市按照其主要的土地利用、经济位置等可分为工业城市、中心城市、交通枢纽城市及特殊功能城市(如旅游城市等)。交通枢纽城市又可以分为铁路枢纽城市、海港城市、河埠城市和水上交通枢纽城市等。

(3) 城市在区域交通网中的位置与交通网络形态

按照城市在区域交通网络中的位置和对外交通的组织形态，又可以把城市分为交通枢纽城市、尽头式城市和穿越式城市。该种分类与城市交通网布局中外围环线的建设密切关联。对于交通枢纽式城市，外围环线的规划、建设比较重要，以避免不必要的过境交通通过市中心，造成城市中心区的交通拥堵。相反，对于尽头式城市，环线的规划、建设则应该慎重；穿越式城市通常为小城市，交通网络规划应考虑城市的发展，并引导过境交通偏离中心区。

(4) 城市发展形态结构与交通网络形态

城市的基本布局形态一般分为中央组团式、分散组团式、带状、棋盘式和自由式。

① 中央组团式结构。中央组团式城市的特点是有一个强大的城市中心，与此对应的交通网络应该是放射形或环形放射状，以处理城市的内外交通和过境交通。它适用于平原城市，如北京、成都等城市。

② 分散组团式结构。分散组团式城市的特点是城市由几个中心组成，与此对应的交通网络应该是环形放射状或带状形态。前者对应于一般的分散组团式城市，后者对应于带状分散组团式城市。它适用于地形复杂的城市，如重庆、包头等城市。

③ 带状结构。带状城市的特点是城市由几个分布于同一带上的组团组成，与此对应的交通网为带状形态。它适用于受地形限制的城市，如兰州、桂林、深圳等城市。

④ 棋盘式结构。棋盘式城市的特点是城市均匀分布，与此对应的交通网络为方格式交通网。它适用于地形限制较少的平原地区，如北京、西安、开封等城市。

⑤ 自由式结构。自由式城市的特点是城市受特定的地形、水系等约束而自由发展，与此对应的交通网络为自由式交通网。它适用于海岸城市或水系发达的地区，如天津、大连、青岛等城市。

我国现代城市化水平和交通基础设施水平较低，城市用地较少，并且绝大部分城市为中央组团式城市。

(三) 城市交通网络布局规划评价

城市交通网络是城市的骨架，是保证用地功能发挥和保持以及拉动经济、保障可持续发展的基础设施，左右着城市的发展方向或规模。因此，城市交通网络布局的合理性也应作为规划布局问题之一。

城市交通网络布局规划评价主要是对其空间布局合理性和有效性，从规模结构、间隔密度和服务范围进行布局结构上的综合评价，其内容主要有：综合交通网络体系评价和单一交通方式网络体系评价；对于交通网络上交通流的供需平衡评价。

1. 综合交通网络体系及评价

(1) 交通设施用地率

交通设施用地率，即交通设施用地面积占城市建设用地面积的比例。交通设施用地是安排城市交通基础设施的前提条件，对城市交通发展具有举足轻重的作用，若该用地不足，将无法安排足够的交通基础设施，是产生道路交通拥堵的根源之一。

(2) 各种交通方式规模比例

尽管在国家标准中，对城市道路之外的各种交通设施规模及其比例没有限定，但该项指标能够诠释城市的交通发展模式，即小客车主导型还是公交主导型或者是两者兼顾型。显然，公交主导型城市的轨道交通线网运营规模应该大，而且比例高。

城市道路作为城市公共电汽车和快速公交（BRT）系统，以及居民和城市物流交通出行的基本载体发挥干线运输、集散、生活、通风和防灾等作用，其总体规模也应得到保障。

2. 单一交通方式网络体系及评价

城市范围内的交通出行，根据其交通出行特性，如出行目的和出行距离等，需要相应的交通网络。网络体系结构的主要评价指标如下几点。

(1) 评价指标

进行交通网络布局评价时，主要遵循以下原则：

① 静态指标与动态指标相结合。静态指标指网络密度、各等级网络的比例等。② 科学性定量评价与专家经验判断相结合。③ 符合我国的经济发展水平，避免过高和过低地确定目标。

(2) 交通网络结构

交通网络结构是指城市快速路、主干路、次干路、支路在长度上的比例，用以衡量交通网络的结构合理性。根据城市道路功能的分类和保证交通流的畅通，道路的交通结构应该为"塔"字形，即城市快速路的比例最小，按照城市快速路、主干路、次干路、支路的顺序比例逐渐增高。

(3) 人均道路面积

人均道路面积是指城市居民人均占有的道路面积。我国国家标准《城市用地分类与规划建设用地标准》(GB 50137—2011) 中规定道路广场用地为 7~15 m²/人。

(4) 路网可达性

路网可达性 (Accessibility) 是指所有交通小区中心到达道路交通网络最短距离的平均值。该指标值越小，说明其可达性越好，交通网络密度越大，即

$$\overline{L}_a = \frac{1}{N_z}\sum_{i=1}^{N_x} L_i$$

式中：N_z——交通小区数；

L_i——为 i 交通小区到达交通网络的最短距离。

第六章 市政桥梁设计

第一节 桥梁设计的程序和一般原则

一、桥梁设计的程序

桥梁设计程序是否科学、严密，直接影响桥梁建设立项、桥梁设计的科学化与合理性。它一般与一个国家或地区的管理体制有关，桥梁的建设规模不同，其设计程序也会有所不同。

中小桥梁的设计程序要简单一些，一般采用两阶段设计或一阶段（扩大的初步设计）设计的程序。独立大桥则要复杂许多，但大桥设计程序中的一些原则和精神同样适用于中小桥梁。

根据国家基本建设程序的要求，大桥设计程序分为前期工作及设计阶段。前期工作包括编制预可行性研究报告和可行性研究报告，设计阶段按"三阶段设计"进行，即初步设计、技术设计与施工设计。各阶段设计文件完成后的上报和审批都由国家指定的行政部门办理。批准后的文件就是各建设程序进行的依据，也是下一阶段设计文件编制的依据。采用设计招标的方式时，设计阶段的划分及建设程序的要求不变，设计招标应该在初步设计阶段进行，也可在技术设计文件审批后进行，但前期工作不宜招标。

（一）前期工作——预可行性研究与可行性研究

预可行性研究与可行性研究均属建设的前期工作。两者包括的内容及目的基本一致，但其研究的深度不同。预可行性研究是在工程可行的基础上，着重研究建设上的必要性和经济上的合理性；可行性研究则是在预可行性研究报告审批后，并在必要性和合理性得到确认的基础上，着重研究工程上和投资上的可行性。这两个阶段的研究都是为项目的科学决策提供依据，避免盲目决策。前期工作的重点在于论证建桥的必要性、可行性，并确定建桥的地点、规模、标准、投资控制等宏观问题和重大问题。显然，前期工作十分重要。这两个阶段的文件应包括以下主要内容。

1. 工程必要性论证

必要性论证是评估桥梁建设在国民经济中的作用。桥梁是交通工程中的一部分，交通工程有铁路、公路、城市交通之分，但评估方法也有所不同。

公路桥梁有的从属于国家规划干线，该不该修建，则是时机问题，有的是属于区域内的桥梁，两者都是以车辆流量为研究对象。为此，要对距准备建桥地点最近及附近渡口的车流量，包括通过的车数、车型、流向进行调查。在此基础上，从发展的观点以及桥梁修通以后可能引入的车流进行科学的分析，得出每日车流量，作为立论的依据。超过一定的日流量，修建桥梁才是必要的。根据车辆流向研究，桥梁应该修在有利于解决流向最大的地区。

城市桥梁则从属于城市规划，也必须确定通过桥梁的可能日流量。

无论是铁路运量指标或是公路的车辆流量指标，都是确定桥梁建设标准的重要指标。

2. 工程可行性论证

工程可行性论证阶段的工作重点首先是选择桥位，其次是确定桥梁的建设规模，同时要解决好桥梁与河道、航运、城市规划以及已有设施的关系。现就一些主要问题说明如下几点。

(1) 制定桥梁标准问题

根据调查的运量或流量首先要确定路线等级，确定车道数、桥面宽及荷载标准。其次要确定允许车速、桥梁坡度和曲线半径。还要委托地震研究机构进行本地区的地震危险性分析，确定桥梁抗震标准。

(2) 自然条件及周围环境问题

地质工作以收集资料为主，辅以钻孔验证，以探明岩层的性质、岩面高低、岩性及构造、有无大的构造或断层，从地质角度对各桥位作出初步评价。对各桥位周围环境进行调查，包括桥头引线附近有无要交叉的公路、铁路、高压线、电话线，以及附近有无厂房、民房要拆迁，有无不能拆迁的建筑物，有无文物、古迹；桥梁高度是否在机场航空净空范围以内；附近有无码头、过江电缆、航运锚地等。水文工作一般要求提供设计流量，历史最高、最低水位，百年一遇洪水位，常水位情况及流速资料。要通过资料或试验论证河道是否稳定，还要对船舶在桥梁中轴线上、下游的行走轨迹进行测定。此外，还要对一些特殊水文条件进行研究，如涌潮、潮汐问题等。

(3) 桥式方案问题

目的在于评估方案的可行性，特别是基础工程的可行性。为此，应该采取比较成熟的方案以提高评估的可信性。在编制桥式方案时，应根据水文、地质及航运条件，研究正桥、引桥的长度及跨度，以各种结构形式及不同材料的上部结构进行同等深度的比较，研究它们的可行性，并要求提供各个方案的工程量。以工程量中等偏高、技术先进并且可行的方案作为一个桥位的桥式参选方案。在可行性研究，甚至在预可行性研究阶段就提出推荐桥式方案，不科学也无必要，因为这并非本阶段的工作重点，况且在本阶段内对桥式方案也不可能进行深入比选。

(4) 桥位问题

至少应该选择两个桥位进行比选，在某些特殊情况下，还需要在大范围内提出多个桥位进行比选。桥位比选的内容可以包括下面一些因素：① 桥位对路网布置是否有利。随着建桥技术的发展进步，要树立什么地方都能修桥的观念，把桥位置于路网内一起考虑，尽量满足选线的需要。② 比较造价时，要把各桥位桥梁本身的造价与联络线的造价加在一起进行比较。③ 桥梁建在城市范围内时，要重视桥梁建设满足城市规划的要求。④ 要比较各桥位的航运条件。⑤ 在进行自然条件的比较时，要考虑到地质条件对基础工程的设计、施工难度以及工程规模有无直接的影响。⑥ 对环境保护的评估是必不可少的。经过综合比较，根据每个桥位的不同着眼点，选定一个桥位作为推荐桥位。

(二) 初步设计

由计划部门下达的设计任务书是进行初步设计的依据。设计任务书要就桥位、建桥标准、建桥规模等控制性要求作出规定。在进一步勘测工作时，如发现选定的桥位确系地质不良，将造成设计、施工困难时，可以在选定桥位的上下游附近不影响桥梁总体布置的范围内，通过地质条件的比较，推荐一个新的桥位。初步设计阶段的主要工作内容如下几点。

1. 进一步开展水文、勘测工作

在初步设计阶段，要通过进一步的水文工作提供基础设计和施工所需要的水文资料，包括施工期间各月可能的高低水位和相应的流速，以及河床可能的最大冲刷和施工时可能的冲刷等。

本阶段的勘测工作称为"初勘"。勘探工作一般在桥轴线上的陆地及水上布置必要的钻孔，必要时要在桥轴线的上下游适当布置一些钻孔，以便能探明岩层构造情况及其变化。根据钻探取得的资料确定岩性、强度及基岩风化程度，覆盖层的物理、力学指标，以及地下水位情况等。

2. 桥式方案比选

桥式方案比选是初步设计阶段的工作重点，一般均要进行多个方案比较，各方案均要求提供桥式布置图，并且图上必须标明桥跨布置、高程布置，以及上下部结构形式和工程数量。对推荐方案，还要提供上下部结构的结构布置图，以及一些主要的及特殊部位的细节处理图。各类结构都需经过验算并提出可行的施工方案。

推荐方案必须是经过比选后得出的，要经得起反复推敲。采用什么桥式和跨度必须建立在科学的基础上，切忌先入为主或在某种主观意志的支配下而预先设定某种桥式或跨度目标。

3. 科研项目

在初步设计阶段要提出设计、施工中需要进一步寻求解决方案的技术难题，列出科研项目及其经费计划，待主管部门审批初步设计文件时一起审批，经批准后方可实施。

4. 施工组织设计

对推荐桥式方案要编制施工组织设计，包括主要结构的施工方案、施工设备清单、砂石料源、施工安排及工期等。

5. 概算

根据工程量、施工组织设计以及标准定额编制概算，各个桥式方案都要编制相应的概算，以便进行工程费用比较。根据具体情况对概算进行适当调整后，可以作为招标时的标底。

根据审批意见，如主管部门要求修改推荐方案时，则需另外编制"修改初步设计"送审。

（三）技术设计

技术设计阶段要进行补充勘探（简称"技勘"）。在进行补充勘探时，水中基础必须每墩布置必要的钻孔；岸上基础的钻孔也要有一定的密度，基础下到岩层的钻孔应加密，还要通过勘探充分判断土层的变化。

技术设计阶段的主要内容是对选定的桥式方案中的各个结构总体的、细部的技术问题做进一步研究解决。在初步设计中批准的科研项目也要在这一阶段中予以实施，最终得出结果。

技术设计阶段要对结构各部分的设计提出详尽的设计图纸，包括结构断面、配筋、细节处理、材料清单及工程量等。

技术设计的最后工作是调整概算（修正概算）。

（四）施工设计

在施工设计阶段要根据施工需要进行补充钻探（称"施工钻探"），特别是对于重要的基础。支承在岩层内的基础要探明岩面高程的变化（一般不再布置深钻孔）。

根据批准的技术设计文件，绘制施工详图。在绘制施工详图过程中对断面不宜做大的变动，但对于细节处理及配筋，特别是钢筋布置则允许适当改进。

施工设计可以由原编制技术设计单位继续进行，也可由中标的施工单位进行。施工单位在编制施工设计时，如对技术设计有所变更，则要对变更部分负责，并要得到监理的认可。不管是由设计单位还是由施工单位编制的施工设计文件，均必须符合施工实际（施工条件及施工环境），并且必须能够按图施工。

二、桥梁设计的一般原则

以上介绍的是独立大桥的设计程序。对于未单独立项的一般桥梁（含大中小桥），在桥梁设计中应遵循的一般原则如下所述，但其中有些内容对独立大桥同样适用。

(一) 桥梁设计的基本原则

当前，我国桥梁设计的基本原则是"安全、适用、经济、美观"。

(1) 安全

保证工程质量、保证结构的安全可靠。这是结构设计的根本要求。

(2) 适用

桥梁应具有足够的承载能力，能保证行车的畅通、舒适；既能满足当前的需要，又能适应未来的发展，既满足交通运输本身的需要，也要考虑到支援农业、满足农田排灌的需要；通航河流上的桥梁，应满足航运的要求。靠近城市、村镇、铁路及水利设施的桥梁，应结合有关方面的要求，考虑综合利用。桥梁还应考虑国防、战备的要求，特定地区的桥梁还应满足特定条件下的特殊要求（如地震等）。

(3) 经济

总造价比较低，是经济的。

(4) 美观

优美的桥型，与环境和谐，适当装饰。

从某种意义说，桥梁设计就是解决安全、适用、经济、美观这四个方面之间的矛盾，尤其是经济与安全、适用、美观之间的矛盾。一个地区的社会经济发展水平不同，对经济与美观的关注程度有所不同。积极学习和采用包括新结构、新设备、新材料、新工艺在内的最新科技成就，有利于更好地贯彻安全、适用、经济和美观的原则。

(二) 野外勘测与调查研究工作

合理的设计建议和计划任务书的提出，必须是建立在充分调查研究的基础上。

因此，桥梁的规划设计必须进行野外勘测和资料收集工作。对于跨越河流的桥梁，一般包括下列几个方面的内容。

1. 调查研究桥梁的具体任务

桥上的交通种类和要求，如车辆的荷载等级、实际交通量和增长率，需要的车道数目或行车道的宽度以及人行道的要求等。

2. 选择桥位

一般地说，大中桥的桥位原则上应服从路线的总方向，桥、路综合考虑。一方面，从整个路线或路网的观点来看，既要力求降低桥梁的建设和养护费用，也要避免或减少因车辆绕行而增加运输成本；另一方面，从桥梁本身的经济性和稳定性出发，应尽量选择在河道顺直、水流稳定、河面较窄、地质良好、冲刷较小的河段上，以降低造价和养护费用，并防止过大的冲刷危及桥梁安全。此外，一般应尽量避免桥梁与河流斜交，以免增加桥长、提高造价。

大中桥一般选择 2～5 个桥位，通过进行各方面的综合比较，然后选择出最合理的桥位。

小桥涵的位置则应服从路线走向。当遇到不利的地形、地质和水文条件时，应采取适当的技术措施处理，不应因此而改变路线。

3. 地形测量

测量桥位附近的地形，绘制地形图，供设计和施工时使用。

4. 地质钻探

通过钻探调查桥位的地质情况，将钻探资料制成地质剖面图，作为基础设计的重要依据。为使地质资料更接近实际，也可以根据初步拟定的桥梁分孔方案，将钻孔布置在墩台附近。

5. 水文情况

为确定桥梁的桥面标高、跨径和基础埋置深度，应调查和测量河流的水文情况。其内容包括：① 河道性质。了解河道是静水河还是流水河，有无潮水，河床及两岸的冲刷和淤积，以及河道的自然变迁和人工规划的情况。北方地区还要了解季节河的具体性质。② 测量桥位处河床断面。③ 调查了解洪水位的多年历史资料，通过分析推算设计洪水位。④ 测量河床比降，调查河槽各部分的形态标高和粗糙率等，计算流速、流量等有关资料，通过计算确定设计水位下的平均流速和流量，结合河道性质可以确定桥梁所需要的最小总跨径，选择通航孔的位置和墩台基础形式及埋置深度。⑤ 向航运部门了解和协商确定设计通航水位和通航净空，并根据通航要求与设计洪水位，确定桥梁的分孔跨径与桥跨底缘设计标高。

6. 风力与地震资料

对于大桥工程，应调查桥址附近的风向、风速，以及桥址附近的有关地震资料。

7. 其他有关情况

还需调查了解的情况有：当地建筑材料（砂、石料等）的来源，水泥、钢材的供应情况；附近旧桥的使用情况，有关部门和当地群众对新桥有无特殊要求（如是否有管线需要过桥等）；施工场地的情况，是否需要占用农田，桥头有无需拆迁的建筑物；当时及附近的运输条件；桥梁施工机械、动力设备与电力供应情况。

上述各项野外勘测与调查研究工作，有的可同时进行，有的则是互相渗透、交错进行。根据调查、勘测所得的资料，可拟出几个不同桥梁比较方案。方案比较可以包括不同的桥位、不同的材料、不同的结构体系和构造、不同的跨径和分孔、不同的墩台和基础形式等，从中比选出最合理的方案。

（三）方案比较

桥式方案的确定依赖于对桥梁技术、经济、建桥条件等深入细致地综合分析比较，并贯彻"安全、适用、经济、美观"的原则。

首先，根据地形、地质、通航等要求确定分孔。其次，拟定尽可能多的桥梁结构形式，在综合分析、判断的基础上剔除明显不合理的桥式，余下几个（通常2~4个）较好的桥式做进一步比较。再次，拟定桥梁结构的主要构件尺寸并计算主要工程数量，然后编制各选定桥式的技术经济指标，包括主要材料用量、劳动力数量、总投资、施工工期、运营条件、养护费用、施工工艺和技术要求（有无困难工程等）、是否使用特殊机具和材料、是否美观等。

在桥式布置中，首先要慎重确定桥梁跨度，特别是主跨的跨度。采用大跨度不仅对通航有利，也可减少费力费时的基础工程量。但在桥长相同时，采用大跨度相对于小跨度而言造价较高，工期较长（较小的跨度可以采取多点施工、平行作业等措施），故要加以综合比较。

桥跨布置必须在掌握充分资料的基础上进行，要研究在高、中、低水位时的航道轨迹。

通航桥跨要与航道相适应，要能涵盖各种水位时航道可能出现的变化。一般情况下，桥梁跨度比航道要求的标准宽度稍大，留有一定余地即可，过大则没有必要。

桥梁跨度的大小也受到自然条件及施工条件的限制。如果基础的设计、施工困难，施工时航运繁忙，则要减少桥墩而加大跨度。

技术经济比较和最优方案选定，必须综合考虑各种技术、经济指标，本着安全、适用、经济、美观的原则确定最优方案，或根据其他客观情况及特殊要求提出推荐方案。

一般认为，造价低、材料省、劳动力消耗少的方案是优秀的、经济的方案。但是，当技术因素或使用上的特殊要求等其他因素成为设计的主要矛盾时，有时不得不放弃经济的方案。

(四) 桥梁的造型与美学

随着技术的进步和社会经济发展水平的提高，桥梁不再只是一个工程结构物，它还必须满足人们越来越高的观赏要求。宏伟、壮观、优美的大桥，不仅能够展示先进的技术和生产工艺水平，更能反映出一个国家或地区的时代精神和创造力。因此，桥梁设计应该从"单纯的结构设计"中走出，而应该在美学方面有所追求。

桥梁的美学构思在设计中占用的时间并不多，但其结果是决定性的。同时，桥梁的美并不意味着奢华装饰，不应也不必增加很多投资。

第二节　桥梁设计流程与载荷

一、桥梁设计流程

我国桥梁设计程序分为前期工作及设计阶段。前期工作包括编制预可行性研究报告和可行性研究报告。设计阶段按"三阶段设计"进行，即初步设计、技术设计与施工设计。

(一) 前期工作：预可行性研究报告和可行性研究报告的编制

预可行性研究报告与可行性研究报告均属建设的前期工作。预可行性研究报告是在工程可行的基础上，着重研究建设上的必要性和经济上的合理性。

可行性研究报告则是在预可行性研究报告审批后，在必要性和合理性得到确认的基础上，着重研究工程上和投资上的可行性。

这两个阶段的研究都是为科学地进行项目决策提供依据，避免盲目性及带来的严重后果。

这两个阶段的文件应包括以下主要内容：① 工程必要性论证，评估桥梁建设在国民经济中的作用；② 工程可行性论证，首先是选择好桥位，其次是确定桥梁的建设规模，同时要解决好桥梁与河道、航运、城市规划以及已有设施（通称"外部条件"）的关系；③ 经济可行性论证，主要包括造价及回报问题和资金来源及偿还问题。

(二)设计阶段:初步设计、技术设计和施工设计(三阶段设计)

1. 初步设计

按照基本建设程序为使工程取得的预期经济效益或目的而编制第一阶段设计工作文件。该设计文件应阐明拟建工程技术上的可行性和经济上的合理性,要对建设中的一切基本问题作出初步确定。内容一般应包括设计依据、设计指导思想、建设规模、技术标准、设计方案、主要工程数量和材料设备供应、征地拆迁面积、主要技术经济指标、建设程序和期限、总概算等方面的图纸和文字说明。该设计根据批准的计划任务书编制。

2. 技术设计

技术设计是基本建设工程设计分为三阶段设计时中间阶段的设计文件。它是在已批准的初步设计的基础上,通过详细地调查、测量和计算而进行的。其内容主要为协调编制拟建工程中有关工程项目的图纸、说明书和概算等。经过审批的技术设计文件,是进行施工图设计及订购各种主要材料、设备的依据,且为基本建设拨款(或贷款)和对拨款的使用情况进行监督的基本文件。

3. 施工设计

施工设计又称为施工图设计,是设计部门根据鉴定批准的三阶段设计的技术设计,或两阶段设计的扩大初步设计或一阶段设计的设计任务书,所编制的设计文件。此文件应为施工提供所必需的图纸、材料数量表及有关说明。与前一设计阶段比较,设计图的设计和绘制应有更加详细的、具体的细部构造和尺寸、用料和设备等图纸设计和计算工作,其主要内容有平面图、立面图、剖面图及结构、构造的详图,工程设计计算书,工程数量表等。施工图设计一般应全面贯彻技术设计或扩大初步设计的各项技术要求。除上级指定需要审查者外,一般均不需再审批,可直接交付施工部门据以施工,但设计部门必须保证设计文件质量。同时,施工图文件也是安排材料和设备、加工制造非标准设备、编制施工图预算和决算的依据。

(三)三阶段设计、两阶段设计和一阶段设计

1. 三阶段设计

一般用于大型、复杂的工程。铁路建设项目的设计工作一般常采用三阶段设计。

2. 两阶段设计

分为初步设计和施工设计两个阶段。其中,初步设计又称为扩大初步设计。公路、工业与民用房屋、独立桥涵和隧道等建设项目的设计工作,通常采用这种设计步骤。

3. 一阶段设计

仅包括施工图设计这一个阶段，一般适用于技术简单的中小桥。

(四) 主要技术条件

1. 设计荷载

①恒载：梁体自重及桥面铺装、栏杆、过桥管线等。②荷载：汽车、挂车、人群。③温度。④基础不均匀沉降。⑤风荷载。⑥地震荷载。⑦收缩、徐变。⑧冲击与偏载在荷载输入中考虑。

2. 尺寸的拟定

(1) 桥面宽

桥面宽 $B=$ 外栏 + 人行道 + 非机动车道 + 车行道 + 分隔带 + 车行道 + 非机动车道 + 人行道 + 外栏。

(2) 支点梁高

①变高度梁 H 支 $=L$ 跨 $/18$(左右)。

②等高度梁 H 支 $=L$ 跨 $/20$(左右)。

(3) 跨中梁高

变高度梁 H 支 $=L$ 跨 $/40$(左右)。

(4) 翼板悬挑长度

$Lb=B/4$(左右)[最大值不超过 5.5 米]。

(5) 支点底板宽

B 底 $=B/2$。

(6) 支点底板厚

$hd=H$ 支 $/8 \sim H$ 支 $/12$。

(7) 支点截面腹板厚

$Hw=BL/KH$ 支 $(K=400 \sim 500)$。

(8) 跨中腹板厚仅与腹板预应力有关

$Hw=0.25 \sim 0.40$ 米。

(9) 跨中截面底板厚

$hd=0.20 \sim 0.35$ 之间，与底板纵向预应力有关。

(10) 顶板板厚

$hT=0.20 \sim 0.40$ 米。

(11) 关于横隔板的设置

仅在支点截面设横隔板，横隔板厚与所选定的支座上摆纵桥向尺寸相近。

3. 材料的选用

梁体混凝土一般选用 C40~C60。

预应力：①顶板束一般采用 12、19、27 三种类型。②底板束一般与顶板束相同。③腹板束比顶板束小：$R_{yb}=1860$ MPa 锚下控制张拉应力为 1395 MPa。④顶板横向预应力，现在比较多采用扁锚体系，最好使用钢筋混凝土结构。⑤竖向预应力，较多采用 32 高强精轧螺纹粗钢筋 $R_{yb}=1000$ MPa，锚下控制张拉力为 5428 kN。

4. 图纸组成

①图纸目录及说明书；②梁部总图；③纵向预应力束总图；④竖向预应力总图（横向）；⑤梁部横断面图；⑥各块件普通钢筋图；⑦锚下支撑垫板、支座垫板、支撑钢管及锚具图；⑧桥面铺装、栏杆、泄水管设计图；⑨桥面照明及灯柱设计图；⑩施工步骤图（提供不平衡弯矩）；⑪预拱度及设偏量表；⑫过桥管线图；⑬其他。

二、桥梁的设计荷载

选定荷载和进行荷载分析是比结构分析更为重要的问题，因为它关系桥梁结构在它的设计使用期限内的安全和桥梁建设费用的合理投资。近年来，由于交通量的不断增加，大型超重车辆的不断出现，风载、地震荷载的重要性愈显突出等，导致实际与可能作用在桥梁结构上的荷载越来越复杂，这就为桥梁荷载的选定和分析造成了困难，常因初始设计荷载选定的滞后而造成桥梁早期破坏或加固。

（一）永久荷载（恒载）

在设计使用期内，其值不随时间变化，或其变化与平均值相比可以忽略不计。它包括结构重力、预加应力、土的重力及侧压力、混凝土收缩及徐变影响力，基础变位影响力和水的浮力。

（二）可变荷载（荷载）

在设计使用期内，其值随时间变化，其变化与平均值相比不可忽略。按其对桥涵结构的影响程度，又分为基本可变荷载和其他可变荷载。基本可变荷载包括汽车荷载及其引起的冲击力、平板挂车（或履带车）荷载、人群荷载、离心力，以及所有车辆所引起的土侧压力。其他可变荷载包括汽车制动力、风力、流水压力、冰压力、温度影响力和支座摩阻力。

（三）偶然荷载

在设计使用期内，不一定出现，但一旦出现，其值很大且持续时间较短，它包括船只或漂浮物撞击力以及地震作用。

(四) 荷载组合

进行桥涵设计时，应根据结构物特性、建桥地区的情况，按所列荷载可能出现的概率，进行下列组合：

组合1，基本可变荷载（平板挂车和履带车除外）的一种或几种与永久荷载的一种或几种相组合（俗称"设计组合"）。

组合2，基本可变荷载（平板挂车或履带车除外）的一种或几种与永久荷载的组合。一种或几种与其他可变荷载的一种或几种相组合；设计弯桥时，当离心力与制动力组合时，制动力仅按70%写计算（俗称"附加组合"）。

组合3，平板挂车或履带车与结构重力、预应力、土的重力及土侧压力的一种或几种组合（俗称"验算组合"）。

组合4，基本可变荷载（平板挂车或履带除外）的一种或几种与永久荷载的一种或几种与偶然荷载中的船只或漂浮物的撞击力组合（俗称"抗撞组合"）。

组合5，根据施工时可能出现的施工荷载进行组合。构件在吊装时，构件重力应乘以动力系数1.2或0.85，并可视构件具体情况进行适当增减（俗称"施工组合"）。

组合6，结构重力、预应力、土的重力及土侧压力的一种或几种与地震力组合（俗称"抗震组合"）。

在进行荷载组合时，还应注意有一些不可能同时参与组合，如汽车制动力不与流水压力组合、冰压力不和支座摩阻力组合、流水压力不与冰压力组合等。

第三节　桥梁结构的美学设计

桥梁作为交通系统的重要组成部分，不仅显示了强大的交通跨越功能，也丰富了建筑美学与艺术。它形成了一道道优美的风景，成为一座座城市的形象标志。桥梁是美的载体，而美也是桥梁不可或缺的设计原则之一。在精神文明蓬勃发展的今天，桥梁已不再单纯作为交通上的建筑物，更作为艺术结构融入人们的社会文化生活。美观的外形对于桥梁有着举足轻重的意义，桥梁美学设计正日益为人们所重视。因此，探讨桥梁结构的美学设计具有很强的实用价值。

一、梁桥

(一) 主梁形态

梁桥是一种在竖向荷载作用下无水平反力的结构,其主要承重构件是梁,由于外力的作用方向与梁的轴线趋近于垂直,所以外力对主梁的弯折破坏作用特别大。

在满足受力要求的前提下,做到梁的形态优美、纤细轻盈、流畅连续一直是梁桥美学设计的重要内容。一般采用的有等截面梁和变截面梁。等截面梁在表达形态上简洁,但其美感受到梁的长细比影响。当长细比较小时,梁会显得笨重。变截面梁在桥梁的构件当中是富有表现力和视觉效应的。变截面梁在桥墩处梁高增加,突出了梁中力的传递。同时,通过减小平均厚度使梁纤细,往往可以构成比等截面梁更加独特和优雅的造型。

(二) 桥墩

桥墩是桥梁的主要结构,桥墩的结构形式、数量,桥墩的布置及桥墩和主梁的组合都会对桥梁的美产生很大影响。合理的桥墩设计和布置,不仅是桥梁满足结构设计的要求,也是桥梁美学的要求。因此,桥梁美学设计必须考虑桥墩的造型。

对于上部结构比较单调的梁桥,桥墩是重要的视觉元素,其造型是否符合桥梁风格、是否优美直接决定桥在人心目中的整体形象。因此,桥墩对梁桥的造型影响很大。对于体量较大的梁桥,并且桥下景观和交通要求比较高的时候,桥墩可以通过如下处理手法创造轻巧的形象:

①缩小桥墩底面面积,减轻桥的重量感,并且可以对桥墩做内收、挖空等处理,桥墩外形产生丰富变化的同时,也减轻了桥梁的沉闷感。

②采用Y形、V形、H形等空透式异型桥墩,空透的形体产生轻盈质感。

③通过给桥墩设置纵向线条或凹槽(道理如同西方古典柱式),强调竖直方向感的同时也虚化了桥墩,凹入部分可减轻桥墩笨重体积感。

另外,下部结构的设计根据实际情况通过减少横向墩柱的数量来增强桥下的透明度。对墩帽的设计通过采用T形盖梁、隐含式盖梁、半隐含式盖梁或干脆取消盖梁等措施,使桥墩看起来不那么粗大、厚重。

对于需要通过桥墩表现力量感与浑厚感的梁桥,处理手法则与上面恰好相反。在桥墩的形式上应避免挖空、内收等形体处理手法,以增强桥墩的浑厚感,将表面粗糙、无光泽、具有较大体量的材料作为贴面材料,如砌石、毛石等。

色彩的不同处理手法也可使桥墩产生或轻巧或稳定等不同感觉。如将明度高的色彩(轻感色)设置于结构上部,因为明度高的色彩可以使上部结构在视觉上取得较好的轻巧感;反之,将深色置于桥墩下部,增加下部的重量感,加强稳定感。另外,桥墩若采用光滑反光的表面可以使桥墩轻巧灵动,而粗糙质朴的表面使桥墩雄浑厚重。

(三) 桥台

桥台作为将作用在桥梁上部结构的荷载传递到基础的结构,一般设置在桥梁的端部,并且和路堤相连接,抵挡两侧土体的土压力,保证桥梁安全。桥台的造型和桥梁整体是否协调,以及与周围环境是否融洽是桥梁美学设计的重要内容之一,特别是在跨数较少的桥梁中,桥台造型的美学设计和桥梁整体美学设计密切相关,同时对桥址附近的环境也会产生较大影响。

桥台的位置、形式取决于桥型、水文地质等各种制约条件。决定桥台最终视觉效果的因素主要有上部结构梁高、桥台的高度、桥下净空和以上各因素间的比例关系。桥台体量越小,桥梁整体造型越显得轻巧,但这样会造成桥梁跨径增大,需要综合考虑。以下几个要点是桥台给人以良好视觉效果的关键:

①尽量减少桥台的体量。大体积的桥台会使桥梁外观的长细比减小,同时减少了桥下空间,削弱了景观效果。因此,减少桥台体量可以使桥梁看起来更长、更优雅,当然,这样做有时会引起跨径的增加。

②重视桥台与桥梁两侧环境的结合形式。桥台与桥梁上部结构及桥梁地基的结合方式与桥梁的美学形象直接相关,特别是在大型薄壁桥台中,桥台的连接形式对于桥梁造型影响重大,需要设计人员认真对待。

③桥台造型要和周围环境相协调。通过与周围环境的互相衬托,往往能够使桥台造型更具有美感。要实现桥台与环境的和谐,第一,可以对桥台的材质表面进行合理修饰,尤其是对于大型桥台,可以在其表面进行铺装、衬砌、雕刻、装饰等。第二,对于桥台周围土体进行修饰。如果桥台周围土体荒芜,颜色单调,会对桥台产生不好的影响,给人一种负面情绪。因此,可以通过对桥台周围土体进行绿化、铺砌等手段,对其进行改造,从而与桥台构成具有一定美感的造型效果。

(四) 栏杆

栏杆作为桥面系的重要组成部分,置于桥面边缘,属于桥梁的附属设施,是一种安全保护装置和措施,会给人带来视觉上的安全感。在美学上,梁桥以水平线条为主,在桥面上没有任何其他造型构件,尤其需要栏杆造型的适当多样化,以改变桥面上原本单调的景观。栏杆的线条可以为垂直的,也可以穿插弧线、曲线,以此减弱梁桥桥面强烈的水平线条感，丰富梁桥线条类型。因此，栏杆作为梁桥桥面造型的组成构件，影响着桥梁整体形象。栏杆在设计上主要考虑尺度、材料、比例、造型及背景。栏杆的尺度对桥梁整体会产生很大的影响。如果栏杆造型纤细，通过对比可以衬托出桥梁整体的高大、雄伟。反之，如果栏杆宽厚、粗壮，则会使桥梁整体显得矮小。尺度对比可以给人完全不同的心理感觉，设计者可根据实际情况，选择不同尺度效果（自然尺度、夸张尺度、亲切尺度），以达到预期目的。

栏杆材料的选择也明显影响着桥梁的风格。金属属性的栏杆表现出较强的现代感和城市气息，风格简洁明了，一般没有过多的装饰细节，表达理性、锐利的情感；混凝土制作的栏杆，给人亲切、质朴、厚重的感觉，从而可以营造一种自然情趣或沉稳厚重的桥梁风格。

另外，栏杆的高度与桥面宽度、人行道高度都存在一定的比例关系，根据实际需要建立适宜的高、宽比例，可以获取理想的视觉效果。例如，当桥面和人行道较为狭窄时，设计者可采用往外凸出的曲面通透栏杆，使空间和视觉都可以向外延伸，营造人行道的开敞感觉。

（五）其他构件

梁桥的梁体也是左右桥梁造型的重要构件之一，在造型设计上一般考虑如何尽可能地减薄（或从视觉上减薄）梁的高度，使桥梁灵动纤巧。箱形梁的建筑高度比较小，整体受力性能佳，是梁桥广泛采用的结构形式之一，同时采用梯形箱梁，或是将箱梁的外侧腹板做成倾斜状，可以增强纤细效果。

翼板悬臂部分可以通过悬挑使整个梁体处于阴影之中，梁体远远向后退缩，以此达到纤细的效果。安全带或人行道也可以尽量外挑，减轻梁体自重，使下部墩数减少，既具有力学和经济学上的意义，也具有美学上的意义。

（六）梁桥美学设计要点

梁桥的造型要注意从整体着眼，力求形式优美、线条明快、构造清晰、纹理有致。在设计上需要注意以下几点。

1. 比例与尺度

比例是指整体或局部构件的长、宽、高之间的尺寸关系。比例和谐是一切建筑物美学质量的基础，对于梁桥而言，需要考虑桥梁整体高度、宽度、跨径深度之间，悬臂结构与支承单元之间，以及梁高与跨度之间都应有和谐的三维比例关系。良好的比例不应当被科学数据制约，有时符合力学的数据在人的直觉上并不符合良好的比例与尺度，因此设计师要有一定的美学修养与直觉把握。

如果想要给梁桥塑造轻巧感觉，桥梁的每个构件也不是越细、越薄就越好，要考虑比例与尺度的合理性。如梁桥的梁体大小、桥梁宽度与高度都比较大，上部显得厚重，下部若配以感觉纤细的桥墩则并不能使桥梁显得轻巧，反而给人一种头重脚轻的不安定感。薄墩厚梁、薄梁厚墩都会导致比例不协调。桥梁的比例、形式与环境也有莫大关联，如在开阔地带的跨线桥，若配以宽大的薄壁墩（宽桥），则会给人阻塞的感觉，破坏桥梁与环境的融合。

2. 材质与色彩

对于梁桥而言，适当的表皮装修对于提升桥梁的整体形象很有帮助，尤其对于所处位置有人流经过的梁桥，更需要表皮材质对桥梁品位进行整体提升。现代桥梁因为多数采用混凝土，其灰暗色彩往往给人一种沉闷的感受，甚至不进行装修，导致桥身全身灰蒙且容易布满污迹，进而影响城市形象。梁桥的装饰多以水刷石、贴面、喷涂、普通室外涂料为主。在条件符合的情况下，最好采用天然石材饰面，显示出自然表现质地的同时提高质感档次。对于桥墩和桥台，可以采用粗糙面，而装饰面板、梁、栏等最好表面保持其材料的色泽，若要使用混凝土，则以采用浅色硅酸盐水泥为佳。

色彩在美学上起着重要作用，特别是结合桥梁所选用的材料，应认真考虑色彩与材质结合所表达的感觉。梁桥的风格质朴，所以不太适合过于奇巧的色彩，并且色彩不宜过杂，注意在比例和色调上的搭配。桥跨结构和桥墩可涂成同一种颜色，强调结构的一致性；亦可根据实际需要用对比的色彩把桥跨结构和桥墩区别开来，通常深色的桥墩配以浅色的桥跨结构可以突出桥墩的轻巧和纤细。

3. 形体与环境

城市环境中高高低低的楼群使得桥梁的存在既不应否定，也不应强调，而是应当采用融合的手法来处理桥梁和环境的关系。而梁桥与造型张扬的索桥相比，正好适合这样的环境，梁桥开朗平直、简洁有力的特点，尤其适合修建在原本环境就已经比较杂乱的城市环境当中，以维持人们的视觉平衡，打造和谐的城市空间景观。

梁桥跨越的可能是河流，也可能是其他的行车道，其下部形体必须考虑到与下部的行车道及绿化的关系。是与环境融合，尽量隐于环境之中，还是突出桥梁本身，吸引人的注意力，这需要结合实际来协调桥梁与环境的关系。

二、拱桥

拱桥历史悠久，造型优美，经过几千年的发展，设计与建造拱桥的技术已不可同日而语。桥梁美学是桥梁科学技术与美学的结合，随着经济实力的提高和科学技术的进步，人们对拱桥建筑也提出了更高的要求。因此，研究拱桥的桥梁美学具有重要意义。

(一) 主拱形态

主拱不仅是拱桥的主要承重部位,主拱形态也是拱桥最重要的视觉要素。拱圈的设计应兼顾美学与力学。优美的拱曲线孕育着强大的力量,产生一跃而过的动感和跨越感,加上柔美拱曲线与直线的梁柱结合,呈现出刚柔相济、韵律优美的绰约风姿。

拱圈的线型对拱桥美感影响重大。拱圈曲线通常为规则的圆弧线、抛物线或悬链线。对于较小跨径的拱桥,常采用圆弧线,施工方便,形态简洁优美、宁静稳定。如古罗马时期兴建的大批拱桥常采用半圆拱,赵州桥则是一座割线圆弧拱桥。建于1569年的佛罗伦萨圣三一桥的拱曲线则采用两抛物线的组合,而类似的大跨扁平拱在文艺复兴时期的桥梁中得到了广泛的应用。悬链线的应用使得拱桥的跨径得到了很大的提高,如万州长江大桥。在恒载作用下,当不计拱圈由恒载弹性压缩产生的影响时,拱圈截面将只承受中心压力而无弯矩,从美学角度看,由于矢跨比的大幅减小,桥型愈显优雅美观,且跨越感更强。

拱截面可以是等截面,也可以是变截面。等截面拱构造简单,施工方便,但材料利用情况没有变截面拱合理。法国工程师马烈脱提出了惯矩自拱顶向拱脚逐渐减小的镰刀形拱,造型别具一格,如法国 Oise 桥。

(二) 主拱与桥面的相对位置

按照主拱与桥面的相对位置,拱桥可以分为上承式桥、中承式桥和下承式桥。桥面布置在主要承重结构之上者,称为上承式桥;桥面布置在承重结构之下者,称为下承式桥;桥面布置在桥跨结构高度中间者,称为中承式桥。除以上固定式桥梁外,有时根据建设环境和使用要求,还有开合桥、浮桥和漫水桥等形式的桥梁。

在目前的桥梁设计方案中,中下承式拱桥已成为首选桥型。它们不仅保持了拱桥的基本力学特性,充分发挥拱圈混凝土材料的抗压性能,而且构件简洁明快,特别是多孔连续的中下承式拱桥,以其造型起伏、构件轻巧给人以美感,也具有广泛的适用场合。巴西的 Juscelino Kubitschek 桥,位于桥面两边的拱肋交错出现,韵律感很强。

(三) 拱桥的桥台与桥墩

拱桥桥墩是桥跨结构的支撑点,应设在视觉上能提供水平与垂直支撑反力的地形处。当跨数较少时,为避免二重性问题,常采用奇数跨,而且从跨中向两边跨度逐渐递减,各跨的矢跨比均保持一致。

当桥墩的位置确定后，桥墩高度受上部结构形式、桥面高度和地形的影响。对于坦拱，应采用较低而宽厚的桥墩，从而显示出承载的力感；对于多跨高架拱桥，桥墩相对较高，墩拱结合处应简洁流畅，使力的传递自然而连续。为了减小桥墩对水流的阻力，桥墩常带分水尖。这不仅加固了桥梁的支撑结构，还改善了水面通道惯有的狭窄特性，并减小了水流波浪。

桥台的体量是桥台设计应考虑的主要因素。过大的桥台显得十分笨重，与轻盈的拱桥和周围环境不相协调。故应尽量采取使其隐蔽的方式，减小桥台的体量感。对于跨越山谷的拱桥，可以充分利用山体做埋置式桥台，加上被山林树丛遮掩，使桥自然融于景观之中。

总之，拱桥桥墩、桥台美学设计要点与梁桥的墩台一样，不仅要体现力线明确，给人以稳定安全感，而且体量尽可能轻盈，形态上要注意与整体相协调。

(四) 各类拱桥的美学特性

拱桥的类型很多，从形态上可分为实腹拱桥、空腹拱桥、桁架拱桥、刚架拱桥及组合体系拱桥等。

1. 实腹拱桥

实腹拱桥常用于小跨径拱桥，由于拱圈与侧墙连成整体，面积较大，从美学角度上需注意以下几点：

①桥梁整体的均衡感，即拱顶不宜太薄，否则拱顶会消失在阴影中，这样会损害拱的形象及整体连续性。

②要尽可能利用天然材料，充分体现坚实、古朴、厚重的材质感。

③连拱等跨时，因缺少变化略显单调，应按照地形特点及通航需要，采取从中孔向外孔矢高与跨径递减的方案，形成既统一又富有变化的渐变韵律。

2. 空腹拱桥

当跨径大于 40 m 而矢跨比较大时，采用实体侧墙看上去就感到笨重了。空腹拱不仅能减轻自重，节省材料，而且可以更好地利用拱上构造以增加虚实、空透的变化，并形成节奏韵律来统一整体，给人以美感，其特别适合自然风光优美的环境。

我国是空腹石拱桥的鼻祖，自然在全国各地这类桥梁数不胜数。赵州桥古朴、稳健、优美的形态彰显了我国桥梁建筑的民族风格。

3. 桁架拱桥

自人类进入钢铁时代起，主拱圈采用钢桁架的拱桥得到迅速发展，21 世纪初完成了几座著名的双铰钢桁架拱桥，如美国纽约狱门桥和澳大利亚悉尼港桥等。

钢筋混凝土桁架桥发展于 20 世纪 60 年代，其下弦杆为拱形，上弦杆一般与桥面组合为整体，在跨中部分因上下弦杆很接近而做成实腹段，空腹段利用拱上结构与拱圈形成桁架，使之整体受力。这样不仅结构合理，节省材料，而且自重较轻，形态轻盈、空透。

4. 刚架拱桥

刚架拱桥是在桁架拱、斜腿刚架的基础上发展起来的一种新桥型，属于有推力的高次超静定结构，由于构件比桁架桥少，自重轻，刚度大，经济合理，且造型优美简练，已得到广泛应用。无锡金匮桥为典型代表。

刚架拱桥的几何形态是否合理、优美是设计的关键，实腹段和弦杆的上缘线一般与桥面线平行；实腹段下缘一般采用抛物线、圆弧线或悬链线；主拱腿可根据跨径大小和施工方法不同，设计成等截面直杆或变截面直杆，有时出于美观的考虑，也可采用弧形杆。

5. 组合体系拱桥

组合体系拱桥是将行车系结构与主拱按不同构造方式构成一个整体并共同受力的桥梁，一般为中下承式，其在桥面上空呈现的曲线轮廓会给人留下深刻印象，优美的形态，加上协调的色彩，令人赏心悦目，不仅给人心理上带来满足，也改善了环境景观，所以是现代拱桥常用的桥式。广东水门大桥为典型代表。

组合体系拱又可分为罗兹拱、朗格尔拱和尼尔森拱。在刚拱柔梁（罗兹拱）中，由刚拱悬吊桥面，梁可做得更纤细；在刚梁柔拱（朗格尔拱）中，受力以桥面系的主梁为主，则拱可做得纤细，如采用斜吊杆组成三角形或网状（尼尔森拱），可起到桁架的作用，拱圈与主梁均可做得纤细轻盈。

三、刚架桥

刚架桥的主要承重结构是梁（板）和立柱（竖墙）整合在一起的刚架结构，梁和柱的连接处具有很大的刚性。刚架桥结构形式可分为门式刚架桥、斜腿刚架桥、T形刚架桥和连续刚架桥。

(一) 门式刚架桥

门式刚架桥，其腿和梁垂直相交，呈门形构造，可分为单跨门式、双悬臂单跨门式、多跨门式和三跨两腿门式。前三种跨越能力不大，适用于跨线桥，要求地质条件良好，可用钢和钢筋混凝土结构建造。通常情况下，门式刚架桥结构不宜采用较大的跨径。

单跨门式适用于跨越运河及其他小河流的单跨桥梁，无须设置水中墩，它与同等跨径的拱桥相比，具有较大的通航净空。此外，还适用于跨线桥，桥头路堤的填土有利于抵抗结构的水平推力,但增大了立柱的内力。小跨径的框架式门式刚架桥可以采用顶推施工,施工期间可以不中断现有的道路交通,在下穿铁路和重要城市道路工程中得到了广泛应用。跨径较大的门式刚架桥需适当设置小边跨,通过斜拉杆来连接。

(二) 斜腿刚架桥

斜腿刚架桥是桥墩为斜向支撑的刚架桥,同上承式拱桥相比,不需设拱上建筑,使构造简化。桥型美观、宏伟,跨越能力较大,适用于峡谷桥和高等级公路的跨线桥,多采用钢和预应力混凝土结构建造。

无桥台斜腿刚架桥比一般斜腿刚架桥有多方面的改进,在美学上具有造型美观、桥型新颖的优点,特别适用于高速公路的跨线桥设计。

(三) T形刚架桥

T形刚架桥是在简支预应力桥和大跨钢筋混凝土箱梁桥的基础上,在悬臂施工的影响下产生的,它是指从墩上伸出悬臂,跨中用剪力铰或简支挂梁组合而成,因墩上在两侧伸出悬臂,形同T字,故称此名。在预应力混凝土结构中采用悬臂施工方法可做成比钢筋混凝土结构中长得多的悬臂结构。其上部结构可为箱梁、桁架或桁拱,与墩固结形成整体,桥型美观、宏伟、轻型,适用于大跨悬臂平衡施工,可无支架跨越深水急流,避免下部施工困难或中断航运,也不需要体系转换,施工比较简便。

(四) 连续刚架桥

分主跨为连续梁的多跨刚架桥和多跨连续刚架桥,均采用预应力混凝土结构,有两个以上主墩采用墩梁固结,具有T形刚架桥的优点。位于云南省元墨高速公路上的红河大桥,长801m,宽超过20 m,桥的最大跨径265 m,桥面距江面高度163 m,2003年建成时号称世界最高的连续刚架桥。

四、悬索桥

(一) 悬索桥的美学特征

1. 比例均衡

悬索桥与梁桥相比,增加的桥塔和主缆协调了后者水平方向的构图比例,向上伸展的桥塔的动势和水平方向的加劲梁的动势不仅保持令人满意的视觉平衡,也创造出更大范围的景观形象。

2. 气势恢宏，宏伟壮观

目前，只有悬索桥能达到最大跨径，气势磅礴，无与伦比。其高耸的主塔、粗壮的主缆、强劲的大梁从空间一跨而过，具有很强的律动感与跨越感，以此构成宏伟壮观的景观形象。

3. 刚柔并济，形态优美

悬索桥桥塔高耸，缆索下悬，凭空飞渡，上下起伏，气韵生动，梁、塔、缆索简洁的几何构图及柔性曲线与刚劲直线的结合，使桥型清晰、动态分明，充分体现了力线明快、简洁流畅、功能与形式统一的优美形态。

(二) 悬索桥主构要素的美学设计

1. 线形

线形是影响桥梁外观的首要因素，它包括平曲线和竖曲线，与道路的基本线形、周围地形、桥下净空及其他结构相连接的过渡线形有关。由于桥梁是线路（公路、铁路）的一部分，桥的线形通常是由线路设计者决定的，这常常会带来较难处理的美学问题。设计者应在保证对结构安全、造价、净空和控制点无明显影响的前提下，努力寻求美观的桥梁结构线形。悬索桥跨度很大，采用凸形竖曲线，不但会避免较大跨度在视觉上下垂的错觉，而且会给桥梁拱形的外观增强桥梁的跨越感，同时增加了穿过桥梁通透空间的视域。对于悬索桥来说，如果将其平面线形设为曲线，则加劲梁需要很大的抗扭刚度和较大的高度，结构上不好处理，也不经济，并且增加了施工难度，故悬索桥的平面线形多数采用直线。

2. 桥塔

悬索桥的桥塔高耸挺拔，蕴藏着力的紧张感和直向蓝天的动势，是结构工程学和建筑美学的有机结合，起着象征和标志作用，桥塔在悬索桥美学设计中至关重要。

①桥塔高度由受力和主缆垂度决定。桥塔的高度足够，主缆中央离开主跨桥面就会有一段距离，从而维护了主缆形状的完整性。主缆粗些，使外轮廓线更加明确。对悬索桥，如果考虑塔高 h 与跨径 L 的关系，则塔高 h 被限制，不超过 $0.25L$。

②对桥塔结构影响较大的因素是塔柱断面。塔柱断面可根据缆索悬吊桥梁的强度、刚度、稳定的需要选定。塔柱较细时可采用矩形、圆形截面；断面较大时，可进行"切角"或"凹槽"处理。一般来讲，塔柱断面尺寸随着塔柱的升高而递减，不仅符合力学性能，而且合理经济，且有利于体现向上的动势。采用"切角"或"凹槽"处理的截面，如凹、凸、十字、丁字、h形等，在塔柱表面产生了纵向线条，加上光影效果，丰富了表面变化，增强了耸立感，同时为搬运、安装提供了方便。如美国

的金门大桥，桥塔截面层层内收，形成向上收敛的节奏，朴实无华却又宏伟壮观。

③桥塔沿桥轴方向的正面形象决定桥塔的特征和性格，是桥塔设计的着重点。目前常采用门形的三种桥塔形式，即桁架式、刚构式及混合式。

桁架式，一般采用 1~3 对斜撑将两侧塔柱联结起来。在采用桁架式门形桥塔时，斜撑的位置应留出足够的通行空间，以免通行者感觉空间阻断，从而产生压迫感。

刚构式，由垂直的塔柱与水平构件刚结组成，形态简洁、稳重，孕育着力的紧张感。采用刚构式门形桥塔时，应避免路面到塔顶的空间过大而产生的不安定感。一般可在塔顶设置梁高较大的水平梁，或在水平梁的下缘设置向上凸的弧形曲线，或在塔柱中间位置加设一根水平梁，以消除不安定感。

混合式，桥面以上为刚构式，桥面以下为桁架式。混合式的桥塔上部简洁轻快，下部繁杂，易失去视觉平衡，应注意相互对应。

3. 主缆与吊索

多数悬索桥都采用两根主缆，主缆不仅可以集中到 A 形桥塔或单柱式桥塔顶端，也可以分别通过门式桥塔的两塔柱顶端。而单根主缆的设计，避免了缆、索交错的繁杂感，视觉印象简洁明了。

吊索悬挂于凭空飞渡、高低起伏、动向分明的主缆上，加之它呈规则性的排列和有规律的长短变化，刚柔并济，是悬索桥形态美的重要因素。大跨度悬索桥的吊索布置有两种形式：垂直吊索和斜吊索。当吊索倾斜布置时，对加劲梁的约束大，使加劲梁刚度增大，减小挠度，但斜吊杆反复受力，容易造成疲劳性能不好。

4. 加劲梁

轻巧纤细、简洁明了、连续流畅是现代悬索桥加劲梁的设计目标。大跨径悬索桥的抗风要求，使得加劲梁必须有足够的刚度和抗风稳定性。扁平箱梁，其形状两侧均有尖嘴状的风嘴，不仅有利于抗风稳定，而且在光影效果下使梁看起来更纤细轻巧，因而成为悬索桥单层桥面的发展趋势。

5. 锚碇

锚碇是悬索桥的重要受力单元，分为两种形式，即隧洞式和重力式。自锚式悬索桥没有锚碇，而是将主缆直接锚固在梁上。隧洞式锚碇将主缆锚固于地下岩石中，完全看不见，对结构外观基本没有影响。重力式锚碇借助混凝土的重量锚固主缆，放置于地基之上，体量比较大，显得笨重，故其美学处理不可忽视。

重力式锚碇的美学处理方法包括消去法、融合法和对比法。消去法是将锚碇埋于地下仅一小部分露出地面。融合法是根据环境条件，水面、植被覆盖等方法，锚碇露出地面，虽然能看到，但不明显，并与周围环境融为一体。使用融合法处理时应注意锚碇露出部分与整体尺寸的协调性，以免体量过小，给人一种不稳定感。对比法是将锚碇大部分暴露可见，巨大的体积与桥塔、引桥梁柱形成强烈对比。通常设计者应精心设计锚碇的造型，并将大壁面刻槽分格，设计艺术图案，避免单调感，不仅减少体量感，也可对锚碇进行拓扑优化，将应力较小的部分挖空，这样受力合理，同时节省了材料，减轻笨重感。

厦门海沧大桥的锚碇内坐落着我国第一座桥梁博物馆，由海沧大桥建设展示馆、中国桥梁百年回顾展示馆和海沧大桥监控中心三大部分组成，从而完成了桥梁造型美和人文历史景观的融合。

（三）悬索桥桥型

1. 上承式悬吊桥

这种桥型由美籍华人林同炎首创。它不设桥塔，主缆索在桥下部，上部混凝土作为上承式桥面，犹如反方向的悬索桥，故而又称反向悬索桥。其主要特点是：比悬索桥抗扭刚度高，稳定性好；下弦构件、立柱可作为施工脚手架和支架；水平反力比钢悬索桥大，需要锚固，但不需要桥塔；桥型美观、协调，宜于深谷、海峡处建桥，但要占用一定的桥下空间。

2. 悬吊板桥

悬吊板桥独特之处在于将预应力钢筋以一定的间隔水平排列一层或几层，施加预应力后包以混凝土，使它成为桥面兼缆索的构造。

3. 悬索拱桥

相当于将悬索桥中的桥塔和加劲梁的一部分材料分出来做成拱肋或斜撑，主缆的两个悬挂点更近，从而增强了全桥的整体刚度。悬索拱桥的拱脚可以锚固在主梁上，也可以落在塔墩或基础上。其优点为：与一般的悬索桥相比有较大的刚度优势；无须像斜拉桥那样高的桥塔；吊索自由，长度缩短，对全桥的动力特性有利；起伏的拱肋与缆索共同承重，刚柔相济；施工期间，刚性斜撑可起到抗风稳定的作用。

4. 吊拉组合式桥型

悬索桥跨径增大到 3 500 m 时，动力问题将是一个突出的难题。所以，对特大跨径的桥梁，已提出用悬索桥和斜拉桥相结合的吊拉组合式桥型。

五、斜拉桥

（一）斜拉桥的美学特征

作为现代最为流行的桥型之一，斜拉桥与悬索桥一样，同属悬吊式结构，在景观特征上也有一定的相似之处。从整体而言，斜拉桥与悬索桥一样，规模庞大，令人震撼。索塔向上伸展的动势和斜拉索的动感，对水平延伸的主梁动势在视觉上起着平衡的作用。同时，斜拉桥刚度大、空气动力性能好且轻巧纤细，体现了桥梁的现代美。桥面有极其纤柔的长细比和极细的斜拉索，尤其是主梁的纵向线条简洁舒展、连续流畅，形成极强的跨越感。但两者区别明显：前者以直线的刚性为基调，由直线的塔、索、梁构成简洁、稳定的三角形几何形态；后者以柔美的主缆曲线为基调。斜拉桥主要由索塔、主梁、斜拉索组成。斜拉桥的桥塔、拉索、主梁、桥墩等桥梁主体结构构件的景观设计是桥梁景观设计的重要组成部分，影响着桥梁整体风格和形象。松花江大桥为典型的现代斜拉桥。

(二) 斜拉桥主构要素的美学设计

1. 桥塔

作为斜拉桥主体构件要素而在力学上起着重要作用的桥塔，其高耸挺拔的风姿引人注目，具有象征和标志作用，是景观中最重要的因素之一。因此，对桥塔应在结构设计的基础上，按照桥梁景观设计的原则进行造型及外装的完善，使桥塔在蕴藏着自身力量感、紧张感的同时，孕育着向高空伸展、刺破青天的动势，诱发参观者升入更高境界，由"情境"层面进入"意境"层面，从而使桥塔具有高扬功能与动态美。

斜拉桥的独特风格主要受塔的造型和索的布置形式影响，主塔的造型、结构形式受工程条件、桥跨、桥面宽、拉索布置等因素影响。主塔的塔形一般分为直柱无上横梁门塔、异形门塔、柱门塔和 A 形门塔。

直柱无上横梁门塔：简洁，流畅，单一。心理诱引力线突出，高扬功能和动感强。上部无横梁，缺少联系，比较孤立，较少采用。

异形门塔：简洁独特，心理诱引力线突出，但高扬功能和动感弱。横桥向由于上宽下窄，中间收腰，内敛性弱，稳定性不强，所以国内外较少采用。

柱门塔：造型简洁，门概念突出，心理诱引力线突出，高扬功能和动感强，较常采用。

A 形门塔：较直柱门塔生动活泼，能增加光影效果，有一定的向上动势和高扬功能。两塔柱顶端相互结合，稳定性强，较常采用。

桥塔的正立面造型是桥塔美学设计的要点。其造型方式多样，而独柱式斜拉桥是常见的形式。它形态简洁，一般情况下，为提高视觉上的均匀感，常常超过最上端拉索的锚固点而向上延伸一段，以凸显高耸挺拔。除此之外，将塔的上部挖空，让风穿过，也能有效减小风振。

双柱式主塔桥面空间通畅，无压抑感，外观简洁，视野良好。但对于大跨桥梁，并且为增强稳定性，常将两根塔柱用横梁联系成门形、H 形塔。另外，将塔柱适当倾斜变形，可做成 A 形、倒 Y 形、花瓶形等多种形态，经变换后的形式形态更为活泼。梁下塔柱部分对于门形、H 形、A 形、倒 Y 形塔常见的处理手法有两种：一种是将塔柱按照原来的方向延伸，给人以挺拔的力感与雄踞屹立的形象；另一种是不让基础尺寸变大而将塔柱内收成钻石型，增加梁下空间，看上去也优雅美观，如日本的北海道桥。

主塔除上述常见形式外，近年来还出现不少造型独特、构思巧妙的主塔，如西班牙的阿拉米罗桥的 L 形，妙似竖琴，力感强烈，均衡稳定。

另外，塔柱断面的形状不仅影响主塔的视觉效果，而且对结构的抗风性能也影响甚大。当塔柱断面不大时，圆形、长圆形、矩形是常用形式，而当断面较大时，应进行"切角"或"凹槽"处理，以获得更好的"视觉宽度"。多角断面与凹槽用处很多，如凹槽利于锚具的安置，减少外露繁杂感，其产生的纵向线条也可增强纤细感，使塔柱更具耸立向上的动势。

2. 拉索

斜拉桥的动势是由主梁、桥塔和拉索来共同体现的。拉索不仅是斜拉桥的主要构件，而且是决定桥梁景观的重要因素，它的斜直线分置与桥塔构成简洁、稳定的几何构图，蕴藏着明确、强劲的力感，同时增强桥的平衡感。

众所周知，桥梁是承重结构，构造外露，因而在其内部存在"物理上的力"，但又以"心理上的力"吸引人们。桥以各种传力构件产生了心理诱导力线，斜拉桥的斜拉索作为能产生心理诱引力线的一种构件，由于其布置形式不同，所产生的心理诱引力线效果也不同。拉索与主梁角度越大，引导观赏者向上的力势感越强，而其夹角与桥梁工程的结构力学性能有关。

斜拉索按其所组成的平面，通常分为单索面、双索面和多索面。多索面往往应用于超宽桥面（桥宽超过 40 m）的斜拉桥。

单索面设置在桥梁纵轴线上，这对于设置有中央分隔带的桥梁特别合适，基本不需要增加桥面宽度，具有最小的桥墩尺寸和最佳的视觉效果。但是，单平面斜索只能支撑竖向荷载，拉索对主梁抗扭不起作用，由于横向不对称活载或（和）风力产生的作用而使主梁受扭，主梁横截面宜采用抗扭刚度较大的闭合箱形截面。

双索面可以分为平行双索面和空间双索面两种。平行双索面又有两种布置方式：一种是将索平面布置在桥面宽度外侧；另一种是索平面布置在桥面宽度之内。采用双索面时，作用于桥梁上的扭矩可由拉索的轴力来抵抗，而主梁可采用较小抗扭刚度的截面。至于空间双索面，它对桥面梁体抵抗风力扭振特别有利（斜向双索面限制了主梁的横向摆动)。倾斜的双索面应采用倒 Y 形、A 形或钻石形索塔。双斜塔面的拉索可以提高结构的抗扭刚度，空间双索面体系斜拉桥的抗风动力性能好。

根据斜索在索平面内的布置，它又可以分为辐射形、竖琴形和扇形三种形式。斜拉索的倾角一般为 25°~65°，最小倾角不小于 21°。

辐射形布置的斜拉索沿主梁均匀分布，而在索塔上则集中于塔顶一点。这样各斜拉索都具有可能的最大倾角，故斜拉索的垂直分力对主梁的支撑效果也大。由于索力主要由垂直力的需要而定，斜索拉力较小，索用量较省。与竖琴形布置相比，辐射形布置可节省拉索材料 15%~20%，而且辐射索使结构形成几何不变体系，对变形及内力分布都有利。这种做法的缺点是：有较多数量的斜索汇集到塔顶，将使锚头拥挤，构造处理较困难；塔身从顶到底都受到最大压力，自由长度较大，塔身刚度要保证压屈稳定的要求。

竖琴形布置中的斜拉索平行排列，各索倾角相同，外形最美观，具有很好的韵律。各对斜索分别连接在塔的不同高度上，索与塔的连接构造易于处理。由于倾角相同，各索的锚固构造相同，塔中压力逐渐向下加大，有利于塔的稳定性。但是，各对索拉力的差别将在塔身各段产生较大的弯矩。由于是几何不变体系，对内力及变形的分布不利，不过可以用边跨内设置辅助墩的办法来加以改善。竖琴形布置时斜拉索倾角较小，索的总拉力较大，故钢索用量较多。

扇形布置的斜拉索是不相互平行的，是介于辐射形和竖琴形之间的拉索布置形式，一般在塔上和梁上分别按等间距布置，兼顾了以上两种形式的优点并减少其缺点，有较多的斜拉桥采用这种形式。

3. 主梁

斜拉桥主梁由于密索体系的发展可以做得轻薄、纤细。主梁断面形式目前以抗扭刚度较大且便于与拉索连接的箱梁为主，其形态断面多为倒梯形，这样不仅可满足抗风稳定要求，而且在光影效果下也更显轻盈美观。钢箱梁是当前常见的主梁断面形式。它具备梁高较低(仅为跨径的 1/400~1/300)、可充分利用箱体空间隐藏线路系统等优点。对于双层桥面，则可利用钢桁架梁作为加劲梁。这种梁的设计与悬索桥类似。

另外，主梁纵断面线形通常为水平直线，坦直似箭，简明、舒展，并具有速度感和连接顺畅感。对三跨斜拉桥当桥跨较大或因桥下净空需要时，可采用纵向竖曲线。这样不仅可避免大跨径梁易给人带来的下垂感，也使桥梁侧面景观形态优美，极富跨越感。

4. 桥墩

在大型桥梁景观设计中，如果忽略了桥墩的景观设计，必然会影响全桥景观的整体效应。按照桥梁美学原则，桥墩造型设计可应用以下方法展示：造型独特、结构轻巧、线性优美、比例和谐，通过单体桥墩连续排列形成起伏节奏，表现序列韵律美，并与环境协调。

在斜拉桥设计中，桥墩必须具备能够安全可靠地传递和承受压力的功能。景观设计中，除考虑其功能、经济、施工技术、管理等因素外，还需考虑应与上部钢箱梁及周围环境相协调。桥墩纤细感设计对景观影响较大，为了使桥墩看上去轻盈纤细有味，设计中可采取下面一些做法：①桥墩表面增加纵向装饰线条或开槽形成凹入部分，增加光影效果，使墩表面实体面积减少，减轻桥墩笨重的体积感，改善单调表面。②改变桥墩断面形状。桥墩断面形状取决于功能、结构及施工技术，在实际断面处理过程中，可以把棱角以切角或圆弧过渡，使墩角过渡自然且显得轻盈活泼。③采用空透式桥墩。把墩上部的开口设计成空透式，使桥墩体态灵透、轻盈，增强整体韵律感，减轻墩的体量感。

六、附属设施

（一）栏杆

1. 栏杆分类

桥梁栏杆是用来保障行人或车辆行驶安全、防止坠落或冲撞的一种必要的安全设施，是与行人接触最为接近的部位，因而造型设计效果影响着桥梁整体的视觉效果。桥梁栏杆形式虽然多种多样，但总体上可大致分为四类，即栅栏式、栏板式、棋格式和混合式。

（1）栅栏式

栅栏式栏杆是指栏杆与立柱按等间距或有规则变化来排列，用一根通栏扶手连接，不需过多雕饰，只求规格严整、简洁明快、连续流畅、施工简便，在各种桥梁工程中得到广泛应用。

（2）栏板式

栏板式栏杆分为实体栏板和镂空栏板两种形式。实体栏板式栏杆要在两个立柱间设置预制栏板，栏板上面经常雕着各种体现民族风情的饰物，用以增加情趣感，适用于中小型石桥、混凝土桥及园林桥。镂空栏板式栏杆立柱间的栏板按设计图案和纹样留出不同几何形状的孔洞，以便呈现出不同形式的镂空图形。该种形式的桥梁栏杆，不仅可以通过镂空的轮廓和形状形成刚柔、虚实、静动、疏密的美感，也可以透过空隙使人们看到若隐若现的风景，引起人们无限遐想，有着强烈的艺术效果。

(3) 棋格式

棋格式栏杆由结构多变的棋格图案组成,形式多变、生动活泼,形成了韵律性强的建筑风格。

(4) 混合式

顾名思义,混合式是前几种栏杆形式的综合,既有较为规律的基本图案,又有较为灵活的表现形式,打破了立柱式桥梁栏杆的单调感,也赋予其一定内涵。比如,我国古代桥梁望柱上雕刻的狮兽等饰物,西方桥梁望柱上雕刻的希腊神话人物等饰物,都赋予了桥梁栏杆一定内涵。

2. 桥梁栏杆美学设计要点

(1) 栏杆尺度要有"度",既保证安全又保持美感

俗语说,"危楼不可居,危栏不可依"。因此,桥梁栏杆首要功能是保证车辆、行人的安全,在满足基本功能的条件下再考虑美学设计,使其既有一定使用功能又有强烈的视觉形象。桥梁栏杆要有足够的强度和刚度,经得起拥挤和冲撞,同时在心理上给人带来安全感。为了做到这一点,应严格设计桥梁栏杆的尺度,过于纤细、稀疏的栏杆设计一定程度上会引起驾驶员心理上的不安全感。因此,栏杆设计时应结合桥梁整体设计适当增加栏杆的粗度,并紧凑布置栏杆,使驾驶员、行人经过时具有一定安全感。同时,栏杆布置应尽量不影响驾驶员的视线,以免影响行车安全。

(2) 形式设计要多样与统一,做到相辅相成、相得益彰

当前,桥梁栏杆形式设计大多千篇一律,是简单明快的设计风格。尽管简单实用,但由于构成栏杆的各个构件和图案造型不是灵活多变的,这样的栏杆设计难免让人产生单调乏味的感觉。因此,可以借助形式多样的构成构件和图案造型使栏杆设计形式变化多端,但要避免杂乱无章,以免造成反效果。为了使栏杆设计格调明快、形式多样,设计应力求做到在变化中求统一,使二者相辅相成、相得益彰,才会增强设计美感。

(3) 造型设计要与桥型相适应,使其紧密构成一个整体

栏杆作为桥梁总体构造的一部分,栏杆造型设计应对桥梁整体美观起到衬托和加强作用。因此,栏杆造型设计要与桥型格调相一致、设计形式相统一。比如,桥梁整体设计风格简单明快、纤细轻巧,栏杆设计格调也应如此,否则会造成栏杆造型相对整体突兀、不协调,不仅影响桥梁美观,也对驾驶员、行人心理产生干扰。

(4) 造型与周围环境协调,自然融入周围环境

桥梁作为基础设施,往往体现着一个地区的地域风格和民族风俗。为了将一个地区的地域风格和民族风俗传承下去,桥梁栏杆造型设计要与其所在地建筑风格和民族风俗相一致。比如,新疆地区桥梁栏杆上常常雕刻着当地风格的图案;云南西

双版纳桥梁栏板基本刻有孔雀,象征着傣族人对吉祥的向往、对孔雀的喜爱;汉族地区桥梁栏杆上则雕着石狮等兽物,象征着一种权威。这样设计出来的结构才能很好地向世人展示当地文化和民俗。

(二)照明

道路照明一般是使用立在路侧成排的路灯作为功能性照明。它的特点是效率高,光照分布均匀,同时具有很好的诱导性。对于桥梁的功能照明,如果也采用成排的路灯毫无变化地按原有的节奏排列,道路延伸的感觉虽得以体现,但桥梁节点的感觉被弱化了。尤其是城市重点地区的桥梁,造型丰富特殊,其功能照明设计要力求在白天不影响其整体造型的完整性,在夜晚又可强化桥梁的特殊地理位置、特殊结构特点,使人们在视觉感受和心理感受产生美的享受。

在我国,随着桥梁造型的不断丰富,人们对景观需求的不断提高,常规的灯杆式照明形式已经远远不能满足桥梁景观的设计要求,桥梁设计与照明设计一体化势在必行,要使桥梁无论在白天还是在夜晚均给人们呈现出完美效果。

大型桥梁必定是具有特色的大型建筑物,照明作为桥梁设计的一个重要组成部分,这就要求对大型桥梁的照明设计不能单纯地与一般道路或建筑物的照明设计相比,而要是着重考虑大型桥梁夜景照明的功能性和装饰性,设计时要将两者综合起来进行考虑。

单从大型桥梁的照明装饰性角度来看,与其他夜景照明的设计一样,需要考虑很多因素的影响。比如,照明的设计是否安全可靠,是否符合经济合理的原则;照明的设备是否便于维护,是否节省电能;照明的亮度要符合相关照明安全的规定,不能产生眩光,以免干扰驾驶者的视线。照明的设计及选用不仅要突出大型桥梁的特色,更要塑造建筑物在夜间的美好形象,并且照明的设计要把握大型桥梁建筑师的设计意图和风格,同时整个照明效果要突出桥梁的特色和韵味。

桥梁景观照明的美学设计要点主要有以下几个:①选择桥梁要素为照明表现对象。桥梁夜景照明应还原其建筑艺术美,不可千篇一律,要根据不同桥型的形体特征,有选择地进行照明设计,必须掌握桥梁的要素,如主缆、桥塔、斜拉索、护栏、纵梁、桥拱、桥墩等。②表现出桥梁造型的立体感。由于不同光源的光谱分布影响,照明对象会出现阴影,形成鲜明的立体感。但光线方向单一,会产生令人不适的阴影效果。倘若照明方向过于扩散,照明要素各个面的照度相近,则立体感就会减弱。所以,必须合理布置光源,调整光照角度,使照明要素的主照面、副照面和投影面的照度合理分配,以获得合适的立体感。③强调色彩表现。由于不同光源的光谱分布的影响,在不同光源照射下观看桥梁时,其外观色彩会发生变化,所以光源的色调直接影响桥梁色彩的表现。如果需要准确表现桥梁照明要素的色彩，则须选择高显色性光源。

(三) 桥头建筑

在很多桥梁的两头均建有大小不同、高低不等、形状各异的附属性建筑物，这些附属性建筑物称为桥头建筑。

北京卢沟桥桥头就建有碑亭，立有华表；苏州宝带桥头，修有碑亭、古塔。在都江堰安澜桥头，建有桥亭；在北京北海公园堆云积翠桥两端，各建高大牌楼一座，红柱绿瓦，色彩绚丽，形态美观。这些附属建筑和桥梁巧妙结合，高低错落，纵横有序，使桥的总体布局合理、完善。同时，它们成了指示道路、导航引渡的标志。

(四) 桥面铺装与植栽

1. 桥面铺装

桥面铺装又称车道铺装，其作用是保护桥面板防止被车轮或履带直接磨耗，保护主梁免受雨水侵蚀，并借以分散车轮的集中荷载。常用的桥面铺装有水泥混凝土、沥青混凝土两种铺装形式。水泥混凝土铺装的造价低，耐磨性能好，适合重载交通，但养护期长，日后修补比较麻烦。沥青混凝土铺装维修养护方便，通车速度快，但易老化和变形。

2. 植栽

由于工程的特殊性，绿化布置作为被置于桥梁结构之上的新生事物，其设计和建设仍应秉承"安全、经济、适用、美观"的原则综合考虑。首先，建设项目要保障桥梁的通行和通航功能。其次，景观设计须服从结构设计，即美学设计应不降低结构承载能力、结构刚度、结构稳定性和使用寿命。再次，桥面绿化设计中需考虑完善的防水、排蓄水功能，建立植物的生长环境，创造绿植的生存必要条件。最后，考虑环境保护和环境建设原则，在利用桥梁跨越河道的同时兼顾景观生态问题，从而将桥梁本身开发成为新的景观资源。

景观绿化带以常绿植物为主调，充分利用乡土树种，采用"灌＋草"的多层次、立体式的多元复合群落式种植形式，可在里面栽种具有一定观赏价值的园林植物作为点缀，或种植草本植物和低矮灌木，起到分隔道路的作用。在设计原则上，既要保证绿化带的连绵不断，形成井然有序的立面，又要保证桥梁有着良好而通畅的观景视廊，同时使绿化与周边环境构成和谐的相互关系。

在植物的选择上，应选择那些抗旱抗涝、抗瘠薄能力较强的浅根系灌木和地被植物，在满足植物生长需求的前提下，尽量减少种植土的厚度，有利于降低桥面荷载。不宜选用根系穿刺性强的植物，不宜选用速生乔木、灌木植物。常用的景观绿化植物有黄杨、美人蕉、矮牵牛、万寿菊等。种植土一般选用田园土、改良土或无机种植土。种植土需具有质量轻、养分适度、清洁无毒和安全环保等特性。

第四节　桥梁景观设计

一、桥梁景观设计概述

人类对桥梁造型美的探索，对桥梁建筑与环境协调美的追求，以及人类关于桥梁景观的理念，可以追溯到远古时期。以此为源泉，产生了源远流长的桥梁文化、桥梁艺术、桥梁美学。但直至20世纪70年代，桥梁景观才被列为独立的项目出现在现代化桥梁规划中。近年来，桥梁景观建设受到了社会各界的高度重视。许多大型、特大型桥梁都把桥梁景观设计纳入建设项目，有的桥梁甚至把桥梁艺术美作为选择设计方案的首要条件。

（一）桥梁景观的定义

桥梁景观是指以桥梁及其周边环境为审美对象，按照美学法则及功能需求对桥梁及其周边环境进行美学创造和景观资源开发的人工与自然的综合体。桥梁景观设计是桥梁美学发展到20世纪60年代至70年代出现的一种新的设计理念与思维。桥梁景观设计是着重研究如何使桥梁与桥位周边环境相融共生，共同构成景观，以及如何增加桥梁的审美价值，是一门从自然环境出发进行桥梁美学设计的学科。由此人们开始认识到桥梁设计不仅要重视桥梁本体形象，还要考虑桥梁对城市、大地景观的影响，并开始关注桥梁的地标意义。好的桥梁景观可以形成一定意义上的"景观桥梁"。"景观桥梁"是指以桥梁和桥梁周边环境为景观主体和景观载体而创造的人工风景。这里所指的桥梁是某一具体桥梁工程的总称，包括该工程范围内的主桥、辅桥、引桥、立交桥、引道、接线、边坡等单位工程。因此，桥梁景观是一个系统工程，这是它与已建桥梁中出现的单体景点的基本区别。

桥梁景观作为一门反映城市地域特色，体现传统文化传承，展示时代人文风貌的学科艺术，历来受到桥梁设计师的关注。桥梁建筑与环境、单体桥梁与多桥构景、功能与结构、装饰与造型等都是桥梁景观设计中不可或缺的重要内容。桥梁造型不是单纯的视觉形象，它还受到特定的人文自然环境、社会风土文化的深刻影响。在建桥的同时，应当对原有自然环境合理地保护、利用、开发，进而才可创造出和谐共生的环境景观。

(二) 桥梁景观设计内容

桥梁景观设计需要根据建设单位所制定的桥梁景观建设标准和要求、景观开发利用目标和要求、地区规划、环境保护和环境建设规划等，结合桥型特点、交通特点及桥位周边自然环境特点、人文环境特点，在桥梁结构设计方案的基础上，按照美学原则对桥梁及其周边环境进行景观创造和景观资源开发。

桥梁景观设计不仅要考虑结构受力平衡问题，还需注重体现桥梁的美感，强调内外兼修，同时要求桥梁与周围的环境协调融洽，这才是我们所谓的景观内涵。桥梁景观设计的要点在于兼顾内在美、外在美，并与环境相协调。

桥梁因其跨越障碍的功能决定其在结构上纵向很长。桥梁功能的重要性决定了它必须拥有极高的结构稳定性、安全性、协调性。如果桥的自身结构不能给人以安全感，那么这样的桥梁不具有美感。所以，桥梁作为一种结构体，必须具有高度的稳定性与可靠性来满足其功能要求。桥梁景观是力学与美学的结合，它不仅要达到结构与受力平衡协调的美，更注重其外在形式的美。桥梁的外形能更加直观地给人以赏心悦目的感受，它的外在形式可以说是艺术创作。桥梁与其他任何事物一样，都必须遵循美学和艺术的一般规律。

作为景观一部分，桥梁必须协调好与自然环境、社会环境、人文环境和历史环境之间的关系，这样才能称之为景观。

(三) 景观设计与结构设计的关系

桥梁结构设计是桥梁设计师根据桥梁建设方针和建设要求，以具有法律效力的标准、规范为依据，以严密精确的力学、材料学为基础所进行的结构造型创造。桥梁设计师追求的主要目标是：满足桥梁使用功能（包括通车、行人、通航、泄洪与线路顺畅连接等），保证桥梁结构安全和使用年限（即坚固耐用）；结构合理、经济；施工方便、可行；适当兼顾美观等。基于这个事实，桥梁设计师在桥梁建设中占据主导地位，并对设计承担法律责任。桥梁景观设计主要是景观设计师从事的艺术创造活动，所追求的主要目标是最大限度地发挥桥梁及周边环境的美学效应和资源功能。桥梁设计师和景观设计师分别从两个不同侧面去追求同一个目标，即建设最好、最美的桥梁。

由于各自的依据不同、知识范围有别、研究重点和领域及思维存在差异，桥梁设计师和景观设计师产生意见分歧，是国内外桥梁建设史上经常发生的现象。这种情况下就要求建设单位召开专家会议进行协调，在协调处理结构设计方案与景观设计方案之间的关系时，毫无疑问，应当把全面满足桥梁结构的使用功能及区域建设规划和环境保护要求放在首位。为此，景观设计师在以桥梁结构为主体进行造型优化时，应当充分尊重桥梁设计师的意见。景观设计师以桥梁结构为载体进行的美学创造通常不会影响结构的承载能力和使用功能，应当受到桥梁设计师的尊重。

桥梁周边景观的美学创造和景观资源开发，不是桥梁设计师所关注的范围，因而成为景观设计师发挥艺术创造的领域。需要注意的是，这些新创造必须与区域发展规划和环境保护相结合，并且拥有丰富的文化内涵。

二、桥梁景观的设计原则和流程

桥梁景观设计是重要、系统复合型的工程，涉及桥梁结构力学、建筑学、美学等诸多学科的综合。桥梁景观设计可以分解成线形设计、造型设计、平面布局设计、色彩设计、肌理设计、装饰设计六大部分。

(一) 桥梁景观的设计原则

1. 城市文化传承原则

城市建筑环境与自然环境、地域文化、技术要素等是城市文化传承的重要组成部分，按时间的痕迹被刻入街道景观是城市的特征之一。某座城市的建筑在短时间内失去的话，则人们在生活记忆中的载体就完全消失了。一般来说，桥梁景观在满足桥梁工程学方面的前提下，可以在桥梁造型与装饰纹样创作时考虑地域文化的传承。伊朗哈鸠古桥（Khaju Bridge）是一座双层砖石结构的步行桥，桥梁设计采用传统的穆斯林建筑元素符号，色彩也采用具有地域特色的土黄色，利用湖面形成倒影，打造了具有亲和力的桥空间，此桥也是当地居民数百年来聚会的场所之一。

2. 因地制宜原则

在桥梁造型选择时，为了处理环境空间与桥体的协调统一，通常采用三种方法，即强调法、消去法（尽量减少桥梁的体量关系，使其隐藏于环境中）和融合法（商业空间中利用较为广泛，一般用于增加空间氛围、烘托气氛）。如较为平坦开阔的环境中一般采用梁式桥，使其具有稳重与静态感。跨江桥梁因场合开阔雄伟，宜采用大型桥梁，如斜拉桥、索桥等，使二者整体气质相吻合。

3. 多学科融合原则

德国铁道工程师鲁克维德说："要设计美的桥梁，就必须使科学与艺术密切结合。"桥梁景观设计除工程学外，还涉及城市设计、规划设计、风景园林等学科，是一项系统工程。

各地的城市形态在地理位置与人文环境的影响下呈现不同的形态，并各具特色。桥梁作为地标性景观建筑时，不可避免地会受现存建筑与整个城市形态、风俗观念的影响。因此，桥梁造型也应符合城市轮廓线的控制原则。

随着经济的飞速发展，道路桥梁基础设施建设也不断增加，桥梁作为道路的重要组成部分，一般位于城市的结构与整体区位重要之处。在现代城市中，桥梁是跨越障碍的要道，而桥梁集工程与美学于一身，在其大体量的衬托下成为城市景观的重要构成部分。

城市优美的天际线由山体、建筑、绿化、桥梁共同构成。正如交响乐演奏中各种乐器以不同的声部共同合奏出优美的乐曲一样，桥梁天际线也是依托一定的城市大环境而形成的。城市桥梁造型的多样化，使得桥梁可以承担某一"声部"而参与织造城市天际线，并在周边建筑景观的衬托下，部分桥梁已成为城市的标志性景观。所以，在城市桥梁造型设计中，要注重按照山体、建筑的天际线进行桥梁天际线设计，以达到预期的效果。

（二）桥梁景观的设计流程

桥梁景观的设计流程主要分为前期分析定位、中期设计开展、后期指导建议三个部分。

1. 前期分析定位

在桥梁景观设计的前期分析定位时，需综合桥梁形态、广度、深度、体系性的研究分析，统筹微观与宏观，从思维到形态，斟酌建桥造景的顺序。桥梁景观设计要便利大众，明确设计的正确目标。设计方向思路的准确性要以充分真实的数据资料支撑为前提，走访调研和分析现有资料是常用的研究方法。研究内容主要从限制性要求与指导性要求两方面展开，获取限制性要求的主要途径有上位规划要求、自然条件、民风习俗和造价要求等；指导性要求强调设计方案突出当地人文、经济、社会文化等各方面的个性。

2. 中期设计开展

桥梁景观设计同时兼顾美学和结构形式两方面的内容，需要精通景观学、桥梁美学、结构理论的各类设计师相互沟通、通力合作，尽最大可能地发挥桥梁和周边环境的资源功能、美学效应。造桥造景时要多方面、多角度统筹考虑，从整体出发开展设计。摒弃先结构后装饰的操作流程与设计思路，在桥梁结构、桥梁周边环境设计中整体同步融入景观美学设计，探索新的设计模式。将桥梁本身的美学上升至桥梁区域的协调之美，从而全面传递美，走多元素统筹整合的设计之路。

3. 后期指导建议

桥梁景观设计师应参与桥梁周围区域的开发，规划建筑的形式、开发的强度，关注建筑与环境的关系，控制空间形态，保证桥梁与周围整体的景观效果。桥梁设计中应提前判断并准备调整方案,一旦在后期结果的预计出现偏差时,能够保证桥梁寿命期内的景观之美。

三、桥梁本体景观设计

(一)城市桥梁造型意象

1932年,梁思成、林徽因在《平郊建筑杂录》里写道:"这些美的存在,在建筑审美者眼里,都能引起特异的感觉,在诗意和画意之外,还使他感到一种'建筑意'的愉快,无论哪一个古城楼,或一角倾颓的殿基的灵魂里,无形中都在诉说,乃至于歌唱,时间上漫不可信的变迁……"桥梁建筑更是如此,在满足其交通运输、连接跨越功能之外,给人印象最深刻的就是它独特的造型与大体量的形体感觉,"一桥飞架南北,天堑变通途"的豪迈与欣喜。这里从桥梁造型初级的形式层次、意象层次到深层的隐喻层次进行说明,着重桥梁外观形体符号给人们带来的感官刺激。

1. 形式层次

形式层次是指桥梁建筑采用几何式图像符号,通过直观的形态、尺度、色彩、方位等表面属性,凭直觉就能认知其功能及意义,也是深层认知的先导。不同的形态特征、不同的比例可以产生不同的视觉心理效应。

2. 意象层次

意象层次是桥梁感性设计的第二层次,是指桥梁建筑本体、附属设施或附加装饰等具有表现性图像符号及类比性图像符号特征所表现出来的内涵,与形式层次相比,要经过简单的理性辨认才能激发人的知觉反应,是设计者有意加深人们的印象所采取的造型措施。

3. 隐喻层次

隐喻层次指设计者在桥梁建筑创作中采用象征符号,并注入历史、文化、生活及具有象征意义的人文要素等文化内涵,使创作结果具有特定的隐喻和深层含义的精神价值,而观赏者要有一定的文化涵养,才能获得与创作者的共鸣。

(二)桥梁色彩与装饰

桥梁色彩通常以简单、淡雅为宜,用小面积色块对比来突出强调构件,突破总体的单调,起到补充、强化空间的作用。有时为了调节桥下的沉闷感,在桥底面或桥墩处,采用明朗且反射率高的色彩。另外,在桥梁色彩处理中应注意以下问题:充分考虑民族文化传统和地方风俗的影响,尊重各地区、各民族对色彩的爱好习惯;应从与环境色彩协调的角度出发来确定桥梁色彩的色相与纯度;色彩要突出和加强桥体造型。如厦门海沧大桥的色彩设计就是在充分调查分析环境的基础上得出的。厦门由于地理位置关系，受亚热带森林环境、海洋环境的影响，当地民众喜爱用白、蓝、绿等冷色系列，又通过对桥位的环境色分析，得出环境色由低彩度色彩构成，最终权衡利弊，决定桥体采用银蓝色，使桥身具备低彩度、高明度的特点，与黑色的桥面、护栏的红色线条形成既和谐又对比的统一，具有鲜明的渲染力，营造了轻松、愉悦的环境气氛。

桥梁作为环境元素之一，为尊重原有环境或改良环境，做到景观各元素形、色、质的融合，有时会进行必要的装饰，而且装饰处理可以增加桥梁内涵，克服单纯的形体表现，诠释桥梁试图表达的象征或寓意，提高文化品位。另外，桥梁装饰处理也可以弥补某些工程方面视觉感官的缺陷，如柔化和冲淡钢材及混凝土那种单调的冷漠感，营造感性、宜人的心理环境。但应注意的是，桥梁不可为装饰而装饰，必须在与桥梁使用功能相协调的基础上充分考虑装饰的实用价值，如地区性、民族性的关联等。另外，还应结合桥梁所处环境，决定其"扬"与"抑"，并由此决定桥梁的装饰风格。与人近距离接触的部件应重点处理，做好细节。高跨度、只可远观的部件可以做简要处理，形成主次，保持整体形象的完整性。

（三）桥梁构景

1. 借景

桥梁附近（视野范围内）有好的景物，引入桥梁景观范围，称为桥梁借景。借景目的是丰富画面构图，使景色更具特色和变化，用来创造某种意境，丰富景观效果。借景手法主要有远借、临借、仰借、俯借、临借。远借一般为在桥上借远处的风光美景。高处既可远借也可俯借，临借与远借只是距离不同，四季景物皆可应时而借，表现不同的意境。风景园林中经常利用桥梁借景形成"情景交融"而产生意境，常用桥名、楹联点景立意。

2. 对景

桥梁的对景分为两种：桥中轴线一端有景点，称正对；两端皆有景点，称互对。桥梁的对景可以选择在行车方向的前方，有适当的目标，从而有明确的方向性引导和距离感，使桥梁与道路同时富有特征。

3. 框景

由于桥梁的结构特点，桥孔、索塔、门架、栏杆等开敞部分往往形成一个个的取景框，可有意引导视线在框中设对景或借远景产生内与外、暗与明、近与远、人工与自然对比的层次。将真实风景通过取景框观察，使人产生错觉，误认为是纸上的图画，从而将自然美升华为艺术美。

第七章 公路工程施工安全管理

第一节 施工准备安全技术与风险控制

一、公路桥涵工程施工安全特点

近年来，我国一直在大量修建公路，而所经地区自然环境差异大，加之桥梁建设施工环境恶劣、施工工艺复杂、技术含量高、施工难度大等特点，使得桥梁施工一直属于高风险行业，特别是近几年桥梁跨径的不断增大和新材料的应用，都给桥梁施工阶段的管理带来新的挑战。

(一) 桥梁施工项目的特殊性

桥梁建筑项目在施工过程中，施工环境复杂，各种危险、有害因素相互交织，既具有一般建筑施工项目的特点，也具有自身的特殊性。

1. 一次性

考虑项目的规模、结构以及实施的时间、地点、参加者、自然条件和社会条件，世界上没有绝对相同的桥梁建筑，设计的单一性、施工的单件性使得它不同于制造业的重复生产。桥梁工程施工任务是一次性的，且由于每个项目都有其时间、地点、环境、技术、经济等的特殊性，使得每次任务均具有区别于其他任务的特点。

生产的一次性使得项目的安全管理知识、经验和技能积累困难，并很难将其重复运用到以后的安全管理中。不确定因素多，决定了在建设的过程中，安全管理所要面对的环境情况复杂，并且需要不断地面对新的问题，因此需要充分发挥创造性。

2. 流动性

首先是施工队伍的流动性。桥梁建筑工程项目具有固定性，这决定了建筑工程项目的生产是随项目的不同而不断地流动的，施工队伍需要不断地从一个地方远距离换到另一个地方进行施工，施工流动性大，生产周期长，作业环境复杂，可变因素多。

其次是人员流动性。桥梁施工的作业条件较差，施工人员的技术水平、文化程度、安全素养普遍不高。有关资料表明，部分施工人员是农民工，人员流动性较大。

最后是施工过程流动性。桥梁建筑工程从基础主体到竣工各阶段，因分部、分项工程、工序的不同，施工方法的不同，现场作业环境、状况和不安全因素都在变化中，使作业人员需要经常适应不同的工作环境，建筑项目的流动性特点存在不确定性，要求项目的组织管理对安全生产具有高度的适应性和灵活性。

3. 密集性

首先是劳动密集。目前，建筑业工业化程度较低，需要大量人力资源的投入，是典型的劳动密集型行业。由于建筑业集中了大量的农民工，很多都是没有经过专业技能培训，这样的劳动密集型给安全管理工作提出了挑战。

其次是资金密集。建筑项目的建设是以大量资金投入为前提的，尤其是公路桥梁，有时资金总投入多达几亿元，跨海大桥甚至多达几十亿元。资金投入大决定了建筑项目受制约的因素多：一是受施工资源的约束；二是受社会经济波动的影响；三是受社会政治的影响。因此，建筑安全生产要考虑外界环境的影响。

4. 周期长

桥梁工程尤其是大型桥梁的施工，在较长的时间内占用、消耗了大量的资源，直到工期结束，才能得到可以使用的产品。因此，在施工的各阶段，应严格计划、科学管理，并且在桥梁施工的整个周期，使各环节紧密相扣，使工程施工安全得到控制，使工程的技术经济效益及社会效益均达到最佳。

5. 协作性

桥梁工程结构形式多样，因地质、水文及公路等级、使用要求的不同而有不同的设计。例如，大型桥梁跨越主河道，主桥的结构形式与引桥的结构形式有很大的不同。为了按计划正常施工，建设、设计、监理、施工单位必须密切配合，材料、动力、工程各部门应全力协作，同时地方各级政府部门和沿线的各相关单位的团结协作也不可缺少。

（二）桥梁施工企业的组织机构特点

1. 项目管理与企业管理离散

施工企业安全生产管理水平往往通过工程项目管理水平加以体现和落实，由于一个企业同时有多个项目，且项目往往远离公司总部，这种现实状况使得现场安全管理的责任更多地由项目部来承担。由于桥梁工程项目的临时性、特定环境和条件以及项目盈利能力的压力等，使企业的安全管理制度和措施往往难以得到充分的落实。

2. 多层次分包制度

由于建筑工程存在分包、专业承包的体制，总承包企业与分包或专业承包企业责任制度的建立和落实、现场的管理和协调等，均对工程质量、安全管理影响很大。

3. 施工管理的目标(结果)导向

项目具有明确的目标(质和量)和资源限制(时间成本),这些往往对建筑施工单位形成一定的压力。建筑施工中的管理主要是一种目标导向的管理,而安全管理恰恰是过程中的管理。

(三)安全管理体系相关概念的定义与区别

安全管理体系的基础是危险源辨识与风险评价。与它们相关的概念还有故障、隐患、危险、风险事故、安全。下面对相关概念做简要阐述,以加深读者对安全管理工作的理解,提高安全管理的水平和效率。

1. 故障、隐患、危险、风险、事故、安全的定义以及相互关系

故障:指设备在工作过程中,由于某种原因"丧失规定功能"或危害安全的现象。

隐患:指在某个条件、事物以及事件中所存在的不稳定并且影响到个人或他人安全利益的因素。

危险:指材料、物品、系统、工艺过程、设施或场所对人、财产或环境具有产生伤害的潜能。

风险:指某一特定危险情况发生的可能性和后果的组合。

事故:指造成死亡、疾病、伤害、损坏或其他损失的意外情况。

安全:指免除了不可接受的损害风险的状态。

这些概念既有区别又有联系。所谓安全,不是指完全没有损害,而是指损害在可以接受的范围。绝对的安全是不存在的,任何时候都会有大大小小的隐患存在。如果及时发现并消除隐患,就能使系统处在一个正常的状态。如果存在隐患而没有及时处理,就会发生故障。故障不一定会有危险,也有可能是丧失一些功能,也有可能导致危险。而风险是指发生危险的可能性,不是指危险本身。事故是意外情况,而不是意外情况的也有可能是危险,比如施工过程中产生粉尘不是事故,但人长期处于这种环境中而对人体有害。

2. 事故隐患与危险源的定义与区别

(1)事故隐患的定义

事故隐患是指人的活动场所、设备及设施的不安全状态,或者由于人的不安全行为和管理上的缺陷而可能导致人身伤害或经济损失的潜在危险。不明显的故障点或虽有受伤点但各项指标均不超出安全许可范围,都可称之为安全隐患。

(2)危险源的定义

危险源是指一个系统中具有潜在能量和物质释放危险的,可造成人员伤害、财

产损失或环境破坏的,并在一定的触发因素作用下可转化为事故的部位、区域、场所、空间、岗位、设备及其位置,以及不安全的行为和状态。危险源具有三个要素:①危险一般由于能量或毒物释放失去控制而引起。在进行风险分析时,首先要确定危险源种类,如毒物释放、爆炸、火灾等;其次要确定系统中哪一部分是危险的来源,如压力容器、压力管道、储罐、动力装置等。②环境、人员或其他生态系统、建筑物或构筑物暴露于危险区域的程度。③危险一旦发生,对暴露目标带来的有害作用或可能造成的损失。

这三个要素称为风险链,在进行风险分析时,要对链中的每个环节做具体分析和评价。

(3) 事故隐患与危险源的区别

事故隐患与危险源不是等同的概念。

事故隐患实质是有危险的、不安全的、有缺陷的"状态"。这种状态可在人或物上表现出来,如人走路不稳、路面太滑是导致摔倒致伤的隐患;也可表现在管理的程序、内容或方式上,如检查不到位、制度的不健全、人员培训不到位等。

危险源实质是具有潜在危险的源点或部位,是爆发事故的源头,是能量、危险物质集中的核心,是能量从那里传出来或爆发的地方。危险源存在于确定的系统中,在不同的系统范围,危险源的区域不同。例如,对于危险行业具体的一个项目(如某桥梁施工项目)就是一个危险源。而对一个工程项目来说,可能是某个仓库、某个场所,一个施工队伍中也可能某台设备是危险源。因此,分析危险源应按系统的不同层次来进行。一般来说,危险源可能存在事故隐患,也可能不存在事故隐患,对于存在事故隐患的危险源一定要及时加以整改,否则随时都可能导致事故。

重大危险源实质上是管理的概念,体现了在事故预防中应分清主次、抓住主要矛盾的思想,是国家或地区对于可能发生重大工业事故的设备、设施、场所采取预先、重点、宏观和统一控制的思想。重大危险源主要针对的是物质危险源,是易燃、易爆、有毒、有害等危险物质的客观存在。危险物质的量超过了规定的临界量时,即构成了应该着重关注、重点管理的重大危险源。

实际中,对事故隐患的控制管理总是与一定的危险源联系在一起,因为没有危险的隐患也就谈不上要去控制它;而对危险源的控制,实际就是消除其存在的事故隐患或防止其出现事故隐患。所以,实际中有时不加区别地使用这两个概念。

根据上述对危险源的定义,危险源应由三个要素构成,即潜在危险性、存在条件和触发因素。危险源的潜在危险性是指一旦触发事故,可能带来的危害程度或损失大小,或者说危险源可能释放的能量强度或危险物质量的大小。危险源的存在条件是指危险源所处的物理状态、化学状态和约束条件状态。例如,物质的压力、温度、化学稳定性，盛装压力容器的坚固性，周围环境障碍物等情况。触发因素虽然不属于危险源的固有属性，但它是危险源转化为事故的外因，而且每一类型的危险源都有相应的敏感触发因素。例如，易燃、易爆物质，热能是其敏感的触发因素，又如压力容器，压力升高是其敏感触发因素。因此，一定的危险源总是与相应的触发因素相关联。在触发因素的作用下，危险源转化为危险状态，继而转化为事故。

(4) 风险的特点

风险不等于危险。风险有两种定义：一种定义强调了风险表现为不确定性；另一种定义则强调风险表现为损失的不确定性。

若风险表现为不确定性，说明风险只能表现出损失，没有从风险中获利的可能性，属于狭义风险；而风险表现为损失的不确定性，说明风险产生的结果可能带来损失、获利或无损失也无获利，属于广义风险，金融风险属于此类。

风险是某种危险情况发生的可能性，以及这种危险情况发生后所造成伤害或财产损失等后果共同作用的结果。其中危险情况发生的可能性通常可以用这种危险情况发生的概率加以描述。

能量很大的危险源，如起重机，若控制到位，则风险评价的级别可能很低；能量很小的危险源，如某个国防光缆，若没有防护或防护不到位，则风险评价的级别可能很高。风险级别越高，预防措施增加越急，增加后风险等级必须进行变化；危险源能量越大，导致控制措施越全面，但危险源具有的能量不会发生变化。

安全改进项目属于不可接受风险的措施，应该建立在危险源辨识的基础上，没有辨识就没有不可接受风险，更不需要增加预防措施。

(四) 桥涵施工项目安全管理的特点

桥涵施工项目安全管理除了具有一般建筑施工安全管理的共同点，还具有以下特点：①桥涵工程施工项目安全管理的难点多。桥涵施工受自然环境的影响大，高空作业多、地下作业多、水上水下作业多、大型机械多、用电作业多、易燃易爆物品多等，因此安全事故引发点多，并存在大量危险源。②桥涵安全管理的劳保责任重。桥涵工程的施工是劳动力密集型，人工作业多，数量大，交叉作业多，机械集中，施工的危险性大，因此要通过加强劳动保护措施来创造安全施工条件。③桥涵施工现场是安全管理的重点。施工现场人员集中、物资集中、机械集中，又是工、料、机结合的作业场所，安全事故一般都发生在施工现场。④桥涵施工项目安全管理是企业安全管理的组成部分。桥涵施工项目安全管理作为企业安全管理的一部分，其安全管理体系应服从企业的安全目标及安全制度，根据工程实际情况，制定符合实际的、有效的安全保障体系与制度。

二、桥涵施工安全调查策略

桥涵施工前，应对施工现场和临时工程的安全环境、地质条件、社会环境、气象条件等进行调查，确保临时结构、临时工程的选址、设计和施工的安全，确保工程结构物施工进场的安全，同时为制定安全规章制度等提供资料支持。

(一) 桥涵结构物安全调查策略

准确掌握桥涵结构物的位置、结构形式、基础类型、主要工程数量及分布情况，重难点工程结构类型、施工方案、技术难点、推广新技术项目等，尤其应注意高墩、深基坑、大跨等风险较高的工程特点。

(二) 水文气象资料安全调查策略

某长江大桥施工现场的江面上突然刮起了大风，致使桥墩上的钢筋遭受较大风力发生倾斜坍塌，导致数人伤亡。因此，水文气象资料务必精准掌握，并与工程结构特点及施工方案相结合，精准分析风险之所在并加以控制。应掌握的水文气象资料包括河流分布、流量、流速、洪水期、水位变化、气温、雨量、风向、风速、大风季节、积雪厚度、冻土深度等，为施工现场的雨期防洪安全工作，水上水下作业的安全管控，冬期防凌、防冻、防寒、防滑的安全控制，高空作业(尤其是江河湖海中修建桥梁，极易受到大风、飓风甚至台风的影响)提供基础分析资料。

(三) 地形、地貌及地质安全调查策略

全面掌握地形、地貌特征，地质构造(土壤类别、岩层分布、风化程度、不良地质现象和工程地质状况)，地下水的水质、水量，地震烈度等，为工程结构物的安全专项方案编制、安全技术措施的采用、安全风险的管理控制提供基本资料，为便桥、便道等临时工程选址设计与施工维护以及临时结构(围堰、支撑等)的设计、搭设、使用提供基础资料。缺乏地质资料时，杜绝进行临时结构、临时工程的选址和设计，杜绝盲目进行工程结构物的施工，以防发生安全事故。

另外，要特别强调的是，泥石流、滑坡、塌方落石等对工程结构物的施工安全构成极其严重的威胁，务必做好调查，临时工程选址时应进行必要的规避，无法规避时应制定相应的安全措施和应急预案并贯彻实施。

(四) 原材料安全调查策略

主要以调查钢筋、水泥等的产地、产量、质量、运距等，既要考虑经济性，又

要考虑安全性。调查砂石料的供应情况，若自行采集时，应调查采集地点的危险源（如河道、河滩采备）；若自行制备，应调查制备的安全环境与安全条件。

(五) 既有设施安全调查策略

既有设施安全调查的主要目的在于考虑能否及如何利用既有的电力、油料、燃料、交通、通信、当地水源和生活供应、可利用的民房、劳力和附属辅助设施情况等。不可忽视的是，既有设施对于工程结构物的施工安全也有较大的影响，如邻近建筑物、铁路营业线、既有公路、高压输电线路等，若方案不当，可能造成触电、火灾、建（构）筑物损毁等严重事故。

(六) 社会环境调查策略

掌握当地人口、土地数量、农田水利、征租土地、拆迁的政策和规定等，熟悉当地人民群众生活风俗习惯、社会治安、医疗卫生等情况，以免与当地群众发生矛盾甚至发生社会群体性事件。

三、施工便（栈）桥与码头安全技术与风险控制

(一) 施工便（栈）桥

1. 风险控制总体策略

施工便桥与施工栈桥，其实是有细微区别的。多数情况下，没有桥墩的称为便桥，而有桥墩的称为栈桥。也可以这样理解，便桥属于便道的一部分，仅作为运输通道，而栈桥修建在桥梁主体工程的侧面，不仅作为运输通道，还作为临时码头。施工便桥和施工栈桥，都属于临时架设的简易桥梁。为了节省篇幅，在此一并叙述。

对于施工便（栈）桥应根据实际情况确定其功能要求，而由功能要求的不同确定其具体的构造组成。通常的形式有型钢便（栈）桥、装配式贝雷梁（上承、下承）便（栈）桥、钢筋混凝土便（栈）桥。按主梁受力方式的不同，便（栈）桥主要有以下两种形式：一种是上承式便（栈）桥，因主梁形式不同常见的上承式便（栈）桥有工字钢、贝雷梁等；另一种是下承式便（栈）桥。

施工便（栈）桥作为一种临时工程，若选址不当、设计不周、施工质量不良、运营维护不到位，极易发生桥毁人亡的重大事故。其风险控制总体策略为以下几点：

① 严防桥位选址不当的严重性错误，以免造成重大经济损失（甚至重建）和人员伤亡。

② 在设计过程中，严防荷载取值偏于不安全的设计行为（尤其应注意不要缺少

风、波浪、潮流等造成的其他可变荷载),以免因承载能力不足而发生垮塌事故,因抵御自然灾害能力的不足而导致垮塌事故;严防未进行船舶撞击检算,以免一旦船舶撞击而导致桥梁损坏甚至垮塌事故;严防不采取防撞设施、防冲刷措施而发生便(栈)桥垮塌事故。

③便(栈)桥在使用过程中,严防不对便(栈)桥进行必要的观测、必要的交通管制(可能超载)以及必要的养护维修而发生垮塌事故。

④在拆除过程中,严防现场盯控不到位、安全措施不到位而发生机械伤害、溺水、起重伤害。

2. 施工便(栈)桥的安全选址

①施工前,应根据工程地质、水文地质、使用条件和现场情况,按照现行公路设计规范等的有关规定,对便(栈)桥结构进行施工设计和结构计算,临时便(栈)桥设计图纸应经过审查批准。

②以主体工程及拌和站为中心,以最短距离通往主体工程施工场所,并连接主干道路,使内外交通便利。

③充分利用原有道路,对不满足施工要求的道路进行改造,以节约投资资金及施工准备时间。

④尽量避开洼地和河流,不建便(栈)桥或少建施工便(栈)桥。

⑤因地制宜,充分利用现场的地形和地物。

⑥便(栈)桥的选址要充分考虑河道的排洪要求,同时以尽量减少桥长为原则。

⑦接到设计文件及线路征地图后,应立即组织相关人员进行征地,调查结构物现场的原地貌,结合现场的整体场地规划进行施工便道选线,并随实施性施工组织设计上报监理工程师,批准后方可实施。

3. 施工便(栈)桥的安全设计

①便(栈)桥应执行"申报—审批—实施—验收—使用"的程序。一般由使用单位自行组织验收,需地方或上级有关部门鉴定的应组织鉴定。项目经理部设计,并附荷载计算书(有条件委托具备设计资质的应委托具备相应资质的单位进行设计),经监理组验收合格后投入使用。

②在展开进行便(栈)桥结构设计前,需要收集以下资料:a.工程项目设计图纸;b.沿线各种地形断面图、地层断面图、地质报告;c.气象、水文资料;d.便(栈)桥的功能和修建便(栈)桥的目的;e.通过便(栈)桥各种机械资料,主要为机械规格、外形尺寸、性能及轮压;f.通过便(栈)桥其他最大和最重构件尺寸、重量。

③施工机械、机动车与行人便(栈)桥宽度应根据现场交通量、机械和车辆的宽度等参数在施工中确定。一般人行便(栈)桥桥宽不小于0.8 m;手推车便(栈)桥

宽度不得小于1.5 m；机动翻斗车便(栈)桥桥宽不得小于2.5 m；汽车便(栈)桥桥宽不得小于3.5 m。

④便(栈)桥高程主要根据当地最大洪水水位(潮位)考虑，桥下净空应根据计算水位或最高流冰水位加安全高度确定，并保证不会形成流冰、漂浮物阻塞；同时要考虑施工便道及施工平台高程，并尽量与其保持一致，尽量避免设计纵坡。便(栈)桥跨度确定应从安全、经济、搭设方便、满足通航、满足泄洪要求等方面考虑。从安全角度考虑必须保证在桥梁设计洪水位以内的各级洪水及流冰、漂浮物等的安全通过。同时，必须设置防撞墩或采取其他有效防撞措施，夜间必须张挂红色警示灯。

⑤便(栈)桥桥墩应优先使用钢管桩搭设，对于有覆盖层的河床，钢管桩的入土深度应能满足承载力要求；对于无覆盖层的河床，采用复合桩基形式，先安放复合桩基护筒，钢护筒随冲击钻跟进2 m，钢护筒中浇筑混凝土，钢管桩插入钢护筒中的混凝土内，确保复合桩与河床有效锚固。

⑥为防止水流冲刷，宜于桥台上游回填部分钢筋片石笼。

⑦便(栈)桥桥面应具有良好的防滑性能，钢质桥面应设防滑层。

⑧桥长大于200 m后应设置避车道，避车道的宽度应不小于6.5 m，桥面和桥两端一定范围内要设置高度不小于1.2m的防护栏杆及安全立网，并配备一定数量的夜用照明设施、救援设施，施工便(栈)桥两侧桥头在醒目位置应设置车辆的限速牌、限载牌和禁行标志。

⑨通过便(栈)桥的电线、电缆必须绝缘良好，并固定在桥的一侧。

4.施工便(栈)桥的安全搭设

①便(栈)桥施工前，应掌握所在的江河湖海的气象信息(包括天气预报)，严防在大风(含飓风、台风等)、大雨(含暴雨)、大雾(含浓雾)等不利天气条件下进行便(栈)桥的搭设施工。

②在便(栈)桥上采用起重机、打桩机、沉桩机进行沉桩施工时，便(栈)桥应满足自身施工过程的安全，同时防止机械倾覆事故发生。

③采用打桩船进行沉桩时，当附近船舶的航行波影响打桩船的稳定时，应暂停沉桩。

④桥面高处施工时，严防作业人员不系好安全带的不安全行为，以免造成高处坠落伤害。

⑤水上施工时，严防作业人员不穿好救生衣的不安全行为，以免造成溺水事故。

⑥便(栈)桥搭设完成后应经验收，确认合格并形成文件后，方可使用。

5. 施工栈桥的安全运营

在使用过程中，应随时检查和维护，必要时进行栈桥的观测，对于超长栈桥，还应进行必要的交通管制，保持栈桥的状态完好。

(1) 栈桥观测

栈桥所经区域地质结构复杂、气象条件恶劣、水文条件多变时，应加强对栈桥的观测。尤其是跨海大桥的栈桥，海洋环境条件恶劣，台风、潮汛、龙卷风等灾害性天气时有发生，冲刷、沉降、风、潮、流等不确定因素都将对栈桥安全直接构成影响。

为了更好地校对核栈桥的设计参数，由栈桥观测小组根据栈桥观测方案，要求持续不断地对施工和运营中的栈桥进行观测。对栈桥的观测主要内容有：冲刷观测、流速观测、风速观测和沉降观测，详细记录、及时整理原始资料，为栈桥的安全运营提供技术保障。

(2) 栈桥交通管制

为满足桥梁工程建设的需要，可由管理领导组、交通执勤组和维修养护组组成栈桥交通管理机构，制定交通管理、人员管理、车辆管理、占用桥面施工管理和用电管理的相关规定并贯彻执行，有效地对栈桥进行交通管制，确保施工栈桥运营过程中的安全和畅通。

(3) 栈桥养护维修

应设立栈桥维修养护队伍，配备必要的机械、工具和材料，由专人巡视和养护栈桥的桥面系、梁体(如贝雷梁)和基础(如钢管桩结构)。发现栈桥有局部损坏，及时上报并及时维修加固。定期对栈桥进行全方位检查和保养，以确保栈桥的使用安全。

(4) 栈桥预警及抢险

在重大灾害天气多发地段，应按照"以人为本，避免伤亡；以防为主，防抗结合"的原则，提前做好各项工作，制定应急预警机制和抢险方案，以便对险情及紧急情况能迅速作出反应，并能采取有效的抢险救助措施。特别强调的是，预警与抢险的指导思想要明确，预警条件与指标要具有可操作性，组织保障要切实可靠，抢险预案要细致周全，抢险可以迅速启动实施。抢险预案主要包括：栈桥通行管理；人员保护；栈桥及设备安全；灾后处理；等等。

① 栈桥预警。对栈桥结构进行持续观察，当栈桥相邻桩基础桩顶的不均匀沉降达到 3.5 cm 或桩基础的局部冲刷深度超过其入土深度的 20% 时，发出预警。② 应急预案。当出现超出"非工作状态标准"的风、浪、流时，应提前撤出栈桥上的人员、车辆，启动应急预案；突发汛潮导致局部冲刷深度超限，启动应急预案；突发性灾害出现(如龙卷风、车辆撞击栏杆、车辆或邻近施工机械起火等)，启动应急预案。

③栈桥抢险。栈桥预警抢险工作重点在预防,特别对大风、台风、龙卷风和汛期、天文大潮要及早准备。可选择适当时机进行抢险演练,根据气象预报,在灾害天气有可能到来之前的两三天内进入预警状态,各小组成员要到位,并召开会议,做好人员准备、物资准备、思想准备。

6. 施工便(栈)桥的安全拆除

工程完工后,应根据有关临时征地及排洪要求,将施工便(栈)桥予以拆除。当地村民(居民)要求保留并且符合有关环保、防洪等法规政策要求时可以保留,但要与当地政府签好协议,否则应对河道进行清理。

便(栈)桥上部结构(桥面板、贝雷梁)可采用人工配合履带式起重机进行拆除。在拆除带有桥墩(如钢管桩等)的便(栈)桥前,先做好便(栈)桥未拆段的加固工作,加固经检查合格后方可进行下道工序施工。在拆除钢管桩时,最大的技术难题在于钢管桩拔起,可采用履带式起重机配合液压振动锤进行拔出作业。在拆除过程中,要严防不对未拆段进行必要加固,严防发生机械倾覆事故和机械伤害,严防违章使用履带式起重机进行起吊作业而导致起重伤害。

(二) 施工临时码头

① 临时码头位置应选在河流两岸比较开阔,河床比较稳定,水流顺直,地质较好的河段,进入码头的道路应坚固、稳定。

② 对临时码头应进行施工设计,图纸应经过审查批准,应按设计图纸施工,临时码头应配备相应的安全防护设施。

③ 渡船、拖轮应配有安全设施,按核定载重或车数、人数装载,严禁超载、超高、超宽运输。遇有上下船舶通过,不得横越强渡。

④ 码头的附属设备,如跳板、船环、柱桩等应牢固可靠。

⑤ 为临时码头搭设的栈桥必须坚固可靠,两侧人行道、轨道中间应满铺木板或钢板(视施工所需而定)。栈桥临水端应设置靠船的靠帮和系缆设施。通过栈桥的电线、电缆要绝缘良好,并固定在栈桥的一侧。

⑥ 栈桥码头应有抗洪水、流水及其他漂浮物冲击的能力,应对各种设施经常进行维护。

四、施工便道安全技术与风险控制

(一) 风险控制策略

施工便道属于临时工程,是公路为维持短期通车而修建的临时线路,一般采用较低的建筑标准,通常在达到预期使用目的后即拆除或废弃。随着公路建设向山区的不断延伸,由于山区既有交通闭塞,公路施工时一般都需要修筑施工便道。又由于便道的临时性、低标准、所建山区地质条件复杂等特点,近年来,因便道引发的安全事故时有发生,成为山区公路工程施工中重要的安全隐患。

施工便道风险控制的重点在于以下几点:

① 杜绝因选线不当引发地质灾害。

② 防止因修建标准偏低导致交通事故。

③ 防止排水、防洪措施不当的不安全行为,以免造成道路冲毁或坍塌。

④ 防止无必要安全标志或安全标志设置错误的不安全状态,以免造成交通事故。

⑤ 杜绝便道的土石方弃渣未弃置在河道、沟谷的不安全行为,以免引发泥石流灾害和洪水灾害。

⑥ 在盘山道、"之"字道上同一段内进行便道施工时,严防作业人员上下同时进行开挖土石方作业的不安全行为,以免造成物体打击伤害或埋压事故。

⑦ 严防施工机械的指挥及操作人员酒后作业或疲劳工作的不安全行为,以免造成机械伤害或交通事故。

⑧ 陡坡作业时,严防作业人员不系好安全带和安全绳的不安全行为,以免造成高处坠落伤害。

⑨ 维修便道时,防止施工地段的两端未正确设置安全警告标志的不安全行为,以免造成车辆伤害或交通事故。

⑩ 防止因便道恢复不到位而引发社会群体性事件。

(二) 建设标准

1. 宽度

① 要求便道干线 5 m 宽,支线 3.5 m 宽,曲线或地形复杂地段应适当增加。

② 特殊地段可适当降低宽度要求增加会车台处理,但不得低于干线 3.5 m 宽,支线 2.5 m 宽。

③ 在临壑地段,应适当加宽路面,以确保行车安全。

④ 在需要设置会车台的路段按照每 200 m 设置一处,会车台处路段路面宽度不得小于 6 m,路基宽度不小于 7 m,长度不小于 20 m,且有明显标识。

2. 坡度

纵向:一般情况下不得大于 8%,困难条件下不得大于 10%,极困难条件下不得大于 15%(需根据所配备的各种车辆和大型机械的具体情况来确定)。挖方和低填方路段，应设置不小于0.3%的纵坡（以利于排水）。

横向（路拱）：1.5%~2%。

3. 转弯半径

一般情况下不得小于20 m，困难条件下不得小于15 m，极困难条件下不得小于10 m（需根据所配备的各种车辆和大型机械的具体情况来确定）。

4. 路基

新建路基必须经过分层碾压，以满足施工车辆运输要求。对于特殊地段，务必进行换填或加固处理。施工便道边坡坡率不应小于1∶0.5。

5. 路面

施工便道路面最低标准采用泥结碎石或级配碎石（基层应采用不小于20 cm厚的6%石灰土，面层应采用不小于5 cm厚的泥结碎石），在条件允许的情况下，便道面层可采用矿渣铺筑（不小于8 cm）；特大桥、搅拌站和预制场与地方路连接段便道路面必须采用20 cm厚C25混凝土硬化。

各场（站、区）、重点工程施工等大型作业区，进出场的便道40 m范围应进行硬化，标准为C20混凝土、厚度不小于15 cm，并设置碎石或灰土垫层，基础碾压密实。

6. 挡护

靠近沟壑一侧必须修建挡护工程，包括挡土墙（填方段）和防撞墩，防撞墩采用混凝土浇筑，黄黑色油漆竖向标识（黄黑间距25 cm），在挖方段靠近易滑坡体侧要设置上浆砌片石挡护，高度不小于1 m，勾横平竖直的阳缝。

7. 水沟

施工便道应设置必要的排水沟，确保便道路面排水畅通；排水沟根据地形设置，宽度和深度不小于0.5 m，并进行硬化处理，可采用石砌。根据地形每100 m左右将排水沟中水流通过路面下暗沟引至沟壑一侧排走，引入沟壑时注意水土保持，不得冲刷当地农田，暗沟采用埋设混凝土预制管的方法通过路面。

在汇水面积较大的低凹处设置涵洞，以满足排水泄洪要求。

便道经过水沟地段，要埋置钢筋混凝土圆管或设置过水路面，做到排水畅通。

8. 标识

便道全程必须悬挂或立警示、指示标志，标志标识制作要求见国家交通安全标识标准。标识标志包括转弯警示、急坡警示、落石警示、会车台指示、桥梁指示、整里程标识、分叉路口指示、工地驻地指示、限高、限重、限速标志牌等。

(三) 安全选址与选线

临时便道选址与选线过程中，应遵循如下原则：

① 结合地形、地物和现有生活、生产设施，充分利用现有道路，尽量避免对当地居民生活造成困扰。

② 便道处于傍山时，要注意避免修建便道引发滑坡、坍塌等地质灾害，要注意处理边坡危石，防止滑坡、塌方破坏便道。

③ 遵循施工平面布置，必须满足工程施工机械、材料进场的要求。

④ 便道宜利用永久性道路，新修施工便道应尽可能建在永久用地范围内 (不用恢复原貌)。

⑤ 应尽量避免与既有铁路路线、公路平面交叉。便道干线不宜占用路基，特殊地段必要时可考虑短期占用路基，但应采取短期临时过渡性措施，尽量缓解干扰。

⑥ 尽量避开洼地和河流，不建便桥或少建施工便桥 (风险高、成本高)。

⑦ 便桥的选址要充分考虑河道的排洪要求，同时以尽量减少桥长为原则。

⑧ 施工现场的道路应保证畅通，并与现场的存放场、仓库、施工设备等位置相协调，满足施工车辆的行车速度、密度、载重量等要求。

⑨ 合理保护便道上的古树、大树及珍贵树木，尽量少破坏原生态，将开挖范围内的树木、草根移栽到便道路边或边坡上，并适时在边坡植草、种树。

⑩ 接到设计文件及线路征地图后，应立即组织相关人员进行征地，调查结构物现场的原地貌，结合现场的整体场地规划进行施工便道选线，并随实施性施工组织设计上报监理工程师，批准后方可实施。

(四) 安全标志

① 对施工便道从起点起依序统一编号，设便道标识牌于路口处，标识牌按照 1.0 m × 0.8 m 尺寸制作，蓝框白底蓝字，标明便道序号、方向 (通往 × ×)、陡弯段里程等内容。

② 路线明显变化处、便道平面交叉处，应设置指路和警告标志。施工便道转弯、临空处、交叉口和出场地入口须埋设高度不低于 0.8 m，间距不大于 10 m 的警示桩。警示桩可采用直径不小于 10 cm 的 PVC 管制作，管内填 C15 混凝土，管外贴红白相间反光膜，警示桩采用 C20 混凝土基础，尺寸为 20 cm × 20 cm × 30 cm。

③ 便道途经村镇、街道、学校等人口密集区，应设置禁令标志。

④ 易塌方、有滚石等危险路段，应设置道路防护及警告标志。

⑤ 途经小桥，应设置限载、限宽标志；途经通道，应设置限宽、限高警告标志。

在跨越河道便桥，要根据计算的承载力和宽度设置限高、限重、限速标志牌，便桥两侧设置防坠落护栏，其高度符合相关要求。

⑥ 施工便道宜设置里程桩和百米桩，从起点开始对应主线桩号在便道外侧路肩埋设。

⑦ 在进入施工便道后的路侧应设置"进入施工现场，请减速慢行"标志，同时应并设限速标志；从干线公路或地方道路等进入施工便道时，应在入口处设置"非施工车辆，禁止驶入"的禁令标志。

(五) 安全施工

① 施工人行道的宽度不得小于1 m，特别困难地段不得小于0.6 m。

② 陡坡地段运输便道应在陡坡上挖砌台阶。

③ 在"之"字形施工便道转弯处，应设置不小于1 m×1 m的平台，按需要设置栏杆和加铺防滑材料。

④ 施工便道的土石方弃渣应妥善处理，不得：侵占正式工程建筑物位置；挤压河道；污染水源；引起流石流泥，甚至引起泥石流；毁坏农田；危及行车安全。

⑤ 施工便道使用土石方机械时，在半路堑陡坡地段的虚渣作业区，应设置明显的禁止超越标志，设防护人员指挥机械作业。

⑥ 盘山道、"之"字道上同一段内严禁上下同时进行开挖土石方作业。

⑦ 所有施工机械在停机时，应恢复到启动前的安全位置上。推土机的刀片、铲运机的铲斗、挖掘机的挖斗，在工作完毕后应落到地面。非值班司机，不得启动机械。

⑧ 任何人员不得爬乘挖掘机、铲运机、翻斗车等施工机械。

⑨ 施工机械的指挥及操作人员不得酒后作业，严禁疲劳工作，必须精力集中，加强瞭望，保证安全。

⑩ 夜间施工应有照明设施。当照明设施发生故障时，正在作业的机械应停止作业。施工机械的大灯光改为小灯光，并低速靠边行驶。

⑪ 在陡坡上作业的人员必须系好安全绳。安全绳在使用前必须检查是否拴牢固。

⑫ 施工人员作业前，应有专人对作业环境的粉尘含量进行检测，严禁在粉尘含量超过2mg/m³的环境中工作。

⑬ 清理路堑边坡孤石或进行刷坡，必须自上而下进行；严禁重叠作业和坡脚站人。

⑭ 火烤熔化冻土，应有防火措施。

⑮ 在解冻地区施工必须防止冻土因受热融化发生坍方和冻块坠落伤人、砸坏设

备等事故。

⑯ 各种脚手架、机械塔架等均应设在稳固的地基上，严禁超载。

⑰ 脚手板上必须有防滑设施，不得使用腐朽、劈裂的木板，并不得出现探头板。

⑱ 接触灰土的作业人员，应戴口罩和手套等防护用品，在上风口作业。

⑲ 施工便道靠近既有铁路时，应在靠近铁路一侧设置防护设施，设置道路出入口栏门。出入口栏门应有专人看守，车辆及大型施工机械进入应实行监护、许可制度，未经许可严禁进入；不施工时应封闭。

⑳ 施工便道靠近高路堑、深基坑时应设置防护设施及安全警示标志。行人、车辆频繁通过的施工便道交叉路口应悬挂安全警示标志。

㉑ 临时便道和正式公路交界处应设置安全标志。在施工便道间的交叉口、与铁路的交叉口及渡口处，应设立标志。

㉒ 在傍山险路处，应将设置的防护石墩刷白。

㉓ 在过水路面、漫水桥上、积雪严重地段应设置标杆。

㉔ 施工便道应避免在架空索道及起重设备工作范围内穿越，如因场地限制需穿越时，应有防护设备和安全措施。

㉕ 冬季施工时，所有道路均应及时清除冰雪和采取防滑措施。

(六) 安全养护

① 施工期间应指定专人负责对施工便道（便桥）的日常检查和养护，每个项目部最少要配备一台洒水车以用于晴天洒水，做到雨天不泥泞，晴天少粉尘。

② 利用地方道路作为施工便道，项目经理部应提前与有关部门签订好协议，待工程完工后按照协议进行补偿或修复。

③ 工程完工后，项目经理部应将施工便道及便桥予以拆除。当地部门要求保留时，要与相关部门签订好协议，否则应予以复耕或对河道进行清理。

④ 及时清理排水沟和涵洞的淤泥、杂物，保证排水通畅。

⑤ 施工车辆需频繁、大量、集中出入便道而穿越干线公路（或地方道路）时，必须派安全管理人员进行现场指挥，确保道路交通安全。

⑥ 为保证施工便道的正常使用，各项目部要组织专门的养护队伍，配备必要的机械、工具和材料，对施工便道进行养护，在便道两侧每隔一段距离堆放一定数量的沙砾用于填补坑洼，保证路况完好，确保无坑洼、无落石，排水通畅。

⑦ 维修施工便道时，应在施工地段的两端设立警告标志。夜间维修便道应设灯光警告标志，用撬棍或十字镐维修施工便道路面必须保持前后左右的安全距离。用

架子车等运料机具上下陡坡应有刹车设备，检查刹车的灵敏度。架子车、手推车上严禁载人。

(七) 恢复和移交

① 路基施工完毕后，如果路面施工单位想继续使用该便道便桥，可由路面、路基施工单位协商租用并签订相关协议，但工程完工后的拆除和复垦仍由路基单位负责。

② 工程完工后，承包人应将新建便道及便桥予以拆除，如果当地部门要求保留时，须与相关部门签订好协议并向建设单位备案，否则应予以复耕及对河道进行清理。

③ 对利用既有地方道路作为施工便道的，工程完工后应按当初协议对道路进行整修恢复，经原产权单位验收合格后办理移交手续。

五、水泥混凝土搅拌站安全技术与风险控制

(一) 风险控制策略

水泥混凝土是公路桥涵建设中非常重要的建筑材料，而混凝土搅拌站作为对混凝土拌和物进行生产的设备，是保证公路施工企业将公路施工工程顺利完成的关键。

水泥混凝土搅拌站的风险级别较高，其风险控制的重点在于：选购搅拌站设备时，须确保其质量符合要求以防发生各种故障、事故；搅拌站的电气系统须符合绝缘性、耐电压、电阻等相关要求；搅拌站的结构须符合各项安全规定以防止发生高处坠落伤害、物体打击伤害；控制系统、搅拌机、提升斗、带式输送机等应进行安全性设计以防发生触电伤害、物体打击伤害、高处坠落伤害、机械伤害等；拌和站修建时，防止地基处理措施不当或基础不牢而造成不均匀沉降导致设备损坏；拌和设备安装时严防发生起重事故、机械伤害、高处坠落伤害；搅拌站使用过程中，严防作业人员在机械运转中进行维修、保养、润滑、紧固等作业而发生机械伤害。

(二) 设备选购安全策略

企业采购设备时要严格执行索证索票制度，向制造商或经销商索取其制造资质证明并应通过网上或其他方式确认，同时制造资质证明在有效期之内。对购进的每台或每批次产品，应索取有效的质量合格证书，并归档保存。在商品混凝土搅拌站发货文件档案中，都应保存这些重要部件的质量合格证书及说明书等资料。质量检验及相关部门的主要管理人员，应收集到国家制造许可管理部门发布的有效的产品

目录，进行仔细核对，确保本部门采购或使用的制造许可证管理的产品不是假冒伪劣产品。特别注意，获得强制认证或某种产品的制造许可证的企业，并不是所有的品种规格都能取得制造许可，选购时应逐一进行落实。

1. 选用实行"计量仪器制造许可证"管理的产品

计量仪器制造企业必须获得省级计量管理部门颁发的相应规格的"计量仪器制造许可证"，并在有效期之内。企业的采购及质检部门要确定合格的供方，并进行有效的质量控制，如压缩空气容器上的压力表、主机生产企业采购（或自制）商品混凝土搅拌站电气控制台、骨料（沙子、石子）秤、水泥秤、液体或粉状外加剂秤等计量仪器。

2. 选用实行"3C认证（国家强制认证）"管理的产品

此类产品生产企业必须获得国家认证认可管理监督委员会发放的制造许可证书。如采购的额定电压450/750 V及以下绝缘电线电缆、电路开关、工业插头、插座、耦合器、低压电器、三相电泵、小功率电动机（≤1.1 kW）等，其生产企业必须获得相应产品规格的"3C认证"证书。

3. 选用实行"特种设备制造许可证管理"的产品

采购的压力容器如搅拌站压缩空气系统用压力容器（储气罐）、安全阀等的生产企业必须获得"特种设备生产许可证"。

4. 选用实行"工业产品生产许可证管理"的产品

应详细了解所采购的材料或设备部件的产品标准，如空气压缩机、液体外加剂供给用磁力驱动离心泵、井用潜水泵、带式输送机、钢丝绳、普通电线电缆、电焊条、铝合金及塑钢门窗的生产企业，都应具备生产资质（有经国家技术监督部门颁发的生产许可证）。

5. 重要部件的使用管理

属于计量仪器及特种设备管理的部件，要按质量手册或程序文件的规定，由分管人员登记造册，必须保证按规定周期向当地技术监督部门的计量所和特检所申请，对计量仪器和特种设备进行检定，检定合格证要登记归档保存。

各配件的说明书应有详细的安全要求，各重要部件配有吊装示意图，包括吊装部位（产品对应部位有吊装标志符号）、基本部件的质量、重心位置和吊装方法；控制室内配挂灭火器；对使用含有酸、碱等的胶凝剂、外加剂，其结构部位应有防护措施和防止外泄的装置等。

(三) 电气系统的安全要求

1. 紧急断电开关的设置

控制台应设紧急断电开关，在紧急情况下应能切断总电源，且紧急断电开关不能自动复位。

2. 检修盖与启闭电源应有联锁装置

国家有关标准规定，强制式搅拌机的检修盖与启闭电源应有联锁装置，当检修盖打开时应切断电源，配套主机应不能启动，若新出厂的搅拌机因检修盖与主机启闭电源无联锁装置而引起事故，制造企业将会被追究法律责任。

3. 耐电压试验

电动机定子绕组应能承受试验电压为 1760 V、历时 1 min 的耐电压试验，漏电流应按仪器使用说明书的要求：电气设备的所有电路导线和保护接地电路之间应能经受 (1000 V) 至少 1 s 时间的耐压试验。

4. 电动机绕组的绝缘电阻

小功率 ($\leqslant 1.1$ kW) 的三相异步电动机的绝缘电阻，在常态下不低于 20 MΩ，在热态下不低于 1 MΩ；功率 > 1.1 kW 的三相异步电动机，在热态下的绝缘电阻应不低于 0.38 MΩ。

5. 电动机定子绕组的温升

电动机定子绕组的温升保持在绝缘等级的限值内。对功率大于 1.1 kW 电动机的定子绕组的温升（电阻法）常用的 b 级绝缘，三相异步电动机定子绕组的温升限值为 90 k；e 级绝缘，温升限值为 80 k。小型电动机（功率 $\leqslant 1.1$ kW）定子绕组的温升，按对应的绝缘等级而确定：常用的 b 级绝缘等级时为 80 k，e 级绝缘等级时为 75 k。

6. 搅拌站整机安装后的接地电阻检验

设置专用接地网，并与楼体有可靠的电气连接，接地电阻不大于 10 ΩS；计算机应另设独立的接地网，接地电阻不大于 4 ΩS，接地网之间的距离应不大于 10 m。

此外，搅拌站的防雷击措施应符合国家有关标准的规定；露天工作的电气设备应装设防雨罩等；导线的两端应采用不会脱落的冷压铜端头，导线与端头的连接必须采用专用的冷压钳将其压紧；导线的两端应有与电路图或接线图一致的永久性识别标志；配线技术、动力电路及控制电路的过电流保护、功率大于 0.5 kW 以上的电动机的过载保护应符合有关规定。

7. 导线和电缆的电压降

在正常工作状态下，从电源端到负载的电压降不应超过额定电压的 5%，这就要求设计选用合适的电缆，满足正常工作时的载流容量。在施工现场，往往发生因距离增大,电缆选择不当,引起电压降过大而不能启动的情况。

(四) 结构的安全要求

混凝土搅拌站相关标准规定作业平台、给料、骨料仓、水泥仓等凡涉及人身安全的部位均应设置安全防护措施。钢结构件应按国家有关标准的规定进行设计、生产和检验。斜梯扶手高度不应低于1.05 m,扶手间宽度不应小于600 mm;高于地面2 m以上的直立梯(如水泥仓等)应设护圈(直径)600 mm,间距为(700±50) mm;平台和走台宽度应不小于500 mm,边缘应设置不小于50~100 mm高度的踢脚板,防止工具、金属等物料从走台踏板的间隙向下掉出而引起人身伤亡事故。

(五) 设备的安全性设计

1. 控制系统整体设计上的安全性设计

(1) 控制电源的安全性设计

经常会遇到控制台上控制电压分别有380 V、220 V、110 V,还有交直流24 V、12 V、5 V等,在一个控制台上有这么多种类的控制电压,似乎考虑很周到,很合理,但给使用者带来了麻烦,也隐藏了不安全因素。如修理时,修理工常常因为在应急修理时碰到高压部件酿成触电事故;而且如果元件坏了,修理配件供应既困难又麻烦,如同种元件使用不同的电源的现象就很普遍,像常用的电磁阀,同一个系统有的用220 V,有的用24 V,维修时常会因为换错而产生新的设备故障。

一般控制电源的设计要从两个方面来考虑,即安全性和抗干扰。常用的电源有交流220 V和直流24 V。如果工人在现场需要接触到的电器应使用24 V,如操作面板上的按钮、指示灯、现场的电磁阀、安全开关等而交流220 V则主要是用于交流接触器,并且应通过380/220 V的隔离变压器取得的,这种设计除配件供应方便外,主要有以下两个好处:① 安全性公共点只要不和零线连接,一般来讲对于修理工在修理时是比较安全的。② 在总线路上发生故障,三相严重不平衡时,220 V控制电压变化不至于太大。如果直接取相线和零线的220 V,常常会由于线路三相不平衡造成控制电压波动比较大,容易损坏控制元件。

控制电源应严格区分公共点。对于零线、隔离变压器的220 V的公共点、直流24 V的公共点是不允许连接起来的,以确保安全电压更安全。

设计时还应注意同种元件最好使用同种类型电源,这样对使用者来说既方便又安全。

(2) 控制流程的安全性设计

控制流程的安全性设计就是将每一个环节的控制都与上下环节的控制联系起

来。如向搅拌机内投料前,首先要确认搅拌机是否开启,搅拌机门是否关好,搅拌机中的熟料是否卸空,所有该配的料是否已配好,系统只要有一个条件不符合或没完成,就必须停止下一步的工作,进行提示,重大的问题还要报警这样做避免了误操作和误动作,大大降低了事故率,提高了生产效率。

(3) 软件、硬件自锁互锁的安全性设计

实际中,由于搅拌站的生产环境差,常会有故障、干扰因素等影响计算机程序的正常运行,常见的是计算机死机,秤斗里的材料溢出来还在称料,实际上是计算机已不参与控制了。

控制系统在软件设计上有了完整的安全设计后还必须在硬件上进行保护,而且是硬件保护优先,如水泥秤斗门没有关好是决不允许称料的,但若有干扰或误动作启动了水泥螺旋机,后果就很难设想,而如果加上秤斗门限位的硬件互锁保护,那么即使发生误动作也不至于秤斗门没关好就启动螺旋机。对于上述计算机死机问题,只要利用电子秤仪表上的最高秤量保护就能解决。由于气压、温度、粉尘、振动等因素都会影响自动控制系统的稳定性和可靠性,而软件保护和硬件保护结合起来自动控制系统才能更可靠、更安全。

(4) 软硬件互补控制方式的安全性设计

有些搅拌站的自控系统中,凡是能在软件里实现的功能就不再配套硬件了。但在实际使用中,就给使用者带来诸多隐患和不便。如常见的做法是不用秤量仪表,把传感器的信号通过放大器直接给计算机,而计算机仅对输入的信号取个零点基数,再设定一个放大倍数就好了,似乎既省钱又省事,调试也简单。但是若计算机发生故障,就只能全线停产,而计算机又不能马上恢复,势必会造成损失。

2. 搅拌机控制的安全性设计

(1) 人身安全保护

很多事故都发生在清理维护或修理搅拌机时,一般的搅拌机都有搅拌机机盖限位,只要一掀开机盖,就切断控制电路,这是简单的保护。但如果人在搅拌机里清理,一旦不知什么原因合上了机盖,就很危险。还有由于搅拌机在工作过程中振动较大,往往机盖保护开关容易接触不良,在生产时关断搅拌机,为了继续生产,就把保护开关临时短接,此时就形成了极大的安全隐患。为了消除上述安全隐患,下面介绍几种方法供参考:① 在搅拌机旁增加一只带钥匙的急停开关,一旦维修人员需要进入搅拌机工作,先把开关停止,再把钥匙拔掉,并由进入搅拌机人员保管。② 将机盖保护开关换成可靠的接近开关,并加大接触面,使振动不至于停止搅拌机。③ 在操作台上增加一把专门控制搅拌机的钥匙开关,若需修理,由修理人员关断并把钥匙拔下,钥匙由修理人员保管。

若将以上几种方法结合起来，效果更好。

(2) 设备安全保护

一般在搅拌机控制上，采用了三个保护，即过流保护、过载保护和过热保护。其中过流、过载保护都在使用，但有些设计者不太注意过热保护，实际上这种保护措施很有效。对于电机在短时间内过载，电流快速上升的情况，过流、过载保护开关在短时间内就会切断电源。可是，如果负载是慢慢增加的情况，过流、过载保护就很难及时反映了。

烧坏电机往往发生在两种情况下：一是堵料后，频繁强行启动搅拌机；二是在中间斗有泄漏时，搅拌机里有一拌料正拌着，中间斗慢慢把下一拌的材料加到搅拌机里，待搅拌机拌不动时，电机就烧毁了。现场分析表明，故障往往就是中间斗关门限位失灵所致。在这种情况下，热敏保护确实能在电机缓慢过载时及时切断电源进行保护。

3. 提升斗控制的安全性设计

提升斗式搅拌站有占地面积少、安装灵活、移动方便等优点，很受用户欢迎。但是，这种搅拌站对提升斗的故障要加以重视。在设计自动控制系统时，要注意以下几个方面：

① 栅门开关很关键，一旦有人进入危险区修理，提升斗就不能动作，必须待维修人员离开后关上栅门，还要按下复位按钮，提升斗才能进行工作。其电路设计上要求只要栅栏门一打开，电路里的安全保护装置就开始工作，即使切断现场所有电源，再送电也无法启动提升斗，必须人为复位才能工作。这样做能可靠地避免事故的发生。

② 在提升斗的上部和下部都装有带钥匙的急停按钮，按下开关，没有钥匙就不能工作。

③ 松绳开关。这一开关有三项基本安全保护作用：一是提升斗到底后不是马上停止，而是要延时一段时间待绳松后才真正停止。这种功能对于把提升斗作为计量秤的形式使用更实用，否则就会经常出现计量不准的现象。二是当到底限位失灵时，绳一松就能马上停止，避免钢丝绳反卷又把提升斗反卷上去，这是很危险的，往往会把钢丝绳拉断，导致提升斗砸下来，或把轨道拉坏等事故。三是修理时，把保险杆插上后，不致误操作发生事故。

④ 提升斗冲顶保护开关也是一个很关键的安全保护装置，应该用两只冲顶开关串联使用，轨道的两边各一个，若发生提升斗倾斜时，也能起到保护作用。

⑤ 电机热敏保护开关是不可缺少的，特别在野外作业时，高温季节就能更好地保护电机。

⑥相序保护开关,这种保护开关有三大安全保护作用:①移动式搅拌站移动时不会由于进线相序不正确而发生事故。②这种开关对缺相很敏感,一旦缺相就立即切断电源,从而可防止在缺相时烧毁电动机,特别是缺相的是刹车装置的电源时,这时若提升斗下降,很容易烧坏刹车装置而导致提升斗砸下来的事故。③电压过高或过低时也能起到保护作用。

除此以外,提升用卷扬机构卷筒节径(卷筒外径+钢丝绳直径)不应小于所缠绕钢丝绳直径的19倍;卷扬机的绳卡压板(马鞍形)应在钢丝绳长头一边(即"U"形螺栓在短绳头一边,不能交错安装),绳卡间距不应小于钢丝绳直径的6倍,数量应按检验规程的要求(3~6个)。

4. 带式输送机控制系统的安全性设计

搅拌站常发生输送机上轧伤工人手脚的事故,也有皮带跑偏、打滑等故障损坏皮带。为避免这些事故,在设计自动控制系统时应重视以下几个方面:①防跑偏拉绳开关:在输送机周围有一个由拉绳包围起来的防跑偏拉绳开关,一旦发生跑偏,碰到拉绳或人为紧急拉动拉绳开关,输送机就会立即停止。②带钥匙的急停开关应装在输送机附近,发生情况可以立即停止。③警铃按钮,在工作前操作员必须按动警铃开关才能启动带式输送机。④斜带和平带互锁,平带和中间斗关门限位互锁,斜带不工作或中间斗门未关好,平带就启动不了。这种有效的互锁是保证生产正常稳定的必要条件。⑤热敏、过流、过载保护、止逆装置以及结合机械防护方面的常规保护。

5. 生产过程中的安全性设计

在生产过程中每个环节的机械执行机构都在自动控制系统的控制下有序地工作,但由于搅拌站环境中的粉尘、泥浆、噪声、振动、温度、湿度等,都会导致某个环节的执行机构发生故障。常见的有中间斗重复进料,搅拌机重复进料,坍落度失控等。而这些故障有些是在控制系统设计时加以重视就能避免的故障。

(1) 防止中间斗(过渡料仓)重复上料的安全性设计

对于这种故障常用的安全性设计有三种:①重量判断法。在中间斗一侧装一个称重传感器,通过调节称重仪表的零区重量来确定是否允许向中间斗送料。这种方式优点是直观、可靠,而缺点是代价高,时间长了会失控,由于只装一个传感器,另一边是活动的,若发生移位、锈蚀,传感器的损坏都会造成重量控制不准,所以对这种保护方式要经常检查和校正。②监视器加关门限位控制方式。其优点是简单易行,缺点是操作人员容易疲劳分心。下雨天或在使用黏性材料时,若不注意就会发生故障。③逻辑判断法。在中间斗门上装两个限位,开门限位和关门限位,在逻辑上开门后一定时间内是不允许进料的,开门时间过后关上门才允许进料。其优点是简单可靠，缺点是要根据天气状况和材料黏度情况及时调整开门时间。

（2）防止向搅拌机内重复投料的安全性设计

搅拌机在向搅拌车卸料不畅时经常会导致下一拌材料进入搅拌机，形成搅拌机堵料现象。为了防止这种故障出现一般有三种方法可供选择：① 在搅拌机底座上安装4个称重传感器，从重量上来控制搅拌机的进料量；② 在搅拌机电路中增加有可调控制点的电流控制器，通过调整电流的大小来控制是否向搅拌机内投料；③ 用逻辑控制方法来进行控制。

第一种方法投资大，而且由于搅拌机振动较大，传感器容易损坏，一般很少使用；第二种方法在进口的搅拌站中经常使用，优点是控制容易，缺点是容易造成误动作，因为影响拌机空载电流的因素比较多，如保养、黏料、混凝土抱轴等问题都会影响搅拌机的空载电流，一般都把空载电流调得稍高一些；第三种方法简单易行，也比较可靠，逻辑控制主要是第一拌材料进搅拌机后就禁止下一拌材料的投料，并且一定要在搅拌机开足大门，延时若干秒后，关好门，才允许投下一拌材料，而且控制面板上有搅拌机中有料的指示灯。

（3）防止坍落度失控的安全性设计

坍落度是商品混凝土的一个重要指标，保证坍落度最好的办法是全部使用干燥过的砂石料，但这种工艺成本非常高。一般搅拌站均采用按水灰比和砂石含水率的大小来进行调整得到合格的坍落度。一般计算机都有按砂石含水率自动调整砂、石、水的用量，可选用下列方式来辅助控制坍落度：

① 最简单的方法就是安装一个数字电流表，根据搅拌机的工作电流来大致判断混凝土的坍落度。有的搅拌站把搅拌机电流的信号输入计算机，通过计算得出坍落度的大致曲线，从而在显示屏上显示出来。

② 使用功率表显示搅拌机出力功率的大小。

③ 使用微波含水率测定仪，通过测定仪测出的动态数值来判断。混凝土的坍落度以上三种方法，第一种简单，但误差大，主要是凭经验，用得较普遍；第二种方法比第一种方法要好一些；第三种方法投资比较大，同时需要经常标定。

（六）设备安装安全技术

1. 成品料带式输送机安装

将成品料带式输送机从折弯处展开，将后框架放在其基础上，连接好前后框架，再将前后支腿与输送机连接好，斜撑与机架上的吊耳连接好，然后将输送机前部吊起，连接好前后支腿与斜撑，最后将前后支腿的地脚螺栓紧固。

2. 搅拌主机与粉料配料系统安装

吊起主机机架，将其放在基础上，再将其地脚螺栓紧固。

3. 成品料储料斗安装

将成品料储料斗吊起，将支腿立起，再将走台、梯子与成品料储料斗连接好。

4. 粒料配料系统安装

吊起粒料配料系统放在其基础上，将插板连接好，将两侧加高板收起与插板连接好，再将原集料输送机展开，将前后机架连接好，使电动滚筒对准搅拌机头罩孔中心，最后将地脚螺栓紧固。

5. 水泥仓安装

将水泥仓各部件在地面逐一装配好，吊起水泥仓，并将下仓体支架少横撑一侧朝向粉料配料系统，固定好上下仓体，最后固定好地脚螺栓。

安装水泥仓时，应注意以下事项：

①安装的过程中，要注意不能让仓体倾斜、支腿变形；

②要做好防风、防雷工作，以确保水泥仓的安全；

③支腿底部与基础预埋件一定要牢固地焊接在一起；

④基础必须牢固，符合建筑设计规范；

⑤严禁强力撞击水泥仓的支腿及仓体；

⑥要定期检查并清理除尘器布袋附着的水泥；

⑦为了防止水泥罐仓爆仓事故的发生，需要堵死布袋，堵死布袋仓内压力超过仓顶压力安全阀的安全压力，压力安全阀即可打开释放仓内压力；

⑧当水泥仓工作时，必须由专用吊机将其立起，然后放到预先预制好的混凝土基础之上，并检查水泥仓立起以后与水平面的垂直度，然后将其底部与基础预埋件焊接牢固。

6. 螺旋输送机安装

吊起螺旋输送机，将螺旋输送机球铰与水泥仓出料口连接好，使出料口对正粉料斗进料口，然后用钢丝绳将输送机与水泥仓吊耳连接好，最后将地脚螺栓固定好。

7. 水泵安装

吊起水泵放在合适的位置上，连接好输出水管。

8. 空压机安装

将空压机放在成品料斗一侧，用气管将空压机出口与气控箱进口连接好，并将气控箱出口引向水泥仓破拱的气管连接好。

9. 缆风绳安装

缆风绳应在架体四角有横向缀板的同一水平面上对称设置。缆风绳的一端应固定在架体上,固定缆风绳部位的架体焊缝应进行探伤检查。缆风绳的另一端应固定在地锚上,不得随意拉结在树上、墙上、门窗框上或脚手架上。

10. 设备调试

① 调试前整理调入的设备资料:操作手册、生产工艺说明、系统组成说明、原器件说明书、电路原理图、控制程序等。

② 机械整体检查:安装正确,转动无阻碍,润滑油料及冷却完备。

③ 电气整体检查:所有接地完备并符合要求;所有电机三相电阻平衡,电压符合要求。

④ 分部调试。调试先从电力拖动部分开始,由易到难分部进行,每一部分调试前必须再次检查机械和电路是否正确,同时必须有人监督协助,统一指挥;调试时,注意观察各机构工作状况,保证设备启动性能良好、运转平稳、温升正常、仪表显示准确、无漏油、漏水等现象;调试人员清楚生产工艺、系统设计组成原理、元器件特性和参数、电路组合原理、控制程序等。综合分析判断运行状况或故障原因;计量部分调试后请相关计量鉴定部门检验,检验合格证书抄送工程监理部门。

⑤ 整机运转和试生产。在各部分调试完好后,进行整机运转和试生产,检查各部分是否达到要求,同时必须分析各系统和薄弱环节或缺陷,以备操作和维护时加以注意。

11. 验收

搅拌站安装完成后,由项目经理组织有关人员进行检查验收,经验收合格后,填写施工现场机械设备验收报审表,并提供以下材料:

① 产品生产许可证和出厂合格证;

② 产品使用说明书、有关图纸及技术资料;

③ 产品的有关技术标准规范;

④ 企业自检验收表报当地建筑施工安全监督站,待安全监督站检查、验收合格签发验收合格准用证后方可进行使用。

(七) 设备使用过程中的安全技术

① 搅拌机等机械旁应设置机械操作规程牌。禁止在机械运转中进行维修、保养、润滑、紧固等作业,禁止将手、脚放在闸门、搅拌鼓、螺旋管等附近。搅拌站工作时,禁止人员在储料区内、提升斗下作业活动。

② 电气控制柜必须由技术好的专职电工保管,其他人员不得擅自打开电气柜。

③ 确保提升斗和拉铲的钢丝绳安装、卷筒缠绕正确。限位开关应调整正确、安全可靠,确保提升斗的保险销可靠,如有人在提升斗下工作时,必须将提升斗用保

险销锁住。

④ 发现钢绳磨损和腐蚀，直径减少10%及以上时，必须报相关技术人员处理。

⑤ 发生机械故障时，必须及时停止作业，并报相关人员予以维修。

第二节　基础工程施工安全技术与风险控制

一、风险控制总体策略

桥梁的基础通常可分为两大类，即浅基础和深基础。浅基础是指其埋置深度或相对埋深（深宽比）不大，一般用基坑法施工的基础。深基础除少量也用基坑法施工外，一般均采取特殊的施工方法，如沉井基础、桩基础、管柱基础、地下连续墙基础等。

（一）风险控制策略

① 在旱地基础施工前，严防不对地下管线、地下构筑物等进行准确的调查（尤其是城市桥梁）而盲目施工，以免造成管线损毁。

② 打桩机、挖掘机、开槽机等大中型施工机械与装备，在使用前，严防不对其进行安全性能检查的不安全行为，以免因机械设备存在不安全状态而发生机械伤害。

③ 水上基础易发生溺水事故，沉井基础、明挖基础易发生高处坠落伤害，应严防这些危险处所不设置防护设施和警示标志的不安全行为，以免发生落水淹溺事故和高处坠落伤害。水上施工时，还应严防无救生和消防等设施、无防汛措施的不安全状态，以免发生落水事故时无法及时救援，发生洪水时无法有效避灾。

④ 围堰易发生变形、渗水和冲刷等情况，严防监测不到位或发现问题处理不及时，以免造成严重的围堰失稳事故。另外，对于双壁钢围堰，还要严防其尺寸、强度、刚度、稳定性和锚定方法不能满足施工要求。采用钢板桩围堰时，要特别注意严防钢板桩吊环焊接质量不合格、违章起吊等不安全状态和不安全行为，以免造成起重伤害和物体打击伤害。

⑤ 挖孔桩的风险很高，尤其是严防缺氧窒息伤害，严防孔壁坍塌造成埋压事故和物体打击伤害。

⑥ 涉及爆破的情况时，须严防违规进行爆破作业，以免造成爆炸伤害。

（二）风险控制总体方案

① 双壁钢围堰、吊箱围堰、深基坑、挖孔桩及沉井施工前，应编制专项施工方

案，专项施工方案应与现场实际相符。

② 桥梁基础工程开工前，必须调查探明作业区内地下管线、地下构筑物以及地面以上通信、电力线路等，有碍施工时，应先进行加固防护或改移。

③ 基坑、挖井、沉井、泥浆池、挖孔桩、浇筑后的钻孔桩四周必须设置护栏及明显的警示标志，夜间应悬挂示警红灯，严防非工作人员进入施工区。钻、挖孔桩停止施工时，孔口应加盖防护。特别强调的是，防护盖必须是可靠的，不易被风吹走，且不得人为移作他用。

④ 基坑及围堰施工，应根据气象、水文、地质条件、机械设备能力等因素选择适当的支护方案。

⑤ 在不稳定的土或砂土中采用吸泥、吹砂等方法下沉围堰或沉井时，应备有向围堰（沉井）内补水的设备，保持围堰（沉井）内外水压平衡，防止翻砂。吸泥器应均匀移动作业，防止吸泥过深，造成结构下沉偏斜。

⑥ 深水钢围堰、水上作业平台施工，当遇到大风、暴雨等恶劣天气时，应停止施工作业并采取有效的应对措施。

⑦ 桥梁基础施工安全风险与天气条件有很大的关系，务必加强气象监测，及时获取气象预报信息。

二、围堰施工安全技术与风险控制

(一) 土石围堰

1. 风险分析

① 围堰防水不严密，若水压力较大，可能挤塌围堰。

② 围堰施工过程中，未加强对其变形、渗水和冲刷情况的监测，若出现异常情况时不能及时采取措施，会使围堰垮塌。

③ 土、石围堰填筑宽度较小，不满足承受水压力和流水冲刷的要求时，围堰可能出现垮塌。

④ 围堰外侧迎水面未采取防冲刷措施，而在流水的冲刷作用下，围堰可能垮塌。

⑤ 土、石围堰填筑内侧坡脚与基坑开挖边缘距离小于1 m，可能使基坑边坡失稳滑坍或基坑坍塌，继而使围堰垮塌。

⑥ 河床横坡较大时，未在土、石围堰外侧设置防滑桩，可能使围堰失稳滑坍。

⑦ 钢筋笼卵（片）石围堰，钢筋笼下水时打桩不牢固，若水流冲刷严重或者水压力较大，可能出现围堰垮塌。

以上风险一旦失控，均会导致围堰垮塌、人员淹溺和窒息、物体打击等事故。

2. 风险控制重点

进行土、石围堰施工时，须重点防范围堰垮塌、人员淹溺和窒息等伤害。

3. 风险控制技术

①围堰经设计检算，其结构应能承受水、土和外来的压力，并应防水严密。

②围堰顶高出施工期间可能出现的最高水位的高度，应根据水文、地质及施工需要等实际情况确定。

③围堰施工过程中，应加强对其变形、渗水和冲刷情况的监测，发现异常应及时处理。

④土、石围堰填筑宽度应满足承受水压力和流水冲刷的要求。

⑤围堰外侧迎水面应采取防冲刷措施。

⑥围堰填筑内侧坡脚与基坑开挖边缘距离应根据河床土质和基坑深度而定，且不得小于1 m。

⑦当河床横坡较大时，应在围堰外侧打设防滑桩，并在桩内侧放入竹笆后堆码土袋围堰。

⑧采用吸泥船吹砂筑岛，作业区内严禁其他船舶和无关人员进入；作业人员不得在承载吸泥管道的浮筒上行走。

⑨钢筋笼卵（片）石围堰，钢筋笼下水时应打桩牢固。

（二）钢板桩围堰

1. 风险分析

①吊桩时，吊点位置距离桩顶太远，会使桩发生偏斜，不易控制，导致物体打击事故。

②钢板桩组拼插打时，未沿桩长设置横向夹板，极可能影响组拼钢板桩的刚度和强度，导致围堰的强度和稳定性不足。

③将吊具捆在钢板桩上进行吊装，可能出现钢板桩在起吊过程中坠落。

④正式起吊前未进行试吊，若吊环的焊接质量不合格，继而钢板桩坠落，极易造成物体打击事故。

⑤吊起钢板桩未就位前，桩位附近站人，可能出现物体打击事故。

⑥桩帽（垫）与钢板桩连接不牢固或桩帽（垫）变形时，未及时更换，会使钢板桩桩身倾斜。

⑦拔桩时，超载硬拔，可能使拔桩设备倒塌。

2. 风险控制重点

① 钢板桩组拼插打，须沿桩长设置横向夹板，确保组拼钢板桩刚度，以防围堰强度和稳定性不足。

② 严禁将吊具拴在钢板桩夹具上或捆在钢板桩上进行吊装，以防发生物体打击伤害。

③ 施工时须确保吊环的焊接质量，进行试吊后可正式起吊。

④ 吊起钢板桩未就位前，桩位附近不得站人，以防发生物体打击伤害。

⑤ 桩帽（垫）与钢板桩连接应牢固，初始阶段应轻打贯入，当桩帽（垫）变形时，应及时更换。

⑥ 拔桩设备须有超载限制器，严禁超载硬拔，以防发生物体打击和机械伤害。

3. 风险控制技术

① 水中插打钢板桩，必须有安全可靠的打桩船或工作平台，四周设安全防护。

② 吊桩时吊点位置不得低于桩顶以下 1/3 桩长处。

③ 钢板桩组拼插打，应沿桩长设置横向夹板，确保组拼钢板桩刚度，夹板间距视具体情况确定。

④ 严禁将吊具拴在钢板桩夹具上或捆在钢板桩上进行吊装。

⑤ 施工时必须确保吊环的焊接质量，并必须进行试吊方可正式起吊。

⑥ 起吊钢板桩时，应拴好溜绳；吊起钢板桩未就位前，桩位附近不得站人。

⑦ 桩帽（垫）与钢板桩连接应牢固，初始阶段应轻打贯入，桩帽（垫）变形时，应及时更换。

⑧ 拔桩前应向围堰内灌水，使围堰内外水位基本相等。

⑨ 拔桩设备应有超载限制器，严禁超载硬拔。

⑩ 钢板桩顶层围橡不得一次性预先拆除，应拆除一组拔一组。

⑪ 拔桩作业应从下游开始，向上游依次进行。

（三）双壁钢围堰

1. 风险分析

① 起吊双壁钢围堰组件时，未拴好溜绳，会使组件坠落，导致物体打击事故发生。

② 在壁板或隔板内焊接双壁钢围堰时，未采用机械通风，若舱内温度过高或有害气体浓度较高，会引起中毒和窒息事故。

③ 在浮船或浮箱上组装钢围堰时，四周未设置缆风绳，浮船或浮箱会在较大水流和风力作用下发生倾覆，使围堰和作业人员坠入水中，发生淹溺和物体打击等事故。

④ 浮船及浮箱上，未备有足够数量的救生及防火设备，可能引起淹溺事故和火灾。

⑤ 当双壁钢围堰使用两台以上起重机或起重船起吊时，未设专人统一指挥，可能出现起重机或起重船之间动作不协调，使起重机或起重船倒塌，导致机械伤害、物体打击和淹溺等事故。

⑥ 双壁钢围堰在浮运前未对定位船、固定座、钢丝绳、连接设备、起吊塔架、水上供电、通信以及导向船压舱等进行全面检查，在浮运过程中，围堰可能出现进水等意外情况，使围堰倾覆，发生淹溺和物体打击等事故。

⑦ 双壁钢围堰浮运前，未与气象、水文站（台）联系，未掌握天气和水文情况。若在浮运时，出现暴风雨等情况，可能使围堰倾覆，导致围堰不能浮运至指定作业地点以及发生淹溺和物体打击等事故。

⑧ 双壁钢围堰浮运过程中，未设救生船并配备救生、消防及通信设施设备，可能发生淹溺事故和火灾。

⑨ 围堰着床前未根据水位的涨落情况，随时调整锚缆的受力状态，可能使围堰倾覆，导致淹溺和物体打击等事故。

⑩ 双壁钢围堰接高下沉加载时，未对称均匀加载，会使围堰倾斜甚至倾覆，导致物体打击等事故。

⑪ 双壁钢围堰内取土下沉时，如抓泥斗碰撞钢围堰侧壁，可能使围堰倾斜甚至倾覆，导致物体打击等事故。

⑫ 钢围堰落床尚未稳定前，有往来船舶、漂流物等碰撞导向船和锚索等，可引起围堰倾覆，导致淹溺和物体打击等事故。

⑬ 水下爆破作业不符合现行国家标准《爆破安全规程》（GB 6722—2014）的有关规定时，可能发生放炮事故。

2. 风险控制重点

在进行双壁钢围堰施工时，须重点防范围堰倾覆、淹溺和物体打击等伤害。

① 在壁板或隔板内焊接钢围堰时，应采用机械通风，以防发生中毒和窒息伤害。

② 在浮船或浮箱上组装钢围堰时，四周应设置缆风绳，并下锚固定，以防发生淹溺和物体打击等事故。

③ 浮船及浮箱上，应备有足够数量的救生及防火设备，以防发生淹溺伤害和火灾。

④ 双壁钢围堰在浮运前应对定位船、固定座、钢丝绳、连接设备、起吊塔架、水上供电、通信以及导向船压舱等进行全面检查，以防围堰倾覆以及发生淹溺和物

体打击等伤害。

⑤双壁钢围堰浮运前，应与气象、水文站（台）联系，掌握天气和水文情况，浮运时，应选择风小、正常流速、无雨的白天进行，以防围堰倾覆以及发生淹溺和物体打击等伤害。

⑥围堰着床前，应根据水位的涨落情况，随时调整锚缆的受力状态，以防围堰倾覆以及发生淹溺和物体打击等伤害。

⑦双壁钢围堰接高下沉加载时，应对称均匀加载，以防围堰倾斜或者倾覆，发生淹溺和物体打击等伤害。

⑧钢围堰落床尚未稳定前，应防止往来船舶、漂流物等碰撞导向船和锚索等，防止围堰倾覆，导致淹溺和物体打击等事故。

⑨需要水下爆破时，应严格执行现行国家标准《爆破安全规程》（GB 6722—2014）中的有关规定，以防发生放炮事故。

3. 风险控制技术

①起吊双壁钢围堰组件时，应拴好溜绳。

②在壁板或隔板内焊接钢围堰时，应采用机械通风，舱内的空气温度不得超过25℃，二氧化碳等有害气体的浓度含量不得超过1%。

③在浮船或浮箱上组装钢围堰时，四周应设置缆风绳，并下锚固定，在锚碇线路上应设浮标。

④船锚在施放时，位置应准确，并要采取措施防止下锚时锚链（绳）缠绕或刮伤人员。

⑤浮船及浮箱上，应备有足够数量的救生及防火设备。

⑥当双壁钢围堰使用2台以上起重机或起重船起吊时，其吊点、吊具及围堰加固应进行设计同时设专人统一指挥。

⑦双壁钢围堰在浮运前应对定位船、导向船上的马口、系缆桩、复式滑车组、绞车、固定座、钢丝绳、连接设备、起吊塔架、水上供电、通信以及导向船压舱等进行全面检查，确认合格后，方可使用。

⑧双壁钢围堰浮运前，应与气象、水文站（台）联系，掌握天气和水文情况；浮运时，应选择风小、正常流速、无雨的白天进行。

⑨双壁钢围堰浮运过程中，应有救生船并配备救生、消防及通信设施设备。

⑩围堰到位下锚时，应防止锚链（绳）缠绕或刮伤人员。

⑪围堰着床前，应根据水位的涨落情况，随时调整锚缆的受力状态，同时锚碇系统应由专人负责检查。

⑫双壁钢围堰接高下沉加载时，应对称均匀加载。

⑬ 围堰顶应高出施工期间可能出现的最高水位，有涨潮或风浪时应适当加高。

⑭ 双壁钢围堰内取土下沉时，抓泥斗不得碰撞钢围堰侧壁。

⑮ 钢围堰落床尚未稳定前，应防止往来船舶、漂流物等碰撞导向船、浮标和锚索等。

⑯ 需要水下爆破时，应执行现行国家标准《爆破安全规程》(GB 6722—2014)中的有关规定。

(四) 吊箱围堰

1. 风险分析

① 在平台上组装时，若底板、侧板连接不牢固，浮运过程中，围堰可能在较大水流或风力作用下发生倾覆，导致淹溺和物体打击等事故发生。

② 采用多吊点同步吊放，整体下落时，若各吊杆受力不均匀，可能使围堰和起吊设备倾覆，发生淹溺和物体打击等事故。

③ 如果封底混凝土未采用对称浇筑，可能出现厚度不均匀，底面不平坦，增加了承台施工的难度，如施工设备摆放不平。

④ 如果在单壁钢吊箱内抽水时，未设置内支撑，围堰结构稳定性得不到保证，可能出现围堰倾覆，发生淹溺和物体打击等事故。

⑤ 潜水及加压前未对潜水设备进行检查，若潜水过程中潜水设备出现意外情况，可能引起淹溺事故。

⑥ 如果潜水员下潜时未系好安全带，可能发生淹溺事故。

2. 风险控制重点

进行吊箱围堰施工时，须重点防范围堰倾覆、淹溺和物体打击等伤害。

① 在平台上组装时，底板、侧板须连接牢固，以防围堰在浮运过程中倾覆，导致淹溺和物体打击等事故发生。

② 采用多吊点同步吊放，整体下落时，应使各吊杆受力均匀，以防围堰和起吊设备倾覆引起淹溺和物体打击等事故。

③ 在单壁钢吊箱内抽水时，须设置内支撑，以防围堰倾覆发生淹溺和物体打击等事故。

3. 风险控制技术

① 在平台上组装时，底板、侧板须连接牢固。

② 采用多吊点同步吊放，整体下落时，应使各吊杆受力均匀。

③ 封底混凝土应采用多导管对称浇筑，厚度应均匀。

④ 抽水过程中应加强观测，若有异常，应及时处理。

⑤ 采用水密板封底时结构接缝应满足水密要求，并采取措施防止吊箱上浮。

⑥ 在单壁钢吊箱内抽水时，应及时设置内支撑，保证围堰结构的稳定。

⑦ 潜水及加压前应对潜水设备进行检查，确认良好后方可进行潜水作业。

⑧ 潜水员下潜时应使用安全带，安全带经检查后套在下潜导绳上。

三、明挖基础施工安全技术与风险控制

明挖基础施工中，安全风险控制的总体策略是控制基坑坍塌风险、基坑降水导致邻近建筑物或构筑物损毁的风险、基坑坍塌导致的埋压风险、基坑边缘施工时人员高处坠落的风险、围堰内开挖基坑时的人员淹溺风险、混凝土灌注时的触电风险等。

(一) 放坡开挖

1. 风险分析

① 如果基坑开挖对周围建筑物或者邻近设施设备有影响，且未采取安全防护措施，可能使周围建筑物和一些设备设施倒塌，从而发生基坑坍塌、物体打击和高处坠落事故。若周围建筑物为居民楼或工厂、办公楼等人群密集区，还可能引起触电、火灾、爆炸事故。

② 如果基坑在开挖前，未将地面以下的管线和构筑物等情况调查清楚，盲目进行施工，可能会破坏地下管线和地下构筑物，进而导致基坑在施工过程中坍塌。若地下管线为天然气等易燃易爆物输送管道，还可能引发火灾、爆炸事故。

③ 如果基坑在开挖之前，未将地面以上的通信设施和电力线路等情况调查清楚，可能导致触电事故。

④ 作业时，如果采用局部开挖深坑从底层向四周掏土的方法进行施工，可能引起基坑坍塌，施工设备倒塌，从而引发高处坠落和物体打击等事故。

⑤ 若弃土堆坡脚与坑口边缘的距离小于安全距离，会使基坑边坡失稳滑坍或基坑坍塌，引起窒息事故。

⑥ 当基坑顶有动载时，若坑口边缘与动载间的距离小于根据基坑深度、坡度及动载大小等情况确定的安全距离，可使基坑边坡失稳滑坍或基坑坍塌，导致窒息和高处坠落事故。基坑坍塌严重时还会对周围的车辆、行人等产生影响，发生车辆伤害。

⑦ 爆破开挖基坑时，若未按国家标准的规定进行作业，极可能在爆破作业中发生人员伤亡事故。

⑧ 垂直运输土方时，如果未检查吊斗绳索、挂钩和机具等的牢固性，可能发生

吊斗坠落，导致物体打击事故。若吊斗内有土，还可能引起窒息事故。

⑨吊斗升降时，坑内作业人员未离开吊斗升降移动范围，若因意外情况吊斗坠落，可能导致物体打击事故；若吊斗内有土，还可能导致窒息事故。

⑩吊斗不使用时，而未及时摘下，若因意外情况吊斗坠落，可能导致物体打击事故。

⑪如果基坑四周未按相关规定设置防护设施及警示标志，可能发生高处坠落事故。

⑫若基坑四周夜间未悬挂示警红灯，可能导致高处坠落事故。

⑬基坑开挖时，未观测坡面稳定情况，如果在坑沿顶面出现裂缝、坑壁松塌或遇涌水、涌砂等情况时，施工人员未及时采取加固防护措施，从而引发基坑边坡失稳滑坍、基坑坍塌及窒息事故。

2. 风险控制重点

在进行基坑放坡开挖时，须重点防范基坑坍塌、窒息伤害、高处坠落伤害和放炮伤害等。

①禁止采用局部开挖深坑，从底层向四周掏土的方法施工，以防基坑坍塌以及发生高处坠落伤害和物体打击伤害。

②基坑开挖对周围建筑物或邻近设施设备有影响时，须采取安全防护措施，以防周围建筑物和设施设备倒塌以及发生物体打击和高处坠落等伤害。

③基坑开挖之前，应将地面以下的管线、构筑物和地面以上的通信、电力线路等情况调查清楚，以防基坑坍塌以及发生火灾和触电等伤害。

④当基坑顶有动载时，须确保坑口边缘与动载间的距离在安全距离之内，以防基坑边坡失稳滑坍、基坑坍塌以及作业人员发生窒息和高处坠落等伤害。

⑤确保弃土堆坡脚与坑口边缘的距离在安全距离之内，以防基坑边坡失稳滑坍、基坑坍塌以及作业人员发生窒息伤害。

⑥当基坑开挖需要爆破时，须按国家标准的规定进行作业，以防发生放炮伤害。

⑦基坑四周应按相关规定设置防护设施及警示标志，以防发生高处坠落伤害。

⑧基坑四周夜间应悬挂示警红灯，以防发生高处坠落伤害。

⑨基坑开挖时，首先应观测坡面稳定情况，在坑沿顶面出现裂缝、坑壁松塌或遇涌水、涌砂等情况时，施工人员应及时采取加固防护措施，以防基坑边坡失稳滑坍、基坑坍塌以及作业人员发生窒息伤害。

3. 风险控制技术

①开挖基坑时应根据具体的地质和水文状况，分层作业。

② 基坑开挖对周围建筑物或邻近设施设备有影响，应立即采取安全防护措施。

③ 基坑开挖之前，应将地下管线、地下构筑物和地面以上的通信设施、电力线路等情况调查清楚，禁止盲目施工。

④ 当基坑顶有动载时，坑口边缘与动载间的距离必须保持在根据基坑深度、坡度及动载大小等情况确定的安全距离之内，且均不应小于1m。

⑤ 弃土堆坡脚与坑口边缘的距离必须保持在安全距离之内，以防影响基坑边坡的稳定性。

⑥ 当基坑开挖需要爆破时，应按国家标准的规定进行作业。

⑦ 采用垂直运输出土时，每班作业均应检查吊斗绳索、挂钩、机具等是否完好且连接牢固。

⑧ 吊斗升降时，坑内作业人员应躲离吊斗升降移动范围。

⑨ 吊斗不使用时，应及时摘下，不得悬挂。

⑩ 基坑四周应按相关规定设置防护设施及警示标志，夜间还应悬挂示警红灯。

⑪ 基坑开挖时，应随时观测坡面稳定情况，在坑沿顶面出现裂缝、坑壁松塌或遇涌水、涌砂等不良情况时，作业人员应立即采取加固防护措施。

(二) 支护开挖

1. 风险分析

① 当基坑边坡不能自行稳定或者因条件限制不能放坡时，如果未对坑壁进行支护加固后开挖，会引起基坑边坡失稳滑塌或基坑坍塌，同时导致窒息事故。

② 挡板护壁施工：a.基坑开挖时，若未边挖边支，可能使基坑坍塌，同时发生施工人员的埋压伤害；b.未能随时检查支撑结构的变形情况，从而使施工人员不能及时加固或者更换支撑结构，当支撑结构物破坏时会引发物体打击事故，严重时还可能使基坑坍塌，同时导致窒息事故；c.用吊斗出土时，如果吊斗碰撞支撑，可能使支撑结构物破坏，导致物体打击事故，严重时还可能使基坑坍塌，同时发生窒息事故。

③ 排桩支护施工：a.如果排桩支护结构未进行设计检算，可能出现支护结构的刚度和强度等指标不能满足施工要求，导致施工过程中基坑坍塌并引发窒息事故；b.如果排桩支护结构未按设计施工要求，未能严格遵守先支撑后开挖的原则，可能使基坑坍塌，同时导致窒息事故；c.若钢支撑的连接不符合相关规定，可能出现钢支撑连接不牢固、不顺直以及支撑端头局部不稳定等情况，从而由于钢支撑破坏而引发物体打击事故，严重时还可能使基坑坍塌，同时导致窒息事故；d.采用挖掘机出土时，挖斗碰撞排桩，可能使排桩和支撑结构物倒塌，从而导致基坑坍塌和窒息事故。

④ 锚喷支护施工：a.如果喷射过程中碾压、踩踏管路，可能使喷射方向不受控制，

导致物体打击事故；b.喷射混凝土时，如果喷嘴面对有人的方向，可能导致物体打击事故；c.锚杆施工前若未进行现场拉拔和锚杆群锚效果试验等，盲目施工，从而导致锚杆折断引发的物体打击事故以及边坡由于锚杆断裂而失稳滑坍；d.施工人员未戴安全帽和口罩等防护用品，可能发生物体打击和机械伤害等事故。

2. 风险控制重点

在进行基坑支护开挖时，须重点防范基坑坍塌、窒息伤害和物体打击伤害等。

① 当基坑边坡不能自行稳定或因条件限制不能放坡时，须对坑壁进行支护加固后开挖，以防基坑坍塌，作业人员发生窒息伤害。

② 支护结构和支撑结构应随时检查，发现变形时，须及时加固或更换，以防基坑坍塌，作业人员发生窒息伤害和物体打击伤害。

③ 出土时，须有防护措施，吊斗不得碰撞支护结构和支撑结构，以防基坑坍塌，作业人员发生窒息伤害。

3. 风险控制技术

① 当基坑边坡不能自稳或因条件限制不能放坡时，必须对坑壁进行支护加固后开挖。

② 挡板护壁施工应符合下列规定：a.基坑每层开挖深度应根据地质情况确定，并应边挖边支；b.支撑结构应随时检查，发现变形，应及时加固或更换；c.支撑拆除时应按自下而上的顺序，待下层支撑拆除并回填土后，再拆除上层支撑；d.用吊斗出土，应有防护措施，吊斗不得碰撞支撑。

③ 排桩支护施工应符合下列规定：a.排桩支护结构应进行设计检算，并按设计要求进行施工，严格遵守先支撑后开挖的原则。b.钢支撑的连接必须牢固、顺直；拉锚应做抗拔试验，确保锚固稳定可靠。c.当地下水位高于基坑底面时，应先行降水或在排桩外围施工隔水帷幕后再开挖基坑。

④ 锚喷支护施工应符合下列规定：a.喷射混凝土作业前应检查现场环境、管路、接头、压力表及安全阀；作业过程中应设专人指挥，专人操作喷射设备；严禁喷射过程中碾压、踩踏管路。b.根据土质与渗水情况，每次下挖后应及时喷护，对无水或少水坑壁，喷射顺序应由下而上，但对渗水的坑壁应由上而下；喷射混凝土终凝 2 h 后，应进行湿润养护。c.喷射混凝土时，喷嘴不得面对有人方向，喷射机发生故障时，应先停风、停水后再处理。d.锚杆施工所用的钢材、锚具、砂浆等材料和钻孔、张拉、注浆设备等均应按国家有关规定进行检验。e.锚杆施工前应进行现场拉拔和锚杆群锚效果试验等，以判明锚杆能否满足设计要求的性能。f.锚杆锚固段的强度达到设计要求后方可进行张拉，锚杆锁定应按设计要求进行；锚杆的张拉顺序应考虑对邻近锚杆的影响。

(三) 基坑降、排水

1. 风险分析

① 如果基坑顶面四周未开挖排水沟，可能导致地表水流入基坑，减缓施工进度，增加施工难度，也为清基工作带来很多不便；若遇到暴雨天气，还可能使基坑边坡受到冲刷导致坍塌事故。

② 基坑降、排水时，未对周边的建筑物加强观测，使施工人员不能在必要时及时采取防范措施，可能使周围建筑物倒塌及基坑坍塌，从而导致物体打击和高处坠落事故；若周围建筑物为居民楼或工厂办公楼等人群密集区，还可能导致触电、火灾、爆炸事故。

③ 基坑在降、排水过程中，当出现大量涌砂、涌水、坑壁坍塌等情况时，未停止抽水，同时未采取加固措施，可能导致基坑坍塌和透水事故。

④ 当地下水位较高，基坑降、排水措施效果不佳时，未考虑在基坑围护结构外围设置隔水帷幕，可能增加施工难度，减缓施工进度，导致透水事故。

2. 风险控制重点

进行基坑降、排水时，须重点防范基坑坍塌和透水事故。

① 基坑顶面四周须开挖排水沟，以防地表水流入基坑，发生基坑坍塌。

② 基坑降、排水时，须对周边的建筑物加强观测，必要时应及时采取防范措施，以防发生周围建筑物倒塌和基坑坍塌。

③ 基坑在降、排水过程中，当出现大量涌砂、涌水、坑壁坍塌等情况时，须停止抽水，同时采取加固措施，以防发生透水事故。

④ 当地下水位较高，基坑降、排水措施效果不佳时，须考虑在基坑围护结构外围设置隔水帷幕，以防发生透水伤害。

3. 风险控制技术

① 基坑顶面四周应开挖排水沟。

② 基坑降、排水时，应加强对周边建筑物或建构物的观测，必要时，施工人员应及时采取防范措施。

③ 在降、排水过程中，当出现大量涌砂、涌水、坑壁坍塌等情况时，应立即停止抽水，同时采取加固措施。

④ 当地下水位较高，基坑降、排水措施效果不佳时，应考虑在基坑围护结构外围设置隔水帷幕。

四、桩基础与承台施工安全技术与风险控制

(一) 沉桩

1. 风险分析

① 打桩机的移动轨道铺设不平顺、轨距不均匀，此时极易使打桩机在移动过程中脱离轨道，毁坏机械设备，导致机械伤害和物体打击事故。

② 在起吊桩或桩锤时，作业人员在吊钩或桩架下停留，若起吊过程中由于意外情况桩身坠落或桩架倒塌时，会导致物体打击事故。

③ 桩机停止作业后，未及时切断动力源，当有不知情的施工人员靠近或不小心触碰桩机时，很有可能使桩机在无防护情况下自行工作，造成机械伤害和物体打击事故。

④ 在沉桩过程中，遇地基沉陷、桩机倾斜、吊具损坏时继续操作，这种在施工机具不安全的状态下进行施工，不仅会加剧设备磨损，而且还会引起设备故障，导致物体打击和机械伤害事故。

⑤ 桩机在工作状态时进行维修，会引发机械伤害事故。

⑥ 射水沉桩时，未在桩身入土达到稳定时再射水，可使桩身和桩架倾斜，导致机械伤害和物体打击事故。

2. 风险控制重点

进行沉桩施工时，须重点防范由于桩身倾斜和机械设备引发的物体打击伤害和机械伤害。

① 打桩机的移动轨道须铺设平顺，轨距正确，轨道钉牢，钢轨端部须设止轮器，并设专人进行检查，确定无误后，方可进行下一步作业。

② 在起吊桩或桩锤时，严禁作业人员在吊钩或桩架下停留，以防发生物体打击伤害。

③ 桩机停止作业后，须立即切断动力源，以防发生机械伤害和物体打击伤害。

④ 在沉桩过程中，遇地基沉陷、桩机倾斜、吊具损坏，须立即停止施工，查明情况，并将问题上报，采取措施，以防发生物体打击和机械伤害事故。

⑤ 桩机工作时，严禁对其进行维修，以防发生机械伤害。

⑥ 采用高压射水辅助沉桩施工时，须防止沉桩急剧下沉，造成桩身和桩架倾斜，射水沉桩时，应待桩身入土达到稳定时再射水，以防发生机械伤害和物体打击伤害。

3.风险控制技术

①锤击沉桩应考虑对邻近建(构)筑物和周边土体的影响,对其沉降和位移应进行观测,发现异常应停止沉桩并及时处理。

②有潮汐的水域,应采用固定平台或专用打桩船,水上打桩平台应与打桩机底座连接牢固;当采用专用打桩船沉桩时,桩架与船体的连接和船体的锚碇应牢固;当其他船舶通过施工区,船行波影响打桩船稳定性时,应暂停沉桩。

③接长钢筋混凝土管桩时,严禁把手伸入桩头和法兰螺栓孔。

④打桩机工作时,严禁对其进行维修,严禁桩锤在悬挂状态下进行检查维修。

⑤打桩机移动时,机体应平稳,桩锤应放在机架的最低位置。

⑥振动打桩机与桩帽及桩的连接螺栓,应上满拧紧,每振动一次必须进行检查,若有松动,应及时予以处理。

⑦用起重机具悬吊振动锤沉桩时,其吊钩上方应有防松脱的保护装置,并应控制吊钩下降速度与沉桩速度一致,保持桩身稳定。

⑧压桩前,应根据压桩地区的水文、地质情况正确估算压桩阻力,选用适当的压桩设备。

⑨桩的吊点应符合设计要求;吊桩时应在桩上拴好溜绳,不得碰撞桩机。

⑩压桩过程中,应保持桩机压梁中轴线与桩中轴线在同一直线上,发生桩身倾斜应立即停止加压,查明原因并处理后方可继续施工。

⑪压桩机严禁超负荷运行,当压桩阻力超过压桩机能力时,应立即停止施工,从而避免发生断桩或倒架事故。

⑫采用高压水泵等辅助沉桩措施,高压水泵的压力表、安全阀、水泵、输水管道及水压大小应符合安全要求;高压射水辅助沉桩,应根据地质情况,采用相应水压。

⑬在地势低洼处采用辅助射水沉桩时,应有排水设施,保持排水正常,施工中严禁射水管口对着人、设备和设施。

⑭靠近既有桥梁部位的基桩,不得采用射水辅助沉桩。

⑮管桩打好后,应随即将桩口盖好,避免不明物体落入管桩,影响后期施工。

(二)钻孔桩

1.风险分析

①在高压线或营业线附近施工时,钻机与高压线或营业线的距离不符合要求,同时未采取防护措施,可能导致人体触电事故,若机械设备倾覆,还可能导致机械伤害和物体打击事故。

②发生卡钻、掉钻时,施工人员在没有护筒或其他防护措施的情况下进入钻

孔，钻孔如发生坍塌，则会导致窒息事故；若孔内有有害气体，则还可能导致中毒事故。

③钻孔时，钻速过快或骤然变速，不仅加剧设备损耗，同时可能在出现意外情况时，不能及时采取防护措施，导致钻孔坍塌事故。

④孔内弃土堆积在钻孔周围，可能使钻孔坍塌，若孔内有施工人员还有可能导致人员窒息事故。

⑤停钻后，钻头未提出孔外安全放置，若钻机出现意外情况自行工作，不仅加剧设备损耗，还可能导致钻孔坍塌事故。

⑥由于走行道路不平坦或机架不稳定等不能满足钻机正常移动和工作要求，可使钻机倾覆，导致机械伤害和物体打击事故，同时可能使钻孔坍塌。

2. 风险控制重点

进行钻孔桩施工时，须重点防范钻孔坍塌、触电伤害、物体打击伤害和机械伤害等。

①在高压线或营业线附近施工，须有防触电和防设备倾覆措施，当钻机与高压线的距离不符合要求时，可在施工前将原地面降低一定的高度，使钻机与高压线的距离不小于安全距离，以防发生触电伤害。

②发生卡钻、掉钻时，严禁人员进入没有护筒或其他防护设施的钻孔内；若必须进入有防护设施的钻孔时，应确认钻孔内无有害气体并备齐防毒、防溺水、防埋等安全设施后，方可进入。应有专人负责现场指挥，以防发生中毒和窒息伤害。

③钻孔时，钻速不得过快或骤然变速，以防发生钻孔坍塌。

④孔内弃土不得堆积在钻孔周围，以防发生钻孔坍塌。

⑤停钻后，钻头须提出孔外安全放置，以防发生钻孔坍塌。

⑥应满足钻机正常移动和工作要求，以防钻机倾覆，发生钻孔坍塌、机械伤害和物体打击伤害。

3. 风险控制技术

①在高压线或营业线附近施工，应有防触电和防设备倾覆措施。

②钻机的施工场地及走行道路应平坦坚实，满足钻机正常工作和移动的要求。

③钻机安装时，机架应垫平，保持稳定，不得产生位移或沉陷，钻架顶端应用缆风绳对称张拉，地锚应牢固。

④停钻后，钻头应提出孔外安全放置。

⑤冲孔时，非作业人员不得进入冲击区域范围内；当检测钻孔或吊泥浆出孔时，钻头应放置在安全位置。

⑥提升钻头到接近护筒底缘时，应减速平稳提升。

⑦钻机移动时,不得挤压电缆线和风、水管路。

⑧在钻孔作业中高压软管不得与机架接触,导管加接时,机体应支垫平稳,不得下沉歪斜。

⑨开挖时,当冲抓钻头脱离皇冠后,上导向环应快速放绳,防止钢丝绳被折断,制动装置应安全可靠。

⑩钻孔时,钻速不得过快或骤然变速;孔内弃土不得堆积在钻孔周围。

⑪清孔使用的高压水或高压风的管路接头,应连接牢固,并能承受水、风压力。

⑫在钻孔作业过程中,应观察主机所在地面和支腿支承处地面变化情况,发现下沉现象应及时停机处理;因故停机时间较长时,应将套管口保险钩挂牢。

⑬发生卡钻时,不得强提,应查明原因,尽快处理。

⑭发生卡钻、掉钻时,严禁人员进入没有护筒或其他防护设施的钻孔内;必须进入有防护设施的钻孔时,应确认钻孔内无有害气体并备齐防毒、防溺水、防埋等安全设施后,方可进入,并应有专人负责现场指挥。

⑮岩溶地质条件钻孔前,应制定专项安全措施,备足钻孔泥浆及填充材料等应急物资。

⑯施工时,禁止抽取岩溶地质条件地区的地下水。

⑰钢筋笼孔口连接时,孔内钢筋笼应固定牢靠,钢筋连接人员与起重机操作人员应协调一致;钢筋笼下孔时,要小心操作,防止碰撞,保护钢筋笼的整体性。

⑱钢筋笼吊装前,应采取措施防止其产生过大变形。

⑲夜间施工时应设置灯光照明,照明灯光应避免强光直射江面,进而影响船舶驾驶人员的瞭望;临时航道设置助航标志,与施工无关的船只严禁进入作业区。

⑳水下浇筑混凝土时,应搭设浇筑工作平台,并设井口防护,确保施工操作人员安全;拆卸导管时,应在导管完全松开后,方可起吊移开;采用人工抬运导管时,应有防滑措施。

(三)挖孔桩

1. 风险分析

①施工人员在施工时未采取安全防护措施,如未戴安全帽、未挂好安全绳等,一旦孔井上方有物体掉落等意外情况,极易导致物体打击,同时高空作业时还可能导致高空坠落事故。

②护壁支护未完成便继续开挖,当未支护护壁较长时,可能会因支撑力不足,使孔井坍塌,发生窒息事故。

③弃渣未及时运走在孔口周围堆积，可能导致孔井坍塌。

④孔内通风条件不符合相关规定，可能引起中毒和窒息事故。

⑤孔内排水不符合相关规定，如孔内积水未及时抽排，可能使孔井坍塌，导致窒息事故。

⑥桩孔内岩石需要爆破时，爆破施工不满足相关规定，可能导致放炮事故。若孔口未加防护盖，邻近孔的作业人员未撤离至安全地带，石渣飞出时易导致物体打击事故。

⑦孔内作业时，孔外作业人员未随时注意护壁变化及孔底施工情况，可能发生孔井坍塌；当发现异常时，不能立即协助孔内人员撤出，可能会导致窒息事故。

2. 风险控制重点

进行挖孔桩施工时，须重点防范孔井坍塌、窒息伤害、放炮事故和物体打击伤害等。

①孔内施工人员须戴好安全帽，挂好安全绳，穿好绝缘胶鞋，人员上下不得携带任何工具和材料，孔内必须设置应急软梯，以防发生物体打击和高空坠落伤害。

②孔内作业时，孔口须有专人看守，随时与孔内人员保持联系，并随时注意护壁变化及孔底施工情况，发现异常时，应立即协助孔内人员撤出，以防孔井坍塌，使作业人员发生窒息事故。

③孔内通风作业时，若没有安全可靠的措施严禁采取人工挖孔作业方式。需经常检查有害气体浓度，必要时采取机械通风措施；爆破后须迅速排烟，以防作业人员发生中毒和窒息事故。

④孔内积水须及时抽排，以防孔井坍塌导致作业人员窒息伤害。

⑤弃渣须及时运走，不得在孔口周围堆积，以防孔井坍塌导致作业人员窒息事故。

⑥桩孔内岩石需要爆破时须采用小直径浅孔微差爆破，严格控制装药量，孔口应加防护盖，以防止石渣飞出，一孔进行爆破，邻近孔的作业人员应撤离至安全地带，以防发生放炮伤害和物体打击伤害。

⑦杜绝施工人员一味追求施工进度，在护壁支护未完成前向下开挖，以防孔井坍塌导致埋压事故。

3. 风险控制技术

①设计为非人工挖孔成孔的桩基础，未经设计、监理和建设单位同意，严禁采用人工挖孔施工。

②孔内作业人员必须戴好安全帽，挂好安全绳，穿好绝缘胶鞋，人员上下不得携带任何工具和材料，孔内必须设置应急软梯。

③孔内通风及排水应符合下列规定：a.如没有安全可靠的措施不得采取人工挖孔作业；b.应经常检查有害气体浓度，二氧化碳含量超过 0.1%，其他有害气体超过允许浓度或孔深超过 10 m 时，均应采用机械通风措施；c.爆破后应迅速排烟，及时清除松动石块、土块；d.孔内积水应及时抽排。

④弃渣应及时运走，不得堆在孔口周围。

⑤桩孔内岩石需要爆破时须采用小直径浅孔微差爆破，严格控制装药量，孔口应加防护盖，以防止石渣飞出，一孔进行爆破，邻近孔的作业人员应撤离至安全地带。

⑥护壁施工应符合设计要求，当采用混凝土护壁时，应随挖随护，开挖后必须随即施作钢筋混凝土护壁；护壁经验收合格后方可继续下挖。

⑦孔口围圈应高出地面 0.3 m 以上，并设防护栏，夜间作业时应悬挂示警红灯。

⑧绞车、绞绳、吊斗、卷扬机等机具必须经常检查维修，孔内应设置护盖等防止物体坠落的设施，孔内照明应采用低压行灯，起吊设备必须有限位器和防脱钩装置。

(四) 承台施工

1. 风险分析

①若操作平台搭设不牢固，则可能因承载力不足而导致垮塌事故，进一步引发严重的高处坠落伤害、物体打击伤害或人员落水淹溺伤害。

②在双壁钢围堰和吊箱围堰中除土、吸泥或抽水，可能影响围堰的稳定或冲刷围堰下部。若忽略对冲刷情况、稳定情况的检查，可能导致围堰倾斜事故。

③凿除超灌桩头混凝土时，若作业人员操作不当，可能导致机械伤害、物体打击伤害。

④对于高承台结构，当承台及墩身混凝土浇筑完成后，若承台顶面以上的钢结构没有及时拆除，可能危及通航船只的安全及造成洪水期漂浮物堆积。

2. 风险控制重点

①严防操作平台搭设不牢固，以免造成垮塌事故。

②在双壁钢围堰和吊箱围堰中除土、吸泥或抽水，严防忽略检查，以免造成围堰倾斜事故。

③凿除超灌桩头混凝土时，严防凿除顺序错误、作业人员之间不协调等不安全行为，杜绝大锤不牢靠的不安全状态，杜绝使锤人戴手套、使锤人与扶钎人面对面操作等不安全行为，以免造成物体打击伤害。

3. 风险控制技术

①搭设的操作平台及支撑系统应连接牢固，并能承受所有施工人员、机具和用料的重量。

②在围堰内除土、吸泥或抽水时，应经常检查围堰稳定情况及围堰内冲刷情况，并有防止围堰倾斜的措施。

③凿除超灌桩头混凝土应符合下列规定：a.凿除应自上而下顺序进行；b.两人共同作业时，应相互呼应，协调配合，多人作业时应设专人指挥；c.使用风动工具必须严格按操作规程进行作业，并佩戴防护用品；d.手工凿除时，大锤必须安装牢固，扶钎人应使用夹具，不得徒手扶钎，使锤人不得戴手套，并不得与扶钎人面对面操作；e.应及时清除拆除的碎块。

④高承台结构中，当承台及墩身混凝土浇筑完成后，应将承台顶面以上的钢结构切除，不得危及通航船只的安全及造成洪水期漂浮物堆积。

第八章 房屋安全管理与鉴定

第一节 房屋安全管理

一、房屋安全管理的重要性

①房屋安全关系民生，涉及城市公共安全，是城市公共安全的一个重要组成部分，必须由政府部门来管。因此，建立完善房屋安全管理保障和监管体系，对既有房屋进行切实有效的安全管理，对确保房屋使用安全，保护人民生命财产安全，维护社会稳定，促进经济发展显得尤为重要。

②我国作为人口大国，建筑业每年会消耗大量的资源，并对生态环境会造成一定的影响。通过加强对既有房屋的安全管理，有效地延长房屋使用寿命，可减少资源的消耗，促进节能减排，对循环经济发展和人类社会可持续发展有着重要的意义。

③多年来，受"重建设，轻管理"思想的影响，对建成投入使用的房屋维修管理未引起足够的重视，导致房屋安全事故时有发生，且房屋平均使用寿命大大低于设计年限，造成资源浪费。通过加强房屋安全管理，建立房屋安全管理长效机制，不断地发现问题，解决问题，从而保证房屋始终处于正常使用状态，房屋安全隐患处于可控状态，同时有效地减少房屋安全事故的发生。

④通过加强房屋安全管理，可有效制约随意改变房屋使用功能、擅自拆改房屋结构等违法使用房屋的行为，对保证公众权益和公共安全起到积极作用。

⑤我国有着深厚的文化底蕴，各种文化相知交错、相映生辉，建筑作为古文化载体之一，有着不可替代的历史文化效应。加强对古建筑的保护和安全管理，有利于古建筑群的保护，为后人留下宝贵的物质文化遗产。

二、房屋安全管理分类与职责

房屋安全管理是指采用制度与技术手段进行房屋的安全监督管理和房屋的安全使用管理，消除房屋安全事故隐患，控制房屋使用不安全行为，确保房屋的安全使用与维护的管理过程。

(一) 房屋安全管理分类

房屋安全管理分类的重要原则是业主负责、政府督导、共同维护，主要包括房屋安全监督管理、房屋安全使用管理两大部分。

1. 房屋安全监督管理

房屋安全监督管理是指房地产行政主管部门，对辖区内各类房屋在使用过程中影响安全的行为进行监督管理。其中包括房屋完损普查、房屋安全检查的布置与抽查、突发事件的处置、危险房屋排危督修、危害房屋安全行为的查处、房屋安全鉴定管理、白蚁危害预防等监督管理工作。

房屋安全监督管理主要目的是：规范和引导各类性质的房屋产权人、房屋使用人、利益相关人，减少危害房屋的行为，促进房屋正确使用，督促对房屋的及时维护和保养。

2. 房屋安全使用管理

房屋安全使用管理是指房屋产权人、房屋使用人、利益相关人等在房屋使用过程中，为确保房屋安全进行的管理行为。其中包括房屋安全隐患排查房屋的安全使用检查、房屋日常维护检查、房屋安全评与鉴定、危险房屋的治理等工作。

(二) 房屋安全管理职责

1. 房屋安全监督管理主要责任

负责本辖区的房屋安全使用管理工作，制定与贯彻执行有关房屋安全管理的法规、政策和规定，监督房屋安全使用的违法行为。

(1) 市级管理职责

市级房产行政主管部门作为全市既有房屋安全管理的行政主管部门，又在全市房屋安全管理体系中处于核心地位，起着统筹协调和组织实施作用。

①宣传贯彻国家、省有关房屋安全管理的法律法规，制定地方房屋安全管理的政策和规定。②负责对全市房屋安全管理工作进行业务指导和监督、检查；组织全市的房屋安全普查和危旧房排查工作；开展全市房屋安全管理业务培训。③按照法律法规和规章的有关规定，实施行政审批事项。④加强对房屋安全鉴定机构的管理，指导、监督、检查鉴定机构开展规范化建设工作。⑤加强对区（县、市）危险房屋排查、鉴定、治理工作的指导，督促、检查危险房屋的解危工作。

(2) 区（县、市）级管理职责

区（县、市）房产行政主管部门作为辖区内房屋安全管理部门，并在全市房屋安全管理体系中处于重要地位，起着落实责任和综合协调的作用。

①根据全市房屋管理工作目标任务和重大部署活动,结合本辖区内房屋管理实际,将目标任务分解到所属相关部门和街道办事处[乡(镇)政府],落实责任,监督实施。②建立辖区内房屋使用安全管理网络,及时报送房屋安全管理工作相关数据信息;指导、协调街道、物业服务企业、自管房单位的房屋安全管理工作。③按照法律法规和规章的有关规定,实施行政审批事项。④负责辖区内危险房屋排查、鉴定、治理的组织工作,监督、检查危险房屋的解危工作。

(3) 街道办事处[乡(镇)政府]管理职责

街道办事处[乡(镇)政府]负责辖区内房屋安全管理工作的具体实施,在全市房屋安全管理体系中处于关键地位,起着工作推进和覆盖到底的作用。

①开展房屋安全使用知识普及宣传,落实房屋管理工作目标任务。②建立辖区内房屋使用安全管理网络,健全房屋安全管理工作台账,做好房屋安全管理工作相关数据的统计上报工作。③负责辖区内危险房屋排查、鉴定、治理的组织工作,监督、检查危险房屋的解危工作。④及时调解处理涉及房屋安全的群访事件,指导社区居委会(村委会)、物业服务企业和自管房单位、私房开展房屋安全管理工作。

(4) 社区居委会(村委会)管理职责

社区居委会(村委会)是房屋安全管理工作的基础和工作落脚点,在全市房屋管理体系中处于承上启下地位,起着具体组织和基础保证作用。要构建社区居委会(村委会)、物业服务企业、自管房单位互为一体、互相保障的"三位一体"机制,建立房屋使用安全管理网络,落实房屋安全管理员,充分发挥三者在房屋安全管理一线的重要作用,把发生和出现的房屋安全隐患和矛盾纠纷及时在基层解决。

2. 房屋安全使用管理主要责任

(1) 房屋所有权人

房屋所有权人是房屋使用安全责任人。房屋产权人对房屋享有占有、使用、收益和处分的权利,同时对房屋的维护、保养及安全负有直接责任。房屋所有权人下落不明或者房屋权属不清晰的,实际占有人是安全责任人。

①应当依法使用房屋,定期检查,及时修缮,保证房屋结构的安全性、整体性和抗震性能。②发现安全隐患或险情,应及时委托鉴定和治理,并做好排险解危工作。受灾后,应及时委托鉴定和治理,保证住用安全。③经鉴定为危险房屋的,不得出租、出借或作他用。暂时治理有困难的,应立即采取临时处置措施。④出租房屋的,应与承租人书面约定安全责任,并监督其执行。

安全责任人应当对房屋的安全使用、检查维护、安全评估与鉴定、安全问题治理等承担责任,保证房屋的安全性、适用性、耐久性。

(2) 房屋使用人

房屋使用人应当合理使用房屋，进行日常查看，发现使用安全问题时应及时向安全责任人、管理人报告。

① 应当依法使用房屋，承担与出租人书面约定的安全责任和义务。② 应当合理使用房屋，并进行日常检查，发现安全隐患或险情，应及时告知房屋所有权人。③ 改变房屋用途或结构的，必须事先征得房屋所有权人同意。④ 因不当行为造成房屋损坏和危险，应承担赔偿责任。阻碍房屋所有权人采取排险解危措施而发生安全事故的，应承担相应的法律责任。

(3) 房屋管理人

房屋管理人是对房屋使用安全承担管理责任的自然人、法人或其他组织。自行管理的房屋，安全责任人是管理人。委托管理的房屋，受托人是管理人。

房屋管理人应按合同约定履行房屋使用安全管理的责任，加强对房屋的日常管理，及时对房屋进行正常检查维护，对于检查中发现的房屋使用安全问题应及时向房屋所有权人和有关行政主管部门报告，对违规使用房屋影响使用安全的行为应及时进行制止、报告，并定期开展房屋建筑使用安全宣传活动。

物业服务企业的责任：① 接收房地产开发企业或前一届物业移交的物业管理区的房屋建筑、结构及水电等全套图纸资料，建立物业管理区内的房屋安全档案和房屋安全管理工作台账。② 负责物业管理小区内房屋使用安全知识宣传，将房屋使用中的禁止行为和注意事项书面告知业主或使用人；做好小区内房屋使用安全日常巡查和检查工作。③ 负责受理小区业主房屋装修申报登记，并进行现场查勘，对装修中涉及拆改房屋结构的，应告知并督促业主委托房屋安全鉴定机构进行可行性评估，并按规定申请办理行政许可手续。发现在装修过程中擅自拆改房屋结构的，应及时制止，对制止不听的要及时向所在街道办事处[乡(镇)政府]、区(县、市)房产行政主管部门报告。④ 积极配合上级部门做好房屋安全普查和危旧房排查等工作。

自管房单位的责任：① 负责对所管房屋的安全管理工作，加强对房屋及其附属设施的日常检查和维修，建立房屋安全档案和房屋安全管理工作台账。按规定实施对所管房屋的安全普查和安全巡查工作。② 对涉及拆改房屋结构的，需委托房屋安全鉴定机构进行可行性评估，并按规定申请办理行政许可手续。③ 对遭受自然灾害、人为损坏、周边施工影响、无报建手续已投入使用以及超过设计使用年限的房屋应当及时委托房屋安全鉴定机构进行鉴定。④ 当房屋出现险情时，应当积极采取解危措施，确保房屋安全使用；当房屋出现重大险情，除及时采取有效应急措施外，要及时向所在地房屋安全管理部门汇报。

(三) 房屋安全管理的作用

房屋安全管理对房屋的正确使用，保证人身安全及合法权益有着重要作用。主要体现在以下几点。

1. 延长房屋的使用寿命

房屋建设过程中会消耗大量的资源，资源不可再生，在强调可持续发展和循环经济的时代，延长房屋使用寿命就是对资源的最大节约。生命周期延长一倍，就等于资源节约了一倍。延长房屋的使用寿命，除了合理设计、严格施工外，在使用过程中加强对房屋安全管理，及时检查、维护保养，使结构受力构件部位始终处于良好的工作状态，使房屋的使用寿命得以延长。

2. 减少房屋危害的发生

房屋投入使用后，有形、无形的损伤无时不在发生，当维修不及时或维护不当时，房屋的可靠性就会迅速降低，使用寿命大幅缩短。

多年来，受"重建设，轻管理"思想的影响，对建成房屋的定期检查和维护工作还未引起足够的重视，往往是房屋功能明显损耗或损坏严重或房屋发生灾害时才想起房屋检查。房屋安全管理就是要对房屋进行定期检查、维护维修，不断地发现问题、解决问题，保证房屋各部分处于正常、安全状态，减少房屋危害的发生。

3. 不断发现房屋安全隐患

房屋安全隐患会在房屋使用过程中暴露出来，而经常性的房屋安全检查和房屋安全鉴定，使房屋安全隐患无处可藏。房屋安全管理就是要及时发现房屋安全隐患，及时维修，建立房屋档案，让房屋安全隐患处于可控状态。

4. 约束房屋使用违法行为

房屋安全管理是监督、约束房屋使用违法行为的屏障。房屋使用违法行为多表现为对房屋结构的拆、改、扩、增加荷载。有其多层以上的房屋，产权人、使用人的使用空间为局部，违法行为会危及房屋安全，损害公众权益。房屋安全管理工作的很大比重就是监督、约束房屋使用中的违法行为。

5. 使房屋保值增值

房屋安全管理水平直接影响房屋的住用性能。房屋安全管理可以改善住用条件与质量，可以确保房屋的使用价值、增加房屋的经济价值和社会价值。因此，房屋安全管理可以使房屋保值增值。

三、房屋安全隐患排查

房屋安全隐患排查指房地产行政主管部门、物业服务企业、房屋所有权人或使用人在规定时间内，按照各自职责对房屋的安全状况进行全面检查的活动。

房屋安全检查是确保房屋使用正常、延长房屋使用寿命，加强房屋安全管理的一个重要环节，也是房屋养护和修缮的重要依据。房屋是长期耐用消费品，由于自然损坏、人为损坏和使用年代的增长，房屋结构各部分构件的强度会逐渐削弱，有些构件损坏到一定程度，或者达到了使用年限，就会产生危险，如不及时修理或加固，就会发生构件坠落或塌屋伤人事故。因此，房屋安全隐患排查，就成为房屋安全管理的一项经常性任务。要使房屋保持完好，就必须经常进行安全隐患排查工作，以便及时发现房屋安全隐患，通过维修加固等手段及时解除危险，避免发生房屋倒塌事故。

（一）房屋的日常检查

房屋的日常检查是房屋所有权人、房屋使用人应做好工作，当发现房屋出现异常情况的，应采取临时应急措施进行处置，并委托房屋鉴定机构进行安全性鉴定。物业服务企业、自管房单位要做好房屋安全管理的日常巡查工作，发现房屋出现异常情况的，要立即查清原因，采取有效措施，消除房屋安全隐患。当发现重大安全隐患时，应及时向相关管理部门汇报，并采取应急措施。通过房屋的日常检查，可以及时发现问题，从而把房屋安全隐患消灭在萌芽状态。

（二）房屋的定期检查

对失修失养，破损严重的房屋应进行定期检查。定期检查由房屋安全管理者组织，每年至少检查一次，对检查中发现的问题应及时采取相应措施。

对严重损坏房和危险房应建立挂牌监管制度，进行定期检查。定期检查由房屋安全监管责任人负责，每季度检查应不少于一次，并做好检查台账。房屋安全管理者应定期检查房屋监管落实情况，通过定期检查，使在册严重损坏房和危险房屋始终处于可控状态。

对因通过采取有效措施消除安全隐患的，或因房屋自然老化破损的，或通过正常维修而改变房屋完损状况的，应通过定期检查重新进行房屋完损等级评定，并根据新的评定等级更新房屋安全管理档案。

（三）房屋的季节性检查

房屋的季节性检查是根据当地气候特征进行的机动性检查。根据灾情预警，当地房产行政主管部门应及时布置检查工作，对建在山坡、山脚、江边、海滨的房屋以及严重损坏房、存在安全隐患的房屋、尚未解危的房屋和学校等人流密度大的房屋进行重点检查。在雨季、风季、冰雪季以及台风、暴雨、大雪等恶劣气候条件发生时，要做好事前排查、事中巡查和事后核查工作。通过房屋的季节性检查，及时掌握恶劣气候对房屋使用安全的影响，采取应急措施，最大限度地减少灾害损失。对存在着重大安全隐患的房屋要及时撤出人员，避免塌房伤人事故的发生。

(四) 房屋安全普查

1. 房屋安全普查的目的

房屋安全普查是根据当地人民政府的统一部署，由房产行政主管部门组织对辖区内所有房屋的安全状况逐栋逐间地全面检查评价，普查周期为3~5年。通过普查，全面掌握房屋的完损状况，确定房屋的完损等级，制订合理的房屋保养和维修计划。

2. 房屋安全普查的依据

(1) 工作依据

房屋安全普查工作应根据当地人民政府的统一部署，在房产行政主管部门组织下，按照普查文件的规定实施房屋安全普查工作。

(2) 普查的技术标准

可采用住建部颁发的《房屋完损等级评定标准》《危险房屋鉴定标准》以及相关的技术标准。

3. 房屋安全普查的组织

房产行政主管部门应在当地政府的统一安排下，做好房屋安全普查工作。街道办事处[乡(镇)政府]具体组织实施房屋安全普查工作，组织房屋所有权人、使用人、管理人按照各自责任对房屋的安全状况进行全面的检查评价。

房屋安全普查可分为若干个小组，每个小组由3~5人组成，小组成员主要有所有权人、管理人和专业技术人员等。

4. 房屋安全普查的内容、方法

(1) 房屋安全普查的内容

房屋安全普查应对房屋基础信息进行调查。基础信息调查主要包括房屋建筑年代、结构形式、用途、面积和是否改变使用功能、明显增加荷载、主体结构拆改、增层搭建、维修加固、拆除与翻建等相关情况。

房屋安全普查应对房屋结构、装修和设备三大部分进行全面现场查勘：① 结构部分：基础、承重构件(板、梁、柱、墙、屋架、楼梯、阳台)、非承重墙、楼地面、屋面。② 装修部分：门窗、外抹灰、内抹灰、顶棚、细木装修。③ 设备部分：水卫、电照、暖气、特种设备(消防栓、避雷装置等)。

(2) 房屋安全普查的方法

房屋安全普查分为内业和外业两个阶段。

内业阶段：① 收集普查房屋的基础资料（房屋所有权人、地址、面积、建筑年代、结构形式等），制作打印分户现场查勘记录表，做好外业的准备工作。② 外业工作结束后，对外业工作成果进行整理，依据相关标准进行房屋完损等级评定，分类填报房屋完损等级评定统计表。对严重损坏房和危险房屋应单独编制清册，报送相关部门。

外业阶段：① 外业阶段进行现场查勘时，可按先室外（包括地下设施、相邻房屋的关系）后室内，先下层后上层的顺序，按地基基础、墙、柱、梁、板、屋架、屋面以及装修和设备等进行逐层逐间逐项检查，详细填写分户现场查勘记录表。② 现场查勘时应绘制房屋平面图，房屋的重点损坏部位应详细记录，并绘制示意图或拍摄照片。检查人应认真核对分户现场查勘记录表，并签字确认。

5. 房屋完损等级分类

房屋完损等级根据房屋完好及损伤程度分为以下五类：① 完好房；② 基本完好房；③ 一般损坏房；④ 严重损坏房；⑤ 危险房。

6. 房屋安全普查成果的应用

通过房屋安全普查发现的安全隐患，要明确治理责任，及时采取解危措施，消除房屋安全隐患。

通过房屋安全普查发现房屋严重失修失养的，应落实房屋修缮责任，编制合理的房屋保养和维修计划，通过正常的维修养护，确保房屋的正常使用，合理延长房屋使用寿命。

通过房屋安全普查全面掌握房屋完损状况，根据普查成果建立房屋安全管理档案，为房屋安全动态管理打好基础。

四、危险房屋的监管和治理

(一) 危险房屋监管

危险房屋监管遵循"房产行政主管部门业务指导，区（县、市）政府组织，街道办事处[乡（镇）政府]具体实施"的原则，实行属地管理。各级房产行政主管部门要加强对危险房屋监管工作的指导。

危险房屋监管应以栋为单位，逐栋编制监管方案。建立以房屋安全管理部门责任人、街道办事处[乡（镇）政府]责任人、社区房屋安全监管员、技术服务单位责任人组成的危险房屋动态监管工作体系，定期采集和报送危险房屋监测情况。危险房屋监管工作要做到有警示牌,有责任人,有工作经费,有监管记录,有针对突发事件的预案。

对经鉴定确认进行观察使用的危险房屋要编制观察使用监管方案,落实监管责任人;对进行处理使用的危险房屋要及时采取有效解危措施,落实解危主体,及时排除隐患;对暂时不便拆除,但不危及相邻建筑和影响他人安全需停止使用的危险房屋,应及时撤出人员,并设置明显的警示标志,采取有效的封闭措施,防止次生灾害的发生;对整体拆除的危险房屋,应立即撤出人员,拆除危险房屋。

(二)危险房屋的治理

①各级房产行政主管部门要积极推进危险房屋治理工作。街道办事处[乡(镇)政府]对排查出来的疑似危险房屋要组织复查认定,危险房屋的认定可采用组织专家组评价认定或启动鉴定程序认定的方式。对确认的危险房屋要明确解危主体,制定解危方案,排出解危时间表,落实解危资金。

②房屋所有权人是危险房屋解危的主体,应切实履行危险房屋解危的责任。

③各级政府要建立危险房屋治理救助制度,设立房屋安全救助专项资金,用于对特殊困难群体及涉及公共安全房屋的鉴定和危险房屋治理的适当补助。

④危险房屋的治理可根据房屋安全鉴定结论和处理建议进行。危险房屋解危可结合房屋实际情况,通过采用更换危险构件、对危险构件补强加固、房屋整体加固、翻改建等多种方式进行,消除房屋安全隐患。对危旧房相对集中的区域,可优先纳入旧城改造计划或棚户区改造范围,通过拆除方式消除危险房屋。

五、房屋突发事件的应急管理

房屋突发事件的应急管理应当在当地政府的统一领导下进行。各级政府应当编制房屋安全突发事件应急预案,完善房屋安全应急抢险的组织体系和工作机制。当房屋安全突发事件发生时,应立即启动应急预案,进行应急保障和抢险救援。

应急管理是指政府及其他公共机构在突发事件的事前预防、事发应对、事中处置和善后恢复过程中,通过建立必要的应对机制,采取一系列必要措施,应用科学、技术与管理等手段,保障公众生命和财产安全,促进社会和谐稳定发展的有关活动。

(一)应急管理的内容

应急管理工作内容概括起来叫"一案三制":"一案"是指应急预案,"三制"是指应急工作的管理体制、运行机制和法制。

1. 应急预案

应急预案就是根据发生和可能发生的突发事件，事先研究制订的应对计划和方案。应急预案包括各级政府总体预案、房产行政主管部门专项预案、基层单位的预案和大型活动的单项预案。

建立健全应急预案体系，就是要建立"纵向到底，横向到边"的预案体系。所谓"纵"，就是按垂直管理的要求，从市、区（县、市）、街道（乡、镇）各级政府和基层单位都要制订应急预案，不可断层；所谓"横"，就是与房屋安全突发事件相关的工作都要有部门管，都要制订专项预案和部门预案，不可或缺。相关预案之间要做到互相衔接，逐级细化。预案的层级越低，各项规定就要越明确、越具体，避免出现"上下一般粗"现象，防止照搬照套。

2. 应急管理体制

建立健全应急管理体制。建立健全以当地党委、政府为主、有关部门协调配合的集中统一、坚强有力的组织指挥机构，建立健全应急处置的专业队伍、专家队伍。必须充分发挥人民解放军、武警和预备役民兵在应急处置中的重要作用。

3. 应急运行机制

建立健全应急运行机制。主要是要建立健全监测预警机制、信息报告机制、应急决策和协调机制、分级负责和响应机制、公众的沟通与动员机制、资源的配置与征用机制、奖惩机制和城乡社区管理机制等。

4. 应急法制

建立健全应急法制。主要是加强应急管理的法制化建设，把整个应急管理工作建设纳入法制和制度的轨道，按照有关的法律法规来建立健全预案，依法行政，依法实施应急处置工作，要把法治精神贯穿于应急管理工作的全过程。

（二）应急的启动与结束

1. 应急响应

当发生房屋安全突发事件时，各级领导应在第一时间赶赴现场，并按规定程序和授权范围启动房屋安全突发事件应急预案，成立房屋安全应急指挥部和组建现场指挥部，果断处置房屋安全突发事件。

2. 先期处置

发生房屋安全突发事件时，无论级别高低、规模大小、损伤轻重，当地政府应迅速调集力量，尽快判明事故性质和危害程度，及时采取相应处置措施，全力控制事态发展，减少生命、财产损失和社会影响，并及时向上级报告。

事发地政府应在第一时间采取措施，控制事态发展，按本级预案对房屋安全突发事件进行先期处置,防止次生、衍生事故发生。

3. 基本应急

发生房屋安全突发事件后,应积极开展抢险救助、医疗救护、卫生防疫、交通管制、现场监控、人员疏散、安全防护、社会动员等基本应急工作。

4. 扩大应急

当房屋安全突发事件造成的危害程度严重、超出自身控制能力范围,基本应急程序难以有效控制事态时,应立即转入扩大应急状态。扩大应急应在政府统一领导下,扩大抢险救灾资源使用、征用、调用的范围和数量,必要时依法动用一切可以动用的资源。

5. 应急结束

房屋安全突发事件应急处置工作结束后,依据法定程序,宣布解除灾情,终止应急状态,转入正常秩序。

(三)房屋安全突发事件应急预案的编制

1. 应急预案的编制依据和编制目的

根据《中华人民共和国突发事件应对法》《国家突发公共事件总体应急预案》《城市危险房屋管理规定》以及当地有关法律法规、规章及规定,结合当地房屋安全管理实际编制应急预案。

编制应急预案是为了加强房屋安全突发事件应急管理工作,健全完善房屋安全突发事件应急指挥系统、应急响应机制,规范、高效开展房屋安全突发事件应急处置工作,最大限度地减少事故损失,保障人民群众生命和财产安全,促进社会和谐稳定发展。

2. 应急预案的编制原则

应急预案的编制以宪法为依据、以突发事件应对法为核心、以相关法律法规为配套的应急管理法律体系,使应急工作做到有章可循、有法可依。

(1)以人为本,减少危害

应急预案的编制要体现以人为本,减少危害的原则。将切实履行政府的社会管理和公共服务职能,把保障公众生命财产安全作为首要任务,最大程度地减少房屋安全突发事件造成的人员伤亡和危害作为立足点。

(2)居安思危,预防为主

应急预案的编制要体现居安思危,预防为主的原则。高度重视公共安全工作,常抓不懈,防患于未然。增强忧患意识,坚持预防与应急相结合,常态与非常态相结合,做好应对突发公共事件的各项准备工作。

(3) 统一领导，分级负责

应急预案的编制要体现统一领导，分级负责的原则。在党委、政府的统一领导下，建立健全以分类管理、分级负责、条块结合、属地管理为主的应急管理体制，充分发挥专业应急指挥机构的作用。

(4) 依法规范，加强管理

应急预案的编制要体现依法规范，加强管理的原则。依据有关法律和行政法规，加强应急管理，维护公众的合法权益，使处置房屋安全突发事件的工作规范化、制度化、法治化。

(5) 快速反应，协同应对

应急预案的编制要体现快速反应，协同应对的原则。加强以属地管理为主的应急处置队伍建设，建立联动协调制度，形成统一指挥、反应灵敏、功能齐全、协调有序、运转高效的应急管理机制。

(6) 依靠科技，提高素质

应急预案的编制要体现依靠科技，提高素质的原则。采用先进的监测、预测、预警、预防和应急处置技术及设施，充分发挥专家队伍和专业人员的作用，提高应对房屋安全突发事件的科技水平和指挥能力，避免发生次生、衍生事件。

3. 应急预案的基本要素

应急预案的基本要素：突发事件报案信息；事件基本信息；事件上报流程图；成员单位及职责；应急通信录；专家资源；救援队伍；事件处置进展以及下一步相关措施等内容。

4. 应急预案的应急保障措施

(1) 信息与通信保障

建立房屋预警预报和信息联络体系，确保房屋安全突发事件应急处置期间的信息畅通。

(2) 应急救援队伍保障

公安、消防、交通、医疗急救等救援队伍是第一响应的抢险救援队伍，应第一时间赶赴事故现场，减少房屋安全突发事件造成的损失，避免次生、衍生和耦合事故的发生。

(3) 应急救援装备和物资

各单位应按应急处置要求，做好有关物资保障工作。应配备应急装备和物资，加强装备和物资的日常管理和维护保养。

(4) 交通运输保障

根据实际情况，开设应急救援"绿色通道"，为应急处置工作提供快速顺畅通道。

(5) 医疗卫生保障

根据房屋安全突发事件对人员的伤害情况，组建应急救援医疗卫生队伍，第一时间赶赴现场，为房屋安全突发事件受伤人员进行抢救和医疗保障。

(6) 治安保障

由公安部门牵头做好房屋安全突发事件应急处置过程中的治安保障工作。

(7) 资金保障

市、区（县、市）和各相关部门要落实应急处置所需资金，保证房屋安全突发事件应急处置工作顺利进行。

(8) 技术保障

房产行政主管部门牵头组建专家组，为应急处置提供技术咨询服务保障。

(四) 房屋安全突发事件处置的原则

1. 以人为本的原则

处置房屋安全突发事件应把保障公众生命安全作为首要任务。凡是可能造成人员伤亡的要及时疏散人员；突发事件发生后，要优先开展抢救人员的紧急行动；要加强抢险救援人员的安全防护，最大程度地避免和减少突发事件造成的人员伤亡和危害。

2. 损益合理的原则

处置房屋安全突发事件所采取的措施应该与突发事件造成的社会危害的性质、程度、范围和阶段相适应；处置突发事件有多种措施可供选择的，应选择对公众利益损害较小的措施；对公众权利与自由的限制，不应超出控制和消除突发事件造成的危害所必要的限度，并应对公众的合法利益所造成的损失给予适当的补偿。

3. 分级负责的原则

处置房屋安全突发事件应在各级政府领导下进行，建立健全分类管理、分级负责、条块结合、属地管理为主的应急管理体制。根据突发事件的严重性、可控性和所需动用的资源、影响范围等因素，启动相应的应急预案，形成统一指挥、反应灵敏、功能齐全、协调有序、运转高效的应急管理机制。

4. 坚持依法行政的原则

处置房屋安全突发事件应坚持依法行政的原则，妥善处理应急措施和常规管理的关系，合理把握非常措施的运用范围和实施力度，使应对突发事件的工作规范化、制度化、法治化。

5.责权一致的原则

处置房屋安全突发事件应坚持责权一致的原则,实行应急处置工作各级行政领导责任制,依法保障责任单位、责任人员按照有关法律法规和规章以及预案的规定行使权力;在必须立即采取应急处置措施的紧急情况下,有关责任单位、责任人应视情况临机决断,控制事态发展;对不作为、延误时机、组织不力等失职、渎职行为依法追究责任。

(五)突发事件应急预案的培训教育和演练

1.应急培训教育

加强对房屋安全突发事件的应急处置宣传工作,利用多种途径,多层次、多方位宣传应急法律法规和预防、避险、自救、互救、减灾等知识和技能,并有组织、有计划地为公民提供防灾减灾知识和技能培训,增强公众防灾减灾意识和自救互救能力。

各级、各有关部门应当按照房屋安全突发事件应急预案定期组织开展本行政区域、本部门、本系统有关人员的专业培训,熟悉本级应急预案的工作内容和要求,做好实施应急预案的各项准备工作。

2.应急预案演练

市、区(县、市)应当按照房屋安全突发事件应急预案定期组织应急演练,每年演练不得少于1次。

演练要从实战角度出发,切实提高应急救援能力。对应急演练过程中发现的问题要及时进行预案的修订,确保应急预案切实可行。

第二节　房屋安全鉴定

一、房屋安全鉴定的评述

房屋是指人类用于生产、生活以及从事其他活动的具有顶盖和维护的建筑物的总称。从使用属性来看,房屋具有私有性,如房屋拥有人的所有权、使用权、处分权等;从社会属性来看,房屋所处的空间和环境具有公共性,如果发生房屋安全事故时,其后果不是简单的私有个体事件,而是公共突发事件,房屋危险会给人类生命和财产带来威胁。因此,通过房屋安全鉴定加强房屋安全管理可以保障房屋权属人的利益,也可以减少房屋安全事故和房屋灾害的发生。

（一）房屋安全鉴定的由来

任何一种房屋不可能永久使用，当房屋受到内、外部环境的影响，其材料会发生老化，结构功能会发生改变，使用不当更会加速房屋的损坏。也就是说，房屋具有一定的使用寿命期。随着房屋的及时维修、构件的不断更新和房屋安全隐患的清除，房屋的使用寿命期会得到一定的延长。这种延长是在房屋使用安全的情况下，保持房屋资源的有效利用，使房屋利益最大化，符合可持续发展的规律。

是否有必要对房屋进行维修、更换房屋危险构件或消除安全隐患，必须依靠专业机构和专业技术人员对房屋现状的阶段性技术评估结果来确定。这种对房屋现状的阶段性技术评估就是房屋鉴定，参与技术评估的专业机构和专业技术人员就是鉴定单位和鉴定人。

（二）房屋安全鉴定相关概念

1. 委托鉴定

委托鉴定是指鉴定机构接受当事人（或法院）申请鉴定的行为，委托鉴定包括自行委托鉴定与协商鉴定和法院指定鉴定三种情况，自行委托鉴定、协商鉴定以及法院指定鉴定同属委托鉴定。委托鉴定结论是委托方处理相关矛盾或解决纠纷的依据或证据。委托房屋安全鉴定的主体及房屋需鉴定的情况主要如下几点。

（1）房屋安全责任人的委托鉴定

房屋安全责任人的委托鉴定主要包括下列情况：① 房屋地基基础、主体结构有明显下沉、裂缝、变形、腐蚀等现象的；② 房屋超过设计使用年限需继续使用的；③ 自然灾害以及爆炸、火灾等事故造成房屋主体结构损坏的；④ 需要拆改房屋主体或者承重结构、改变房屋使用功能或者明显加大房屋荷载的；⑤ 其他可能危害房屋安全需要鉴定的情形。

（2）房屋安全利害关系人的委托鉴定

房屋安全利害关系人的委托鉴定包括下列情况：如建设、施工等单位在基坑和基础工程施工、爆破施工或地下工程施工前，对影响或拟将影响的房屋进行的委托鉴定。

① 处于开挖深度 2 倍距离范围内的房屋。② 爆破施工中，处于《爆破安全规程》要求的爆破地震安全距离内的房屋。③ 地铁、人防工程等地下工程施工距离施工边缘 2 倍埋深范围内的房屋。④ 基坑和基础工程施工、爆破施工或地下工程施工可能危及的其他房屋。⑤ 不得作为经营场所的未经鉴定或经过鉴定不符合房屋安全条件的房屋。⑥ 房屋可能存在危及相邻人、房屋使用人等利害关系人的安全隐患的，利

害关系人可以要求房屋安全责任人委托房屋安全鉴定单位进行鉴定。

房屋安全责任人拒绝不委托房屋安全鉴定单位进行鉴定的,利害关系人可以自行委托房屋安全鉴定单位进行鉴定。经过房屋安全鉴定,房屋是危险房屋或存在危及利害关系人的危险点的,鉴定费由房屋安全责任人承担;不是危险房屋或不存在危及利害关系人的危险点的,鉴定费由委托人承担。

2. 代为鉴定

代为鉴定是指代替委托人进行鉴定委托的行为。当委托人不具备委托能力或不及时进行鉴定和治理并可能引发安全事件时,物业管理单位或政府相关部门代为申请鉴定的行为。

当单位和个人发现房屋存在严重安全隐患时,应及时报告房屋政府安全主管部门,政府主管部门应及时对存在严重安全隐患的房屋进行信息登记、调查、核实,并及时向房屋安全责任人发出限期进行房屋安全鉴定通知。当房屋安全责任人未及时委托鉴定时,政府主管部门应向其发出房屋安全代为鉴定决定书,并委托房屋安全鉴定机构进行鉴定。

经鉴定属于危险房屋的,鉴定费由房屋安全责任人承担。当房屋安全责任人及时采取治理措施排除隐患的,经调查核实房屋安全责任人可不再委托房屋安全鉴定。房屋安全责任人、使用人应当配合房屋安全鉴定机构的调查核实以及鉴定工作。

3. 验房与房屋安全鉴定的区别

验房是指在房地产交易过程中,受委托方(雇主)的委托,依据国家批准的建设文件、法律法规、验收标准、商业合同等,利用专业检测工具,对竣工并将交付使用的初装修、精装修的商品房或二手房进行检查、检测,并进行专业技能分析,向委托方(雇主)提供有偿咨询服务。验房属于宏观检查范围,其深度、广度和责任远不及房屋安全鉴定。验房的主要目的是发现问题,指出问题存在的点位即可。而房屋安全鉴定是对发现问题的部位进行分析,评定房屋的安全等级。两者有着本质的区别。

4. 房屋安全鉴定与建筑工程质量鉴定的区别

(1)鉴定对象不同

房屋安全鉴定的鉴定对象是既有房屋,即已建成并投入使用一段时期(一般为2年以上)的房屋;建筑工程质量鉴定的对象是在建或新建尚未投入使用的房屋建筑。

(2)鉴定程序不同

房屋安全鉴定主要根据房屋结构的工作状态及结构构件的失效率筛分,进行房屋等级评估,必要时辅以检测和承载力复核;建筑工程质量鉴定主要通过检测数据对建筑各分项工程、分部工程或单位工程进行评定,以施工质量合格率进行评判。

(3) 检测量和检测环境不同

房屋安全鉴定受房屋使用环境影响，检测条件有局限性，鉴定标准对最少检测量有明确规定；建筑工程质量鉴定因检测环境比较好，可以满足检测标准对检验批和检测量的要求。

(4) 执行标准不同

房屋安全鉴定主要采用《工业建筑可靠性鉴定标准》《民用建筑可靠性鉴定标准》《危险房屋鉴定标准》；建筑工程施工质量鉴定采用《建筑工程施工质量验收统一标准》及相应的各专业工程施工质量验收规范或设计标准。

由于房屋安全鉴定标准低于设计标准，因此房屋安全鉴定标准不能用于建筑工程施工质量验收或建筑抗震验收。

(5) 鉴定成果不同

房屋安全鉴定成果的标志是《房屋安全鉴定报告》。房屋安全鉴定报告是根据委托方的要求，依据现行的鉴定标准对房屋进行等级评定。建筑工程质量鉴定成果是《建筑工程质量鉴定技术报告》。建筑工程质量鉴定技术报告是根据委托要求，依据现行相关标准对鉴定项目进行质量及原因分析，一般情况下可不进行房屋等级评定。

5. 建筑抗震鉴定与房屋安全鉴定

房屋抗震鉴定是指通过检查现有房屋的设计、施工质量和现状，按规定的抗震设防要求，对其在地震作用下的安全性进行评估。建筑抗震鉴定与房屋安全鉴定相比区别很大，不仅鉴定目的存在着差异，而且鉴定范围也明显不同。

建筑抗震鉴定主要围绕房屋抗震体系和抗震措施的完整程度，对现有房屋的设计、施工质量和现状、抗震设防要求以及在地震作用下的安全性进行评估。而房屋安全鉴定是围绕房屋安全和使用状况进行查勘、检测、验算、鉴别和等级评定，侧重于房屋的可靠性，其中安全性评估和正常使用性评估是房屋安全鉴定的重要内容。从房屋整体性、牢固性和结构体系的查勘来看，房屋可靠性鉴定应该包含建筑抗震鉴定，因为房屋可靠性鉴定不能回避建筑抗震的内容。

建筑抗震鉴定不适用于古建筑、文物建筑、危险房屋和行业有特殊要求的建筑。房屋安全鉴定的范围远大于建筑抗震鉴定。

6. 房屋质量司法鉴定与房屋安全鉴定的区别

司法鉴定是指为了查明案情，按照法律程序，依法运用专门技能和科学知识对与案件有关的事物进行鉴别和判定。房屋质量司法鉴定与房屋安全鉴定的区别如下：① 房屋质量司法鉴定一般发生在司法诉讼过程中，而房屋安全鉴定一般发生在司法诉讼过程前，其效力相同；② 房屋质量司法鉴定存在补充鉴定和重新鉴定程序，同时司法鉴定人具有质证、答疑、解释说明的责任；③ 房屋质量司法鉴定文书一般包括标题、编号、基本情况、检验摘要、检验过程、分析说明、鉴定意见、落款、附件及附注等内容，尤其是附件必须完整、翔实。

7. 房屋安全鉴定与房屋安全管理的关系

房屋安全鉴定主要是对房屋现状安全性、使用性、耐久性的技术评价，评价的结果是房屋安全等级，房屋安全等级代表房屋现状的安全程度。

房屋安全管理就是要通过房屋安全鉴定，将房屋现状安全程度的未知变成已知。房屋安全等级的划分主要是筛分出危险房屋或疑似危险房屋，为房屋安全管理起到导向作用，既要减少危险房屋对人民生命财产造成巨大威胁和损失，又要考虑危险房屋或疑似危险房屋在治理过程中的轻重缓急。

8. 房屋安全鉴定与查勘、检测的关系

房屋安全鉴定是根据查勘情况与检测数据，对房屋进行分析验算和等级评定。查勘是对房屋现状的调查和初步判断，是鉴定工作的准备；检测是对查勘的深入验证，是鉴定工作的深层次继续；查勘与检测是鉴定一系列活动中不可缺少的内容；查勘和检测不能替代整个鉴定活动。查勘与检测是为鉴定服务的，查勘是鉴定工作的基础，检测是鉴定工作的数据支持，一般的鉴定过程包含查勘和检测工作，但有些鉴定可以不需要监测。

(三) 房屋安全鉴定的作用

不同类型、不同性质的房屋具有不同的使用功能，使用寿命也各有不同。导致房屋产生危险的因素是多方面的，只有对房屋定期做好有针对性的安全鉴定，才能对症下药地对房屋安全问题进行相应的治理，从而达到保障房屋使用安全，延长房屋使用寿命的目标。因此，房屋安全鉴定在房屋安全管理工作发挥着重要作用，主要包括以下几点。

1. 确保各类房屋的使用安全

房屋投入使用后，有形、无形和人为的损伤无时不在发生，维护不当或加固维修不及时，房屋的可靠性就会迅速降低，使用寿命大幅缩短，甚至出现房屋倒塌的事故。我国多年来受"重建设，轻管理"思想的影响，对已建成房屋的定期检查和维护工作还未引起足够的重视，也缺乏健全的管理制度，往往是房屋功能明显损耗或损坏严重时才进行鉴定，其结果是造成房屋的使用寿命缩短，维修费用大大增加，有的甚至危及人民的财产和生命安全。因此，在正确使用的前提下，应该通过对房屋定期鉴定、合理维护，保证房屋各部分处于正常、安全状态。

2. 促进城市危旧房屋的改造

20世纪五六十年代，为解决城镇职工住房问题，一些城市大力兴建了砖混结构、砖木结构或简易结构房屋。另外，还少量存在中华人民共和国成立前建造的砖木结构或简易结构房屋。这些房屋经过几十年甚至上百年的风雨剥蚀和各种自然的、人为的损坏，绝大部分已成为危险房屋。通过对这些房屋实施安全鉴定，可以尽早地发现安全隐患，及时采取排险解危措施，最大限度地减少房屋倒塌事故的发生和人员财产损失。同时，也能查清危旧房屋的结构类型、使用情况和分布状况，促进危旧房屋相对集中的区域有计划、有重点地翻建、改造。

3. 起到防灾和减灾作用

房屋遭受自然灾害或火灾等突发事件的侵袭后，房屋的结构会受到不同程度的损伤甚至破坏，通过对受损房屋进行鉴定来确定房屋是否符合安全使用条件，或采取排险解危措施后继续使用。另外，加强房屋的定期鉴定，可以及时维护、加固已损坏房屋，保持房屋预定的抵御突发灾害的能力，从而降低自然灾害或突发事故等给房屋造成的破坏或人员财产损失，起到防灾减灾的作用。

4. 为司法裁决提供技术依据

随着经济的发展、法律法规的完善及人们法律意识的不断增强，在大量的公、私房新建或装修、改扩建施工中，出现了不少相互影响甚至造成损失并引起房屋纠纷的事件。当诉讼关系形成后，法院或其他仲裁机构等可以委托房屋安全鉴定机构对房屋损坏原因、程度及危险等进行鉴定，为司法裁决提供技术依据。房屋安全鉴定必须实事求是、科学公正，在为维护正当利益和社会安定团结过程中发挥重要作用。

二、房屋安全鉴定主要内容

房屋安全鉴定程序大致分为房屋查勘、房屋检测、房屋鉴定分析、房屋鉴定评级四个阶段。每个阶段的工作性质和工作量各有不同，相互之间是递进关系，不可替代和跳跃。

(一) 房屋安全鉴定的概念及分类

1. 房屋安全鉴定概念

房屋安全鉴定是指依据国家有关标准，对已有房屋结构的工作性能和工作状态进行调查、检测、分析验算和等级评定等一系列活动。

房屋建成投入使用后，由于材料的老化、构件强度的降低、结构安全储备的减少，其功能逐渐减弱。因此，房屋由完好到损坏、由小损到大损、由大损到危险，形成不可逆转的生命周期。房屋"发病"和"衰老"的原因有很多种，诸如设计因素、施工因素、材料因素、使用因素、人为因素、自然因素、环境因素等，这些影响因素所展现的是结构、构件的损坏、变形、裂缝、承载能力不足,并造成房屋结构、构件功能失效。

2. 房屋安全鉴定的目的

房屋安全鉴定的重要工作是对现阶段房屋结构、构件工作安全状态的评估,梳理房屋存在的问题,评价房屋安全等级,提示房屋应该采取的有效处理措施,延缓结构损伤的进程,延长房屋使用寿命及可利用的程度。

3. 房屋安全鉴定的分类

房屋安全鉴定类型划分取决于委托方的需求和鉴定的目的,但在鉴定过程中发现重大问题时,鉴定人可以根据房屋的实际状况调整或改变鉴定类型。

(1) 房屋危险性鉴定

对房屋进行危险性鉴定是指根据《危险房屋鉴定标准》对既有房屋现阶段是否存在安全隐患进行检查,对房屋的危险程度进行评级鉴定,并对危险房屋提出处理建议。

危险房屋属于警示性的提法,应归类于安全性鉴定。危险性房屋鉴定主要适用于房屋结构传力体系明确,房屋损毁明显的房屋。按照房屋无危险点、有危险点、局部危险、整体危险四个等级进行鉴定评级,对于房屋后续处理有明确的指导意义。

(2) 房屋应急鉴定

房屋应急鉴定是房屋危险性鉴定的一种特殊形式。例如,爆炸、地震、火灾、台风、水淹、交通事故、地质灾害、房屋倒塌等涉及房屋安全的突发性事件时,应决策方或委托方要求,房屋鉴定机构对遭遇外界突发事故的房屋进行紧急安全检查、检测,对房屋损坏程度及影响范围进行紧急评估。这一类鉴定带有公益性,由于时限要求和鉴定条件的局限性,房屋安全应急鉴定多以紧急处理建议的形式提出,如紧急排险、紧急撤离等。紧急处理建议应安全可靠,具有可操作性。

应急鉴定一般不采用可靠性鉴定方法,因时间和现场的局限,其检测量、测试数据不可能按部就班地展开,所以房屋应急性鉴定可根据房屋结构工作状态直接给出鉴定报告,以主要数据齐全并能说明问题即可。

(3) 民用建筑可靠性鉴定

民用建筑可靠性鉴定是指根据《民用建筑可靠性鉴定标准》,对民用建筑结构的承载能力和整体稳定性,以及安全性、适用性、耐久性等建筑的使用性能所进行的调查、检测、分析、验算及评定等一系列活动。

民用建筑可靠性鉴定是按照安全性和使用性要求,通过比对筛分综合评定房屋可靠性等级,同时包括处理建议。其目的是评估房屋是否有可继续利用的价值或改变使用条件的可行性。

民用建筑可靠性鉴定适用于房屋结构传力体系清晰、房屋存在显性与隐性安全隐患或延缓、延伸其有利用价值的房屋。例如：建筑物大修前；建筑物改造或增容、改建或扩建前；建筑物改变用途或使用环境前；建筑物达到设计使用年限拟继续使用时；遭受灾害或事故后；存在较严重的质量缺陷或出现较严重的腐蚀、损伤、变形时；等等。

(4) 工业建筑可靠性鉴定

工业建筑可靠性鉴定是指根据《工业建筑可靠性鉴定标准》，对工业建筑的安全性和使用性进行调查、检测、分析、验算及评定等一系列活动。

《工业建筑可靠性鉴定标准》适用于对以混凝土结构、钢结构、砌体结构为承重结构的单层或多层厂房等建筑物，以及烟囱、贮仓、通廊、水池等构筑物的可靠性鉴定。

(5) 房屋完损等级评定

房屋完损等级评定是指根据《房屋完损等级评定标准》，对民用房屋外观的完好状况或损坏程度进行评定等级，以房屋使用功能为主。房屋完损等级评定属于传统经验型鉴定方法，必要时才依靠检测数据。

《房屋完损等级评定》主要适用于对结构体系较简单的房屋受损程度的评定，亦可作为房屋普查的评定依据。房屋完损等级评定不适用危险性房屋、工业建筑、原设计质量和原使用功能的鉴定，对于构成危险的房屋，应采用其他鉴定标准进行评定。

(6) 特殊需求的专项鉴定

房屋专项鉴定是根据委托方的要求进行的鉴定。包括施工对周边房屋的影响鉴定、火灾后房屋结构损伤程度鉴定、房屋质量司法鉴定、房屋损坏纠纷鉴定、房屋抗震鉴定、结构单项检测等专项鉴定。房屋专项鉴定目的性明确，鉴定此类房屋应符合相关鉴定标准的要求。

(二) 房屋查勘

如果将房屋安全鉴定行业比作房屋医院，那么鉴定人就像房屋医生。医生是面对病人，通过望、闻、问、切的方式检查病人的病情，并对病情的方向性进行初步判断或准确判断；通过化验和深度检查验证病理、病灶；通过综合分析确定病症并对症下药。病症准确判断，体现了医生的高超医术和能力。

同理，鉴定人是面对房屋，通过对房屋现状进行查勘，对房屋结构存在的问题和隐患进行方向性的初步判断或准确判断；通过检测和深度调查，验证房屋存在的主要问题；通过分析得出正确的鉴定结论。

查勘作为鉴定工作的侦查阶段，其准确的判断结果可以体现鉴定人的高超技术水平和能力。

1. 房屋查勘概念

房屋查勘是指依据国家有关法律法规、规范、标准的规定，对房屋现状的调查探测，即借助专业知识和经验，对房屋现状进行全面调查，通过收集相关资料和照片，记录和复核相关资料，对房屋现状进行基本描述。

2. 房屋查勘的目的

房屋查勘的目的是查找和发现房屋结构、房屋使用功能是否现存问题及安全隐患。这个过程所采集的数据参数，直接影响着房屋鉴定分析和房屋等级评定。因此，房屋查勘工作是整个鉴定过程的非常重要的阶段和组成部分。

房屋查勘技术水平的高低，体现了鉴定人的能力，对于如何在繁多的房屋存在问题和隐患中进行精准查找，主要看鉴定人的专业知识和经验，精准查勘是房屋安全鉴定结论的最佳途径。所以，房屋查勘需要鉴定人掌握相应的设计、施工、装修、检测、加固、地勘、房屋管理、房地产开发以及相关法律法规、规范标准等综合专业知识，需要丰富的技术经验。丰富技术经验需要长期工作的积累，需要鉴定人不断地学习和培训以提高综合专业知识，养成分析问题的习惯，对房屋发生的突发事件要有敏感性，培养独具慧眼的能力。

有人将房屋查勘与房屋检查混为一谈。其实，房屋查勘对房屋存在的问题的翻检程度远大于一般性的房屋检查，而且目的性和深入程度远远高于一般性的房屋安全检查。房屋查勘与房屋检查的最大区别在于滴灌与漫灌的检查形式，其效果在于精准判断与非精准判断，其责任在于不可推脱与可推脱的后果，房屋查勘与房屋检查相比更具有追溯性。

3. 房屋查勘的分类

房屋查勘主要包括初步调查和详细调查两个类别，因为查勘工作各时段的内容、深度不同，房屋查勘应依次进行。初步调查要了解房屋的基本情况和使用史，详细调查要掌握房屋结构、部件、设备的工作状态和完损状况及使用过程中及违反设计和使用规定的违章行为。

（1）房屋初步调查

初步调查主要包括图纸资料调查、使用历史调查和使用状况调查三个部分。初步调查是拟定鉴定方案的重要依据。

（2）房屋详细调查

详细调查主要包括结构构件现状的查勘、结构上的作用调查、地基基础工作状况查勘、结构构件测量等。详细调查是鉴定分析的主要参考。

(三) 房屋检测

建筑检测可以分为在建工程施工过程和竣工验收时的检测，以及投入使用后的既有房屋的检测。本章讲述的是后者。两种检测既有区别，又有相通之处，而且相通之处大于区别。

房屋检测是一项严谨的科学实践活动，它结合了建筑科学、化学、材料学、物理学、电子学等学科的知识，是一项学科交叉性很强的实践活动。通常情况下，检测单位受委托方的请求而实施检测工作。当房屋安全鉴定单位自身具备检测实力时，检测方案通常会依照鉴定方案的鉴定项目的需要来编制，从而开展检测工作。

房屋的检测是对结构及部件的材料质量、工作性能方面所存在的缺损进行详细检测和试验，检测数据为鉴定分析、判断提供技术支持。可以说，房屋的检测是房屋查勘过程取得的查勘数据的深入和验证，是鉴定分析的依据。

1. 房屋检测概念

房屋检测是指依据国家有规范、标准、规定，为获取反映既有房屋现状的信息和资料，进行现场调查、测试和取样；进行室内试验以及后期数据整理和报告的工作过程。

2. 房屋检测的目的

房屋检测的目的是运用一定的技术手段和方法，检验、测试房屋技术性能指标，深入验证房屋查勘过程中发现的问题，为鉴定分析提供充实的依据。

3. 房屋检测的分类

(1) 房屋完损状况检测

房屋完损状况检测主要针对房屋结构、装修和设备的完损状况，对其存在的倾斜、沉降、裂缝、损坏、锈蚀、碱蚀、老化程度进行度量。通过数据统计分析，为后续鉴定、加固、维修提供技术参数。

(2) 房屋安全性检测

房屋安全性检测主要针对房屋地基基础、上部结构、维护系统出现的倾斜、变形、沉降、裂缝、构造连接、承载能力、整体牢固度的缺陷程度进行度量。通过材料性能检验，判断房屋安危，为后续鉴定分析、加固设计、施工维修提供技术参数。

(3) 房屋损坏趋势检测

房屋损坏趋势检测主要针对房屋受相邻工程等外部影响或设计、施工、使用等内在影响因素的作用而产生或可能产生变形、位移、裂缝等损坏程度进行度量。包括初始检测、损坏趋势的监测和复测，为后续鉴定分析、加固、维修提供技术参数。

(4)房屋结构和使用功能改变检测

房屋结构和使用功能改变检测主要针对房屋拆改、加层、变动结构以及房屋改变设计用途或增大使用荷载等情况,对房屋现状存在的倾斜、变形、沉降、裂缝、构造缺陷、承载能力的程度进行度量,为后续鉴定分析、加固设计、施工维修提供技术参数。

(5)房屋抗震能力检测

房屋抗震能力检测主要针对未进行抗震设防或设防等级低于现行规定的房屋的质量现状,对其地基基础、上部结构、维护系统出现的倾斜、变形、沉降、裂缝、构造缺陷、设计缺陷的程度进行度量,并结合结构布置、抗震构造措施的查找,为后续承载力验算、抗震承载力复核、综合抗震能力分析、抗震加固设计与施工提供技术参数。

(6)灾后房屋检测

灾后房屋检测主要针对房屋遭受火灾、雪灾、风灾、地震、爆炸等,对其结构构件损坏范围、程度及残余抗力、沉降、倾斜、裂缝的检测和度量,为后续鉴定分析、加固设计、施工维修提供技术参数。

(7)建筑工程质量纠纷鉴定检测

建筑工程质量纠纷鉴定多因施工质量纠纷引起,质量检测主要针对建筑工程施工质量现状,依据委托方的要求和现场检测条件,对已建成或未建成的建筑工程施工质量进行评定。评定范围应根据需要可局部、可整体,可构件、可结构体系,但质量的异议范围尽可能缩小,并由双方约定检测的方法。

4.既有建筑的界定

既有建筑是指已建成2年以上且已投入使用的建筑物。对已建成但未满2年且已投入使用或已建成满2年且未投入使用的建筑也应视为既有建筑,因为其实际现状已具备或更接近既有建筑定义。

(1)已建成但未满2年且已投入使用的房屋

已建成但未满2年且已投入使用的房屋,由于检测手段和条件受到一定的限制或相当多的分项检验项目,不可能按新建工程进行检测和追溯。因为其抽样条件更符合可靠性鉴定的实际,应按可靠性鉴定标准进行抽样检测,但鉴定结论是房屋安全等级,而不是施工质量验收合格与否。

(2)已建成满2年且未投入使用的房屋

已建成满2年且未投入使用的房屋,因为检测手段和条件具备,应按新建工程现场检测技术标准进行取样测试和追溯。因为其抽样条件更符合施工质量验收的实际,鉴定结论可以判断出房屋安全等级,也可以判断为施工质量验收合格与否。

上述两种情况，都应尽量避免用可靠性鉴定标准替代施工质量验收标准。

5. 房屋检测与工程质量检测的区别

(1) 检测标准的不同

房屋检测是依据房屋现状和鉴定标准中对检测工作的规定和要求进行的检测。按照检测量的有关要求进行抽样检测，其样本容量不应低于最小检测量要求。

工程质量检测是依据现行的工程建设标准和设计文件，对建设工程的材料、构配件、设备，以及工程实体质量、使用功能等，按照验收批次要求进行的测试。

(2) 检测对象的不同

房屋检测主要针对既有房屋。如因设计失误、施工缺陷、使用不当、材料性能恶化、房屋改变用途、房屋长期处于恶劣环境等导致房屋不能正常使用，需要进行房屋检测。

工程质量检测主要针对建筑工程。如对建筑材料、基坑施工、地基基础工程质量、主体结构工程质量、建筑节能施工质量等所进行工程施工质量验收检测。

(3) 检测环境的不同

房屋检测与工程质量检测的检测条件、检测对象的龄期、结构荷载使用经历、结构损伤，因检测环境不同其抽样量均存在很大的差异。房屋检测一般分为现场数据采集和取样试验两个部分：现场数据采集视情况应包括数据观测、数据测量、载荷试验等，并进行数据记录；取样试验一般视需要应包括试样测试、试样分析等，一般情况下仅仅代表所测构件。

房屋检测后要形成检测报告，罗列、总结检测数据的统计、处理和计算等，真实反映房屋的相关参数和现状，为后续工作(如鉴定、分析、加固处理等)提供可靠数据。因此，房屋检测是房屋鉴定中的重要环节，是一项重要的基础工作，其检测数据对房屋存在问题的验证和鉴定分析起到重要的支持作用。

(四) 房屋结构验算

在既有建筑鉴定中，结构验算是相对重要而关键的环节。结构设计算与鉴定中的结构验算有着本质的区别。结构设计算是研究在预定条件下，结构应该达到预期的目标；而结构鉴定验算是研究在现状条件下，结构实际达到的目标。

结构验算受各种客观因素的制约较大，如建造年代的时间跨度、建设新旧标准的差异(含设计、施工、检测标准)、施工工艺差异、既有结构存在的各种缺陷或损伤等。因此，结构验算与结构设计相比较为复杂。结构验算中如何处理这些差异和缺陷，如何建立符合现状的计算模型，如何合理选取各种参数，使结构验算能真正体现建筑的受力状态，是鉴定人员进行结构验算的关键工作。

1. 房屋结构验算的分类

结构验算分为构件验算和结构整体验算两个部分。一般情况下，结构验算以承载能力和变形为主要对象。当结构构件经检测后材料强度有所降低、截面尺寸减小、当改变使用功能或改造后构件上荷载发生变化、受力方式被改变时，都需要对结构构件重新进行验算。结构验算分为承载能力极限状态和正常使用极限状态两种不同情况下的验算形式。

（1）承载能力极限状态验算

承载能力极限状态是指结构或构件达到最大承载能力，或达到不适于继续承载的变形的极限状态。承载能力极限状态下的结构或构件验算主要对应于结构或结构件达到最大承载能力或不适于继续承载的变形，也包括结构件或连接强度不足、结构或其一部分作为刚体而失去平衡（倾覆或滑移）、在反复荷载作用下构件或连接发生疲劳破坏等进行的结构验算。因为当结构全部或部分超过其承载能力极限状态时，会引起结构构件的破坏或倒塌，从而导致人员的伤亡或经济损失。所以，对结构构件的验算必须按承载能力极限状态进行计算，以确保结构或构件满足安全性的要求。

（2）正常使用极限状态验算

正常使用极限状态是指结构或构件达到正常使用或耐久性能中某项规定限度的状态，称为正常使用极限状态。正常使用极限状态下的结构或构件验算，主要对应于结构或构件超过正常使用限制，出现的裂缝或挠度变形。当结构全部或部分超过其正常使用极限状态时，会影响结构构件的正常使用。所以，对结构构件的验算必须按正常使用极限状态进行计算，以确保结构或构件满足使用性和耐久性要求。

2. 房屋结构验算的意义

房屋结构验算结果直接影响房屋安全等级，结构验算是房屋安全鉴定中的重要指标。如构件的承载能力、构造和连接、不适于继续承载的位移（或变形）、裂缝等项目的房屋安全性等级的评定需要结构的验算支撑。又如构件的裂缝、变形、偏差、腐蚀、缺陷和损伤等项目的正常使用性评定也需要结构验算的支持。

房屋鉴定过程是根据鉴定标准的相关要求，以构件鉴定为基础，按照一定的流程，逐级进行判定，最终完成整体建筑的鉴定。在这个过程中，无论房屋安全性还是正常使用性等级评定，都离不开结构验算结果的支撑和支持。由此可见，构件的结构验算以及建筑整体的结构验算是房屋安全鉴定工作中一项重要而且不可或缺的工作。

第三节　房屋鉴定技术与方法

一、鉴定工作内容

(一) 受理委托的内容

鉴定委托是鉴定机构与鉴定委托人通过合约形式的服务与被服务之间的合同关系，是鉴定工作的起点。鉴定委托一般采用委托书或鉴订合同的方式约定，也有以政府部门购买服务形成的招标投标方式。

鉴定机构受理鉴定委托时，应根据委托人要求，确定房屋鉴定内容和范围。

1. 填写房屋鉴定委托书

委托人申请房屋鉴定需填写委托书，委托书填写内容应与委托人持有合法证件的相应内容一致。委托人为单位的，委托书应加盖单位公章；委托人为个人的，应有委托人签字或加盖私章。

2. 受理委托

鉴定机构受理委托申请时，应根据委托人的鉴定目的、范围和内容确定鉴定事项。确定的鉴定事项要明确、具体，鉴定结论能对委托鉴定事项作出明确回答。

委托人申请鉴定时，应提交下列材料：① 鉴定委托书、委托人的有效证明文件；② 房屋所有权证或其他证明其具备相关民事权利的合法文书（属承租人委托鉴定的，还需提供房屋租赁合同）；③ 房屋施工图纸和相关施工资料；④ 租赁房屋涉及改造的，应提供房屋所有权人同意改造的书面材料；⑤ 鉴定机构认为需要的其他材料。

受理条件：① 对属于鉴定机构业务范围，委托鉴定事项的用途及鉴定要求合法，提供的鉴定材料真实、完整的鉴定申请，鉴定机构应予受理。② 对提供的鉴定材料不完整的，鉴定机构可以要求委托人补充。委托人将材料补充齐全的，鉴定机构应予受理。

具有下列情况之一的鉴定委托，鉴定机构不应受理：① 委托事项超出鉴定业务范围的；② 提供材料不真实、不完整或者取得方式不合法的；③ 现场不具备鉴定条件的；④ 鉴定要求超出鉴定机构的技术条件和鉴定能力的；⑤ 其他不符合法律、法规、规章规定情形的。

一般情况下，鉴定机构受理委托后，应与委托人签订鉴订合同。

(二) 初步调查

鉴定人开展初步调查，对比较复杂的工程项目要进入现场做好初步调查工作。

房屋初步调查是编制房屋鉴定方案必要的前提条件，是进入现场开展详细调查和现场检测的重要准备。

1. 房屋图纸资料的调查

主要包括收集被鉴定房屋的设计、施工、改扩建、加固维修的相关图纸、地质勘察报告及相关技术资料。对查阅的技术资料要登记，有关重要资料应复印留存。

2. 房屋使用历史的调查

主要包括了解房屋坐落位置、产权属性、建成年代、用途、结构类型、结构体系、层次、平面形式等情况。

3. 房屋使用状况的调查

主要包括：调查房屋扩建、改建、使用期间用途与荷载的变更情况和房屋加固与大修情况；调查房屋结构的现状缺陷、环境条件和是否受过火灾、水淹、蚁害、震害等灾害影响和相邻施工所产生的振动、降水、堆载等影响。

（三）编制鉴定方案

编制鉴定方案应根据初步调查情况和委托方提出的鉴定原因及目的，遵循国家或地方相关鉴定标准、检测规范，结合被鉴定项目的特点进行编制。较大的鉴定项目或处理纠纷矛盾的项目一般在现场详细调查和检测前应编制鉴定检测方案，而鉴定检测方案应根据初步调查情况和委托方提出的委托鉴定事项，按照相关检测鉴定技术标准，结合被鉴定项目的特点进行编制。鉴定检测方案一般应在征求委托人或双方当事人意见后实施。

鉴定检测方案一般包括以下内容：① 概况，主要包括委托人、委托鉴定事项、鉴定范围与目的、鉴定与检测实施单位、房屋基本情况等。其中，房屋基本情况还应包括房屋坐落位置、建成年代、用途、结构类型、结构体系、层次、平面形式、房屋产权属性等。② 主要工作内容，应结合鉴定项目的实际情况确定工作内容。③ 主要检测项目，包括项目名称、检测部位、检测数量、检测方法等。④ 检测与鉴定依据，包括国家与地方相关技术标准、有关技术文件等。⑤ 检测仪器，包括本次检测过程主要采用的仪器、设备及常用检测工具包。⑥ 检测鉴定进度计划和时间安排，包括查勘、检测进出场时间、完成期限及成果提交方。⑦ 委托方配合的工作，主要包括：提供所鉴定房屋的施工图和相关施工资料，检测所需的水、电、登高工具及辅助工人；派专人负责鉴定、检测的协调；对破损检测部位的修复；等等。⑧ 参与检测鉴定项目的人员名单，包括参与检测鉴定项目主要成员名单、职务、职称及在该鉴定任务中担任的职责。⑨ 鉴定风险提示。⑩ 鉴定方案需要调整的提示。⑪ 鉴定、检测费用及支付方式。

(四) 详细调查与检测

详细调查与检测是采用必要的仪器设备，在现场对房屋现状进行调查、检测，并记录房屋各种损坏状况和数据，也包括未发生损坏构件的记录。

1. 对鉴定资料的要求

(1) 资料完整的房屋

对鉴定资料完整的房屋，现场应重点核查房屋结构体系、平面布局、使用功能等是否与原施工图纸一致，检查房屋主要损伤情况，并根据现场实际情况有针对性地进行抽样检测。

(2) 资料不全或无资料的房屋

对鉴定资料不全或无资料的房屋，应根据现场实际情况，重点检查房屋结构体系、平面布局、使用功能及房屋主要损伤情况等，根据现场实际情况重点检测构件几何尺寸、材料强度、混凝土构件的钢筋配置等，并根据检查情况绘制房屋现状图（含建筑平面图、结构布置图）。

2. 详细调查与检测

详细调查与检测应包括地基基础、上部结构和围护结构三个部分。

(1) 地基基础

① 查阅岩土工程勘察报告及有关图纸资料，调查房屋实际使用状况和地下管线布置情况，检查是否出现因地基基础变形引起的上部结构倾斜、扭曲、裂缝等反应。② 当需要重新确定地基的岩土性能指标和地基承载力特征值时，应根据重新勘察或补充勘察结果按国家现行有关标准的规定确定。③ 基础的种类和材料性能，可通过查阅图纸资料确定；当资料不全或存疑时，可采用局部开挖基础检测，查明基础类型、尺寸、埋深、材料强度，基础的变形、开裂、腐蚀和损伤等。

(2) 上部结构

① 结构体系调查：重点检查结构平面布置、竖向和水平向承重构件布置、支撑系统布置等；砌体结构还应检查圈梁和构造柱布置情况。② 结构荷载调查：主要核查结构上的实际荷载与原设计荷载是否相符。③ 构件连接的调查：应包括构件几何尺寸、材料强度、延性与刚度，预埋件、紧固件与构件连接、结构构件间的联系等。④ 结构缺陷和损伤的调查，结构缺陷重点检查设计和施工缺陷，以及因缺陷影响结构安全的结构构件变形、支撑系统缺失等。损伤主要检查：混凝土构件的材料老化、构件裂缝、混凝土剥落、腐蚀、钢筋锈蚀等；钢构件的锈蚀、变形、焊缝裂缝、连接螺栓松动位移等；砌体构件的裂缝、变形（倾斜）、砌块腐蚀风化等；木材开裂、变形、腐朽、虫蛀、连接节点松动等；使用过程中随意拆改结构情况。

(3) 围护结构

围护结构的调查，应在查阅资料和普查的基础上，重点根据不同围护结构的特点对存在明显损伤的结构构件进行检查，重点检查围护结构的承重构件。

3. 现场查勘要点

① 房屋的现场查勘工作可按先室外（包括地下设施、相邻建筑物的相互关系）后室内、先下层后上层的顺序，按地基基础、墙、柱、梁、板、屋架、屋面等逐层逐间逐项检查，并详细填写现场查勘记录表。② 现场查勘时应绘制房屋检查示意图（含平面图、立面图、剖面图、构件图），绘图时应采用规定的图例标明各种构件的损坏情况，附注必要的文字说明，并尽可能做到量化。③ 房屋的查勘记录，一般采用文字记录和图表相结合的方式，重点损坏部位应绘制示意图或拍摄照片留存。对损坏复杂、可能有损坏变化的部位及构件应留下影像资料。查勘检测的原始记录，应记录在专用记录纸上，如有笔误，应进行更改，且原始记录表应有现场记录人签名。④ 现场检查数据要真实可靠，符合实际情况。鉴定人应认真核对现场查勘记录，并签字确认。⑤ 受条件限制，鉴定机构无法独立完成的检测项目，应委托具有相应资质的专业检测机构进行检测。

(五) 复核验算

结构构件验算采用的结构分析方法应符合国家相应的规范规定；采用的计算模型应与实际受力和构造状况相符；荷载取值应依据现行规范、标准，并结合现场实际情况确定。

1. 结构复核验算要求

(1) 计算参数应完整、齐全

计算参数包括结构体系、场地类别、地震信息（抗震设防烈度、抗震等级、地震分组、地震基本加速度等）、材料强度（混凝土强度、砖砌块强度、砌筑砂浆强度、钢筋强度等）、楼（屋）面恒载和活载、风荷载（基本风压值、地面粗糙度）、计算模型简图等。

(2) 验算项目应完整

钢筋混凝土框架结构一般包括柱轴压比验算、柱（梁、板）承载力验算和整体变形验算。砌体结构一般包括砌体受压承载力验算、砌体高厚比验算、梁（板）承载力验算等。对涉及加层的建筑，应进行地基和基础的承载力验算、地基变形和稳定验算等。

(3) 验算应考虑结构工作环境影响

结构分析时，应考虑结构工作环境对结构构件和材料性能的影响。当结构受到地基变形、温差和收缩变形、杆件变形等作用，且对其承载有显著影响时，应考虑由之产生的附加内力。结构复核应注明采用的计算分析程序（计算模块）、正版软件用户号。

(4) 验算项目结果表述

各验算项目结果宜列表摘录，且应注明验算项目、构件类型、构件位置（楼层、轴线号）、验算值及规范限值。有设计文件资料的应同时列出设计值对比。对承载力验算不满足规范要求的构件，应逐一列出或附图标示。

2. 结构复核验算要点

(1) 复核验算依据

结构复核验算所依据的设计规范应根据鉴定目的和鉴定类型确定。对涉及改造、使用功能改变的应按现行规范执行，对于未进行拆改建和改变使用功能的房屋可根据委托人要求，采用建造时期处在有效期内相应的设计规范。对明显不符合现行设计规范要求，且可能影响房屋结构安全的，应提出完善建议。

(2) 复核验算参数的选取

结构复核所采用的构件材料强度标准值，若原设计文件有效，且不怀疑结构有严重的性能退化或设计、施工偏差，可取原设计值，否则应根据实际检测数据按相关标准要求确定。构件材料强度实测值低于楼层计算取值的构件应按实测值取值，且应进行单个构件的承载力复核（可取截面控制内力手算复核）。

构件和结构的几何参数应采用实测值，并应考虑锈蚀、腐蚀、腐朽、虫蛀、风化、局部缺陷或缺损以及施工偏差等的影响。

对满足塑性法计算条件的连续次梁和现浇板构件，若按弹性法复核配筋量不满足要求但相差不大时，应按塑性法再次复核。

(3) 钢筋混凝土构件复核验算的注意事项

钢筋混凝土构件的配筋（楼板受力筋和钢筋混凝土框架柱、梁端纵向钢筋和箍筋，楼板受力筋）的计算结果应考虑是构造要求（最小配筋率、体积配箍率等）控制还是承载力控制，在构件安全性评级时应注意区分。柱、梁构件配筋是否满足要求应分纵向钢筋和箍筋两种情况来说明。

钢筋混凝土柱承载力计算结果中，纵向钢筋不应按全截面配筋量比较，应区分短边和长边方向。

对现浇钢筋混凝土楼（屋）盖的梁构件，若按矩形截面复核跨中底部纵向钢筋配筋量不满足要求但相差不大时，应按T形截面再次复核。

(六)综合分析

依据相关标准对调查、现场查勘、构件检测、结构验算等环节所获得的全部信息进行全面准确分析，从而作出综合判断。综合分析要做到思路清晰，重点突出，数据可靠，科学客观。

1. 检测数据的处理和分析

①当怀疑检测数据有异常值时，应检查数据是否有差错，检测方法是否得当，检测试件是否有代表性。②当检测数据与查勘结果相悖时，应同时对检测数据和查勘结果进行复查，必要时可以进行二次查勘或检测。③当发现检测数据不足时，应及时进行补充检测。

2. 损坏原因分析

房屋损坏原因分析的深度应根据鉴定类型需要而定，对于不涉及纠纷的报告，简明扼要地指出原因即可，此时可与鉴定结论合并阐述；对于司法鉴定等涉及纠纷性质的，或委托鉴定项目中明确要求鉴定损坏原因的，原因分析应作为报告的重点内容单列，尽可能详尽分析，且要做到有理有据。

根据构件损坏的部位、形态、特征分析原因，原因分析应详尽明晰、科学客观。当对存在的缺陷无法准确判定原因时，可不分析产生的原因，但对存在缺陷是否影响房屋的安全和正常使用应有明确的结论。

结构构件的缺陷、损伤对房屋结构安全性影响的分析应具体明确，如结构承载功能削弱、结构整体牢固性及稳定性、结构侧向层间与整体出现的位移、结构整体或局部出现的沉降与变形等。

当委托方要求对结构构件损坏原因进行鉴定的，应按照结构构件损坏关联度对损坏原因进行分析。当结构构件损坏主、次原因明显时，可选择结构构件损坏的主、次原因进行分析。当结构构件损坏主、次原因不明显，但有一定的关联时，可根据其关联程度进行分析，采用排除法进行分析。

(七)鉴定评级

1. 鉴定评级的基本要求

应用简明扼要的文字总结概括房屋存在的损伤情况，评估损伤对结构的影响程度，依据相关鉴定标准，评定房屋的等级，并提出处理意见。

鉴定评级应按选用的鉴定标准要求进行，同一鉴定单元的鉴定不应采用两种及以上的鉴定标准评定。

对地基基础沉降尚未稳定，仍有进一步变化和发展可能的房屋，不宜评定房屋目前的安全等级(危险房屋除外),但应说明原因,且应要求对房屋加强沉降观测。

2. 鉴定结论的基本要求

鉴定结论应严谨、公正,引用标准规范准确,应与委托鉴定事项对应。

鉴定报告中应原则性地提出处理建议的,处理建议应具有针对性、适用性。

(八)编制鉴定报告

房屋鉴定报告内容一般包括房屋概况、鉴定目的、鉴定依据、现场检查检测结果、结构承载力验算结果、房屋损坏原因分析、鉴定评级、处理建议、附件等部分。

编制鉴定报告应使用国家标准计量单位、符号和文字。鉴定报告一般由封面、正文和附件组成。发出的鉴定报告应有鉴定人签字,并加盖鉴定机构专用章,各页之间加盖骑缝章。

依据《危险房屋鉴定标准》(JGJ 125—2016)对所鉴定房屋判定为非危险房屋的,应注明在正常使用条件下的有效时限,有效时限一般不超过1年。

二、房屋鉴定工作要点

房屋鉴定工作要点是房屋鉴定行业长期工作经验的总结,其核心是推行鉴定工作的规范化、标准化。鉴定从业人员应该根据标准化要求,掌握鉴定工作要点,确保鉴定工作质量。

(一)鉴定思路的形成与作用

鉴定思路是鉴定工作的灵魂,是鉴定人对鉴定项目整体检测鉴定工作脉络的构思。鉴定思路是建立在现场调查及图纸资料核对的基础上,通过对关键结构缺陷的初步分析,形成鉴定工作的思路。鉴定思路清晰、准确与否,对鉴定工作质量至关重要。

1. 鉴定思路决定鉴定方案的正确性

鉴定思路是制订鉴定方案的核心,鉴定方案体现了鉴定人的鉴定思路,鉴定方案的准确性直接影响鉴定工作的质量和效率。如结构变形影响因素可能是结构自身刚度或整体性影响,可能是地基基础影响,也可能是相邻施工影响。所以,制订鉴定方案之前对相关联的影响因素要有准确的判断。准确的鉴定思路决定着正确的鉴定方案的形成,错误的鉴定方案会使鉴定工作走上弯路。

2. 鉴定思路决定鉴定标准的选择

鉴定思路决定鉴定标准的选择,鉴定项目需要鉴定标准的覆盖度。如房屋完损等级评定遇到安全性问题时需要更换危险性鉴定标准;危险性鉴定出现C级构件过于集中时应该更换可靠性鉴定标准。产生这样的情况主要因为各类鉴定标准都有其适用范围，也都存在短板或覆盖度的局限性。什么情况下选用什么样的鉴定标准，取决于鉴定思路的清晰和正确，否则贻害无穷。

3. 鉴定思路取决于知识和经验积累

既有建筑结构鉴定涉及的专业知识面宽，内涵广泛，学科门类众多，又具有极强的综合性。所以，鉴定人不仅要掌握结构设计、建筑施工、结构检测和房屋管理等专业知识，还应有较丰富的实际工作经验。

知识功底决定鉴定人的鉴定思路的正确性，只有掌握必备的专业知识，熟悉相关的学科门类，并结合大量鉴定项目的总结，不断积累工作经验，鉴定人才能形成清晰、准确的鉴定思路。鉴定思路体现了鉴定人从房屋损坏的表观现象，看到被鉴定房屋内在问题实质的过程。

4. 鉴定思路决定鉴定结论的准确性

鉴定思路的形成取决于对被鉴定房屋结构关键缺陷的准确判断，鉴定思路直接影响鉴定结论及处理建议的准确和完整。如果鉴定思路发生误判、漏判或方向性错误，轻则影响鉴定方案的准确制定，会出现检测数据与现场查勘结果的相互背离；重则可能会因对结构重大险情处理不当或不及时而发生不应有的因鉴定责任而酿成的恶性事故，造成人身伤亡及重大经济损失。

(二) 鉴定类型定位

鉴定类型一般情况下是按照委托需求进行定位，但实际鉴定过程中经常遇见委托诉求与鉴定结论的差异。比如，委托要求对房屋进行完损鉴定，而鉴定过程中发现安全问题；委托方要求对房屋构件进行鉴定，而鉴定过程中发现构件问题已对结构整体有严重影响；等等。当鉴定人遇到此类问题时，应及时与委托方进行沟通，一是变更鉴定类型，二是扩大检测范围。

鉴定类型的变更涉及一系列问题，如鉴定标准的更换、鉴定范围的扩大、检测量的增加、鉴定费的增加等。

鉴定类型定位应注意以下几点：①鉴定类型定位应在进场进行初步调查时尽早确定，这要考验鉴定人的鉴定技术的内在功力和经验；②鉴定类型定位应与鉴定方案的修改和递补相结合；③鉴定类型定位应与检测方案的修改相结合。

(三) 鉴定标准的选用

鉴定标准是鉴定过程的重要依据。针对不同的鉴定项目，选用合适的鉴定标准不仅是对鉴定人的基本要求，也是正确顺利开展鉴定工作的重要保证。

1. 选用鉴定标准应注意的问题

各类鉴定标准的适用范围都有具体规定，应根据不同的鉴定项目选用鉴定标准。错用或混用鉴定标准都会使鉴定人处于尴尬的境地，甚至发生鉴定错误。如用完损鉴定标准评定危险房屋、用危险性鉴定标准进行抗震鉴定、用危险性鉴定标准进行改扩建鉴定等。鉴定标准的正确选用应体现对鉴定项目精准评估、分析和覆盖度，同时鉴定标准对鉴定人的鉴定责任具有保护功能。所以，选用鉴定标准应注意以下几点：① 鉴定人不能因个人的好恶或对鉴定标准的熟知程度，拈轻怕重，任意选用鉴定标准。② 鉴定人不能因检测条件的限制或回避检测量的要求，投机取巧，随意选用鉴定标准。③ 鉴定人不能在一个鉴定项目选用两个鉴定标准；如果不能回避时，应拆分鉴定项目或分述鉴定单元。

2. 换用鉴定标准的原则

换用鉴定标准是鉴定过程中不得已的技术处理方式，一般以从严为原则。主要原因是换用前的鉴定标准不能满足其适用范围要求，或影响了鉴定正确分析。下列情况下应换用鉴定标准：① 当鉴定标准在使用过程中，发现鉴定分析或鉴定结论超出了鉴定标准适用范围时；② 当完损性鉴定结论超出严重损坏范畴时；③ 当危险性鉴定 C 级构件过于集中时；④ 当鉴定标准不能完全覆盖鉴定分析时。

(四) 鉴定评级筛分

鉴定是对查勘、检测数据整理、分析的过程。鉴定评级是鉴定工作的核心事项，鉴定评级的正确与否直接影响鉴定结论。

鉴定评级必须遵从鉴定标准，按照不同的层级和程序进行等级评定：一般情况下，第一层次为房屋构件等级评定，第二层次为房屋组成部分等级评定，第三层次为房屋整体等级评定。

1. 构件等级评定

构件等级评定主要包括结构构件的承载力、构造与连接、不适于继续承载的位移（或变形）和裂缝的等级评定。构件等级评定是承载力、构造与连接、不适于继续承载位移（或变形）、裂缝四项中的最小值筛选确定，筛选确定的方法必须符合鉴定标准的程序和要求。

2. 结构等级评定

结构等级评定主要包括结构承载功能、结构整体牢固性、结构侧向位移的等级评定。结构等级评定是结构承载功能、结构整体牢固性、结构侧向位移三项中的最小值筛选确定。筛选确定的方法必须符合鉴定标准的程序和要求。

3. 结构整体等级评定

结构整体等级评定主要包括地基基础、上部结构、围护结构三个部分的等级评定。一般情况取最低等级，当围护结构等级低于上部结构等级时，应注意上部结构等级的调整。

4. 房屋危险性等级评定

房屋危险性等级评定，应以整幢房屋的地基基础、结构构件危险程度及影响范围进行评级，结合房屋历史现状、环境影响及发展趋势，全面分析，综合判断。

5. 专项鉴定

房屋专项鉴定应根据委托要求进行鉴定，其评定过程应符合相关标准的要求。

三、地基基础的鉴定

在建筑工程中，支承建筑物全部荷载的土层（土体或岩体）称为地基，建筑物与土层直接接触的部分称为基础。地基承受由基础传来的建筑物的全部荷载，地基的承载能力、压缩性、稳定性和基础的强度、刚度、稳定性直接影响建筑物的安全。

（一）地基基础的损伤及原因

① 地基存在淤泥、淤泥质软土、杂填土、膨胀土、湿陷性黄土等不良状况，导致地基软弱，产生过大变形。② 设计缺陷、材料不合格、施工质量差等人为原因，导致基础先天不足并影响上部结构。③ 基础埋置过浅，受冻融和雨水浸泡的反复作用，导致基础受损，影响基础的承载力和耐久性。④ 新建房屋与原有房屋之间距离太近，原有房屋地基受应力叠加影响，引起地基的附加沉降，导致原有房屋产生整体倾斜或裂缝。⑤ 受相邻工程打桩、基坑开挖、降低地下水位等施工影响，导致原有房屋地基基础产生不均匀沉降。⑥ 受周围环境影响，酸、碱、盐废液等腐蚀性介质侵入基础，导致基础腐蚀。⑦ 维修养护不及时或房屋周边排水措施不当，导致地表水、上下水管道漏水渗入地下，引起地基湿陷。⑧ 随意改变房屋用途，增加设备荷载或活荷载，擅自加层搭建，导致地基基础大幅超载，产生过量的不均匀沉降。

（二）地基基础的检查重点和检查方法

1. 检查重点

地基与基础埋在地下，检查比较困难，一般可通过外部损坏迹象来判定。可重点检查：基础与墙体连接部位是否出现阶梯形裂缝、水平裂缝、斜裂缝；基础与框架柱根部连接处是否出现水平裂缝；房屋是否出现倾斜、滑移等现象。

2. 检查方法

基础开挖点应选择有代表性的部位进行，主要检测基础形式、埋深、截面尺寸及有无损伤老化情况，有条件时宜检测基础材料的力学性能。

在房屋鉴定过程中，考虑到房屋建成若干年后地基土的挤密效应，地基承载力会有所提高，一般情况下可不挖开基础检查，主要根据房屋上部结构产生的变形、裂缝特征，或通过对房屋整体倾斜的测量，进行分析判断地基基础的使用状况。

对地基基础是否趋于稳定进行评价，应通过对地基基础沉降的跟踪测量来确定。

对房屋基础资料缺失或不全，上部结构存在因地基基础不均匀沉降导致的开裂、变形等现象，或对基础情况有怀疑，或需要对地基基础承载力进行复核验算时，应进行基础检测，可采用局部开挖、取样或载荷试验的方法进行检测。查明基础类型、截面尺寸、埋深和材料性能等。必要时应进行补充勘探，了解土层分布情况和地基承载力特征值。

四、上部结构构件的鉴定

(一) 钢筋混凝土结构构件

钢筋混凝土结构具有良好的耐久性、耐火性和整体性。由于受设计、施工、材料、使用等多种因素的影响，钢筋混凝土结构构件在使用过程中会产生各种损伤，主要有混凝土结构的变形、构件的裂缝、钢筋的锈蚀、混凝土的腐蚀等。

1. 钢筋混凝土结构构件的损伤及原因

(1) 混凝土构件的外观缺陷

施工质量缺陷、材料质量不合格、使用不当、环境影响等因素，会导致混凝土结构构件产生蜂窝、麻面、孔洞、夹渣、露筋、裂缝、风化、剥落、尺寸偏差等外观缺陷。外观缺陷会不同程度地影响结构构件的耐久性和外观。

(2) 混凝土构件的隐藏缺陷

设计不合理、施工质量差、材料不合格等因素，导致混凝土结构构件产生混凝土强度不足、配筋不足、钢材不合格、钢筋位置错误、钢筋锚固长度不够、钢筋锈蚀等缺陷。隐藏缺陷会不同程度地影响结构构件的承载能力和耐久性。

(3) 混凝土构件的碳化

混凝土是一个多孔体，其内部存在大小不同的毛细管、孔隙、气泡，甚至缺陷。空气中二氧化碳（CO_2）和水（H_2O）通过孔隙扩散到混凝土内部，与水泥中的氢氧化钙和硅酸三钙、硅酸二钙等水化物相互作用，发生化学反应，生成碳酸钙和水，这种现象称为混凝土的碳化，亦称中性化。

与混凝土的碳化速度有关的因素：①混凝土的密实度。密实度好的混凝土，碳化速度慢，而密实度差的混凝土，则碳化速度就快。②环境湿度。在空气的相对湿度为50%~70%时，混凝土的碳化速度最快。③环境温度。当温度较低时，水变成冰，化学反应无法进行，碳化实际上也停止了。随着温度的升高，混凝土的碳化过程加快，温度越高，碳化速度越快。④二氧化碳浓度。空气中二氧化碳浓度越高，混凝土碳化速度越快。⑤水泥品种和混凝土强度。使用混合材和掺合料水泥的混凝土比使用普通硅酸盐水泥的混凝土碳化速度快。构件混凝土强度等级高，碳化速度相对较慢。

碳化对结构构件的影响：混凝土碳化使混凝土的碱度（pH）不断下降，并不断向内部深化，当碳化深度达到或超过钢筋保护层厚度时，钢筋表面的钝化膜会遭到破坏而产生锈蚀，使混凝土失去了对钢筋的保护作用。因此，混凝土碳化对结构构件的耐久性有较大影响。

(4) 混凝土构件的腐蚀

① 酸、碱、盐类的腐蚀。

硫酸、盐酸、硝酸和碳酸等酸类，一般对普通水泥混凝土都有侵蚀作用。当硫酸与混凝土中的水泥石发生反应生成石膏，混凝土体积会发生膨胀，以致构件受到损伤。当盐酸、硝酸与混凝土中的水泥石的游离石灰发生反应时，会产生易溶于水的氯化钙和硝酸钙，使构件混凝土强度降低和受到损伤。当浓的碳酸水溶液和混凝土中的水泥石中的氢氧化钙发生化学反应后生成易溶于水的碳酸氢钙，会使构件混凝土遭到腐蚀和破坏，碳酸水的侵蚀程度和碳酸浓度平方成正比。

弱碱一般不对混凝土产生腐蚀。但遇有强碱或碱的浓度大且温度高时，也会使混凝土水泥石遭到破坏，导致混凝土腐蚀，降低构件混凝土的强度。

盐类对混凝土的腐蚀，一般以硫酸盐腐蚀较多。溶于水的碱金属和碱土金属的盐类如硫酸钠、硫酸钾、硫酸钙等，对混凝土有很强的侵蚀作用，而严重的会造成构件混凝土的破坏。

② 地下水侵蚀和水溶解的腐蚀作用。

当地下水中含有工业生产过程中"跑、冒、滴、漏"出的侵蚀性介质时，地下混凝土结构会受到腐蚀。当硬度很小的水大量渗入混凝土内部时，混凝土中的氢氧化钙被水所溶解，当石灰浓度下降到一定程度时，硅酸钙水化物和铝酸钙水化物将随之分解，使混凝土产生空隙，强度下降，严重时，混凝土将遭到破坏。当混凝土处在冻融环境中，反复冻融循环，会造成混凝土冻蚀和破坏。

(5) 混凝土构件的钢筋锈蚀

混凝土在水化作用时，水泥中的氧化钙生成氢氧化钙，使混凝土孔隙中的水呈碱性。在碱性溶液的作用下，钢筋表面生成阻止钢筋锈蚀的钝化膜，从而能阻止钢筋锈蚀。完好的混凝土保护层在没有腐蚀物质侵蚀的情况下，具有防止钢筋锈蚀的保护作用。当钝化膜遭到破坏时，钢筋就开始锈蚀。

与钢筋锈蚀有关的因素：① 钢混凝土中 pH 有关。当 pH 小于 5 时，钢筋严重锈蚀；当 pH 等于 5~10 时，锈蚀效应逐渐减小；当 pH 大于 10 时，锈蚀速度几乎成为定值，锈蚀速度降低；当 pH 等于 13~14 时，常温下的钢筋不再锈蚀。② 混凝土中氯离子含量。氯离子能破坏钢筋表面的钝化膜，使局部活化，形成阴极区，并能使钢筋表面局部酸化，从而加速了钢筋的锈蚀。③ 氧气。缺氧能限制钢筋的锈蚀过程，氧在钢筋锈蚀过程中起到促进阴极反应的作用，特别是水中氧气的溶解量大时，钢筋的锈蚀速度就会增快。④ 混凝土的密实度和保护层厚度。当混凝土密实度差和保护层厚度不足时，混凝土碳化速度会加快，当碳化深度超过钢筋保护层厚度时会造成钢筋锈蚀。

钢筋锈蚀造成构件破坏的过程：① 钢筋钝化膜破坏，钢筋开始锈蚀；② 钢筋锈蚀使钢筋保护层混凝土胀裂；③ 钢筋保护层混凝土剥落，钢筋严重锈蚀；④ 钢筋截面削弱，构件或结构破坏。

钢筋锈蚀对结构构件的危害：钢筋锈蚀使钢筋的有效截面积削弱，还会产生局部锈坑，引起应力集中。钢筋锈蚀生成疏松的、易剥落的沉积物（铁锈）的体积一般比原来钢筋的体积大 2~4 倍，会导致保护层混凝土胀裂、剥落，钢筋外露，加快了钢筋锈蚀的速度，降低了结构的安全性和耐久性。对于预应力混凝土构件，由于钢筋直径小、应力大、锚固要求高，钢筋锈蚀后，不仅使预应力丧失，而且会引起结构构件发生没有预兆的突然破坏。

(6) 混凝土构件的裂缝

由于混凝土的匀质性较差，抗拉强度较低，又有膨胀、收缩、徐变等特性，在实际工程中往往由于设计、施工、使用等原因，混凝土构件经常出现不同大小的裂缝。混凝土裂缝可分为微观裂缝（< 0.05 mm）和宏观裂缝（≥ 0.05 mm），微观裂缝一般为肉眼不可见裂缝，而宏观裂缝为肉眼可见裂缝。从微观上看，混凝土是带裂缝工作的，重要的是如何避免可见裂缝，特别是要防止出现对结构安全有影响的裂缝。

2. 裂缝

(1) 裂缝的成因和类型

钢筋混凝土构件产生裂缝的原因很多，除结构受力、温度影响、混凝土收缩影响、地基不均匀沉降等因素外，还与材料、设计、施工及使用环境等因素有关。一般将钢筋混凝土构件因承受荷载而产生的裂缝分为两大类：

第一类是由外荷载作用（拉力、压力、弯矩、扭矩、剪力等）引起的裂缝，称为荷载裂缝（也称受力裂缝）。结构构件产生受力裂缝与荷载有关，受力裂缝预示结构构件存在严重缺陷或承载力不足。

第二类是由变形荷载作用（温度变化、混凝土收缩、地基不均匀沉降等）引起的裂缝，称为变形裂缝（也称非受力裂缝），当结构构件受变形荷载作用后，在结构构件内部产生应力，当应力超过混凝土允许应力时，就会引起构件混凝土开裂。

（2）常见裂缝的特征

① 受力裂缝。

受力裂缝一般出现在受力（应力）较大部位或构件薄弱部位，如构件的受拉区、受剪区或有严重振动的部位等。

混凝土现浇板的受力裂缝一般出现在板底跨中位置，且平行于板的长边，为板的跨中正弯矩在板底产生的拉应力超过混凝土的抗拉强度所致；也可能出现在现浇板板面位于次梁边缘，为板的支座负弯矩作用所致。现浇板面四角出现的与对角线几乎垂直的45°斜裂缝，为楼板受荷载作用后，中间产生挠度，四角受到墙体或梁的约束而产生负弯矩，导致板角出现45°斜裂缝。

梁的受力裂缝一般出现在梁的跨中底部和梁的支座边缘。跨中底部的受力裂缝与梁垂直，呈下宽上窄形态，裂缝从梁下部向上发展，由跨中向两侧发展，裂缝逐渐倾斜，为受正弯矩作用所致；支座边缘顶部的受力裂缝呈上宽下窄形态，系受支座负弯矩作用所致；梁的支座边缘斜裂缝呈45°斜向形态，系受弯矩和剪力作用所致。

柱的受力裂缝根据受力方式不同而有所区别，轴心受压柱的受力裂缝一般出现在柱的四个侧面为竖向间断裂缝；大偏心受压柱的受力裂缝一般首先在远离纵向作用力的柱一侧出现水平裂缝，然后在靠近纵向作用力的柱一侧出现多条竖向间断裂缝；小偏心受压柱的受力裂缝一般在靠近纵向作用力的柱一侧出现多条竖向间断裂缝。

② 变形裂缝。

变形裂缝主要是由于温度变化、混凝土收缩、地基不均匀沉降等因素引起的变形而产生。混凝土现浇板的变形裂缝（非荷载裂缝）一般呈上宽下窄形态，不少为贯穿裂缝，板面与板底的裂缝位置大致相近，但不完全吻合。现浇板的收缩裂缝方向与约束和抗拉能力有关，因此，裂缝方向一般垂直于约束较大的方向和垂直于抗拉能力较弱的方向，即垂直于长边、平行于短边。混凝土梁因温差影响产生的裂缝一般发生在梁的两侧，裂缝呈竖向形态，上宽下窄，从上部向下发展；因混凝土收缩影响产生的裂缝一般发生在梁的两侧中间，裂缝呈枣核形态。混凝土柱因基础不均匀沉降或拆模过早，在柱的上下端等施工缝部位容易出现水平环向裂缝。

③钢筋锈蚀引起的裂缝。

在钢筋混凝土结构中,由于钢筋锈蚀后体积膨胀将混凝土保护层胀裂,形成锈蚀裂缝,钢筋锈蚀产生的混凝土表面裂缝与其他原因形成的裂缝区别在于:a.裂缝下必有钢筋,而且钢筋已经锈蚀;b.裂缝与钢筋的方向一致,沿着钢筋开裂;c.大多数情况下,先出现在构件的边角处。

因混凝土劣化,钢筋锈蚀膨胀而产生的沿钢筋裂缝表明钢筋已失去混凝土的保护,且受力钢筋的截面面积已有削弱,使构件的承载力和耐久性受到明显影响。

3.钢筋混凝土结构构件的检查重点和检查方法

(1)检查重点

①对混凝土构件进行检查时,应重点检查构件控制截面、薄弱截面、节点与连接部位、支座部位、潮湿和有腐蚀性介质作用部位。②外部损伤应重点检查构件混凝土表面蜂窝、孔洞、裂缝、风化剥落、钢筋外露锈蚀及受力裂缝等其他损伤情况。③构件材料性能及劣化缺陷应重点检查构件混凝土强度、混凝土保护层厚度、碳化深度、钢筋配置(数量、直径)、钢材性能等。④连接构造应重点检查构件连接的构造方式和材料,连接用预埋件的构造、尺寸及锚固等。⑤结构变形应重点检查构件的变形、结构整体变形、构件安装偏差等。

(2)检查方法

①裂缝检查。

主要检查裂缝的宽度、深度、长度、走向、形态、分布特征及裂缝的变化等,绘制裂缝示意图。

裂缝形态主要有表面裂缝、浅层裂缝、贯穿裂缝、龟裂。裂缝宽度形态有上宽下窄、下宽上窄、枣核形等。

裂缝宽度可采用读数显微镜、裂缝测宽仪等仪器进行测量。测量时应在测点处进行标识,读取构件的测点裂缝宽度。

裂缝深度可采用超声波、裂缝测深仪等仪器进行测量,需要时可结合钻芯检测。钻芯检测时,可先向裂缝中注入有色液体,然后在裂缝处钻取芯样,通过芯样内有色液体渗入的程度判断裂缝深度。

裂缝变化的观测可采用在裂缝位置设置石膏饼标记,进行定期观测,记录裂缝宽度的变化情况,判断裂缝是否趋于稳定。

②变形检查。

梁、板跨中变形检查。梁、板跨中的变形一般采用水准仪、全站仪进行测量,将构件支座及跨中的若干点作为测点,量测构件支座与跨中的相对高差,利用该相对高差计算构件的变形。也可在构件支座之间拉紧一根细钢丝或琴弦,在构件支座及跨中的若干点测量构件与钢丝（或琴弦）之间的相对高差，计算构件的变形。对实测数据进行分析时，应考虑施工误差的影响。

柱、屋架垂直度测量。柱、屋架的垂直度一般采用经纬仪或全站仪进行测量，测定构件顶部相对于底部的水平位移，确定倾斜率和倾斜方向。在不具备仪器检测条件的情况下，可采用吊挂线锤的方法进行测量，但选用的吊锤重量应满足测量高度的吊锤稳定要求。

③钢筋锈蚀检查。

首先观察混凝土构件表面的裂缝是否与钢筋锈蚀裂缝特征相吻合，然后凿开裂缝处钢筋的混凝土保护层，直接观察钢筋的锈蚀情况。测量钢筋直径时应将钢筋除锈，使钢筋露出光泽，然后用游标卡尺测量钢筋实际尺寸。

④混凝土外部损伤检查。

对混凝土构件外部损伤应进行全数检查，详细记录构件损伤情况，并绘制示意图，注明损伤构件的名称、轴线位置、损伤部位、损伤层厚度等。

（二）钢结构构件

钢结构因受力可靠、重量轻、体积小、强度高、制造简单、工业化程度高、施工周期短等优点，在超高层、大跨度及工业厂房中大量采用。由于受设计、施工、材料、使用等多种因素的影响，钢结构构件在使用过程中会产生各种损伤，主要包括钢结构构件的变形、裂缝、锈蚀、腐蚀等。

1. 钢结构构件的损伤及原因

(1) 结构构件的变形

因受设计、施工（制作、安装）、材料及使用等因素影响，钢结构构件在施工和使用阶段会产生一定的变形，变形可分为整体变形和局部变形。整体变形指整个结构的尺寸和外形发生变化，如梁和桁架的整平面内垂直变形（挠度）和平面外侧向变形，柱子柱身的倾斜和挠曲。局部变形指结构构件局部区域出现变形，如杆件、连接板、腹板、翼缘板等部件的局部变形。钢结构构件在使用过程中产生过大的整体变形，表明结构的承载能力或稳定性不能满足使用要求，甚至会引起结构的破坏。

(2) 结构构件的裂缝

受钢材材质缺陷、构件的疲劳损伤、严重超载、遭受意外撞击等因素影响，构件薄弱点附近形成应力集中，使钢材在很小区域内产生较大的应变而产生微裂缝，在动力荷载或静力荷载反复作用下，微裂缝逐渐扩展，当该截面上的应力超过钢材晶粒格间的结合力时，就会发生钢材的脆性破坏，导致构件失效。构件裂缝大多出现在承受动力荷载的构件（如吊车梁）中，一般承受静力荷载的构件极少发现有裂缝。

(3) 结构构件的锈蚀

结构构件的锈蚀是由于钢材与外界介质相互作用产生的。锈蚀可分为化学腐蚀和电化学腐蚀两种。化学腐蚀是大气和工业废气中所含的氧气、硫酸气、碳酸气或非电解质的液体与钢材表面作用产生氧化物而引起的腐蚀。电化学腐蚀是钢材内部含有不同程度的其他金属杂质，它们之间具有不同的电极电位，在与电介质或水、潮湿气体接触时，产生原电池作用，使钢材腐蚀。

构件的锈蚀速度与环境、湿度、温度以及有害介质存在有关，其中湿度是一个决定性的因素。一般而言，室外构件比室内构件容易锈蚀，处于湿度大环境下的构件、构件易积灰部位、构件涂层难以涂刷到的部位容易锈蚀。钢材的锈蚀状态可分为全面锈蚀（普遍性锈蚀）和局部锈蚀。电化学反应引起的点腐蚀、抗腐蚀、晶间腐蚀会使构件产生脆性破坏，使构件在无明显变形征兆的情况下，尤其是在冲击荷载作用下突然发生脆性断裂，造成结构破坏。

(4) 结构构件的失稳

当支撑体系存在重大缺陷、结构抵抗侧向作用（如风、吊车制动、地震等）的能力不足或结构构件刚度不够时，结构会产生过大变形、振动和晃动，严重的会导致结构整体失稳。

由于构件截面偏小或构件长细比偏大，常会发生单个受压构件或轻钢屋架平面外的失稳。

(5) 结构构件连接缺陷

① 焊接连接缺陷。

由于受焊接操作不当、焊接材料质量不合格、焊接条件不当、焊件表面未清理干净等因素影响，钢结构构件焊接时产生焊缝成形不良、夹渣、咬边、焊瘤、气孔、裂纹、未焊透等焊接缺陷。裂纹是焊缝连接中最危险的缺陷。

② 螺栓连接缺陷。

螺栓连接缺陷主要包括：因紧固力不均匀或螺栓规格不一致，紧固后的螺栓外露丝扣不满足验收规范要求；由于材质问题，高强螺栓断裂；由于施工缺陷，摩擦型高强螺栓连接处产生滑移。

2. 钢结构构件的检查重点和检查方法

(1) 检查重点

① 变形检查。

重点检查：钢梁、吊车梁、檩条、桁架、屋架等构件平面内垂直变形（挠度）和平面外侧向变形；钢柱柱身的倾斜和挠曲；板件凹凸、局部变形及房屋整体变形。

② 裂缝检查。

重点检查：承受动力荷载的构件；严重超载使用的构件；构件开孔部位、变截面处等薄弱部位。

③ 锈蚀检查。

重点检查：埋入地下或处于干湿交替环境且裸露构件的地面附近部位；构件组合截面净空小于12mm，涂层难于涂刷到且易积灰的部位；支座埋设在砖墙内的部位；直接面临侵蚀性介质的构件；露天结构可能存积水或遭受结露或水蒸气侵蚀的部位等。

④ 构造与连接的检查。

重点检查：构件支撑体系构造与连接；连接节点的几何尺寸及连接方式；连接节点焊缝及高强度螺栓工作状况；构件节点的明显外部损伤等。

(2) 检查方法

① 变形检查。

首先采用目测方法观察结构构件是否有柱身倾斜或挠曲、梁或屋架下弦挠度过大、屋架或桁架平面出现扭曲、屋面局部下陷等异常现象。

对明显存在异常现象的结构构件采用仪器进行检测。柱、屋架的垂直度测量一般采用经纬仪或全站仪，测定构件顶部相对于底部的水平位移，确定倾斜率和倾斜方向。在不具备仪器检测条件的情况下，可采用吊挂线锤的方法进行测量，但选用的吊锤重量应满足测量高度的吊锤稳定要求。梁、屋架下挠变形一般采用水准仪、全站仪进行测量，将构件支座及跨中的若干点作为测点，量测构件支座与跨中的相对高差，利用该相对高差计算构件的变形值。

柱的垂直度偏差实测值应区分是施工造成的，还是使用过程中受力后造成的。屋架下弦变形实测值应考虑屋架设计的起拱值。

② 裂缝检查。

检查裂缝时，用包有橡皮的木槌轻轻敲击构件的各部位，根据敲击声音判断是否存在裂纹损伤；用10倍以上放大镜观察构件油漆表面是否有成直线的黑褐色锈痕、油漆小块条形起鼓、里面有锈末等现象，判断是否存在裂纹损伤；采用滴油扩散法检查，在构件表面滴油剂，无裂缝处油渍呈圆弧状扩散，有裂缝处油渗入裂缝，油渍则呈线状扩散。

对可能存在裂纹损伤的部位应将油漆铲去仔细观察，对发现有裂缝的构件用放大镜检查，记录裂缝位置，用裂缝测宽仪或刻度放大镜测量裂缝宽度。

③ 锈蚀检查。

钢材表面锈蚀等级可分为A、B、C、D四级。

A 级：良好。构件基本没有锈蚀，漆膜还有光泽，个别构件可有少量锈点。

B 级：局部锈蚀。构件基本没有锈蚀，面漆有局部脱落，但底漆是完好的，个别构件有少量锈点或在构件边缘、死角、缝隙、隐蔽部位有锈蚀。

C 级：较严重。构件局部有锈蚀，面漆脱落面积有 20% 左右，底漆也有局部透锈，其基本金属完好，应进行维护准备工作。

D 级：严重。构件锈蚀面积有 40% 左右，面漆大片脱落，但基本金属没有破坏，应立即开展维护工作。

钢材表面锈蚀可通过目视评定，评定时应在良好的散射日光下或在相当的人工照明条件下进行。对于 D 级锈蚀，应测量钢板厚度的削弱程度，以进一步判定钢材的锈蚀程度。检测钢板厚度可用超声波测厚仪或游标卡尺，精度要求 0.01 mm。

④ 构造与连接的检查。

采用目测结合量具测量的方法，对照原施工图检查构件的几何尺寸及连接方式，对于变形、松动、滑移、断裂的构件节点应确定部位和程度。

焊缝内部缺陷分为Ⅰ、Ⅱ、Ⅲ、Ⅳ四个级别，Ⅰ、Ⅱ级焊缝除外观质量检查外，还应进行焊缝内部缺陷检测。焊缝内部缺陷检测一般采用超声波探伤方法，当超声波探伤不能对缺陷作出判断时，应采用射线探伤方法。

⑤ 螺栓检查。

采用目测方法，对照原施工图对螺栓的直径、个数、排列方式进行检查，检查螺栓是否有错位、错排、漏栓等现象。采用目测和锤敲相结合的方法检查螺栓是否有松动或脱落现象，检查螺栓的外露丝扣是否满足要求。

查阅施工资料，检查高强度螺栓检测报告，如：高强度螺栓连接摩擦面的抗滑移系数检验；扭剪型高强度螺栓连接副预拉力复验，高强度大六角头螺栓连接副扭矩系数复验，高强度螺栓连接副施工扭矩检验；等等。

（三）砌体结构构件鉴定

砌体结构使用地方材料，施工简便，保温、隔热性能良好，被广泛用作房屋的墙、柱和基础，作为承重结构构件和围护结构构件。由于受设计、施工、材料、使用等多种因素的影响，砌体结构构件在使用过程中会产生各种损伤，主要有砌体强度不足、稳定性不足、整体刚度不足、裂缝、变形及砌体的腐蚀等。

1. 砌体结构构件的损伤及原因

(1) 砌体强度不足

当砌体强度不足时，砌体会出现局部被压裂、压碎、剪断、拉裂、变形等现象，也会因砌体承载力不足导致房屋局部或整体倒塌。

砌体强度不足与设计缺陷(强度不足，构件截面偏小)、施工质量(砌筑砂浆强度过低，砂浆饱满度严重不足)、材料质量、使用不当(拆改墙体，水、电管线开槽削弱构件断面过多)等有关。

(2) 砌体稳定性不足

砌体稳定性不足会导致结构失稳变形，严重的会造成房屋局部或整体倒塌。

砌体稳定性不足与墙柱的高厚比(高厚比过大，超过规范限值)、施工(施工工艺错误、施工质量差)、材料质量不合格等有关。

(3) 房屋整体刚度不足

房屋在使用过程中，因房屋整体刚度不足会出现颤动现象，有吊车的工业厂房和空旷的仓库尤为明显，严重的会造成房屋局部或整体倒塌。

房屋整体刚度不足与设计缺陷(方案或计算简图错误)、施工工艺错误(如未设马牙槎、构造柱未后浇)、使用不当(随意拆开洞口，墙开洞面积过大)等有关。

(4) 砌体裂缝

① 裂缝的成因和类型。

砖砌体裂缝按其产生的原因可分为荷载裂缝和变形裂缝。

荷载裂缝是指砌体因受荷载作用而产生的裂缝。当砌体因荷载作用产生的应力超过其抗压、抗拉、抗剪强度时，会产生荷载裂缝。

变形裂缝是指砌体因受外界温度和湿度变化、地基基础变形和不均匀沉降、材料本身的收缩等作用引起砌体变形所产生的裂缝。因变形作用砖砌体内产生较大的附加应力，当该应力超过材料强度时，就会造成砌体的开裂，即产生变形裂缝。常见的变形裂缝有沉降裂缝、温度裂缝、收缩裂缝等。

国内外调查结果表明，砖砌体结构房屋产生的裂缝，属于变形作用引起的约占90%，其中也包括变形与荷载共同作用，但以变形为主；属于荷载作用引起的约占10%，其中也包括变形和荷载共同作用，但以荷载作用为主。

② 常见裂缝的特征。

荷载裂缝。砌体因抗压强度不足而产生的裂缝一般发生在下部墙、柱面，通常为贯通几皮砖的竖向裂缝或斜向裂缝，裂缝方向与应力一致，裂缝宽度一般为中间宽，两端窄。在多层建筑中，较多出现在底层砌体；在轴心受压柱中，一般出现在柱下部1/3高度附近。a. 当砌体因局部抗压强度不足时，在梁端下部砌体通常产生斜裂缝或竖向裂缝，有时出现局部压碎现象。b. 当砌体因承受大偏心荷载作用产生裂缝时，砌体受压截面会产生竖向裂缝，受拉截面边缘会产生水平裂缝，并不断向纵向力偏心方向延伸，导致砌体受压截面压裂、压碎或砌体产生纵向弯曲。c. 当砌体因受到弯矩作用或水平剪切作用而产生的水平裂缝将破坏砌体的整体性，使裂缝上下两部分砌体相互独立，特别是裂缝上部砌体将随时有失稳倒塌的可能。d. 当砌体因抗拉强度不足产生的受拉裂缝与应力垂直，常见的是沿灰缝开裂。e. 当砌体因抗弯强度不足产生的裂缝在构件的受拉区外边缘较宽，受压区不明显，多数裂缝沿灰缝开展。

沉降裂缝。沉降裂缝是指因地基基础不均匀沉降引起的墙体裂缝。房屋地基发生不均匀沉降后，下沉较大部位与下沉较小部位之间出现了相对位移，使得砌体内产生附加拉力和剪力。当这种附加拉力和剪力超过砌体的极限强度时，砌体便出现裂缝，裂缝随不均匀沉降量的增大而不断扩大。一般在地基沉降稳定后，裂缝不再变化。a. 当房屋两端沉降小，中间沉降大时，纵墙上出现的斜裂缝多数通过窗洞的两个对角，在墙面上呈正"八"字形分布。b. 当房屋两端沉降大，中间沉降小时，纵墙上出现的斜裂缝多数通过窗洞的两个对角，在墙面上呈倒"八"字形分布。c. 当房屋地基软弱一端产生较大沉降，沉降大的一端上部墙体出现斜裂缝。d. 当立面高度差异较大的房屋因地基产生的沉降差，使低层房屋墙体靠近高层部分局部倾斜过大，纵墙上出现斜裂缝。e. 当新建的房屋高度明显高于原房屋，且相邻距离较近，导致原房屋产生新的不均匀沉降，出现斜裂缝。f. 在高度不同的房屋间设置沉降缝的，地基基础发生不均匀沉降时，两部分房屋均向缝一侧倾斜。当沉降缝宽度较小，或缝内填塞了建筑垃圾时，产生的水平挤压力使较低部分的房屋出现斜裂缝。g. 当房屋产生局部不均匀沉降时，由于墙体有自重下坠作用，造成垂直拉应力，使墙体产生水平裂缝。h. 当沉降单元上部受到阻力作用时，窗间墙受到较大的水平剪力，在上下对角线位置出现成对的水平裂缝，沉降大的一边裂缝在下，沉降小的一边裂缝在上。缝宽都是靠窗洞处较大，向窗间墙的中部逐渐减小。i. 当地基突变，一端沉降较大时，地基突变处上部墙体会出现竖向裂缝。j. 当大窗洞下窗下墙下的基础沉降大于窗间墙下的基础沉降时，形成窗下墙体的局部反向弯曲变形，窗下墙常会在窗洞下口的中间或边口出现竖向裂缝。

温度和收缩裂缝。温度和收缩裂缝是指由温度应力和材料收缩引起的墙体裂缝。当自然界温度发生变化或材料发生收缩时，房屋各部分构件将产生各自不相同的变形，当彼此受到约束作用而产生的应力超过其极限强度时，砌体以及砌体与相关的构件间就会出现不同形式的温度和收缩裂缝。随着气温或环境温度变化，温度裂缝宽度、长度、数量虽会发生变化，但不会无限制地扩展恶化。

(5) 砌体腐蚀

砖砌体抗腐蚀、抗冻性能较差。当砌体受材料质量缺陷、大自然（风、霜、雨、雪）的侵蚀、化学物质的侵蚀、反复冻融、使用养护不当等因素影响时，墙面会产生粉化、酥松、剥落等现象。砖砌体的腐蚀削弱了墙体的有效截面，从而降低了砖砌体的承载力,严重时会导致墙体倒塌。

2. 砌体结构构件的检查重点和检查方法

(1) 检查重点

① 房屋纵横墙交接处是否出现斜向或竖向裂缝。② 承重墙体是否出现荷载裂缝和变形,有无拆改承重墙现象。③ 承重墙、柱变截面处是否出现因偏心受压、应力集中等原因产生的水平裂缝和竖向裂缝。④ 筒拱结构砌体拱脚是否发生位移,外纵墙及拱顶是否出现裂缝。⑤ 混凝土梁、屋架端部下砌体是否出现压裂、压碎现象。⑥ 加层改造房屋在荷载不对称或荷载差异大部位的承重墙、柱是否出现裂缝。⑦ 承重墙、柱的受腐蚀程度。⑧ 空旷房屋墙、柱高厚比。

(2) 检查方法

① 裂缝检查。

主要检查裂缝的宽度、深度、长度、走向、形态、分布特征及裂缝的变化等,绘制裂缝示意图。

裂缝宽度可采用钢尺、读数显微镜、裂缝测宽仪等仪器进行测量。测量时应在测点处进行标识,读取构件的测点裂缝宽度。

裂缝变化的观测可采用在裂缝位置设置石膏饼标记,进行定期观测,记录裂缝宽度的变化情况,判断裂缝是否趋于稳定。

② 构件损伤检查。

对受损伤的构件采用目测与检测相结合、定性与定量相结合的方法进行全数检查。对受环境侵蚀而损伤的构件,应确定侵蚀源、侵蚀程度和侵蚀速度;对受冻融影响而损伤的构件,应确定损伤深度;对火灾造成的损伤,应确定影响区域和受影响的构件,确定影响程度;对人为因素造成的损伤,应确定损伤程度。

③ 构件检测。

a. 砌体块材强度可采用现场取样法、回弹法进行检测。b. 砌筑砂浆强度可采用推出法、筒压法、砂浆片剪切法、点荷法、砂浆片局压法进行检测。c. 砌体强度可采用原位轴压法、扁顶法、切制抗压试件法进行检测。

④ 砌筑质量与构造的检查。

a. 可采取剔凿表面抹灰的方法检查砌筑方法、留槎和灰缝质量等。砌筑方法主要检查上下错缝、内外搭砌等是否符合要求。灰缝质量主要检查灰缝厚度、灰缝饱满度和平直程度等。b. 采用钢筋定位仪配合局部破损方法检查砌体中的拉结筋间距,可取5~6个连续间距的平均间距作为代表值。c. 检查砌体构件的高厚比,其厚度值应取构件厚度的实测值。d. 采取剔除表面抹灰的方法检查跨度较大的屋架和梁支承面下的垫块和锚固措施。e. 用钢筋定位仪检查圈梁、构造柱或芯柱的设置。

⑤墙、柱垂直度测量。

墙、柱的垂直度一般采用经纬仪或全站仪进行测量,测定构件顶部相对于底部的水平位移,确定倾斜率和倾斜方向。在不具备仪器检测条件的情况下,可采用吊挂线锤的方法进行测量,但选用的吊锤重量应满足测量高度的吊锤稳定要求。

参考文献

[1] 方诗圣，李海涛．道路桥梁工程施工技术 [M]．武汉：武汉大学出版社，2018．

[2] 张吕伟，程生平，周琳．市政道路桥梁工程 BIM 技术 [M]．北京：中国建筑工业出版社，2018．

[3] 黄美燕．道路桥梁工程技术专业课程标准研究 [M]．哈尔滨：东北林业大学出版社，2018．

[4] 颜景波．道路施工技术研究 [M]．天津：天津科学技术出版社，2018．

[5] 朱睿，田永许．路桥施工技术与项目管理 [M]．北京：中国纺织出版社，2018．

[6] 马洪建，袁其华．道桥与管廊工程概论 [M]．武汉：武汉大学出版社，2018．

[7] 史建峰，陆总兵，李诚．公路工程与项目管理 [M]．北京：九州出版社，2018．

[8] 彭其渊，蒋朝哲，鲁工圆．交通运输系统工程 [M]．成都：西南交通大学出版社，2018．

[9] 吴娇蓉．交通工程 [M]．北京：人民交通出版社，2018．

[10] 杨孝宽．交通工程总论 [M]．北京：人民交通出版社，2018．

[11] 臧晓冬．交通工程项目经济与造价管理 [M]．北京：人们交通出版社，2018．

[12] 于德新．交通工程学 [M]．北京：北京理工大学出版社，2019．

[13] 刘志义．城市轨道交通工程设计 [M]．北京：中国铁道出版社，2019．

[14] 王汝佳，李广军．交通运输工程概论 [M]．成都：西南交通大学出版社，2019．

[15] 李岩，王永岗．交通工程学 [M]．北京：人民交通出版社，2019．

[16] 王焕东，胡义良，刘印．道路桥梁与交通工程 [M]．长春：吉林科学技术出版社，2019．

[17] 朱朴，肖启扬，胡志鹏．城市轨道交通工程设计与施工 [M]．天津：天津科学技术出版社，2019．

[18] 乐贵平，任雪峰．城市轨道交通工程施工安全风险技术控制要点 [M]．北京：中国铁道出版社，2019．

[19] 崔艳梅.道路桥梁工程概预算 [M].重庆：重庆大学出版社，2019.

[20] 于洪江.道路桥梁检测技术 [M].郑州：黄河水利出版社，2019.

[21] 彭彦彬，张银峰.道路桥梁工程概论 [M].郑州：黄河水利出版社，2019.

[22] 安关峰.市政道路桥梁工程质量通病防治指南 [M].北京：中国建筑工业出版社，2019.

[23] 麻文燕，肖念婷，陈永峰.桥梁工程 [M].天津：天津科学技术出版社，2019.

[24] 王国福，赵永刚，武晋峰.道路与桥梁工程 [M].长春：吉林科学技术出版社，2020.

[25] 王修山.道路与桥梁工程概论 [M].北京：机械工业出版社，2020.

[26] 江斗，刘成，熊文斌.道路桥梁和工程建设 [M].北京：中国石化出版社，2020.

[27] 马国峰，刘玉娟.桥梁上部结构施工技术 [M].北京：北京理工大学出版社，2020.

[28] 张俊红.道路建筑材料 [M].重庆：重庆大学出版社，2020.

[29] 吴留星.公路桥梁与维修养护 [M].北京：中国纺织出版社，2020.

[30] 贾晓东，彭义雯.BIM 建筑与桥梁建模技术 [M].成都：西南交通大学出版社，2020.

[31] 杜操，徐桂华，王运华.道路桥梁标准化施管理 [M].北京：中国建材工业出版社，2021.

[32] 张小成，黄文理，黄洪发.道路桥梁与城市交通建设研究 [M].长春：吉林科学技术出版社，2021.

[33] 王成军，程雷.道路桥梁设计与施工技术研究 [M].天津：天津科学技术出版社，2021.

[34] 杨寿君，刘建强，张建新.城市道路桥梁建设与工程项目管理 [M].长春：吉林科学技术出版社，2021.

[35] 黄煜镁.道路与桥梁工程试验检测技术 [M].重庆：重庆大学出版社，2021.

[36] 王渭峰，何有强，吴晶.道路与桥梁工程试验检测技术 [M].长春：吉林科学技术出版社，2021.

[37] 黄延，夏俊吾，刘海涛.道路桥梁工程与维修养护 [M].汕头：汕头大学出版社，2021.